KB007343

감성디자인 감성브랜딩

emotional branding

김앤김북스

감성디자인 감성브랜딩

초판 1쇄 발행 • 2002년 4월 6일
초판 3쇄 발행 • 2003년 4월 15일

지은이 • 마크 고베
옮긴이 • 이상민 · 브랜드앤컴퍼니
펴낸이 • 김건수

펴낸곳 • 김앤김북스
출판등록 • 2001년 2월 9일(제12-302호)
서울시 중구 수하동 6번지 용궁빌딩 301호
전화 (02) 773-5133 | 팩스 (02) 773-5134
E-mail : knk@knkbooks.com

ISBN 89-89566-02-9 03320

● 값은 뒤표지에 있습니다.
● 잘못된 책은 바꿔 드립니다.

감성디자인 감성브랜딩

emotional branding

사람과 브랜드를 연결하는 새로운 패러다임

마크 고베 지음 | 이상민 · 브랜드앤컴퍼니 옮김

김앤김북스

c o n t e n t s

차례

3부 | 상상력 : 혁신은 브랜드 최고의 친구

4부 | 비전 : 변화를 위한 영감

| 추천의 말 |

Sergio Zyman_ 코카콜라 전 최고 마케팅 책임자

1993년 봄, 나는 로베르토 고이주에타로부터 코카콜라사의 최고 마케팅 책임자로 복귀해 달라는 제의를 받았다. 나는 전세계에 걸쳐 50억 달러 이상의 예산을 책임져야 했는데, 그때 맨 먼저 나의 뇌리를 스치는 질문은 "어떻게 비즈니스를 성장시키면서 동시에 효율적으로 소비자들에게 어필할 것인가"였다.

많은 요인들이 우리의 궁극적인 성공에 기여했지만, 그 중에서도 특히 내가 구성한 팀의 성공을 빼놓을 수가 없다. 나는 세계 최고의 마케팅 인력들을 영입할 수 있었고, 세계 최고의 파트너들과 함께 일할 수 있는 기회가 주어졌다. 3년이라는 기간 내에 코카콜라의 매출을 90억 상자에서 150억 상자로 끌어올리기 위한 유일한 방법은 비즈니스 각 분야에서 활동하는 최고의 인재들을 불러 모으는 것뿐이었다.

포장(packaging)은 브랜드 디자인의 핵심 요소로서 언제나 나의 관심을 끌어왔다. 포장은 소비자들에게 어필할 수 있는 가장 효율적인 방법이다. 그럼에도 불구하고 포장은 아주 오랫동안 잘못 사용되었고, 또 잘못 관리되어 왔다.

코카콜라에서 일한 지 첫 해가 되던 1985년, 뉴 코크의 출시가 끝나가고 회사 창립 100주년이 시작될 즈음이었다. 어느 날 나는 경영기획실로부터 창립 100주년을 기념하기 위한 새로운 그래픽 디자인을 개발하라는

전화 연락을 받고 깜짝 놀랐다. 왜냐하면 포장 디자인이란 단순히 보여주고 말하는 것이 아니라, 브랜드 아이덴티티를 표현하는 것이어야 한다고 믿고 있었기 때문이다. 하지만 나는 그들을 설득하는데 실패했고, 결국 새로운 포장 디자인 작업에 들어가지 않을 수 없었다. 그리하여 마침내 코카콜라의 모든 브랜드들이 하나의 디자인으로 바뀌었다. 하지만 그것은 올바른 근거에 의한 디자인이 아니라, 그릇된 명분을 위해 만들어진 정치적인 디자인이었다.

1993년 8월, 7년 간의 공백을 깨고 다시 회사로 돌아온 나는 문제를 즉시 해결할 수 있는 사람들을 찾아다니기 시작했다. 그 해 가을 파리에서, 마크 고베라는 디자이너를 소개받았다. 나는 그 자리에서 마크에게 다음과 같은 두 가지 질문을 던졌다.

- 당신은 판매 도구로서 그래픽 디자인의 중요성을 알고 있습니까?
- 더 많은 제품을 판매하는데 코카콜라의 로고 및 아이콘 디자인이 강력한 힘을 발휘하도록 도와줄 수 있습니까?

마크는 시대를 앞서가는 컨셉으로서 브랜드 디자인에 대한 감성적 접근을 제시하여 나를 감동시켰다. 그 후 3년 동안 마크는 코카콜라의 연간 매출량을 90억 상자에서 150억 상자로 끌어올리는데 이루 말할 수 없을 정도로 많은 도움을 주었다. 그의 디자인은 일반적인 그래픽 디자이너들이 흔히 하는 병이나 캔을 디자인하는 차원이 아니었다. 마크는 브랜드와 관련된 모든 시각적 표현과 트럭이나 유니폼 같은 숨겨진 자산의 역할에 대한 진정한 이해를 갖고 있었다. 한 예로, 코카콜라 트럭이 거리를 지나갈 때마다 코카콜라의 시각적 표현물들을 수백만의 소비자들이 접하게 되지만 우리는 지금껏 그와 같은 표현물들을 디자인하는데 아무런 투자도 하지 않았었다.

내가 파리에 갔을 때 마크와 그의 팀원들은 그들이 디자인한 알베르트빌 동계 올림픽 디자인과 뷰체론 향수 디자인을 보여주었다. 그들은 소비자들과 감성적으로 연결되고자 하는 제품의 정수를 전달하기 위해 놀라운 방법으로 색채를 사용하고 디자인을 활용했다.

나는 포장에 있어 브랜드 디자인이 마케팅의 핵심 요소 중 하나라고 생각해 왔다. 포장 디자인은 소비자에게 브랜드 의미를 전달할 수 있어야 한다. 그런 점에서 마크와 그의 파트너인 조엘 데그립스는 포장 디자인이라는 작업이 날마다, 전세계 모든 상점의 진열대 위에서, 트럭에서, 자동판매기에서 소비자들에게 브랜드 의미를 전달하는데 실질적으로 기여할 수 있다는 점을 명확히 이해하고 있었다. 나는 마크와 함께 일했던 경험들을 책으로 펴낼 수도 있을 것이다. 알베르트빌 동계 올림픽의 CI 창출을 위해, 뷰체론 향수병 및 매장 디자인을 위해, 그리고 질레트의 제품 디자인을 재디자인하기 위해 그가 사용했던 블루 컬러에서 내가 얼마나 많은 것을 배웠는가에 대해서 말이다. 스프라이트의 '상쾌함'의 매력을 변화시킨 것도 결국은 컬러였다.

그리고 나는 코카콜라의 문화와 코카콜라 브랜드의 레드 컬러(콜카콜라를 판매하는 데 있어 결정적으로 중요한 자산 및 디자인의 일부)와의 연계성에 대하여 많은 이해를 할 수 있었다. 그것은 단지 코크나 스프라이트, 환타라는 단어의 작용이 아니라, 브랜드의 모든 요소들을 과감하고 창조적으로 사용하는 방법에 관한 것이었다.

나는 마크와 함께 파리에서 열린 패션쇼에 참석한 적이 있었다. 그곳에서 나는 세계적인 디자이너들로부터 소비자와 연결되기 위해 컬러, 모양, 형식 등을 사용하는 방법을 배웠다. 그 당시 아마도 나는 패션쇼에 참석할 것을 종용당한 소비재 회사의 유일한 마케팅 책임자였을 것이다.

마크는 많은 도움이 될 것이라고 나를 설득했고, 결국 그의 말이 옳았다.

이 책에서 마크는 애틀랜타 올림픽 때 코카콜라의 브랜드 디자인을 위해 쏟아부었던 노력에 대해 간단하게 언급하고 있다. 그는 비록 담담하게 말하고 있지만, 그것은 전통적으로 소극적인 방식으로 행해져 왔던 일련의 작업들 그리고 코카콜라보다는 올림픽을 팔기 위해 행해져 왔던 작업들을 관리하는 데 있어서의 중대한 변화를 의미한다. 애틀랜타 올림픽에서 우리의 브랜드 존재는 코카콜라 올림픽 시티 디자인에서부터 포장 디자인, 유니폼, 스타디움에 설치된 시설물, 그리고 공항이나 기차역에 설치된 모든 시설물에 일관성 있게 표현되었다.

나는 지금 올림픽이 개최된 시드니에서 막 돌아와 이 글을 쓰고 있다. 나는 그곳에서 마케팅 노력을 강화하기 위해 능동적이고 목적 지향적인 디자인이 어떻게 기능하는지에 대해 분명히 알 수 있었다. 시드니 올림픽에서, 많은 스폰서들이 게을러지고 있음이 분명했다. 이번 올림픽은 소비자와의 연결성을 상실한 디자인의 전시장이라고 할 수 있었다. 나는 날마다 거리의 상점들을 지나다니며 시드니에서 보았던 것들을 본다. 비전 없는 게으른 디자인들을…….

코카콜라사에서 마크와 함께 작업을 하면서 배운 것은, 상상력이 브랜드에 새로운 차원을 부여한다는 점이다. 다시 말해 그것은 당신의 회사가 지금 어디에 있느냐가 아니라, 궁극적으로 어디에 있고 싶은가에 관한 것이다. 나는 내가 운영하는 Z-그룹 전략 컨설팅을 통해서 통합 브랜드 전략만이 목적지에 도달할 수 있는 키 포인트라고 강조하곤 한다. 그리고 통합 브랜드 전략은 곧 감성적 브랜딩의 핵심을 이루고 있다.

감성적 브랜딩(emotional branding)은 관계 구축에 관한 것이다. 그것은 브랜드 및 제품에 장기적인 가치를 부여하는 방법에 관한 것이고, 감각적인 경험에 관한 것이다. 또한 당신으로 하여금 직접 제품을 느껴보고, 만들어보고, 맛볼 수 있게 하는 디자인에 관한 것이다.

나는 훌륭한 크리에이티브가 브랜드의 성공에 결정적인 요소라고 믿고 있다. 그리고 어떠한 디자이너도 창의적이고 통합적인 디자인 아이덴티티를 마크 고베만큼 잘 설명해내지는 못할 것이다. 이 책은 위대한 브랜드들—코네티컷주에 있는 스튜 레너즈(Stew Leonard' s)에서 세계적인 브랜드인 코카콜라에 이르기까지—이 어떻게 그들의 산업을 성장시키고 충성스런 고객을 끌어들일 수 있었는지 이해할 수 있도록 도와줄 것이다.

나는 내가 사랑하는 분야인 브랜딩에 관한 경험을 공유하기 위해 이 책을 썼다. 나의 회사인 데그립고베(Desgrippes Gobe Group 또는 d/g* worldwide)는 지난 30년간 브랜드 디자인 분야에서 괄목할 만한 성공을 거두었다. 동업자인 조엘 데그립스와 나는 항상 동일한 목표를 공유해 왔는데 그것은 시장에서 가장 혁신적이고 감각적이며, 감성적으로 소비자들의 마음을 사로잡을 수 있는 브랜드 아이덴티티를 창조하는 것이다.

1980년, 브랜드를 사람들과 보다 강력하게 연결시키고자 하는 열망에 고무되어 조엘 데그립스와 전 동업자인 패트리스 뷰천트, 그리고 나는 브랜드의 감성적 이미지(persona)를 정의하는 독창적인 시각적 프로세스인 SENSE®를 고안했다. SENSE®는 브랜딩의 개념을 인지도 위주의 마케팅 툴에서 효과적인 브랜드 디자인을 위한 감각적이고 감성적인 플랫폼으로 한 단계 발전시켰다. 우리는 최고급 향수와 화장품 프로젝트에서 감성적 차원을 강화하기 위해, 브랜드를 둘러싼 스토리를 창작하는 SENSE® 프로세스를 처음으로 적용했다. 그 후 우리가 수행하는 모든 브랜드 전략 활동을 강조하는 개념으로서 감성적 브랜딩(Emotional Branding)이란 용어를 만들어냈다.

오늘날 나는 감성적 브랜딩 접근이 해당 브랜드를 시장에서 성공적으로 차별화하기 위한 결정적인 요소라고 본다. 그러나 아직도 몇몇 소수의 기업들만이 인간 감성의 이면에 숨겨진 실제적인 힘에 접근하는 방법을 알고 있을 뿐이다. 감성적 브랜딩은 소비자들을 개인적(personal)이고 총체적(holistic)인 차원에서 브랜드와 강력하게 연결시킴으로써 브랜드에 신뢰성과 개성을 부여해준다. 감성적 브랜딩은 브랜드와 소비자 사이에 형성된 그와 같은 독특한 신뢰에 기반하고 있다. 감성적 브랜딩은 소비자들이 어떤 브랜드를 갈망하기 때문에 구매하도록 만든다. 어떤 상품 혹은 회사에 대한 애착이나 기대하지 않았던 커피 한 잔의 서비스가 있는 감동적인 분위기에서 쇼핑을 할 때 느끼는 자부심—이러한 느낌들이 바로 감성적 브랜딩의 핵심에 있다.

티파니(Tiffany)는 최고의 명성을 가지고 있는 브랜드로서 그것이 의미하는 것 때문에 감성적 브랜드이다. 월마트는 해당 지역사회를 잘 이해하고 최적의 서비스를 제공한다는 점에서 감성적 브랜드이다. 그리고 이들 두 기업은 각자의 브랜드 특성과 결합된 잊을 수 없는 감성적인 문화를 가지고 있기 때문에 강력한 브랜드라 할 수 있다.

나는 이 책을 통해 기업과 소비자 간의 '인간적인 연결'을 강조하고자 한다. 감성적 브랜딩은 프로세스나 리서치 테크닉 이상의 것이다. 그것은 각종 차트나 그래프가 아닌, 사람과 사람 사이의 연결에 기초하고 있다. 감성적 브랜딩은 문화이자 삶의 방식이다. 그리고 그것의 기본적인 믿음은 비즈니스와 소비자가 따로 떨어져 존재할 수 없으며, 비즈니스에서의 진정한 힘의 원천은 소비자들에게 있다는 것이다.

여행을 좋아하고 세계 문화에 대한 호기심이 많은 나는, 디자이너로서 항상 세계 각국의 시장들과 연결되어 있다는 느낌을 갖고 있다. 디자이너는 심미가이자 몽상가이며, 인류학자이다. 또한 디자이너는 새로운 개념을 탐험하고, 우리가 살고 있는 이 세계에 의미를 부여하며, 삶의 질을 높이는 심미적 감각을 전달하는데 마음을 쏟는다. 그런 점에서 여행은 디자인을 하는 데 있어 반드시 필요한 영감(靈感)이 사람들을 통해서 나온다는 기본적인 사실을 나에게 끊임없이 일깨워준다.

궁극적으로 디자인은 시장과 즉각적이고 직접적으로 접촉한다. 디자인은 벽면에, 선반 위에, 컴퓨터 스크린 상에 혹은 쇼핑센터에 있으며, 사람들에게 다가가 자신의 가치를 납득시키고자 한다. 디자이너는 일상적인 것들에 관심을 갖고 문화적인 변화와 가치, 시장의 트렌드를 주의깊게 관찰해야 하며, 책임감과 용기를 지닌 아름다운 디자인을 창조하기 위해 자신의 머리와 가슴을 이용해야 한다. 디자이너의 임무는 기업과 시장을 이어주는 외교관, 즉 아름다움과 감성의 언어를 창조해내는 연결고리로서의 역할을 다하는 것이다. 디자이너는 단지 디자인을 통해 상상력을 표현할 뿐이라고 알려져 있지만, 그들은 또한 '개념적 선동자(conceptual provocateurs)' 로서 이 세계를 변화시킬 수 있는 막강한 힘을 가진 존재이기도 하다. 그런 점에서, 진정한 디자인에는 현재보다 좀더 나은 세상을 만들고자 하는 디자이너의 열망이 담겨 있다.

이 책에서 우리는 인구통계학적인 변화와 시장에서의 강력하고 저항할 수 없는 새로운 문화의 출현에 관해 논의하고, 분석하게 될 것이다. 또한 오늘날의 감성적 경제 하에서, 우리가 살아가는 환경을 더욱 즐겁고 가치 있게 만드는 비전을 가진 승리자들에 대해서 살펴보게 될 것이다. 마지막으로, 우리가 개발한 몇 가지 독창적인 리서치 테크닉과 브랜딩 연구 방법에 대한 정보도 제공하고자 한다.

| 역자의 말 |

어떤 사건을 기대하기라도 한 듯 가슴만 설레었던 대망의 2000년에 역자가 처음으로 읽었던 《경험적 마케팅(Experimental Marketing)》은 기대하던 사건 이상으로 훌륭한 책이었다. 그리고 또 하나의 사건으로 다가온 것이 바로 이 책 《감성디자인 감성브랜딩(Emotional Branding)》이다. 무엇보다도 번역을 하면서 지금까지 역자가 수행해 왔던 수많은 프로젝트들을 다시 한 번 되돌아볼 기회를 갖게 되어 무척이나 기쁘다. 그것은 이 책의 저자가 고민해 왔던 브랜딩 관련 문제들이 역자에게도 똑같은 크기와 무게로 다가왔기 때문이다.

브랜딩 업계에서 일해온 지 10년이 훨씬 지난 지금, 아직 풀지 못한 과제가 있다면 그것은 "최고의 브랜딩이란 무엇인가" 하는 점이다. 그 동안 성공적인 해외 디자인 회사들을 경험하면서도 늘 채워지지 않았던 문제는, 브랜딩과 브랜딩 디자인에는 최선의 노력 이상의 무언가가 존재한다는 것이다. 물론 역자는 디자이너 출신은 아니지만, 브랜딩 전략기획과 브랜딩 제작관리 업무를 수행해 오면서 터득한 브랜드를 보는 안목이나 디자인을 보는 관점에서 볼 때, 그 과제는 브랜드 리더십 차원에서 브랜딩 리더십이자 디자인 리더십의 문제라고 생각한다. 결국 감성적 브랜딩은 브랜드 리더십을 확보할 수 있는 최고의 브랜딩 전략이며, 이 책에서 소개된 센스(SENSE®), 브랜드 포커스(Brand Focus), BPM(Brand Presence Management)은 최고의 브랜딩을 위한 효과적인 방법론이라고 할 수 있다.

브랜딩 업무에서 가장 중요한 것은 제품 전략, 제품 및 소비자 조사, 브랜드 전략, 네이밍, 디자인, 브랜드 적용 전략과 브랜드 커뮤니케이션 전략이라는 개별화된 방법론과 업무능력이 아니라, 이것을 통합적으로 수행할 수 있는 전체적이고 일관된 브랜드 매니지먼트이다. 특히 브랜드가 성공하기 위해서는 통합된 브랜딩 관리가 요구된다. 브랜딩 관련 업무는 통합적으로 수행되는 것이 바람직하며, 그것이 불가능하다면 기업체 내의 누군가가 통합된 브랜딩 업무를 총괄하는 CC(Creative Coordinator) 역할을 수행해야 한다. 이런 점에서 코카콜라의 마케팅 최고 책임자였던 Sergio Zyman이 언급한 "창의적이고 통합된 브랜드 관리"라는 말은 시사하는 바가 매우 크다.

지금 이 시간에도 수많은 기업과 디자인 회사, 아이덴티티 회사들이 표류하는 전략 속에서 네이밍과 디자인 후보안을 선정하고 있다. 거기에는 기업의 최고경영자와 실무 담당자(마케팅 · 제품 기획 · 홍보 · 판촉 · 영업) 그리고 광고대행사와 가장 중요한 개발을 담당한 전문회사가 참여하고 있다. 하지만 그 자리에서 책임이 있는 사람은 아무도 없다. 브랜딩 작업의 처음과 끝을 함께하는 사람이 아무도 없기 때문이다. 그리고 이야기가 무르익으면 참석자들 모두가 소비자 조사 전문가이자 브랜딩 전문가가 된다. 실제 전문가의 이야기가 비집고 들어갈 틈이 없는 것이다. 언제부터인가 브랜딩 업계에서는 소비자가 아닌 소비자 조사가 브랜딩을 주도하고 있다. 중요한 것은 소비자 조사가 아니라 소비자와의 관계 형성 차원에서 그리고 소비자의 감성과 마음을 사로잡을 수 있는 브랜딩으로 결론지어져야 한다는 점이다.

이 책에서 특히 감동적인 것은 저자와 같은 전문가들이 기업과 파트너십을 형성하고 소비자와의 관계를 촉진하기 위해 공동으로 노력한다는 점이다. 이들은 단순히 용역 의뢰자와 수행자의 차원이 아니라, 브랜딩을 담당하는 전문가들에게 브랜딩의 처음과 끝을 풀어갈 수 있도록 배려함으로써 통합적인 브랜딩 직업을 거쳐 마침내 성공적인 브랜딩 신화를 창조해내고 있다.

"브랜딩은 공장과 사람과의 비즈니스가 아니라, 사람과 사람과의 비즈니스이다. 브랜드는 인간적인 특성과 감성적인 가치를 가지고 있어야 한다. 즉, 사람들의 마음을 사로잡는 이미지를 통해 기업 문화를 표현하는 개성(personality)을 가지고 있어야 한다. 만약 당신이 소비자들로 하여금 브랜드와의 파트너십을 열망하게 만들 수 있다면, 이미 장기간의 성공을 의미하는 감성적 연결을 형성한 것이다"라는 저자의 말처럼, 보다 전략적이고 보다 소비자 지향적이며, 성공적인 브랜딩을 창조하기 위해 감성적 브랜딩을 도입해야 한다.

이 책을 번역하면서, 전략적 브랜드 혹은 전략적 디자인이라고 끊임없이 외쳐온 주제가 이제 해외에서도 무르익고 있다는 생각에 역자의 마음이 한결 가벼워졌다. "전략적인 디자인이 중요합니다!"라는 백 마디 말보다는 고객들에게 감성적 브랜딩을 선물하고 싶다. 성공적인 프로젝트를 위해, 강력한 브랜드 구축과 브랜드 리더십을 창출하기 위해, 그리고 브랜드 디자인을 사랑하는 사람들을 위해 이 책을 추천한다.

프롤로그

감성적 브랜딩

21세기 성공의 원동력

브랜딩이란 편재성 · 가시성 · 기능성에 관한 것만은 아니다. 브랜딩은 일상 생활 속에서 사람들과 감성적으로 밀착되는 것에 관한 것이다. 상품 또는 서비스는 소비자와의 감성적 대화를 자극할 수 있어야만 비로소 브랜드로서의 자격을 갖추게 된다.

조엘 데그립스, *d/g* worldwide*

세계는 기계가 영웅시 되는 산업 주도의 경제에서 소비자가 권력의 자리에 앉는 사람 주도의 경제로 이동해 왔으며, 이러한 현상은 지난 10년간 더욱 두드러지게 나타났다. 최근 〈뉴욕타임스〉의 한 기사는 다음과 같이 쓰고 있다. "지난 50년간 경제의 기초는 생산에서 소비로 전환되었으며, 합리성의 영역에서 욕구의 영역으로, 즉 객관적인 영역에서 주관적이고 심리학적인 영역으로 이끌려 왔다."[1)]

이제 컴퓨터는 '테크놀러지 장비' 라는 단순한 개념에서 '라이프 스타일 엔터테인먼트' 라는 소비자에게 초점을 맞춘 개념으로 확대 발전했다. 오늘날 비행기는 운송수단이라기보다는 정교한 보너스 포인트 프로그램을 통해 삶의 가치를 높여주는 여행기관이라는 의미를 갖고 있다. 또한 음식은 요리나 집안일을 상징하는 것이 아니라 홈/라이프 스타일 디자인과 감각적 경험에 관한 것이다. 그리고 미래의 대학은 젊은 학생들을 대상으로 한 학부와 대학원 프로그램이 아니라, 다양한 성장 배경과 교육

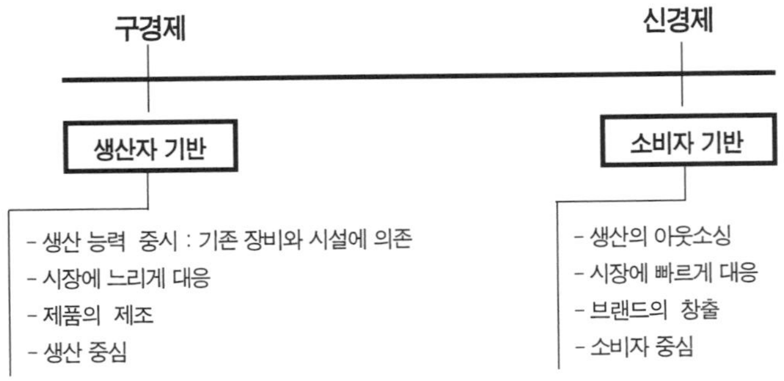

목적을 가진 전세계인들을 대상으로 평생교육과 글로벌 교육에 초점을 맞춘 지식은행으로서 기능하고 또 브랜드화될 것이다.

브랜드가 적실성을 가지고 시장에서 살아남기 위해서는, 현재 진행되고 있는 광범위한 변화들을 이해하고 차별화된 전략으로 경쟁하는 것이 무엇보다도 중요하다. 분명한 것은, 우리는 5년 전과는 전혀 다른 가치체계 안에서 살아가고 있다는 점이다. 이제는 안정성이 스피드에 자리를 내주고, 무형 자산이 유형 자산보다 더 큰 가치를 지니게 되었다. 기존의 전통적인 공급 및 수요에 의한 경제 모델은 완전히 재평가되고 있다. 그리고 기업들은, 새로운 시장 기회가 기존의 비즈니스 모델 내에서 경비 절감 및 이윤 증대 활동을 통해 창출되는 것이 아니라 혁신적인 아이디어를 통해 새로운 수익 라인을 창출하는 데 있음을 깨닫기 시작했다.

'공급과 수요여 안녕!' 이라는 제목의 〈월스트리트 저널〉 기사는 다음과 같은 결론에 도달했다. "성장의 핵심 동력으로서 창의성이 자본을 앞지르고 있다. 비록 창의성은 가치 있는 것이지만, 자본과 물리적 재화와는 달리 그 적용 범위와 이용 가능성에 있어 거의 아무런 제약을 갖고 있지 않다."[2] 이 새로운 비즈니스 환경에서 아이디어는 곧 돈이다. 즉 아이디어는 돈과 같거나 혹은 돈보다 더 강력한 위력을 지닌 새로운 통화

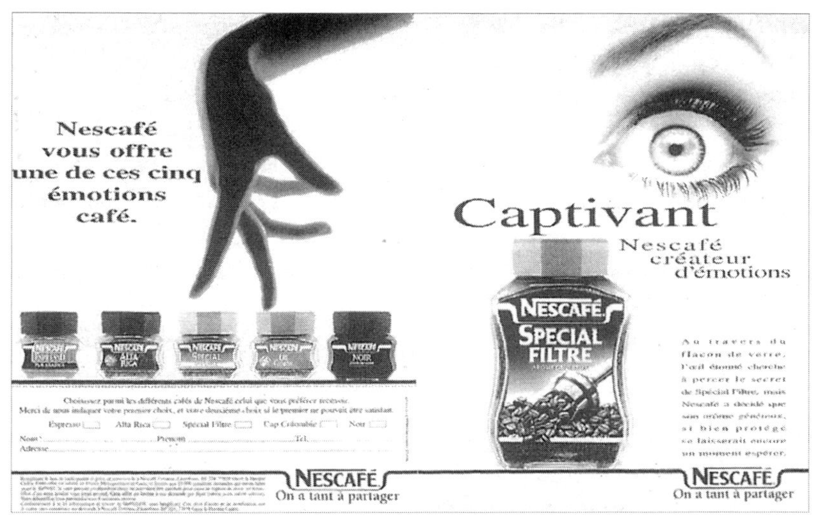

일반적인 커피 맛 대신에 다섯 가지 새로운 '커피 감성'을 표현한 네스카페 감성 캠페인

수단이다. 단 하나의 아이디어가—특히 브랜드 컨셉이 뛰어날 경우—기업의 미래를 완전히 바꿔놓을 수도 있다.

그렇다면 오늘날 무엇이 뛰어난 브랜드 컨셉을 구성하는가? 상품과 서비스만으로는 새로운 고객을 끌어들이거나 기존의 고객을 유지하기조차 힘겨운 초경쟁 상황에서, 그것은 바로 상품과 유통 시스템의 감성적인 측면이다. 그리고 이것이 소비자들의 궁극적인 선택과 그들이 지불할 가격을 결정하게 될 것이다. 이때 감성적(emotional)이란 의미는, 소비자를 감각과 감성의 차원으로 끌어들이는 방법, 즉 브랜드가 사람들을 위해 태어나고 그들과 더욱 친밀하고 지속적인 연결을 형성해 나가는 방법에 관한 것이다.

이는 소비자의 감성적 욕구와 열망을 이해하는 것이 그 어느 때보다도 성공을 위한 핵심 요소임을 의미한다. 따라서 기업들은 소비자를 진정한 파트너로 인식하고, 이들과의 강력한 연결과 관계를 구축하기 위한 명확한 조치들을 취해야 한다. 또한 기업들은 소비자가 원하는 상품을, 소비자가 원하는 시기에, 소비자의 욕구에 친밀하게 반응하고 마음을 고무하는 장소를 통해 제공할 수 있어야 한다. 감성적 브랜딩의 세계는 인류학, 상상력, 감각적 경험 및 변화에 대한 미래 지향적 접근이 어우러진 역동적인 칵테일이다.

감성적 브랜딩은 감성적으로 심오한 방법으로 소비자와 상품을 연결하기 위한 수단과 방법을 제공한다. 이것은 물질적 만족감을 넘어서 감성적인 충만감을 경험하고 싶어하는 인간의 가장 강력한 특성에 초점을 맞추고 있다. 그리고 브랜드는 그러한 심리의 저변에 있는 열망적 충동들을 자극함으로써 이것을 성취한다

브랜드 아이덴티티는 기업 내부에서 시작한다

브랜드는 무엇보다도 브랜드의 이면에 있는 기업의 개성과 고객에게 다가가려는 기업의 헌신에 의해 생명력을 갖게 된다. 크리스찬 디올, 루이 뷔통을 비롯해 여러 개의 고급 브랜드를 소유하고 있는 LVMH의 베르나르 아르노(Bernard Arnault) 회장은 그러한 신조에 기초하여 기업을 경영해온 대표적 인물 중 한 사람이다. "내가 좋아하는 것은 감성을 느끼는 것이다.……그리고 판매 결과를 볼 때 더더욱 이에 동의하게 된다"라고 그는 말한다.[3] 감성이 주도하는 새로운 패러다임 속에서 소비자들은 머리보다는 가슴으로 상품을 고른다. 그리고 기업이 약속한 것에 대해 소비자들은 보장받기를 원한다. 소비자들이 기업에 대해 일반적으로 어떻게 느끼고 있는지를 포함하여, 거의 밝혀지지 않은 감성의 영역이 일상적인 구매 과정에서 점점 더 중요한 부분을 차지하고 있다. 왜냐하면 비슷한 수준의 품질을 가진 상품들로 시장이 넘쳐나고 있기 때문이

다. 그리고 오늘날 비즈니스 세계의 또 다른 중요한 특징은 인터넷의 광범위한 영향으로 기업과 소비자 간에는 양자 모두의 이익을 증대시킬 수 있는 윈-윈(Win-Win) 기회가 확대되고 있다는 것이다. 현재 기업과 소비자 간의 윈-윈 파트너십 모델이 매우 빠른 속도로 비즈니스 세계의 새로운 기준이 되어가고 있다.

Win-Win은 소비자와 한 팀이 되는 것이다

일부 기업들은 소비자와의 윈윈 파트너십을 고통스러운 경험을 통해 배우기도 했다. 1999년 코카콜라사는 변질된 코크를 마신 벨기에의 소비자들이 식중독을 일으켰을 때, 이 문제를 수습하는 과정에서 느리고 냉담한 기업으로 인식되는 과실을 범했다. 이 사건을 계기로 코카콜라는 전세계의 각기 다른 시장에 진출하기 위해서는 각 시장의 요구 사항과 문화적 차이를 민감하게 반영할 필요가 있다는 사실을 깨달았다. 그리고 신임 CEO인 더글러스 대프트(Douglas Daft)는 소비자들을 좀더 잘 이해하고 그들과 더 많은 대화를 나누기 위해 당시 미국의 애틀랜타시에 집중되어 있던 마케팅 권한을 세계 각 지역으로 분산시켰다. 이제 그들의 목표는 단순히 세계 어느 지역에나 코크 브랜드가 존재하게 만드는 데 있지 않다. 예컨대, 일본 시장에서 가장 높은 비중을 차지하고 있는 코카콜라 브랜드는 코크가 아니라 캔커피라는 사실을 생각해본다면 이는 매우 타당한 것이다.

MTV 역시 초기에 해외 시장에서 큰 실수를 범하고 난 뒤에야 소중한 교훈을 얻은 경우이다. 이들은 현재 유럽, 아시아, 남아메리카 지역의 프로그램은 주로 현지 음악과 사람에 의존하고 있다. MTV는 새로운 시장에서 현지 음악가들을 지원하고 현지인들을 직원으로 채용함으로써 미국 중심주의라는 오명에서 벗어났으며, 문화적 제국주의에 민감한 반응을 보이는 해외 시장에서 신뢰를 쌓을 수 있었다. 현재 MTV Asia는 규모

면에서 미주 시장을 능가할 정도로 성장했다.

나이키(Nike) 또한 과거에는 문화적으로나 소비자를 대하는 태도 면에서 올바른 관점을 갖지 못한 기업이었다. 나이키는 그들의 노사관행에 대한 사람들의 불만을 과소평가했고, 급기야 분노한 많은 소비자들로 하여금 나이키 브랜드에 등을 돌리게 하는 결과를 초래했다. 1999년, 〈월스트리트 저널〉이 시민들을 대상으로 실시한 기업 평판에 관한 여론조사에서, 나이키는 "해외의 어린 노동력을 착취하고 도시 지역의 가난한 젊은 이들에게 값비싼 신발을 파는"[4] 기업이라는 좋지 않은 이미지로 인해 낮은 점수를 받았다. 나이키는 대학 캠퍼스를 비롯한 여러 지역에서 자사 브랜드에 대한 보이코트가 단시일 내에 끝나지 않으리란 사실을 깨달았고, 마침내 지금껏 그들이 취해 오던 오만한 태도를 버리고 노사관행에 새로운 변화를 가져오기 위해 노력했다.

오늘날 기업은, 비즈니스에서의 진정한 성공이란 오직 소비자의 신뢰를 얻음으로써 소비자에 의해 기업에 부여되는 것이라는 사실을 깨닫기 시작했다. 나이키는 원래 젊은 층에 강하게 어필하는 반항적인 이미지를 가진 브랜드였다. 하지만 그들은 너무 멀리 나갔다. 그들은 소비자들의 목소리에 귀 기울여야 한다는 사실을 잊고 있었던 것이다. 그러나, 종종 사람들의 말에 귀를 기울이는 것이 기업이 해야 하는 가장 중요한 일이기도 하다. 이 점은 아무리 훌륭한 브랜드라 할지라도 결코 예외가 될 수 없으며, 코카콜라는 지금 그 일을 시작하고 있다. 코카콜라의 커뮤니케이션 및 경영담당 이사인 칼 웨어는 〈타임〉 지와의 인터뷰에서, "소비자 민주주의는 점점 더 이슈가 되어가고 있다"[5]는 통찰력 있는 발언을 했다. 이제 브랜드는 더 이상 기업의 소유가 아니라 소비자의 것이다!

창의성의 원칙

이제 기업들은 소비자의 심리에 초점을 맞추고 소비자 라이프 스타일에 있어 끊임없이 변화하는 트렌드의 중요성을 이해해야 하는 시점에 와 있다. 그리고 기업이 소비자와 감성적으로 연결되기 위해서 우선 기업 내부에서부터 이를 시작해야 한다. 즉 기업은 비즈니스를 수행하고 직원들을 관리하는 방법적인 측면에서 더욱 인간적이고 상상력이 넘치는 기업 문화를 창조해야 한다. 《감성적 지능으로 일하기(Working with Emotional Intelligence)》의 저자인 대니얼 골맨(Daniel Goleman)은 비즈니스 세계에서 '감성적 연결'의 중요성을 강조하면서, "오늘날 우리들은 우리가 얼마나 영리한가 혹은 전문적 지식이 얼마나 많은가에 의해서만이 아니라, 우리 자신과 상대방을 얼마나 잘 다룰 수 있는가라는 새로운 척도로 평가되어지고 있다"[6]고 말한다. 월마트의 창업자인 샘 월튼(Sam Walton)은 "고용주가 고용인을 대하는 것과 같은 방식으로 고용인이 고객을 대하기까지는 일주일 내지 이주일 정도가 걸린다"[7]고 말함으로써 이를 다른 방식으로 표현했다. 오늘날 기업의 최우선 과제는 내부적으로 창조적이고 인간적인 비즈니스 환경을 조성하는 것이다. 용기, 대담성, 활력은 전염성을 가지고 있어서 그것이 허용되기만 한다면 엄청나게 빠른 속도로 기업 전체에 확산될 수 있다.

이런 관점에서 볼 때 St. Lukes 광고대행사는 흥미로운 비즈니스 문화를 창조한 훌륭한 사례에 해당된다. 1995년 영국에서 출발한 이 회사는 사내 민주주의 원칙 하에 빠른 속도로 성장했다. 이 회사는 직원 모두가 주주인 비위계적 시스템(nonhierarchical system)으로 운영되고 있는데, 예를 들어 6년차 총무과 직원은 회사 내 업무를 결정하는 데 있어 크리에이티브 디렉터보다 더 강력한 영향력을 행사할 수 있다. 사무실의 모든 것이 공유되고, 개인적인 공간이 없으며, 직원 각자의 능력에 따라 업무 스케줄이 짜여진다. St. Lukes는 열심히 일하는 직원들에게 자동적으로 보상을 해주는데, 예를 들면 한여름 시즌을 '사랑의 여름'이라 명명하고 이 기간에는 새로운 업무에 착수하거나 수주를 받지 않고(그들은 5000만 파운드 상당의 의뢰 건을 거절해야 했다), 대신 이를 축하하기 위한 파티나 이벤트를 개최한다. CEO인 앤디 로우는 이렇게 말한다. "인간은 창조적이며 재미있고 호기심도 많은 존재입니다. 그러나 너무도 많은 사람들에게 일은 단조롭고 때론 복잡하며 지루하기까지 합니다. 사람들은 저마다 개성을 가진 존재이며, 또 다재다능합니다. 하지만 직장에서 우리 모두는 소모적인 존재일 뿐이며, 빈틈없는 조직 프로그램에 짓눌려 있습니다."[8] St. Lukes는 그 점을 바꿔 나가고 있다.

오늘날 성공적인 기업들은 고객기업 및 소비자들과의 진정한 연결을 위한 토대로서 혁신적인 문화를 창조했기 때문에 성공할 수 있었다. 가장 대표적인 예는, 독특한 상품과 사회적 공익에 대한 지속적인 기여로 〈월스트리트 저널〉이 실시한 여론조사에서 좋은 평가를 받은 아이스크림 회사인 벤앤제리(Ben & Jerry)이다.[9]

변화에 대한 비전적 접근

새로운 천년의 첫 세기가 인간성과 정신성(spirituality)에 관한 세기가 될 것이라고 확신하면서, 한편으로 거대한 열망과 불안감을 동시에 품은 채 우리는 새 천년을 향한 첫 발걸음을 내디뎠다. 지난 수백 년 동안 산업화와 상업에 의해 이끌어진 세계화는 발달된 교통수단과 통신 케이블, 상호간의 즉각적인 연결에 의해 더욱 가속화되고 있다. 그리고 인터넷은 우리의 가정에 생생하고 즉각적으로 글로벌 공동체의 다양한 모습들을 전달해주고 있다.

한편 고용인과 기업 사이에 존재했던 감성적인 계약관계는 기업의 이

윤 증대를 위한 비용 절감에 초점이 맞춰진 구경제 시대의 리엔지니어링에 의해 완전히 파기되어버렸다. 그리고 이로 인한 기존 권위에 대한 신뢰의 결핍은 브랜드에 대한 냉소주의를 낳는 결과를 초래했다. 바야흐르 종신 고용과 브랜드에 대한 변함없는 충성의 시대는 가고, 거래의 기술에 능숙한 "자기 중심적인(me first)" 인 세대들이 주역을 차지하는 시대가 도래한 것이다.

닷컴 기업가들이 이 변화의 선두에 있다. 그들은 우리 삶의 모든 측면에서 근본적인 변화를 가져오는 신경제를 주도하고 있다. 이들 새로운 기업가 세대들은 구경제 기업들의 기본 틀을 혁신적으로 바꿔 나가고 있다. 이들은 회사에 종신토록 헌신했던 부모 세대들에게 어떤 일이 일어났는지를 잘 알고 있다. 이들은 사업을 시작해 신속히 현금을 확보하고 더 늦기 전에 더 크고 새로운 사업 아이디어로 옮겨간다. 웹은 혁신적인 기업가들이 그들의 꿈을 실현할 수 있도록 지원한다. 반면, 전통적이고 경직된 구경제의 기업들은 꿈을 위해 도전하는 창조적인 힘들을 잃어가고 있다. 이들 기업들은 "제발 안정을 해치지 마시오. 모험은 위험합니다"와 같은 가치 위에 세워져 있다. 신경제의 리더들에게 있어 자원에 대한 접근성, 규모, 안정성은 유연성, 속도, 민첩성만큼 중요하지 않다. 닷컴 비즈니스 문화는 역동적이며 신선하고 기업가적이다. 그리고 가장 중요한 것은, 그것이 '연결되어(connected)' 있다는 점이다. 여기에 상아탑 같은 것은 존재하지 않는다.

웹에 기반한 비즈니스 모델이 효과적으로 작동할 수 있는 것은 구매자와 판매자 사이에 파트너십이 형성되기 때문이다. 웹상에서는, 기업이 성공하면 고객들도 각자의 기여도에 따라 이익을 분배 받을 수 있다. 웹상의 금융 사이트 혹은 여행 사이트들은 소비자 정보를 활용해 고객들에게 더 나은 서비스를 제공함으로써 성공을 거두고 있다. 하지만 이러한 현상들이 곧 전통적 기업이 전부 사라지게 된다는 것을 의미하지는 않는다. 이것은 기업 세계가 혁신, 유연성 그리고 문화적 적실성(relevance)의 개념을 중심으로 재정의된다는 것을 의미한다. 유니레버(Unilever)의 구조 조정은 그들의 전통적 군살을 제거함으로써 새로운 경제 질서 하에서 경쟁력을 갖추기 위해 분투하는 거대기업의 중요한 사례이다. 또한 대부분의 소비자들에게 '얼굴 없는 거인'[10]으로 알려진 프록터앤갬블(Procter & Gamble)과 같은 현명한 이미지의 기업들도 대중들과 함께 할 새로운 목소리를 찾아야만 할 것이다.

기업가이자 크리에이티브 컨설턴트로서, 나는 기업들이 '실패할 권리'를 인정하지 않을 뿐만 아니라 그들의 무감각으로 인해 뛰어난 아이디어를 사장시키는 사례들을 여러 차례 목격했다. 그리고 산업을 완전히 새롭게 바꿀 수 있을 정도로 명석하고 혁신적인 인재들이 유감스럽게도 그 재능을 인정받지 못한 경우도 종종 있었다.

노텔(Nortel)은 기업 내부의 아이디어를 평가하고 그 개발을 지원하기 위한 투자를 검토하는 '노텔 비즈니스 벤처그룹'이라는 프로그램을 만들었다. 노텔은 회사가 아이디어가 있는 직원에게 관심을 갖지 않을 경우 그들은 언젠가 회사를 떠날 것이며, 또 그들을 닷컴화하기 위해 자본과 지원이 필요하다는 것을 잘 알고 있었다. 채널웨어(Channel ware)는 이러한 선도적 노력의 결과로서, 사람들이 소프트웨어 프로그램을 구매하기 전에 인터넷 상에서 그것을 테스트해보고 싶어할 것이라는 아이디어에 기초해 '사내 창업(intrapreneurship)'[11] 형식으로 설립되었다. '실패에 대한 권리'야말로 혁신에 있어 가장 중요한 요소이다. 닷컴기업들은 투자자들로부터 상당한 정도로 이러한 권리를 인정받고 있다. 이로 인해 그 다음 아이디어는 앞에서 실패했던 아이디어에 대해 더 큰 보상을 제공하게 된다. 기업이 내부적으로 이같은 기회들을 제공할 수 있다면 그것은 뛰어난 재능과 강한 성취욕을 지닌 직원들에게 강력한 추진력이 될 것이다.

경영 컨설팅 분야 역시 새로운 아이디어를 기업에 도입하는 것을 지원하는 쪽으로 재정의되고 있으며, 더 이상 경비 절감을 위한 마술로서의 역할을 수행하지 않는다. 맥킨지(McKinsey & Company)는 대기업들이 어떻게 하면 혁신적이고 기업가적인 환경을 조성할 수 있는지를 연구하기 위해 '미래의 기업'이란 이름의 특별 대책팀을 구성했다. 대학들도 학생들을 관리자나 컨설턴트뿐만 아니라 기업가가 되도록 훈련시키기 위해 변신을 시도하고 있다. 많은 대학들이 신경제에 관한 교육 프로그램을 도입하고 있으며, 보스턴 대학은 신경제 경영교육을 위한 새로운 학위를 만들면서 여기에 테크놀러지에 관한 전공 과목을 포함시켰다.

신경제 하에서 AOL은 1920년대에 설립된 구경제의 우상인 타임워너(Time Warner)를 인수했는데, 이는 순전히 타임워너보다 거의 두 배 수준에 달하는 주식 평가에 근거한 것이었다. 이것은 관료주의 문화에 대한 대중 문화의 승리이며, 과거의 비즈니스 방식이 쇠퇴하고 감성과 창의성 그리고 공동체의 시대가 도래했음을 의미한다.

멋(cool)의 개념과 상상력의 힘

오늘날 대부분의 기업들은 과거 선례의 도움 없이 자신들의 미래를 설계하고 있다. 기술이 지배하는 세상에서는 혼돈과 예측 불허가 삶의 방식이다. 하지만 모두가 똑같은 처지에 놓여 있는 것은 아니다. 과거의 비즈니스 모델들이 점차 실효성을 잃어가고 있는 반면, 새로운 기술 기업들은 이러한 변화를 주도하는 위치에 서 있다. 이들 기업들은 미래의 일부가 되고자 하는 젊은 세대들에게 그 기회를 제공하고 있으며, 뛰어난 인재들도 전통 기업과 월스트리트 대신 멋진 제품을 만들고, 멋진 스톡 옵션을 제공하는, 멋진 일자리를 찾아 이들 기업에 몰려들고 있다. 상상력은 이 기업들의 혈관이며, 파격적이고 혁신적인 아이디어를 지지하고 환영하는 작업 공간을 원하는 사람들을 끌어들이는 힘이다. 〈Fast Company〉, 〈Red Herring〉, 〈Wired〉 같은 잡지들이 〈포브스〉, 〈포춘〉과 같은 구세대 잡지들을 대체하고 있다. 우리 기업 문화의 이같은 변화들은 새로운 직책명에서도 나타나고 있다. 사바(Saba) 컨설팅 그룹의 최고 교육책임자(CLO), 야후!의 퍼미션 마케팅 매니저, 휴렛팩커드의 전세계 변화 매니저(worldwide change manager) 등이 바로 그 예들이다.

사일로(silo)의 시대는 지나가고 이제는 지식이 진정한 자산이 되어가고 있다. 지식은 여러 사람이 공유할 때 훨씬 더 가치가 있다. 또한 우리는 국가들 간에 경쟁상의 차이점이 줄어든 글로벌화된 세계에 살고 있다. 혁신은 아주 작은 나라에서도 가능하고, 영리하고 빠른 방식으로 운영되는 작은 신생기업들이 거대기업과 경쟁하기도 한다. 새로운 아이디어와 상품들은 더욱 새롭고 보다 향상된 아이디어가 나오기 전까지 아주 짧은 기간 동안만 그 독특함을 유지할 수 있다. 브랜드 이미지에 대한 기대수명 또한 훨씬 더 짧아졌으며, 상품 개발도 더욱 신속하게 진행되고 있다. 과거의 향수 산업에서는 신제품을 개발하고 생산하는데 적어도 2년여의 기간이 소요되었던 데 비해 현재는 1년 미만으로 줄어든 상태이다. 자동차 산업에서도 이와 똑같은 현상이 일어나고 있다. 이러한 근본적인 변화와 기대에 대응하기 위해서 마케터들은 '멋(cool)'의 요소를 활용한 상상력이 넘치는 상품, 서비스, 메시지를 개발해야 한다.

'멋'이란 궁극적으로 시장과의 연결성과 친밀성의 구축에 관한 것이다. 시장은 변화를 예측하는 매개이자 새로운 제품을 위한 창조적인 아이디어를 제공하며, 실제 세계와 실제 소비자에 대해 많이 알면 알수록,

'You' 를 2000년의 인물로 선정한 〈L' Express〉 표지

그들의 욕구와 기대를 좀더 정확히 예견할 수 있다. 그리고 상상력은 시장의 기대와 일치할 때 비로소 흥미롭고 수익성 있는 방식으로 진정한 힘을 발휘할 수 있다.

당신이 진정한 주인공이다

프랑스의 〈L' Express〉 지는 20세기를 장식한 마지막 호에서 'You', 즉 당신을 2000년의 표지 인물로 선정했다. 표지에는 국적 · 인종 · 종교 · 신조가 다른 독자들의 얼굴을 비추는 거울이 그려져 있고, 다음 페이지에는 이렇게 씌어져 있다. "다가오는 21세기는 정치적 · 문화적 · 예술적 · 비즈니스적인 관점에서 개개인으로서의 '사람' 이 고려되어야 한다."

감성적 브랜딩은 소비자들과 개인적인 대화를 나누기 위한 수단이다. 오늘날의 소비자들은 브랜드가 그들의 필요와 문화적인 성향을 충실히 이해하고, 친밀하게 개인적으로 자신들을 알아주기를 기대한다. 이것은 점점 더 복잡해져 가는 시장에서 우리가 직면하고 있는 가장 큰 도전이다. 우리는 시장에서 매우 다른 가치와 성장 배경 그리고 열망을 가진 다양한 세대의 소비자들을 발견한다. 그리고 수적으로 놀라운 증가세를 보이며, 팽창하는 구매력과 사회적 정체성을 표출하고 있는 여성 인구, 소수민족, 호모와 레즈비언 인구들도 시장의 중요한 부분을 형성하고 있다. 우리는 현재 글로벌 시장에서 살고 있으며, 날마다 세계 도처의 문화로부터 영향을 받고 있다. 그리고 이러한 한층 더 광범위해진 기회와 증대되는 기대감은 우리의 삶을 더욱 흥미롭게 만들어 놓았다. 또한, 다양성에 대한 인간의 오래된 욕구는 오늘날 시장이라는 풍부한 모자이크 안에서 더욱 새로운 의미를 갖게 되었다.

브랜드는 이처럼 더욱 새롭고 정교하고 복잡해진 인간의 다양한 욕구를 어떻게 충족시킬 수 있을까? 감성적 브랜딩이란 소비자들에게 가장 의미 있는 문제들에 관하여 브랜드로 하여금 그들과 개인적인 대화를 나누면서 이 거친 바다를 항해하는 것이다. 이 새로운 모델의 브랜드는 문화적으로 적절하고, 사회적으로 민감하며, 일상 생활의 모든 접점에 존재하는 혁신적인 제품들과 연결된다. 브랜딩 전략에서 범하기 쉬운 가장 큰 오류는, 브랜딩이 시장 점유율에 관한 것이라는 믿음이다. 하지만 진정한 브랜딩은 언제나 소비자의 마음과 감성을 공유하는 것이다.

고객에 대한 총체적인 서비스

소비자들은 다양한 방식으로 브랜드를 경험한다. 그리고 오늘날 그들은 스스로 권한을 갖고 있다고 생각한다. 소비자들은 서로 간에 그리고 세계적인 사건들에 아주 긴밀하게 연결되어 있다. 그래서 그들의 믿음대로 이 세계에 영향을 미칠 수 있으며, 그들 자신의 미래의 일부를 결정할 수 있다고 여긴다. 우리는 사람들이 그들 자신을 위하여 삶의 질을 추구하고 재정의하는 모습을 보게 될 것이다. 그들은 스스로와 주위 사람들을 위하여 어떤 선택과 결정을 내리는 데 있어 전례 없이 개인적이며 감성적인 차원에서 그들의 욕구를 충족시키려 할 것이다. 점점 더 중요해지는 편리한 쇼핑, 시간 관리, 스트레스 해소, 관계 형성, 더 큰 즐거움 등 삶의 질과 관련된 개념은 신상품이나 마케팅 아이디어에 대한 소비자의 전반적 수용성에 많은 영향을 미칠 것이다. 개개인에 대한 총체적인 서비스에 모든 비즈니스의 측면을 맞추라는 새로운 요구가 발생하고 있다. 그리고 이를 이해하지 못하는 기업은 다가오는 큰 기회를 놓치게 될 것이다.

브랜딩의 미래는 사람들과 강력하게 연결되기 위해 주의깊게 귀를 기울이고 이들에게 즐거움과 삶의 가치를 극대화할 수 있는 해결책을 제시하는 것이다. 미래에는 전통적 기업들은 유통시스템 상에서 그들이 가진 우월적인 지위나 과거의 브랜드 명성에 의존할 수 없을 것이다. 따라서 강력한 감성적 내용을 가진 브랜드를 제공하는데 주력해야 한다. 오늘날의 상품은 서비스이며, 서비스는 곧 상품이다. 구매자가 판매자이고, 가정이 사무실이며, 근로자가 자본가이다. 영국의 한 슈퍼마켓은 매장 안에 키오스크(현금인출기)만을 제공하는 것이 아니라, 현재는 그 자체가 은행 브랜드가 되었다. 마사 스튜어트(Martha Stewart)는 출판인, 디자이너, 방송인, 그리고 뛰어난 기업가이자 주부이다.

콜롬비아 대학의 번 슈미트(Bernd Schmitt) 교수는 《경험적 마케팅(Experimental Marketing)》에서 "경험적 마케팅의 궁극 목표는 소비자를 위한 총체적 경험을 창조하는 것이다"[12)]라고 말한다. 오프라 윈프리는 이러한 총체적 경험에 관한 소비자의 욕구를 현명하게 이용함으로써 놀라운 성공을 거두었다. 그녀가 발행하는 새로운 라이프 스타일 잡지 〈O〉는 몸과 마음 그리고 영혼에 대한 풍부한 내용을 담고 있으며, 사람들의 삶이 현재보다 더 나아질 수 있도록 도와준다. 오프라 윈프리는 "이 잡지를 통해 사람들이 좀더 생산적인 삶을 영위하도록 돕는 것이 나의 희망이다"라고 말했는데, 이는 잡지로서는 거창한 열망이 아닐 수 없다!

한 개인이 제품에 대해 가질 수 있는 총체적이고 개인적인 경험이 바로 브랜딩의 미래이며, 이것은 제품의 유통방식에도 영향을 미친다. 현재의 많은 쇼핑몰들은 소매 유통의 공급과잉 현상이 낳은 희생물이며 너무나 많은 유사 브랜드들이 경쟁적으로 최저가에 판매되고 있다. 그러나 조지아주의 콜럼버스와 오하이오주에 위치한 이스턴타운센터몰(Easton Town Center Mall), 블루밍톤과 미네소타에 있는 몰오브아메리카(Mall of America), 런던의 블루워터몰(Bluewater Mall) 등과 같은 쇼핑몰들은 즐겁고 다양한 오락 및 문화센터로 새롭게 태어나고 있다. 이 쇼핑몰들은 테마 파크, 음식점, 수족관, 학습센터, 콘서트 등이 펼쳐지는 고도로 창조적이고 상상력이 넘치는 엔터테인먼트의 복합 공간이다. 사람들은 그곳에서 쇼핑을 즐기고, 가족들과 함께 휴식을 취하며, 온갖 종류의 놀이를 만끽할 수 있다.

인터넷 모델이 궁극적인 일대일 유통방식으로 빠르게 자리잡아 가고 있는 가운데, 미래의 쇼핑몰은 상품을 구매하는 장소보다는 탐험하는 장소로 바뀔 것이다. 이는 소매 환경이 단지 상품을 파는 장소만이 아니라 브랜드 이미지를 확립하는 장소가 되어야 함을 의미한다. 따라서 판매점들은 상상력이 풍부한 디자인과 판매 전략, 그리고 웹상에서 찾을 수 없는 즐거움과 감각적 호소를 통해 소비자들과 감성적으로 연결될 필요가 있다.

감각적인 경험은 매우 즉각적이고 강력하며 우리의 삶을 심대하게 변화시킬 수 있다. 그러나 이러한 감각적 경험은 브랜딩 측면에서, 특히 소매 유통 차원에서 최대한 활용되고 있지 못하다. 소매 유통 공간은 그 어느 곳보다 감각적으로 풍부한 경험을 제공할 수 있는 장소이다. 이를테면 드라마틱한 컬러 조명을 받고 있는 매장 한가운데의 폭포수, 각기 다른 사운드, 음악, 향기가 작동하는 매장의 구역들, 신발과 장비를 시연해 볼 수 있는 농구장 혹은 신나는 오락 이벤트들이 훌륭한 역할을 해낼 수 있다. 미래의 매장에서 구매 행위는 쇼핑객들에게 더 이상 즐거움을 제공하지 못하는 시대에 뒤떨어진 행위가 될 것이며, 브랜드 경험에 관한 쇼핑의 예술이 그 자리를 대신하게 될 것이다.

트렌드 예측 전문가인 페이스 팝콘(Faith Popcorn)은 "슈퍼마켓은 머지않아 진부한 과거의 유통 채널이 될 것이다"[13]라고 말한 바 있다. 오늘날 대중들은 전통적인 제조업자가 의존하고 있는 구식의 유통방식에 흥미를 잃음으로써, 상품을 재정의하고 판매방식을 재창조하는 작업이 무엇보다 중요한 의미를 갖게 되었다. 그리고 이러한 일련의 변화들을 헤쳐 나가는 데 있어 소비자와의 감성적 접촉은 성공을 위한 위한 유일한 전략이 될 것이다.

브랜딩에서 감성적 브랜딩으로

치열한 가격전쟁에 직면하는 위험을 피하기 위해 기업들은 더욱 견고하고 명확한 상품 메시지를 전달해야 한다. e-브랜드를 제외하고도 매년 3000개 이상의 신규 브랜드가 쏟아져 나오고 있다. 랄프 로렌의 새 향수인 Romance와 에스티 로더의 Pleasure는 어떤 차이점이 있는가? 특정 콜라와 다른 콜라의 차이점은? 특정 스니커즈와 그 경쟁 상품은? 많은 다른 종류의 청바지, 커피, 주유소는? 이처럼 동일한 소비자의 돈을 놓고 싸우는 공급의 바다에서는 소비자와 감성적으로 연결되는 것이 무엇보다도 중요하다. 감성적 요소는 브랜드에 미래의 비즈니스 전략, 즉 소비자 주도형 전략을 수립하기 위한 기초와 연료를 제공하게 될 것이다.

우리가 잘 알고 있는 스타벅스(Starbucks)는 단지 커피만 파는 장소가 아니다. 스타벅스는 사람들이 커피를 마시면서 감성적으로 즐겁고 친밀한 분위기를 느낄 수 있는 장소에 관한 모든 것이다. 이는 다람쥐 쳇바퀴 돌 듯하는 경쟁과는 거리가 먼, 공동체적인 느낌을 길러주는 '사람들의 장소' 이다. 하워드 슐츠(Howard Shultz)는《스타벅스, 커피 한 잔에 담긴 성공 신화(Pour Your Heart into It)》에서 "브랜드를 구축하는 가장 좋은 방법은 한 번에 한 사람씩 접근하는 것이다"[14]라고 말한다. 스타벅스는 전통적인 비즈니스 방식, 즉 제품을 생산하고 경쟁사로부터 시장 점유율을 빼앗아 오기 위한 대량 광고, 대량 유통방식 대신에 감성적인 방식을 택했다. 독특한 방식으로 운영되는 가치 지향형 회사인 스타벅스는 먼저 진정한 브랜드로서 소비자 지향형 상품을 창조하고, 그 다음 소비자를 대상으로 커피에 대한 교육을 실시하며, 커피를 마시는 로맨스로 그들의 마음을 사로잡는다. 스타벅스에서 판매하는 상품은 커피도, 장소 그 자체도 아니다. 그것은 바로 총체적인 경험이다.

사람들이 스타벅스를 좋아하는 이유는 상상력을 자극하는, 즐거운, 시애틀적인 분위기와 관련이 있다. 이곳에서 일하는 종업원들은 이따금 그 장소와 상품을 탐험하기를 즐기는 고객들과 가벼운 농담을 주고받기도 한다. 마크 맥과이어가 스타벅스 로고가 새겨진 모자를 사기 위해 매장에 들어섰을 때, 종업원은 모자는 판매용이 아니라면서 즉석에서 자신의 모자를 벗어주었다. 그러고 나서 어떻게 되었을까? 맥과이어 선수는 월드 시리즈에 그 모자를 쓰고 나왔다! 스타벅스와의 인상적인 첫 경험이 계기가 되어 그는 스타벅스에서 주관하는 자선사업에 도움을 주고 있으며, 지난 7년 동안 스타벅스에서 주최하는 아동문학 프로그램에 참여해오고 있다.

최근에 고디바(Godiva) 매장을 방문해본 적이 있는가? 지금 당신의 눈

앞에 맛있는 과일 초콜릿이 놓여 있다면 당신은 기꺼이 몇 번이고 그것을 사 먹고 싶다는 생각이 들 것이다. 우리는 이 훌륭한 브랜드를 위해 새로운 매장 디자인을 창조하면서, 우아하면서도 약간은 엄숙한 고디바 특유의 이미지에서 벗어나 아르누보 스타일을 적용해 브랜드 이미지를 감성적으로 표현했다. 그것은 전통적인 세련된 유럽풍의 즐거움을 초콜릿의 매력을 한층 돋보이게 하는, 따뜻하고 감각적인 방식으로 전달하는 것이다. 포장에 관한 세심한 부분에 이르기까지 고디바 매장과 관련된 모든 경험은 초콜릿의 감미로운 경험을 전달해준다. 결과는 어땠을까? 전세계적으로 경이적인 매출 신장을 기록했다!

물방울 모양의 에비앙 생수 병

'브랜딩에 있어 실험적 시도'[15]로 불렸던 미국 북동부 뉴잉글랜드 지방의 새로운 항공사인 제트블루(JetBlue)는 전형적인 항공사와는 다르다. 제트블루는 '어떻게 여기서 저기까지 갈 것인가'가 아니라, 매우 특별하고 고상한 경험에 관한 것이다. 북동부 지방 전체를 통틀어 항공료는 꽤 비싸지만 승객들을 배려한 산뜻한 가죽시트와 세련된 도시 감각의 인테리어, 24개의 TV채널, 프라다 스타일의 파란색 승무원 유니폼과 최신 터미널 게이트에 이르기까지, 제트블루만의 독특한 멋이 배어나지 않는 것이 없다. 또 다른 예로, 에비앙(Evian)의 물방울 모양 밀레니엄 생수 병을 보자. 이 병은 단지 전통적인 감각의 물 혹은 사치스러움에 관한 것이 아니다. 에비앙 생수 병은 혁신적인 디자인, 취향, 실내 장식, 그리고 물방울이 떨어지는 듯한 감각적인 경험의 유발을 통해 완전히 새로운 방식으로 물을 바라보고 있다.

감성적 브랜딩은 강력한 감성적 방법으로 무의식 중에 소비자를 기업과 상품에 연결시켜주는 통로 역할을 한다. 소니의 혁신적인 이미지, 프랑스의 감미로운 사랑 이야기, 구찌의 감각적인 우아함, 보그의 탐스런 매혹, 그리고 타이거 우즈의 놀라운 드라이브 감각과 승리를 향한 투혼은 우리의 상상력을 자극하고, 새로운 세계에 대한 약속을 함으로써 감성적으로 다가온다. 사람들은 자신의 삶의 경험에 감성적으로 반응하며, 자연스럽게 주위의 사물에 대하여 감성적 가치를 부여하기 때문에 감성적 브랜딩 전략이 효과가 있다.

브랜딩은 그것을 제공하는 사람과 받는 사람, 권위와 자유 사이를 이어준다. 이는 신뢰와 대화에 관한 것이다. 강력한 감성적 브랜딩은 파트너십과 의사소통으로부터 비롯된다. 올바른 감성을 형성하는 일은 브랜드에 대한 가장 중요한 투자이다. 이는 고객에 대한 약속이며 그들로 하여금 브랜드의 세계를 즐길 수 있도록 하는 것이다.

감성적 브랜딩을 위한 10계명

브랜드 인지도의 구개념과 감성적 브랜딩의 신개념 사이에는 대화가 있어야 한다. 그리고 그 대화는 소비자 의사결정 과정상의 변화하는 현실을 포함하며, 개인화된 관계의 차원을 중요하게 고려해야 한다. 다음

소비자에 대한 기존 미디어 업계의 인식을 비판한 광고

의 감성적 브랜딩을 위한 10계명은 브랜드 인지도의 전통적 개념과 브랜드가 선호되기 위해 표현해야 하는 감성적 차원 간의 차이점을 잘 설명해준다.

1. 소비자에서 → 사람으로

소비자는 '사는'(buy) 존재이고, 사람은 삶을 '살아가는'(live) 존재이다. 내부적인 의사소통 과정에서 소비자는 종종 공격해야 하는 적으로 간주되곤 한다. 우리(제조업자 · 소매업자 · 광고대행사)가 그들과 적대관계를 이루고 있는 것이다. '소비자 방어 장벽의 제거, 소비자 언어의 해독, 소비자와의 싸움에서 이기기 위한 전략 수립'과 같은 용어는, 나의 경험에 비추어볼 때 아직도 통상적으로 사용되고 있다. 그러나 소비자를 괴롭히거나 무시하지 않고 긍정적인 방식으로 그들의 욕망을 자극할 수 있다면 굳이 이러한 전술을 사용할 이유가 없을 것이다. 이것은 win-win 전략, 즉 상호 존중의 관계에 기초한 파트너십 접근을 통해 이루어질 수 있다. 결국 소비자는 당신의 가장 훌륭한 정보원이기 때문이다.

2. 상품에서 → 경험으로

상품은 필요(need)를 충족시키고 경험은 욕구(desire)를 만족시킨다. 단지 필요를 위한 구매는 가격과 편리함에 의해 결정된다. 반면, REI 스토어에 설치된 암벽 등반용 구조물이나 디스커버리 채널 스토어에 설치된 수많은 사운드 존(sound zone)과 같은 직접 체험할 수 있는 상품이나 쇼핑 경험은 부가적인 가치를 지니고 있으며, 필요의 차원을 넘어 형성된 연결로서 소비자의 감성적 기억 속에 머물게 된다. 제품이 소비자의 흥미를 끌기 위해서는 판매방식, 광고, 프로모션이 상상력을 자극할 수 있어야 한다. 어제의 새 것이 오늘은 낡은 것이 되고, 어제의 흥분을 자아냈던 변화가 오늘은 진부한 것이 되고 만다. 사람들의 호기심과 모험심은 종종 알려진 것보다 훨씬 더 강력하다. 그러나 상품이 지속적으로 소비자에게 감성적인 적실성을 갖고 있다면, 상품은 낡은 것이면서 동시에 새로운 것일 수 있다.

3. 정직에서 → 신뢰로

정직성은 소비자가 기대하는 것이고 신뢰는 매력적이고 친밀한 것이다. 정직과 신뢰는 모든 기업이 갖춰야 할 요소이다. 정직은 오늘날의 비즈니스에서 특히 요구되는 개념이다. 소비자 단체와 일반 소비자들은 상품에 대해 점점 더 엄격한 기준을 정해두고 있으며, 어떤 상품이 진열대 위에 올려져야 하고 무엇이 그럴 필요가 없는지를 빠르게 평가한다. 하지만 신뢰는 이와는 전적으로 다른 것이다. 신뢰는 브랜드의 핵심 가치 중 하나이고 이를 얻기 위해서는 기업의 진정한 노력이 요구된다. 또한 신뢰는 당신이 친구에게 기대하는 그 무엇과도 같은 것이다. 소비자들의 신뢰를 얻기 위한 가장 획기적인 변화 중 하나는 몇 년 전 소매업자들이 실시한, 고객이 문제를 제기하기 전에 상품을 반환해준다는 전략이었다. 이 전략은 소비자들에게 완전한 구매 경험을 제공하고, 구매 결정을 하는데 상당한 도움을 주었다. 따라서 이러한 전략은 매우 현명한 기업의 의사결정이라고 할 수 있다. 특히 월마트와 FUBU 같은 브랜드는 이러한 정책을 실천에 옮겼고, 나아가 브랜드가 소속된 지역사회를 이해하고 그들에게 기여하고자 하는 진실한 노력을 통해 신뢰를 얻은 훌륭한 사례들이다.

4. 품질에서 → 선호로

오늘날에는 경쟁제품 간에 품질상의 차이가 거의 없기 때문에 결국은 선호도가 매출을 좌우한다. 만일 기업이 비즈니스를 지속하기를 원한다면 품질은 필수적이다. 즉 품질은 기본적으로 기대되는 것이고, 충족되어야 하는 것이다. 따라서 진정한 성공의 열쇠는 브랜드에 대한 선호도이다. 리바이스(Levis)는 품질이 우수한 브랜드지만 선호도는 점차 감소하고 있는 추세이다. 반면, 소비자들과 감성적으로 밀착된 관계를 유지하고 있는 빅토리아스 시크리트(Victoria' s Secret)는 언더웨어와 미용사업 분야에 혁신을 일으키며 해당 사업 분야를 재정의하고 있다. 소비자들이 선호하는 브랜드의 앞길은 아무도 막을 수 없다.

5. 인지에서 → 열망으로

잘 알려져 있다는 것이 반드시 사랑받고 있음을 의미하지는 않는다! 인지란 단지 알려지는 것이다. 그러나 당신의 브랜드가 진정으로 갈망되기를 원한다면 소비자의 열망이 담긴 그 무언가를 전해줄 필요가 있다. 브랜드 인지도가 브랜드의 성공을 평가하는 유일한 기준은 아니다. 인지도를 떠나서, AT&T가 소비자들에게 감성적 차원에서 진정으로 의미하는 것은 무엇인가? 대중들에게 널리 알려진(또는 악명 높은) 브랜드인 엑슨모빌(ExxonMobil)과 텍사코(Texaco)의 가장 큰 차이점은 무엇인가? 나이키는 여전히 확고한 아이덴티티를 보유한 매우 유명한 브랜드임에 틀림없지만, 과거에 영감을 주었던 것처럼 현재도 역시 그러한가?

6. 아이덴티티에서 → 개성으로

아이덴티티가 인식(recognition)에 관한 것이라면, 개성(personality)은 특성(character)과 카리스마에 관한 것이다. 브랜드 아이덴티티는 묘사적(descriptive)이고 독특하며, 경쟁적 측면에서의 차별성을 드러낸다. 하지만 이것은 단지 첫 걸음에 불과하다. 중요한 것은 브랜드 개성이다. 브랜드 개성은 특별하며, 소비자의 감성적 반응을 유발하는 카리스마적인 특성을 갖고 있다. 예를 들어 아메리칸 항공(American Airlines)은 강력한 아이덴티티를 갖고 있는 반면, 버진 항공(Virgin Airlines)은 독특한 개성을 갖고 있다.

7. 기능에서 → 느낌으로

상품의 기능성은 단지 실용적이고 표면적인 특성에 관한 것이다. 감각적 디자인은 경험에 관한 것이다. 상품의 외관과 용도가 감각을 위해 디자인된 것이 아니라면, 기능성은 진부해질 수 있다. 마케터들은 소비자의 경험을 위해서가 아니라 최대한의 기능성 혹은 가시성(visibility)을 위해 디자인한다. 그러나 디자인은 인간을 위한 솔루션에 관한 것이며, 새로운 감각적 경험을 제시하는 혁신에 기초해야 한다. 편익의 강조에 의해 제품의 아이덴티티를 구축하는 것은 오직 상품의 혁신성이 소비자들에게 기억될 만하고 흥미로울 경우에만 의미가 있다. 앱솔루트 보드카, 애플의 iMac, 질레트 면도기 등은 참신한 스타일과 감각적 경험을 표현하고 전달하는데 초첨을 맞추고 있는 브랜드들이다.

8. 편재에서 → 존재로

편재(ubiquity)는 보여지고, 감성적 존재(presence)는 느껴진다. 브랜드 존재는 소비자에게 상당한 영향를 미칠 수 있다. 특히 전략적인 라이프스타일 프로그램으로서 브랜드 존재는 사람들과의 강력하고, 지속적인 연결을 구축할 수 있다. 오늘날 전세계적으로 브랜드를 프로모션하기 위해 사용되지 않는 시설물을 찾아보기란 결코 쉽지 않다. 스타디움, 유니폼, 콘서트 홀 혹은 상당한 규모의 도시적 공간(광고판, 버스 정류장, 담과 욕실 문조차도) 그리고 티셔츠, 모자, 머그잔 외에도 무수히 많은 곳에 브랜드는 편재되어 있다. 그러나 이러한 다양한 매체들이 과연 얼마나 효과적일까? 현재 모든 브랜드의 존재 개념은 질이 아니라 양적인 것에 근거하고 있다. 실질적이고 지속적인 연결을 위한 창의적 방식에 초점을 맞추기보다는 경쟁자가 물리적인 영역을 점유할지도 모른다는 두려움에 의해 영향을 받고 있는 것이다. 거리를 지나가는 사람에게 "이봐요, 당신! 새로운 속옷이 필요하지 않나요?"라고 말하며 농담을 거는 조 박서(Joe Boxers)의 독특한 속옷 자동판매기는 사람들의 관심을 유도하고, 연결을 만들어내는 창의적인 방식이라고 할 수 있다.

9. 커뮤니케이션에서 → 대화로

커뮤니케이션은 말하는 것(telling)이고, 대화는 공유하는 것(sharing)이다. 커뮤니케이션은 많은 기업들에 의해 행해지는 것처럼 주로 정보에 관한 것이며, 이러한 정보는 대개가 일방적인 제안들이다. 그리고 오늘날 기업들은 그러한 커뮤니케이션 수단으로 광고에 예산의 많은 부분을 쓰고 있다. 광고는 기본적으로 B1 폭격기가 폭탄을 투하하듯이 무차별적으로 목표 고객에게 도달한다. 하지만 디지털 통신수단, PR, 브랜드 존재, 프로모션과 같은 다른 매체들이 더 개인적이고 더 타깃화된 메시지를 전달하는데 효과적일 수 있다. 진정한 대화는 쌍방향적인 것이며, 소비자와 이야기를 주고받는 것이다. 오늘날 디지털 미디어의 진보는 이러한 대화를 가능하게 하고 있으며, 최종적으로 사람과 기업 간의 상호이익의 파트너십을 형성하는데 도움을 줄 것이다.

10. 서비스에서 → 관계로

서비스는 파는 것(selling)이고, 관계는 진심으로 다가가는 것(acknowledgment)이다. 상점이나 식당에서 누군가가 당신의 이름을 기억하고 반겨준다면 어찌 특별한 감정을 느끼지 않겠는가! 서비스는 상거래에서 효율성의 수준과 관련이 있다. 이는 판매가 이루어지도록 돕기도 하고 방해하기도 한다. 그러나 관계는 브랜드를 대표하여 진정으로 고객을 이해하고 감사하는 마음을 갖는 것이다. 이것은 퀵실버(Quick silver)의 상점문을 열고 들어갔을 때 음악과 장식과 종업원이 일체가 되어 고객과 같은 언어로 이야기하는 모습을 발견했을 때 느끼는 감정이다. 이것은 새로운 기대감이다! 스타벅스의 CEO인 하워드 슐츠는 고객과 사랑을 나누는 방법에 관해 이렇게 말한다. "우리가 손님들에게 인사를 하고, 그들과 몇 마디의 대화를 나누고, 그들의 기호에 딱 맞는 음료를 제공하면, 손님들은 다시 돌아오기를 열망할 것이다."

감성적 브랜딩의 4가지 중심 축

감성적 브랜딩 과정의 기본 개념은 관계 형성, 감각적 경험, 상상력, 비전이라는 4가지 중심 축을 기초로 하고 있다. 그리고 이 중심 축들은 성공적인 감성적 브랜딩 전략의 청사진을 제공하며, 이 책의 전반적인 구성 및 체계를 이루고 있다.

1. 관계 형성

당신의 진정한 고객과 친밀한 접촉을 유지하면서 그들에 대한 존중을 표시하고, 그들이 진정으로 원하는 감성적 경험을 제공하는 것이다. 그러나 현재 미국 내의 많은 기업들은 소수민족 시장의 빠른 팽창과 세대적 진화, 오늘날 사회에서 차지하고 있는 여성의 거대한 영향력과 같은 소비자 인구 구성의 변화들, 그리고 이에 상응하는 소비자 트렌드, 태도 및 행동상의 결정적인 변화들로부터 놀라울 정도로 괴리되어 있다.

2. 감각적 경험

탐험의 손길이 미치지 않은 거대한 분야이며, 21세기 브랜드의 관점에서도 아직 발견되지 않은 금광이다. 조사에 의하면, 다양한 감각적 브랜드 경험을 제공하는 것은 놀라울 만큼 효과적인 브랜딩 도구가 될 수 있다. 소비자에게 브랜드의 감각적 경험을 제공하는 것은 브랜드 선호도와 충성도를 형성하는 잊지 못할 감성적 브랜드 경험을 성취하는 데 있어 매우 중요한 요소이다.

3. 상상력

브랜드 디자인의 실행에 있어 감성적 브랜딩 프로세스를 현실화하는 요소이다. 상품, 포장, 소매 매장, 광고 및 웹사이트를 향한 상상력 넘치는 접근은 브랜드가 기대치를 초월하여 신선하고 새로운 방법으로 소비자의 마음속에 도달할 수 있도록 해준다. 앞으로 브랜드가 직면하게 될 도전은, 소비자들을 끊임없이 놀라게 하고 기쁨을 주기 위한 과감하고 미묘한 방법을 찾아내는 일이다.

4. 비전

브랜드가 장기적으로 성공하기 위한 가장 중요한 요소이다. 브랜드는 시장 내에서 자연적인 라이프 사이클을 통해 진화한다. 오늘날 시장에서 우위를 형성하고 그것을 유지하기 위하여 브랜드는 스스로를 끊임없이 재정립할 수 있는 태세를 갖추어야만 한다. 이것은 강력한 브랜드 비전을 요구한다.

제1부 관계 형성

고객, 고객, 고객!

개요

지금은 21세기

당신의 고객이 누구인지 아는가?

나는 구시대의 상업적 원칙들을 기억하고 그것을 재창조하는 일이 무엇보다도 중요하다고 생각한다. 지금 우리는 점점 더 신속한 기술 혁신에 의해 심대한 영향을 받는 사회로 이동해 가고 있다. 그리고 이러한 현상이 지속될수록 '고객이 항상 옳다'는 생각이 비즈니스의 성공을 위해 더욱더 중요해지고 있다. 살아 숨쉬는 실체로서의 소비자와 연결되기 위한 이 핵심 아이디어는 그 어떤 단기간의 과대 선전보다 강력하며, 소비자의 삶 속에 오랫동안 감성화된 존재를 가지고 있는 브랜드를 창조하는 데 핵심 요소가 된다. 물론 누군가의 개인적인 필요를 충족시키고, 깊은 감성적인 연결을 만들고자 한다면, 그 이전에 그들이 누구인가를 알아야 한다. 그리고 이것은 오늘날의 유동적인 사회에서 대단히 복잡한 과제이다. 나는 현재 가장 영향력 있는 세대인 베이비 붐 세대, X세대와 Y세대의 동적인 폭발, 여성과 주요 소수민족 그룹의 점증하는 영향력, 시장 내에서 호모와 레즈비언 인구의 중요성에 초점을 맞추어 21세기 변화하는 소비자에 대해 전망해보고자 한다.

1

세대의 폭발

새로운 감성 기준에 초점을 맞춰라!

미국 내의 주요 소비 인구는 베이비 붐 세대(37~55세), X세대(25~36세), Y세대(6~24세)로 나눌 수 있다. 인구통계학적으로 세분화된 이 세 집단들은 동일한 언어로 이야기하지 않는다. 베이비 붐 세대는 성취도, 지위 및 성과에 대한 자극에 반응하고, X세대는 상상력, 창의성 및 관계를 중시하며, Y세대는 즐거움, 상호작용 및 경험에 반응한다.

베이비 붐 세대 : 이들은 전형적인 할머니, 할아버지가 아니다

1946년에서 1964년 사이에 태어난 베이비 붐 세대는 미국의 기성체제에 도전하며 자신들이 원하는 것을 얻기 위해 투쟁해온 세대이다. 베이비 붐 세대의 절대적인 규모는 이들로 하여금 다른 어느 세대보다도 강력한 힘을 갖도록 해주었다. 1960년대와 70년대, 그들의 행동방식, 그들의 음악, 그들의 옷차림, 그들의 정치 성향은 미국을 변화시키는 원동력이었다. 여권과 시민권의 신장을 위한 투쟁과정에서 그들은 지미 헨드릭스의 사이키델릭한 미국 국가 연주에 열광했고, 거기에서 미국에 대한 그들 세대의 새로운 비전을 발견했다. 그 후 노브라(braless)와 나팔바지가 퇴장하고, 헤이트 애시버리(haight-ashbury : 60년대 히피 문화의 중심지)와 마리화나가 월스트리트와 마티니에 자리를 내주었다. 80년대 들어 붐 세대가 회사 중역의 위치에 올라서면서 어느 사이엔가 그들은 물질주의 정신과 아메리칸 드림을 재정의하면서 성공과 부를 위해 싸우고 있었다. 지금 이 세대는 과거에 부닥쳤던 장애물과는 판이한 40대 이후의 삶(LAF : Life after forty)이라는 새로운 장애물 앞에 서 있다. 그러나 이들 붐 세대들은 예전에 그랬던 것처럼, 넘치는 활력과 놀라운 수완을 발휘하며 새롭게 직면한 변화에 맞서 나가고 있다.

붐 세대의 영향력은 실로 막강하며, 이들 이전의 어떤 세대들보다도 마케터들에게는 특별한 관심의 대상이 되고 있다. 1946년에서 1964년 사이에 태어난 베이비 붐 세대는 미국 인구의 30%인 8100만 명으로 구성되어 있으며, 전체 수입의 55%를 차지한다. 뿐만 아니라 마케팅 전략상의 중요한 변화가 마케터들이 붐 세대에게 집중해야 할 이유를 제공한다. 과거에 마케터들은 일단 젊은 세대를 사로잡을 경우 이들이 지속적으로 자신들의 브랜드에 충실할 것이라는 가정 하에 젊은 층 소비자들을 대상으로 한 프로모션 활동에 집중해 왔다. 하지만 이러한 마케팅 활동을 지금의 젊은 세대들에게 그대로 적용한다면 공연히 비용만 낭비하는 결과를 초래할 수 있다. 오늘날 브랜드에 대한 소비자들의 관심과 애착은 과거 어느 때보다도 낮은 수준에 머물고 있으며, 브랜드가 소비자들의 존재를 당연하게 여길 경우, 이들은 언제라도 등을 돌릴 준비가 되어 있다. 젊은 세대들을 대상으로 한 장기적인 관점에서의 마케팅 전략이 반드시 그 결과를 보장받지는 못하게 된 것이다. 따라서 브랜드는 소비자들과의 지속적인 대화를 통해, 평생의 사랑을 얻기 위해 노력해야 한다.

붐 세대들이 누리는 풍요와 관심사는 브랜드에 있어 특별한 민감성과 인식을 요구한다. 이 세대는 나이가 주는 압력에 무릎을 꿇는 대신, 성숙이라는 의미로 새롭게 활력을 부여하고 재창조한다. 그리하여 이들 붐 세대들은 21세기의 마케터들을 향해 이렇게 말하고 있다. "지금까지 당신들이 본 것은 아무것도 아니라오."

영원한 젊음

구체적인 설명에 들어가기 전에 한 가지 분명히 해둘 게 있다. 붐 세대는 늙어가는 것이 아니라 젊음의 성숙기에 도달해 가고 있다! 붐 세대는 삶의 절정기(나이에 관계 없이 자신들이 항상 절정기라고 생각한다)에 이르러 현명한 선택, 건강, 사회적 지위라는 성숙의 세 가지 큰 혜택를 기대하고 있다. 한편 그들은 비아그라(Viagra), 레노바(Renova), 투자 포트폴리오 덕분에 '성숙' 과정에서 발생하는 여러 가지 장애 요인들을 피해갈 수 있게 되었다. 붐 세대는 최소한 그러한 계획을 갖고 있다. 40~50대의 붐 세대는 젊음을 연출하는 다양한 행사와 모험에 빠져들고 있으며 그것을 통해 자신들의 젊음과 활력을 재확인한다. 50대의 붐 세대는 과거 어느 시대의 50대보다 자신들의 젊음을 확신하고 있다. 하나의 집단으로서 그들은 훨씬 더 건강하고 활동적이다. 화려한 경력, 부양 가족, 그리고 발달된 의학은 이들 집단이 놀라운 정도로 건강을 유지하게 해주는 요인이며, 무엇보다도 붐 세대들로 하여금 최고의 성취를 가능하게 하는 것은 그들이 갖고 있는 젊은 마음 상태이다. 붐 세대들은 나이를 거부하고 새로운 사업을 시작한다거나 험준한 지형에서 휴가를 보내는 등 야심찬 계획을 추진하는 경향이 있다. 결코 늙지 않는 피터팬 정신이 붐 세대들의 삶을 더욱 활기 있게 만들어준다. 브랜드는 이 점을 염두에 두고 그들의 성숙한 젊음을 더욱 완벽하게 해줄 수 있는 개인화된 제품과 관심을 제공하는데 온 힘을 쏟아야 할 것이다.

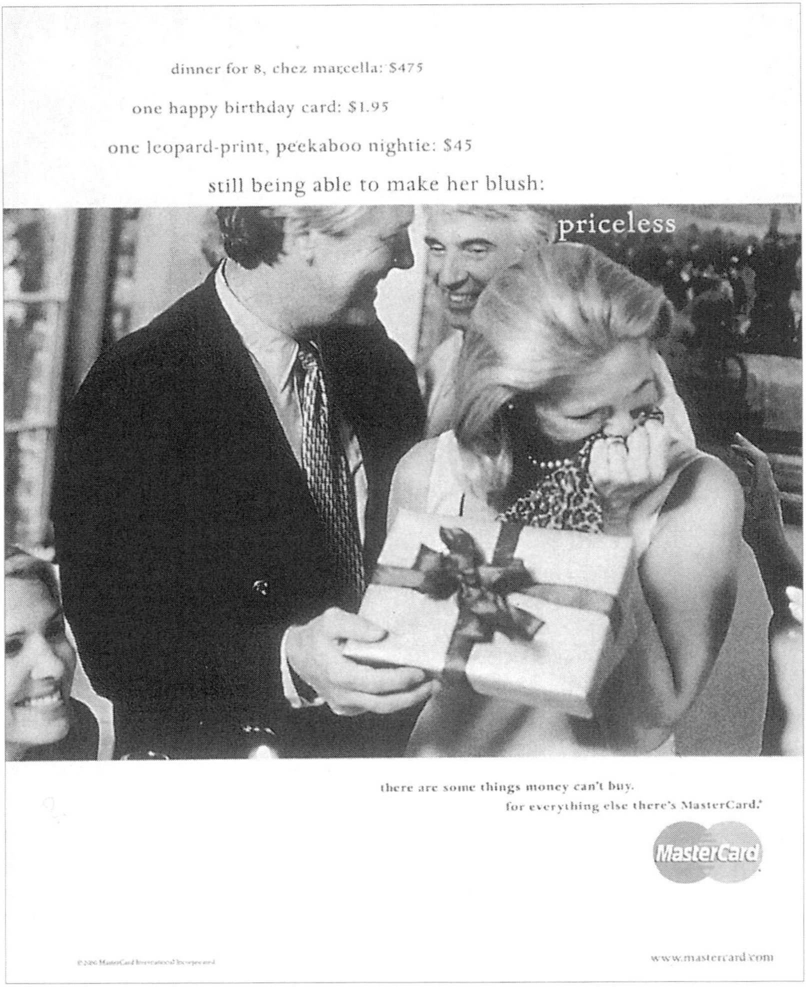
dinner for 8, chez marcella: $475
one happy birthday card: $1.95
one leopard-print, peekaboo nightie: $45
still being able to make her blush:
priceless
there are some things money can't buy.
for everything else there's MasterCard.
MasterCard
www.mastercard.com

"아직도 그녀의 뺨을 붉게 만들 수 있다"— 마스터카드의 〈Priceless〉 광고캠페인

붐 세대 잡지인 〈마사 스튜어트 리빙(Martha Stewart Living)〉, 〈스미스소니언(Smithsonian)〉, 〈뉴스위크〉, 〈포브스〉 등에는 이들 세대를 겨냥한 다양한 종류의 광고들이 실려 있다. 그 중에서 마스터카드의 〈돈으로 살 수 없는 감동의 순간(Priceless)〉 광고캠페인은 "8명의 저녁식사, 쉐즈 마

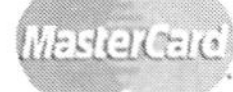

붐 세대의 젊음을 향한 욕망에 호소하는 트로피카나 주스 광고

렐라, $475. 생일 축하 카드 $1.95. 자수로 장식된 표범 무늬 잠옷 $45. 아직도 그녀의 뺨을 붉게 만들 수 있다.—Priceless"란 텍스트로 특징지어진다. "아직도 그녀의 뺨을 붉게 만들 수 있다"는 광고 문구는 세월이 지난 후에도 한 쌍의 부부가 섹시한 매력과 넘치는 활력을 그대로 유지하고

있음을 상징한다. 물론 붐 세대들의 섹시함과 원기왕성함을 강조할 이유가 없었던 10년 전에는 붐 세대를 대상으로 이같은 광고가 제작되지는 않았을 테지만. 붐 세대들이 젊음을 향한 욕망에 호소하는 또 다른 예를 들어보자. 차터 클럽(Charter Club)의 "당신이 느끼는 대로 살아라(Live the way you feel)", 혹은 40대 초반의 한 여성이 나이 든 섹시한 남자 친구가 할리데이비슨 오토바이에 걸터앉아 있는 장면을 배경으로, 그녀 역시 또 다른 할리데이비슨 위에서 주스를 마시는 트로피카나(Tropicana) 주스 광고가 그것이다.

사회적 지위를 상징하는 뚜렷한 심벌 가운데 자동차는 베이비 붐 세대의 변화된 취향을 보여주는 흥미로운 사례이다. 핫로드(hot rod : 스피드를 많이 낼 수 있게 개조한 자동차), 미니밴, SUV(레저 스포츠용 자동차)의 세 자동차를 비교해보자. 중년의 가방을 던져버리고 핫로드를 타고 거리를 질주하는 것을 즐기는 붐 세대들이 적지 않다. 이 차는 붐 세대가 갈망하는 아이덴티티에 호소한다. 그에 반해 안전하고 실용적인 미니밴은 붐 세대의 책임감 있는 자아를 상징한다. SUV는 핫로드와 미니밴을 합쳐놓은 형태로, 붐 세대의 자아를 형상화한 것이다. 다시 말해 미니밴은 중년의 위기감에서 벗어나려는 허세로서의 스포츠카를 기피할 뿐만 아니라, 사커맘(soccer-mom : 도시 인근에 살면서 학교에 다니는 아이가 있는 전형적인 백인 엄마—역주)을 위한 미니밴에서 느껴지는 차분하고 책임감 있는 가족적 모티프도 경계한다. 4륜 구동형으로 된 SUV는 모험을 즐기거나 겨울철 안전 운전에 적합하며, 미니밴의 넓은 인테리어와 핫로드의 모험을 겸비하고 있다. SUV는 붐 세대들이 반응하는 감각뿐만 아니라, 활력과 흥분감이라는 프리미엄까지 제공하고 있다. 경제적으로 풍족한 이들 붐 세대들은 세 가지 차종 모두에게 중요한 고객이지만, 유독 SUV 산업이 번창하는 이면에는 무언가 특별한 이유가 숨어 있을 것이다.

그러나 앞으로 브랜드는 붐 세대의 아이덴티티에 특별한 관심을 기울여야 한다. 붐 세대는 사람들로부터 책임감이 있다는 말을 들어왔고, 그들 역시 그 사실을 잘 알고 있다. 붐 세대는 즐거움을 위해 값비싼 비용을 지불할 준비가 되어 있다. 예를 들어 1980년대 경주용 오토바이 선수의 평균 연령은 26세였지만, 오늘날에는 34~64세 사이의 연령대가 60%나 된다. 그렇다면 그들이 20년 전에 샀던 것과 똑같은 종류의 오토바이를 구입할까? 전혀 그렇지 않다. 할리데이비슨(Harley-Davidson)은 한층 더 성숙해진 소비자 계층을 끌어들이기 위해 다양한 고급 기종에 더 넓은 좌석을 장착했고 안전 요건도 더욱 강화했다. 한편, 마케터들은 가족들에게 어필할 수 있는 이벤트를 개최했고, 중산층 커플을 내세운 광고 전단을 배포했다. 상품과 이미지 두 가지 측면에서 볼 때, 이같은 현명한 재디자인(redesign)은 할리데이비슨사의 성공에 크게 기여했으며, 붐 세대 브랜딩에 주목하지 않을 수 없는 모델을 제공했다.

연령대가 높은 베이비 붐 세대의 욕구를 충족시키려면 늙거나 노쇠하다는 느낌을 주지 않으면서 그들을 매혹시킬 수 있는 세련된 상품과 디자인이 무엇보다도 중요하다. 운명으로부터 도망치고 싶어하는, 붐 세대들의 두려움에 호소하는 제품들은 십중팔구 실패하기 마련이다. 그러나 보편적인 디자인 원칙을 고려한 상품들은 성공할 수 있을 것이다. 보편적인 디자인 원칙이란 나이에 관계 없이 모든 소비자의 욕구를 고려하는 것이다. 인체공학적 원리에 의해 고급 케이스로 포장된 부드러운 지우개가 달린 펜, 문의 둥근 손잡이보다 편리한 핸들 타입의 레버, 크고 읽기 쉬운 계기판과 화면 등과 같은 혁신적인 제품들은 모든 소비자들에게 편리함과 만족감을 준다. 이러한 제품들을 마케팅할 때는 '노인들을 위한 보조기구' 보다는 모든 사람이 사용할 수 있는 '지능적인 혁신 제품' 으로 부각시키는 편이 훨씬 더 효과적이다. 예를 들어 몇몇 호텔 체인들은 일부 객실에 조명과 커튼을 조절하는 원격조정 버튼을 설치하거나 손님들이 넘어지지 않도록 욕실 문턱을 없애는 등의 개조 작업을 시작했다. 그리고 노인들에게 편리한 객실이라는 개념보다는 전통적 객실에 대응하는 호화 객실로 마케팅 되었다. 자동차 업계에서도 이와 유사한 사례를 보여준다. 베이비 붐 세대를 겨냥한 BMW Z3 또는 포드 자동차의 선더버드(Thunderbird)와 같은 스포츠카는, 붐 세대들의 몸이 젊은 사람들처럼 민첩하고 날렵하지 못하다는 점을 고려하여 견고한 차체와 큼직한 문, 보온 좌석, 넓은 다리 밑 공간 등의 사양을 적용했다.

넘치는 활력과 모험심이 강한 아이덴티티에 호소하는 것 외에도, 감성적 브랜딩은 이 그룹을 위해 편안함, 안심 및 해결책에 관한 것을 제공한다. 과거의 많은 브랜드들은 소비자로 하여금 자신들의 상품을 구입하도록 위협한 적도 있었다. 하지만 오늘날의 브랜드는 소비자들을 매혹시키고 그들로부터 이해를 구한다. 패션업계에서는 베이비 붐 세대와 한층 진전된 관계를 형성하는 또 다른 사례를 보여준다.

최근 들어 40~50대 이상의 여성들이 광고와 패션쇼 등에 자주 등장하고 있는데, 예를 들어 브룩스 브러더스, 장 폴 고티에, 블루밍데일 등은 붐 세대들을 향해 '이 상품은 바로 당신을 위한 것입니다' 라는 미묘한 메시지를 전달하기 위해 아름답고 성숙한 이미지의 연예인들을 모델로 내세우고 있다. 에스티 로더가 1970, 80년대에 활약했던 톱 모델인 카렌 그레이엄을 다시 출현시키자 패션 광고에서 자신들과 같은 세대의 모델을 보게 된 것을 감사하는 중장년층 소비자들로부터 편지가 쇄도하기도 했다. 비슷한 예로, 1999년 〈배니티 페어(Vanity Fair)〉 지는 주 독자층을 35~54세의 여성으로 규정했다. 비록 이 잡지는 18~20세 가량의 젊은 모델들이 주축을 이루고 있지만, 점차 흰머리와 주름살이 살짝 진 중장년층의 아름다운 모델들을 등장시키고 있다. 한편, 패션 디자이너들은 베이비 붐 세대의 몸매가 20대와 같을 수 없다는 사실을 잘 인식하고 있

중년 여성을 위한 화장품 이미지를 표현한 에스티 로더 광고

었는데, 그 중 속이 비치는 란제리로 유명한 빅토리아스 시크리트(Victoria's Secret)는 젊은 이미지와 패션 감각을 유지하면서 동시에 이 점을 디자인적으로 잘 조화시킨 상품을 내놓았다. 편안함 또한 베이비 붐 세대에게는 우선순위의 고려 사항이다. 그러므로 성공을 꿈꾸는 브랜드라면 이러한 측면은 물론이고 베이비 붐 세대의 변화된 취향에 지속적으로 어필할 수 있어야 한다.

브랜드는 소비자들이 자신들의 나이를 어떻게 받아들이는지, 또 어떤 상품이 이들의 감성에 가장 적합한지를 고려해야 한다. 베이비 붐 세대는 2000년도에만 4570억 달러로 추정되는 화장품 산업의 폭발적인 성장에 있어 엔진 역할을 했다. 오늘날 패션 잡지에는 '나이를 거부하는' 상품을 찬양하는 광고로 가득 차 있다. 노화된 피부층을 벗겨내 더 젊은 피부로 만들어주는 알파수산기산이라는 천연 성분이 개발된 이후, 노화 방지용 화장품이 시장에서 철수했다. 1977년에 도입된 레노바는 FDA(식품의약청)에 의해 주름감소 제품으로 판매 허가를 받았다. 어떤 상품이 됐든지 간에 나이보다 젊어 보이게만 해준다면 누구라도 한 번쯤 관심이 끌리게 마련이다. 따라서 이런 상품들을 마케팅할 때는 문제 해결에 초점을 맞추기보다는 물리적 · 심리적 편익을 강조하는 광고가 훨씬 더 효과적이다. 예를 들어 많은 남성들도 비즈니스에서 점점 더 젊은 사람들과 경쟁하고 있다는 사실을 인식하고 있는 가운데 자신들이 나이 들어 간다는 사실에 신경을 쓰고 있다. 이런 남성들에게 좀더 젊어 보일 수 있다는 것은 직장에서 자신감 있게 일할 수 있는 중요한 요소가 된다. 만약 브랜드가 이같은 방식으로 그들의 삶에 활력을 불어넣을 수 있다면, 반드시 그렇게 해야 한다.

이것을 좀더 구체적으로 살펴보자. 베이비 붐 세대는 매우 열심히 살아온 세대들이다. 일터에서든 혹은 사회적 문제에서든 이 세대는 지금 그들이 갖고 있는 것을 얻기 위해 투쟁해 왔다. 그들은 직장 동료와 더 젊은 후배 직장인들의 진출로 인해 일터에서 이미 첨예화된 경쟁 상황을 체험한 바 있다. 1960년대의 반권위주의 운동에도 불구하고, 이 세대는 사회적 지위와 성공을 위해 달려왔고, 지금 그 혜택을 누릴 준비가 되어 있다. 이제 베이비 붐 세대는 점점 더 제한된, 그리고 놓치기 쉬운 여가 시간을 최대한 활용하려고 한다. 따라서 이 세대가 갈망하는 휴식과 레저 활동을 위해 무언가 남다른 아이디어를 제공하는 모든 종류의 비즈니스는 번창하게 될 것이다.

정원 가꾸기, 여행, 집에서 보내는 휴가 등은 단순화한 삶의 특성을 보여주는 것으로 베이비 붐 세대와 함께 번성했다. 이러한 활동은 현실 도피라는 즐거움을 안겨주었다. 그리고 이런 단순함을 지향하는 취향은 마케터들에게는 더할 나위 없이 중요한 사항이다. "나는 컴퓨터를 판다. 이 제품의 성능은 아주 뛰어나고 가격경쟁력도 있으므로 잘 팔릴 것이다"라는 말만으로는 충분하지 않다. 브랜드는 상품과 이미지를 둘러싼 상징적 가치 위에 한 차원 높은 감성을 개발하기 위해 끊임없이 리포지셔닝되거나 재포장되어야 한다. 앞서 언급한 특성을 가진 컴퓨터 브랜드는, 그러한 잠재력을 컴퓨터가 삶을 단순화하고 여가시간을 늘리도록 한다는 것과 동일시 되도록 해야 한다. 컴퓨터 브랜드는, 컴퓨터가 소득신고를 빠르고 손쉽게 처리해줌으로써 사용자가 야외로 피크닉을 갈 수 있는 자유시간을 만들어주는 것으로 명확하고 주의깊게 설명해 보여줄 수 있을 것이다. 이와 같은 접근은 브랜드로 하여금 그것이 삶에 가져오는 실제적이고 유형적인 솔루션과 심리적인 솔루션 모두를 돋보이게 한다. 브랜드가 성공하기 위해서는 제품의 구체적인 특성들 뿐만 아니라 이러한 심리적 아이덴티티까지 세심하게 다룰 수 있어야 한다. 사실 나는 작업할 때 아무 이상만 없다면 컴퓨터의 램 용량이 얼마나 되느냐는 상관하지 않는다.

하지만 붐 세대들이 직면한 변화인 은퇴에 대해서 그들은 어떤 태도를 가지고 있을까? 이 또한 그들은 수완을 발휘해 현명하게 대처해 나갈 것이다. 비록 서서히 감소하고는 있지만, 베이비 붐 세대는 여전히 활동적인 라이프 스타일을 유지할 것이다. 미국 인구조사국의 보고에 따르면, 1999년도에 60세 이상의 미국인은 약 3000만 명에 이르렀다. 이 수치는 2015년에는 5000만, 2030년에는 6500만 명으로 늘어날 것으로 예상된다. 그러나 추세가 이렇다고 해서 그들을 플로리다 해변에서 만날 수 있으리라고 기대하진 말라!

최근의 갤럽 조사에 의하면, 60세 이상의 응답자 중 60% 이상이 은퇴 후에는 어느 작은 마을에 정착하고 싶어한다고 한다.[1)] 또한 예상보다 많은 붐 세대들이 로키산 지역 및 북부 캐롤라이나와 같은 남동부 지역으로 이주할 예정인 것으로 나타났다. 플로리다에서 활성화 되었던 퇴직자 공동체들은 이제는 쾌적한 소도시의 중심가나 친절한 이웃이 있는 작은 공동체로 옮겨가고 있다. 한편, 많은 베이비 붐 세대는 일상의 권태를 극복하거나 혹은 돈을 벌기 위해 일터에 복귀함으로써 이러한 라이프 스타일을 보완해 나갈 것이다. 아이아코카(Lee Iacocca)는 이러한 추세의 선도자 중 한 사람이다. 그는 전기 자전거와 같은 환경 친화적 교통수단을 전문적으로 취급하는 EV 글로벌모터사를 설립하기 위해 크라이슬러(Chrysler)에서 은퇴했다.

베이비 붐 세대가 60대에 다시 일터로 되돌아올 것이기 때문에 기업들은 이 숙련된 인력들을 활용함으로써 얻을 수 있는 기회를 고려하고, 그들의 관심을 끌기 위한 준비를 할 필요가 있다. 융통성 있는 스케줄, 가상의 사무실은 이들 베이비 붐 세대로부터 지대한 관심을 끌게 될 것이다. 아마도 어떤 기업들은 이 직원들이 부양하는 부모를 위해, 탁아 시설에 상응하는 양로 시설을 마련해둘 수도 있다. 나이 든 베이비 붐 세대를 직원으로 고용하는 것은 그들의 니즈를 알아내거나 예측할 수 있는 최상의 방법 중 하나이기 때문에 그들을 대상으로 별도의 노력을 기울일 만한 충분한 가치가 있다. 해답을 줄 수 있는 65세의 사람들이 줄을 서 있는데, 왜 60대를 이해하기 위해 30대를 고용해야 하는가?

21세기의 비즈니스에서는 베이비 붐 세대의 두 가지 측면, 즉 달아나고자 하는 욕구와 활동은 계속하되 속도를 좀 늦추고자 하는 욕구를 이해하는 노력이 반드시 필요하다. 따라서 상품과 광고는 이런 두 가지 측면의 사고방식에 현명하게 대처해야 한다. 붐 세대들이 필연적인 노년의 망각 속으로 서서히 발을 내딛고 있음을 암시하는 브랜딩 전략은 실패할 것이다. 이들에게 중요한 것은 활동적이고 의미 있는 노년, 아무런 어려움도 없는 노년의 혜택들이다.

이러한 붐 세대들의 야망과 동기 부여에 영향을 받지 않는 것이 있을까? 사실상 없으며, 그것은 죽음까지도 포함한다. 〈USA 투데이〉의 기사에서 한 장례 상담사는 "베이비 붐 세대는 다른 어느 세대들과도 다르게 살고 있으며, 죽을 때도 그럴 것이다"라고 말한 적이 있다.[2] 케케묵은 전통의 이름을 내건 값비싸고 보수적인 장례식은 아름다운 시, 현대적인 음악, 장례 후 파티로 특징지어지는 친밀한 장례식에 자리를 내주고 있다. 이들 중에는 자신의 애완동물과 함께 매장되기를 원하는 사람도 있다고 이 기사는 보고한다. 활동적인 라이프 스타일과 환경에 대한 관심이 높아지면서 화장(火葬)을 선호하는 사람들이 늘고 있지만, 여전히 매장(埋葬)에 집착하는 사람들에게는 개인화된 예술적인 관(棺)이 제공된다. 달라스에 있는 화이트라이트(WhiteLight)사는 '천국까지의 순조로운 길'이라고 새겨진 관을 판매한다. 이처럼 베이비 붐 세대의 활동적인 성향과 인간적인 감성은 마지막으로 이승을 떠나는 길까지도 적용되고 있다.

X세대에서 eXcel 세대로 : 여기에는 한치의 느슨함도 없다

1965년에서 1976년 사이에 태어난 X세대에게 남아 있는, 또 그 이름이 만들어낸 잘못된 관념들은 말끔히 지워버리자. 물론 그들은 어렵게 인생을 출발했다. 급증하는 이혼율, 흔들리는 경제, 에이즈와 마약 같은 무서운 신종 사회문제의 그늘 아래서, 그들은 첫 맞벌이 부부의 아이들이었고, 화염에 휩싸여 지구로 추락하는 우주왕복선 챌린저호를 보기 전부터 인생은 불완전하다는 것을 잘 알고 있었다. 그러나 그들의 진지한 젊은 시절은 절제와 독립정신, 실용주의적 사고방식을 강화하는데 알맞은 환경을 제공했으며, 호황을 맞은 경제 덕분에 1991년도에 만연했던 의기소침한 모습에서 탈피했다. 《X세대(Generation X)》라는 소설에서 이 불명예스러운 용어를 만들어낸 더글러스 코플랜드(Douglas Coupland)는 이렇게 말한다. "그것은 과거의 일이다. 이제 그들은 열등한 것과는 전혀 무관하다."[3] 따라서 이들을 '게으름뱅이 20대'로 인식하고 있는 브랜드는 분명 잘못된 길을 가고 있음을 알아야 한다. 반면, 오늘날 엑셀 세대의 에너지와 활기를 활용하는 브랜드는 존중받을 준비가 되어 있는 이 세대들과 지속적인 파트너십을 형성할 수 있을 것이다.

엑셀 세대의 인구 수는 4400만 명이다. 이 수치는 미국 내 전체 인구의 17%에 달하지만, 인구의 각 30%씩을 차지하는 베이비 붐 세대와 Y세대에 비해서는 상대적으로 적은 수이다. 그러나 그들은 경력을 쌓아가고 내집 마련을 위해 노력하는 의미 있는 인구 집단이다. 엑셀 세대는 금전적인 문제에 보수적이고 민감하며, 이들 중 71%가 수입의 일부를 정기적으로 저축하고 54%가 자산관리를 시작했다.[4] 그들의 형제인 베이비 붐 세대가 헛되이 제2, 제3, 혹은 제4의 젊음을 만끽하는 동안 엑셀 세대는 성숙하고 신중한 태도를 기르고 있는 것이다.

엑셀 세대가 누리고 있는 번영은 상당 부분 가족관의 재정립에서 기인한다. 80년대의 가정 붕괴 현상을 놀란 눈으로 지켜보던 이 세대는 자신들의 가정을 아주 조심스럽게 꾸려 나간다. 붐 세대 이전 세대들이 그랬던 것처럼 이들도 이혼에 반대한다. 그 대신 엑셀 세대는 안정된 직업을 찾고 젊음을 최대한 즐기고 난 뒤에 결혼한다는 그들 나름의 해결책을 갖고 있다. 엑셀 세대의 결혼 적령기는 여성이 25세, 남성이 26.8세이다. 또한 이들은 결혼을 구속이라고 생각하지 않으며 제도적인 문제점들을 혁신하기 위해 노력한다. 엑셀 세대는 집에서 아이들과 함께 있기 위해 가상의 사무실을 이용하거나, 스트레스를 해소하기 위해 주말마다 스카이 다이빙을 하러 가는 등 결혼 생활을 자신들의 필요에 맞추고 있다.

다양하고 개인화된 취향들에 융통성 있게 대응하는 브랜드는 엑셀 세대에게서 전혀 예측하지 못한 기상천외한 면들을 발견하게 될 것이다.

예를 들어 새롭게 가정을 꾸리는 남녀가 전통적인 스타일의 주택을 구입하려 할 경우, 이들은 이를 지위에 대한 상징으로서보다는 개성을 상징하는 것으로 받아들인다. 그러나 현재 엑셀 세대는 자신들의 트레이드마크인 절약 정신과 개성이 혼합된 형태의 가정을 계획하고 있다. 어반아웃피터스(Urban Outfitters)는 엑셀 세대의 취향에 효과적으로 어필하고 있는 상점이다. 이 상점의 크리에이티브 디렉터인 멜라니 콕스는 이렇게 말한다. "우리는 가격이 저렴한 가구와 장식용품을 팔고 있어요. 우리 매장의 단골 고객들은 아마도 선대로부터 물려받은 낡은 소파나 오래된 테이블이 있는 사람들일 거예요. 그 가구들은 전혀 어울리지 않지만 그들은 거기에 나름대로 개성을 부여하고 흥미로운 요소를 결부시켜서 하나의 상징을 남기고 싶어한답니다."[5)]

어반아웃피터스 상점은 이러한 점을 의류용품에도 적용한 결과, 엑셀 세대로부터 좋은 반응을 얻었다. 어반아웃피터스는 값싸고 세련된 패션 상품을 진열하여 고객들이 이 가게 저 가게 돌아다니지 않고도 한 자리에서 독특하고 세련된 옷을 구입할 수 있도록 했다. 엑셀 세대인 멜라니 콕스는 "우리 매장을 찾는 고객들은 어떤 특정한 스타일을 원하는 경우가 많아요. 그들은 어디선가 직접 보았거나 가까운 친구들이 입고 있는 특정 브랜드에 편안함을 느끼는 것 같아요. 하지만 그들은 실제로는 다른 사람들이 잘 선택하지 않는, 아주 특별한 스타일에 더 흥미를 보이고 있습니다"라고 말한다. 이 말은, 엑셀 세대 역시 유행을 따르기는 하되, 기존의 패션이나 브랜드를 자유롭게 변화시키는 예리하고 차별화된 취향을 갖고 있음을 의미한다.

엑셀 세대는 기업의 인사담당자들에게 골치 아픈 존재이다. 20~30대에 해당하는 이 세대들은 구직 시장으로 빠르게 흡수되었으며, 거기에서 아주 신나고 의미 있는 몇 가지 변화를 가져왔다. 그들은 90년대 초반에 진행된 정리해고 기간 동안, 안정된 직장이나 기업에 대한 충성심 따위는 창 밖으로 날아가버리는 현실을 똑똑히 지켜보았다. 그 결과, 만일 다른 기업에서 더 나은 조건으로 입사 제안을 해올 경우 이들은 언제라도 사표를 던질 용의가 있다. 그리고 그들은 회사를 위해 사생활을 포기할 생각이 전혀 없다. 그들은 직장 생활과 개인적인 생활 사이에서 적절한 균형을 유지한다. 그리고 노동자들의 권익 요구와 세대 쿠데타를 통해 회사의 규칙을 자신들의 방식으로 고쳐 쓰는 데 성공했다. 이들 엑셀 세대는 단조롭지 않으면서 배움의 기회를 제공하고 기술을 익힐 수 있는 직업을 선호한다.

그들은 비록 경영자는 아니지만 기업가적인 태도를 가지고 스스로를 관리하고 싶어한다. 엑셀 세대의 이런 태도는 경영자나 인사부서를 더욱 곤혹스럽게 만든다. 엑셀 세대는 벤처기업의 70%를 차지하고 있다. 그리고 이들의 독립성과 주도성을 보완해주는 것은 팀워크에 대한 열망이다. 혼자서 일해 왔던 경쟁 지향적인 베이비 붐 세대와는 달리, 엑셀 세대는 팀의 일원으로 서로 협력하면서 일하는 것을 즐긴다. 그들은 위계적 사고방식을 버리고 평등을 택했다. 그들은 직장 상사에게도 자신들을 평등하게 대해 달라고 요구한다. 지시를 내리는 것은 그들의 사기를 떨어뜨리는 행위이다. 그들은 스스로 해결책을 찾아내고 실수가 허용되는 분위기에서 일할 때 더 강한 자극을 받는다. 특히 엑셀 세대는 훌륭한 상사를 만들고, 그들 역시 좋은 상사가 되기 위해 노력한다. 왜냐하면 그들은 자신들의 상사보다 더 나은 상사가 되고 싶어하기 때문이다. 그들은 또한 남성 및 여성 상사와 평등하게 일하는데 익숙하고, 직장 내의 성 문제에 관해서도 무관심한 편이다. 우와! 10년 후에 Y세대는 선배인 엑셀 세대가 직장 내의 문제들을 완전히 해결해준 데 대해 감사해야 할지도 모르겠다. 엑셀 세대를 수용하는 기업은 오늘날 시장에서 가장 가치 있는 두 가지 자산인 창의성과 융통성을 꽃피울 수 있을 것이다.

브랜드는 절대로 이들을 속일 수 없고 또 속여서도 안 된다. 그 대신 기업은 매체를 통해 정확한 정보를 제공하고 엑셀 세대의 개성과 열망에 호소해야 한다. 유머, 특히 풍자는 엑셀 세대가 선호하는 것이다. 때로는 불손해 보이는 어떤 것이 그들의 공감을 사고 브랜드 로열티를 불러일으키는데 멋진 시도가 될 수 있다. 오스틴 파워가 나오는 버진 아틀랜틱스(Virgin Atlantics) 광고캠페인은 엑셀 세대에게 뛰어난 호소력을 지닌 광고이다. 60년대 영국 스파이 영화를 희화화한 〈오스틴 파워〉는 X세대 사이에서 대성공을 거두었고, 천박하면서도 애교가 넘치는 성적 풍자로 장식된 그의 캐치프레이즈들은 X세대의 일상 용어가 되었다. 엑셀 세대는 이 영화와 함께 활기차고 멋진 버진 항공사를 연결시키는 재미있고 '외설적인' 은유가 담긴 광고를 좋아했다. 한편, 이 영화는 영화에서 희화화된 원래의 등장인물들과 문화를 낳은 베이비 붐 세대에게는 또 다른 즐거움을 주었다.

20대 소비자를 겨냥한 지포(Zippo) 라이터의 광고캠페인도 엑셀 세대가 민감하게 반응하는 '세련된 불손함'을 이용하고 있다. 광고는 지포를 라이터보다는 점화 장치로 간주하면서, "무언가를 시작하는데 사용하십시오"라는 슬로건을 내세웠다. 그리고 TV 광고의 주요 타깃은 젊은 엑셀 세대와 20대 초반의 Y세대에게 맞춰졌다. 광고에 등장하는 '지포 가이'란 이름의 배역은 지포와 함께 낯설고 도전적인 환경에 직면한다. 지포 가이는 시청자들을 향해 "최근의 연구에 의하면 오존층이 급속도로 파괴되어 간다고 합니다. 이런 현상이 발생하는 주요 원인은 소가 내뿜는 가스 때문이죠. 따라서 이 가스를 재빨리 연소시키면 오존층으로 올라가는 것을 막을 수 있습니다. 인류를 위해 내가 지구를 구하겠습니다"라고 말한 다음, 지포 가이는 소의 방귀에 불을 붙이려다가 농부들에게 붙잡힌다.

광고의 내용이 어리석은가? 재미가 없나? 아이디어가 기발한가? 대답은 예스, 예스, 예스이다. 지포 라이터는 베이비 붐 세대에게 좋은 반응을 얻었던, 특히 제임스 딘이 지포 라이터를 들고 있는 장면들과 함께 그들의 오랜 역사와 브랜드가 갖고 있는 고상함이나 개성에 대해 이야기할 수도 있었다. 하지만, 엑셀 세대의 소중한 시간을 조금이라도 붙잡고 싶다면 그만한 가치가 있는 광고를 만드는 것이 훨씬 더 현명하다. 철철 넘치는 박력, 한바탕 신나게 웃어넘길 수 있는 유쾌한 스토리가 그 한 방법이다. 뭔가 색다르면서 다소 점잖치 못한 유머를 생각해볼 수도 있다. 기업의 경영진들이 이에 대해 곤혹스러워 한다면, 나는 종종 그들의 딸과 함께 〈사우스 파크(South Park)〉 쇼의 에피소드를 볼 것을 권유한다. X세대로부터 폭발적인 인기를 얻고 있는 이 쇼에는 무례한 만화 속 등장인물들이 주인공으로 나오는데, 이들은 상대방에게 욕설을 퍼붓고 방귀를 뀌어댄다. 프로그램이 끝난 뒤에야 그들은 그 의미를 이해할 수 있을 것이다.

엑셀 세대를 겨냥한 광고캠페인은 기존의 전통적인 접근 방식에서 벗어나야 한다. 광고캠페인의 일환으로 포드사는 35세 이하의 유행을 선도하는 젊은이 120명을 선발하여 포커스(Focus) 자동차 한 대씩을 무상으로 제공했다. 포드사는 TV와 인터넷으로도 생생한 광고를 내보냈지만, 다른 한편으로 DJ, 콘서트 홍보원 등 이들 멋진 젊은이들에게 자동차를 무상으로 제공한 것은 광고 등을 통해 신제품을 지나치게 노출하지 않고 입소문을 통해 사람들에게 알리기 위한 수단이었다. 또한 포드사는 2만~3만 5000달러의 연봉을 받는 20~29세의 고객들을 대상으로 하는 별도의 자동차 판매장을 마련했다. 이곳에는 이들 고객들의 기대에 부응할 수 있도록 이들의 언어에 익숙한 판매사원을 배치했고, 전시 룸은 이들의 관심을 끌 수 있도록 재디자인 되었다. 또한 포드사는 아직 실질적인 신용기록이 없을 수도 있는 이들을 위해 신용 기준을 완화했다.

그러나 다른 브랜드들은 이와는 다른 방식으로 엑셀 세대에게 접근하고 싶어할 수 있으며, 전통적 미디어도 예외는 아니다. 엑셀 세대를 대상으로 한 광고캠페인은 이들에게 각각의 매체가 어떤 의미를 가지며, 어떻게 그 매체와 캠페인의 내용이 브랜드의 이미지를 증대시키거나 감소시킬 수 있는지 고려해야 한다.

BBDO 뉴욕 사무소가 104명의 엑셀 세대 성인 남녀를 대상으로 실시한 조사 결과를 보면, 미디어에 대한 이들 세대의 인식이 잘 드러나 있다.[6] 이들은 인터넷을 도피, 정신적 자극, 전문적인 정보수집 도구로 인식하고 있었으며, 인터넷을 통해 지적인 성취, 혁신의 느낌을 받고 있다. 그리고 인터넷을 사용하는 사람들은 주로 전문직을 가진 젊은이들로 인식하고 있으며, 흥미 있는 비교로, 잡지 구독자들에 대해서는 매력적인 사람으로 인식하였다. 호화로움, 창의성, 섹시한 느낌은 잡지를 읽는 것과 결합되어 있으며, 잡지는 최신 정보를 얻고 일종의 심리적 보상을 받는 매체로 여겨졌다. TV는 오락 혹은 하루를 마감하는 수단으로서 대부분 주부나 가족과 관련이 있는 것으로 응답했고, TV 시청은 행복, 안락감, 즐거움의 느낌을 주는 것으로 응답했다. 신문은 아침에 일어나 가장 먼저 깊이 있는 정보를 접하는 도구로 인식하고 있으며, 신문을 통해 전달되는 느낌으로는 안전, 존경 등을 꼽았다. 라디오는 아침에 혹은 다른 일을 하면서 듣는 배경 미디어로 묘사되었으며, 청취자들에게 휴식과 젊음의 느낌을 전해주고, 라디오를 듣는 사람들은 젊고 세련된 사람들로 인식되었다.

이러한 조사 결과에 근거해보면, 신문은 금융 관련 서비스와 같은 진지한 상품을 광고하기에는 뛰어난 매체인 반면, TV는 재미와 연계된 상품을 위한 훌륭한 매체로 간주되었다. 그러나 이러한 조사 결과는 해당 매체에서 광고가 어떻게 작용할 수 있으며, 또 작용할 것인지에 관한 힌트와 배경 정보를 주는 데 불과하다. 성공한 많은 광고캠페인들은 특정 미디어에 대한 전통적 기대와 용도를 고려한 다음, 쉽게 지루해 하는 엑셀 세대의 관심을 끌기 위해 이러한 기대들을 반전시킬 것이다. 노련하고 창의성이 뛰어난 전문가라 할지라도 엑셀 세대를 유혹하기는 쉽지 않다. 엑셀 세대의 관심을 끌기 위해서는 무엇보다도 그들의 라이프 스타일을 완벽히 이해해야 한다. 엑셀 세대에 대한 이해를 돕기 위해, 나는 우리 회사의 크리에이티브 디렉터 겸 컨설팅 담당이사인 피터 레빈(Peter Levine)에게 엑셀 세대에 대한 그의 전문가적 지식을 빌려줄 것을 요청했다.

브랜딩 브리프 1

What's in it for me? | 피터 L. 레빈

"우리는 X세대라는 용어를 좋아하지 않는다." 그들은 모두 이에 동의를 표한다. 하지만 놀랍게도 그들은 스스로를 재명명하지 않았다. 대신 그들은 독특한 별명들을 갖고 있다. X = 무효, X = 말썽꾸러기, 반항적인 X등급, X = 폭탄이 투하될 장소.

X세대를 면밀히 연구해본 결과(나는 세계적인 수준의 X세대와 5년간 같이 지냈다), 나는 그들이 상징하는 것은 바로 하나의 가능성임을 알게 되었다. X세대는 다음과 같은 말을 듣고 자란 최초의 젊은 세대였다. "너희 이전의 세대들은 그들의 부모 세대보다 더 잘 할 수 있는 능력이 있었어. 유감스럽게도 그건 너희 세대에서 멈춘 것 같아. 그 대신 너희들이 처리해야 될 일들은 산더미처럼 쌓여 있지." X세대는 이전 세대로부터 빚을 상속받게 될 것이다. 사회복지 예산은 파산지경에 이르렀고, 승진은 기대하기가 어렵다. 집값은 너무 비싸서 살 엄두도 내지 못한다. 그리하여 마침내 그들은 분노를 터뜨렸다. 이제 그들 자신 외에는 아무도 신뢰할 수 없다. 베이비 붐 세대에 비해 수적으로 열세에 있는 이 작은 그룹은 무엇이든지 할 수 있는 작은 세대로 변모했다. 어떻게 그럴 수 있었을까? 이는 전적으로 태도에서 기

인한다. X세대가 소비자 전망에 미친 가장 큰 영향 한 가지를 꼽으라면 나는 이렇게 대답하겠다 : "거기에 나를 위해 있는 것은 무엇인가?"라고 질문한 첫 세대라는 것이다. 어린 시절부터 "너희들에게는 아무것도 남은 게 없어. 아메리칸 드림으로 가는 티켓은 모두 팔렸으니까"라는 말을 듣고 자란 세대로서는 이해가 가는 일이다. "거기에 나를 위해 있는 것은 무엇인가?"라는 말은 브랜드는 한번 사용했던 것과 같은 방법으로는 더 이상 판매할 수 없다는 것을 의미한다. 오랜 세월 동안 상품들은 단순히 그것이 얼마나 좋은지에 대해서만 말하는 것으로 충분했었다. 상품이 얼마나 잘 만들어졌는지, 사람들이 사기에 얼마나 알맞은 가격인지, 그것들이 어떻게 우리의 삶을 향상시켜줄 것인지, 다른 상품보다 얼마나 더 우수한지, 우리가 그 상품을 신뢰할 수 있을 만큼, 얼마나 오랫동안 우리 주변에 있었는지, 그리고 그것들이 우리의 삶 속으로 들어온다면, 얼마나 우리를 행복하고 만족스럽게 해줄 것이지에 대해 말해 왔다. X세대는 한편으로 자신들이 얼마나 훌륭한지를 말해주는 이러한 브랜드들을 보면서, 그리고 다른 한편에서는 마약, 질병, 추락하는 경제, 붕괴된 가정, 황폐한 실업률 등으로 상징되는 불안정한 사회적 환경들에 둘러싸여 성장했다. 그리고 성년이 된 X세대의 반응은 "그래서? 내 평생 동안 너희들이 얼마나 훌륭한지에 관해서 들어왔고, 나는 거짓 광고가 어떤 것인지 잘 알고 있어"였다. 이는 커뮤니케이션의 새로운 패러다임을 창출했다. 장벽들이 허물어지고 우리는 갑자기 관계 브랜딩(relationship branding)이라는 새로운 시대로 들어섰다. 그리고 브랜드들은 높은 자리에서 끌려 내려와 그 본성상 정의되는 것을 거부하는 이 새로운 소비자 그룹과 악수를 나눌 것을 요구받았다.

다음은 새로운 규칙의 일부이다.

세련되었나? / 멋진가?	메시지 안에서 나를 찾을 수 있는가?
독창적인가?	정직한가?
화려한가?	재미있나?
새로운 것인가?	상호작용적인가?
창의성이 있는가?	시니컬한가?
공동체적인가?	나를 품위 있게 보여주는가?

나와 같은가?　　　　　　　　　　유머러스한가?

섹시한가?　　　　　　　　　　　현실적인가?

……이것은 내가 영리하고, 용감하며, 성공한 것처럼 보여주는가?!

X세대는 모든 규칙들을 깨고 신경제를 정의함으로써 차츰 호화(lu'X'e) 세대로 부상하고 있다. 그들은 자신들이 능력이 있다는 사실을 보여주기 위해 서둘러 고급 브랜드로 바꾸로 있다. 분별 있는 베이비 붐 세대들은 일정 위치에 도달하기 전까지는 성공의 상징물을 취득하는 것을 뒤로 미룬 데 반해, 오늘을 위해 사는 X세대는 성공의 상징물을 일찌감치 손에 넣음으로써 자신들의 지위를 적극적으로 드러낸다. 이는 고가의 사치성 브랜드와 타겟(Target) 같은 염가로 대량 판매하는 소매상 모두에 소비자들이 몰려드는 이유를 설명해준다. 세련되고 멋진 것(hip and cool)이 갑자기 제품에 있어 중요한 특징이 되거나 유리한 요소로 작용하게 되었다. 에비앙(Evian) 생수는 자연적인 것과의 연관성보다는 세련되고 사치스러운 상품으로 판매되고 있는 훌륭한 사례이다. 켈로그(Kellogg)의 스타트 스마트 시리얼은 우유를 넣은 바삭바삭한 플레이크와 촉촉한 건포도 대신 세련된 도시의 젊은이가 분주하게 움직이는 모습을 보여줌으로써 시리얼 마케팅의 모든 규칙을 깼다. X세대들은 모든 면에서 독립영화, 인터넷, 케이블 TV, 얼터너티브 뮤직, 대체약품 등과 같은 대안들을 선도해냈다. 점차 나이를 먹으면서 그들은 자신들의 기업가적 정신을 지속적으로 보여줄 것이다. 놀라울 정도로 총명한(이들은 교육 수준이 가장 높은 세대이다) X세대들은 영리하고 실용적이며, 비즈니스를 유리하게 이끌기 위해 서로 정보를 교환한다.

TV에서 거론한 대로, 나는 X세대가 최초의 대중문화 세대임을 확신한다. 그리고 나는 이러한 X세대의 DNA를 만든 어린 시절의 몇 가지 영향 요인을 찾아냈다.

X세대 칵테일의 비법

● *스쿠비-두(Scooby-Doo: 코믹 공포 만화영화)의 한 부분.* 방랑자 무리들이 최초의 레즈비언 만화 캐릭터인 벨마, 말하는 개, 스토너와 함께 미스터

시리얼 마케팅의 모든 규칙을 깬 켈로그 Start Smart 시리얼 포장

리를 풀어가며 전세계를 여행한다. 이들은 함께 방랑을 하고, 모험을 즐기고, 문제에 빠지고, 마지막에는 살아남는다.

● *원더우먼의 한 부분.* 원더우먼은 아름다워 보이지만 단 한 번의 마술 회전으로 악당의 엉덩이를 걷어찰 수 있는 터프 걸이었다. 그녀는, 자유로워진다는 것은 곧 초능력 인간이 되는 것임을 보여주었다.

● *잔 브래디(Jan Brady)의 한 부분.* 아름답고 인기 있는 마샤와 혀 짧은 소리로 말하는 귀여운 신디 사이에 낀 소녀, 잔은 제대로 전달되지 못하는 X세대의 마음과 영혼을 상징한다.

● *틴에이지 뮤탄 닌자거북의 한 부분.* 그들은 화장실 변기의 물에 휩쓸려 내려가서 각종 화학 폐기물로 뒤섞인 하수도에서 살아남아야 했다. 그들은 자신들의 시대를 완벽하게 대변한다. 이는 살아남기 위해 강한 보호막을 만들고 있다는 것을 의미한다.

● *새미 조(Sammy Jo)의 한 부분.* 백인 부랑자인 그녀는 캐링턴 왕조에

침입하여 부유한 그들에게 누가 보스인가를 보여주었다. 그녀는 모든 악조건에 맞서 싸워서 끝내 승리하려는 이 세대의 소망을 대변한다.

● *루크 스카이워커와 레이아 공주의 한 부분.* 비록 광년 거리로 멀리 떨어져 있지만, X세대들은 제국을 구하기 위해 기지를 발휘하여 악에 대항하는, 수적으로 열세에 몰린 젊은이들과 자신을 동일시했다.

● *슈퍼 모델의 한 부분.* 명성과 부, 머리에서 발끝까지 환상적인 외모는 새로운 경쟁의 한 형태이다.

● *마돈나의 한 부분.* 그녀는 부족한 재능 때문에 세계적으로 유명한 사람이 되겠다는 야망을 포기하지 않아도 된다는 것을 보여준다.

이상 언급한 내용들은 X세대의 DNA 속에 들어 있다. 그러나 늙어가는 붐 세대들이 세상의 관심을 가져가고 나이가 의미하는 것을 새롭게 정의함에 따라, 그리고 Y세대가 젊다는 것과 새로운 세계를 발견한다는 것의 의미를 재정의함에 따라 그들은 또다시 잊혀지기 쉬운 세대가 될 처지에 놓여 있다. 그러나 X세대는 우리의 관심을 끌어왔고, 우리의 심리를 이해하고 있으며, 우리가 판매하는 상품에 대해 말하는 방식을 바꾸도록 했다. 그들은 어쩌면 가장 집요한 세대일지도 모른다. X세대는 정해진 지도를 따라가기를 거부하고, 승리를 위한 새로운 전략이나 기술을 배우기 위해서라면 언제라도 방향을 돌릴 수 있다. 다음 장은 단지 가설에 불과하며, 그것은 오직 그들 자신에 의해서만 씌어질 수 있다.

Y세대, 그들이 오고 있다 (초광속으로)

1977년에서 1994년 사이에 태어난 7600만 명의 Y세대는 일반적인 차원에서 미국을 그리고 특정한 차원에서 브랜딩을 재정의하려 하고 있다. X세대와 베이비 붐 세대의 눈앞에서 벌어진 새로운 사회적 변화들, 즉 사회주의의 몰락, 테크놀러지의 확산, 상승하는 다우존스 지수는 Y세대의 삶에 있어 긍정적인 배경이 되었다. 아직 진화 과정에 있긴 하지만 Y

Y세대 패션 브랜드인 Mudd의 행택 디자인

세대의 감성적 팔레트와 열정은 놀라울 정도로 독특하며, 감성적 브랜딩을 위한 매혹적인 도전을 제기한다. 오늘날 12~18세에 해당하는 청소년들은 매주 평균 50달러의 용돈을 쓰고 있으며, 현재 700억 달러에 이르는 소비 수준은 향후 2025년까지 1800억 달러로 성장할 것으로 기대된다. 브랜드가 장차 Y세대를 주요한 고객으로 생각하고 있다면, 무엇보다도 그들의 오늘을 이해할 필요가 있다.

'초광속 세대(Warp-speed Generation)' 라는 말은 이 그룹에게 딱 들어맞는 타이틀이다. 그들은 빠른 속도로 움직이며 이전의 그 어느 세대에 비해 많은 일을 한다. 1999년 11월 미시건 대학에서 실시한 연구 조사에 의하면, 어린이들은 하루 시간의 75%가 미리 짜여져 있다고 한다. 축구 경기, 숙제, 집안 일은 이들의 자유시간을 빼앗아버렸다. 오늘날 평균 12세의 어린이는 매주 3시간 이하의 자유시간이 있는데, 이는 1981년 같은 연령의 어린이들에 비해 무려 10시간이나 적다. 부족한 자유시간 중에도 그들은 여러 가지 일들을 과도하게 병행한다. CD로 좋아하는 음악을 들으면서 친구와 전화 통화를 하고, 인터넷 서핑을 즐기는 것은 그들에게는 늘상 있는 일이다. Y세대는 사운드 바이트(sound bite : 간명하고 정곡을 찌르는 표현) 시대에 성장기를 보내왔고, 그 결과 Y세대의 마음을 끄는 것은 간결하고 핵심적인 것들이다. 이러한 특성을 지닌 Y세대에게 다가가려면 광고 역시 간결하고 과장이 없어야 한다. Y세대를 겨냥한 애리조나 진(Arizona Jeans)의 광고캠페인은 기존의 화려한 광고를 조롱하며 "단지 진만을 보여달라"고 요구하는 틴에이저를 등장시키고 있다.

이 연령 그룹은 주류를 거부하는 경향이 있기 때문에 이들 목표 고객에 맞추는 것이 쉽지가 않다. 만일 한 브랜드가 유행하게 될 경우, 자칫하면 이 세대들에게 외면당할 위험이 있다. 성공 = 매진(sellout) = 나쁜 것. 그러므로 브랜드들은 튀는 노출과 과다한 노출 사이의 미세한 선을 따라 걸어가야만 한다. 애버크롬비앤피치(Abercrombie & Fitch) 주식에 대한 애널리스트들의 최근의 낮은 평가는 이 세대에게 과다 노출을 한 데 따른 결과이다. 애버크롬비앤피치의 대변인인 햄프턴 카니는 〈월스트리트 저널〉과의 인터뷰에서 "나는 무료로 의상 협찬을 요청하는 유명 인사들의 전화를 자주 받지만, 그들의 요청을 거절한다. 왜냐하면 우리 브랜드가 지나치게 많이 노출되는 것을 원치 않기 때문이다"[7]라고 말함으로써 과다 노출 현상에 대해 반박했다. 그러나 소비자 스스로가 가장 중요한 홍보 수단임을 고려할 때, 어쩌면 A&F 고객들이 과다 노출의 가장 큰 원인일 수도 있다. 자신들의 상품에 로고를 두드러지게 새겨 넣음으로써, A&F는 공공연하게 고객들을 그들의 패션 클럽에 합류하도록 초대하고 있는 것이다.

우리 회사의 인턴 사원인 20세의 한 남학생은 A&F 고객이다. 그는, 파티에 참석하는 학생들 중 절반 이상이 애버크롬비앤피치 옷을 입고 있는 것을 여러 차례 보았다고 말한다. 이것은 인기 있는 Y세대 브랜드가 구축되어 가는 한 현상이기도 하지만, 이러한 현상이 지속될 경우 브랜드에 싫증을 내는 결과를 초래할 수도 있다. 그 인턴 사원은 이런 말을 덧붙였다. "나는 브랜드가 나를 정의하도록 하기보다는 내 자신이 나를 정의하는 강한 개성을 가지고 있다고 믿고 싶습니다." 다시 말해 브랜드는 그 존재를 알리고, 접근 가능하며, 사용 가능하게 하라. 그러나 그것을 대중에게 강요하지 말고 브랜드가 과다 노출되는 것을 차단해야 할 시점을 알고 있어야 한다. 약간의 독점적인 이미지는 언제라도 좋으니까.

브랜드는 Y세대를 어린아이로 낮추어 생각해서는 결코 안된다. 이들이야말로 틴에이저란 개념이 생긴 이래 가장 어른스러운 틴에이저에 속한다 : 그들은 12세가 될 때까지 세상에 대한 뛰어난 이해와 의식을 갖춘다. 어른들의 감시 없이 자유분방하게 자라온 이들 세대는 수많은 정보들을 제약 없이 접할 수 있었다. 결과적으로 이들은 일찍부터 인생에 대한 책임감과 의식을 발전시켜 왔다.

콜롬바인 살해사건(1999년 미국 콜로라도주 덴버시 남서쪽 콜롬바인 고교에서 발생한 총기난사 사건—역주), 학교에서의 금속 탐지기, 오럴 섹스에 대해 증언하는 미국 대통령 등을 통해 Y세대는 공공 생활 및 사생활 속에 만연되어 있는 위선과 위험에 대해 잘 알고 있다. 또한 가족, 학교, 친구들이 그들에게 거는 높은 기대감은 이 세대를 조숙하게 만들었다. 따라서 Y세대의 지식과 경험을 낮게 평가하는 브랜드 전략은 실패할 것이다. 반면 이들의 성숙한 아이덴티티를 존중하고 그 아이덴티티를 지원하는 브랜드는 성공할 수 있다. 청소년들을 대상으로 실시한 설문조사에 의하면, 이들은 지적 능력을 자신들의 삶에서 가장 중요한 가치로 인식했다. 그러므로 Y세대를 목표 고객으로 만들기 위해 브랜드는 그들이 가진 예리한 측면들을 인식하고 브랜드 안에 그것을 담아내야 한다.

아메리칸 그리팅스(American Greetings) 카드의 만화 캐릭터인 버블검 크루는 X세대뿐 아니라 Y세대의 복잡한 아이덴티티와 날카로운 자아 인식을 잘 활용하고 있는 사례이다. 댄싱 퀸, 다이어트 슬라브, 썬 정키를 포함하는 29개의 중심 캐릭터와 그 외의 만화 캐릭터들은 Y세대에게 전형적인 개성들을 장난스럽게 조롱한다. 가장 친한 친구에게 피트니스 프리크(Fitness Freak)의 캐릭터를 닮았다는 의미가 함축된 카드를 보낸다는 것은 어째 좀 이상하지 않을까? 그러나 낭만적인 묘사나 지나치게 감상적인 인사 카드를 경멸하는 Y세대에게는 그렇지 않다. 커다란 얼간이 얼굴로 캐릭터를 묘사하고, 야하고 화려한 색상으로 한껏 치장함으로써 아메리칸 그리팅스는 Y세대의 가벼운 냉소주의에 가까이 다가갈 수 있었다. 다시 말해 쉽고 간편하며, 그들이 잘 이용하지 않는 매체를 통해 상호작용할 수 있는 유쾌한 방법을 제공한 것이다. 아메리칸 그리팅스는 열쇠고리, 플러시 인형을 비롯한 다른 관련 상품에도 이 캐릭터들을 부착했다. 17~23세 층을 겨냥하는 이 제품들에 대해, 우리 회사 뉴욕 사무소에 근무하는 젊고 세련된 직원 두 명이 크로우의 캐릭터들로 자신들의 업무공간을 장식했다는 사실만으로도 나는 이 브랜드의 성공을 예감할 수 있었다.

Y세대는 인종이나 성 차별 문제뿐만 아니라 가난, 전쟁, 환경운동과 같은 범세계적인 이슈에도 민감하게 반응한다. Y세대는 자신들에게 부여된 힘과 지식에 대한 자각을 통해 새로운 사회적 행동주의를 실천해 가면서, 동시에 그들의 지적인 현명함 뿐만 아니라 이타주의를 보여주고 있다. 그러나 현상에 도전하고 변화를 위해 거리로 나섰던 그들의 부모인 붐 세대와는 달리 Y세대는 자원봉사적(volunteer)인 경향이 있다. 언제나 좋은 평가를 받아왔고 그들이 원하는 것은 무엇이든지 할 수 있다는 말을 들어온 Y세대는, 그와 같은 격려에 힘입어 뒤틀린 세상을 바로잡기 위해 열정을 바치고 있다. 그들은 높은 시민의식을 가지고 있으며,

붐 세대가 사회를 전복시키기 위해 투쟁해 왔던 데 반해, 오늘날의 젊은 이들은 그것을 바로잡기 위해 노력한다.

The Nickelodeon Big Help 캠페인(Big Help사가 추진한 5센트짜리 니켈 동전 모으기 운동)은 다른 어떤 Y세대 '공익(cause)' 마케팅보다 더 흥미롭고 의미 있는 Y세대와의 연결을 창출했다. 머라이어 캐리, 샤킬 오닐과 같은 대중 스타들의 도움으로 빅헬프사는 전국의 젊은이들이 그들의 에너지와 열망을 공공의 선(善)을 위해 활용할 수 있는 통로를 제공했다. 1994년 니켈로디언 프로그램을 시작한 이래, 2800만 명 이상의 어린이가 그들이 살고 있는 환경을 청소하고 지역 공동체 개선 운동에 참여했으며, 2000년 현재까지 총 2억 6200만 시간의 자원봉사 활동을 수행했다.

빅헬프사의 홈페이지에는 다음과 같은 말이 있다. "니켈로디언의 모든 활동과 마찬가지로, 그것은 어린이들에 의해 시작되었습니다! 어린이들은 사람과 동물 그리고 환경을 염려하고 있다고 우리에게 말합니다. 그들은 지역사회와 세계를 변화시키고 싶어합니다. 새롭게 시도한 도전에서 그들은 승리했습니다.[8] 이 프로그램에서는 미국 전역을 순회하며 가는 곳마다 시민으로서 해야 할 일들을 홍보하는 헬프모빌(Helpmobile)이 중요한 역할을 하고 있다. 24개의 바퀴가 달린 이 트레일러에는 어린이들에게 어떻게 세계를 변화시킬 수 있는지를 가르쳐주는 여러 대의 컴퓨터가 설치되어 있고, 어린이들에게 지역사회에 봉사하는 방법을 가르치기 위해 멈추는 곳마다 라이온스 클럽, 로터리 클럽과 같은 지역그룹을 초대한다. 지난 2년간 니켈로디언은 대부분의 어린이들이 자신들의 지역 공원을 살리기 위해 일하기로 한 도시들을 방문했다. 거기서 그들은 봉사활동을 하기 위해 찾아온 어린이들을 도와줄 기부금과 인력을 제공한다. 감성적 브랜딩의 놀라운 사례라 할 수 있는 빅헬프사는 자신들이 벌이고 있는 캠페인 활동은 어린이들에 관한 것이며, 그들이 하고자 하는 것은 지역사회를 발전시키고, 목표를 달성하고자 하는 어린이들의 열망에 연결시켜주는 행동이라고 강조한다.

Y세대의 가치 지향형 행동은 전통적 가치의 확산과 관련되어 있다. 이전의 X세대와 같이, Y세대 역시 이혼하는 부부의 모습은 충분히 보아왔으므로 그들의 삶에서는 그런 일이 일어나지 않도록 노력한다. 그러나 비록 그들이 부모의 결혼 생활을 답습하지 않으려 할지라도, 그들은 변함없이 자신들의 부모를 존경한다. 1999년 Yankelovich Partners의 조사에 의하면, 94%의 여성 틴에이저들이 자신의 어머니를 친구처럼 여기고 있으며, 80%는 어머니가 자신을 이해해준다고 응답했다. 이것은 어머니와 딸들은 한결같이 서로를 현명하고 정직하며 매력적인 존재로 인식하고 있음을 보여준다.

이 조사 결과는 권위에 대해서는 신뢰와 존경을, 오만한 태도에 대해서는 경멸을 드러내는 이 젊은이들 사이에서 일고 있는 전반적인 경향과 일치한다. 그러므로 Y세대에게 접근할 때, 브랜드는 그들의 부모나 다른 연장자의 영향력을 하찮게 여기는 태도는 큰 실수임을 알아야 한다. 또한 Y세대의 개성과 순응성 사이에는 흥미로운 이분법이 존재한다. 비록 대부분의 젊은이들처럼 동료들에게 자신을 맞추고 최신 유행을 좇는데 정신이 팔려 있을지라도, 그들은 스스로를 자율적인 인격체로 여기며 유행과 상관없이 그들의 개인적 필요를 충족시키는 자기만의 스타일을 표현한다. 그리고 이러한 욕구는 미디어에서 상품에 이르기까지 개인화된 취향에 맞춰 점점 더 세분화되어 가는 시장에 의해 충족된다. 인터넷을 통해 그들은 부모의 취향과는 별개로 자유롭고 독립적으로 자신들만의 취향을 개발할 수 있다. 그것이 포켓몬 팬클럽이든 혹은 스노보드에 대한 열정이든, 많은 문화적 기회들이 그들 앞에 놓여져 있다. 더욱이 대량 맞춤기술의 도래로 인해 그들은 자신만을 위해 만들어진 제품을 갖게 될 것이며 개인적인 표현을 위한 열망을 키워 갈 수 있을 것이다.

Bubble-yum은 빳빳하게 세워진 깃, 코걸이와 발목 장식으로 치장한 오리가 나오는 〈너 자신의 거품을 날려버려라(Blow your own bubble)〉 캠페인을 통해 자신의 브랜드를 10대들의 개성과 감각에 맞추고자 시도했다. 그 반항적인 만화 캐릭터는 문자 그대로 모든 평균적인 정상적 외모의 오리들을 완전히 날려 보낸다. 그 결과 Y세대의 매출이 가파르게 증가했고, Bubble-yum은 12~17세 소년들이 이 불쾌한 오리와 자신들을 동일시한다는 사실을 알게 되었다. 이 캠페인은 사이버 공간까지 이어졌고, 오리 캐릭터를 화면 보호기로 다운로드 할 수 있도록 했다.

이런 점에서 볼 때, 인터넷은 일반적인 인식과는 달리 반드시 Y세대 소비자들의 수요가 있는 가장 중요한 장소가 아닐 수도 있다. 사실 그 어느 세대보다 컴퓨터에 익숙한 이들 Y세대는 인터넷을 사용하는데 편안함을 느끼며, 자연스러운 인터넷 쇼핑객이 될 수 있을 것으로 보인다. 16~22세의 이 그룹은 2000년도에 온라인 상에서 약 45억 달러를 쓸 것으로 예상되었다. 그러나 Y세대에게 있어, 인터넷은 권한을 갖고 있는 느낌을 주는, 연결된 상태에 있도록 하는 수단이다. 그리고 그러한 권한을 갖고 있다는 느낌이 들게 하는 것이 가장 큰 흡인력 중의 하나이다. 특히 Y세대는 인터넷을 사회적 공간으로 즐겨 사용한다. 그러나 지금까지 이들은 온라인 쇼핑을 싫어하는 양상을 보이고 있다. 비록 Y세대를 겨냥한 몇몇 비즈니스가 인터넷 사이트에서 성공하긴 했지만, 보다 생생한 경험이 제공되지 않는다면 이들에게는 아무 의미가 없다. 실물을 단순히 사이버 상에 옮겨다 놓은 것에는 흥미가 없으며, 이 세대는 더욱 직접적인 상호작용과 마케팅에서 감각적인 경험을 갈망한다. 게다가 이들은 스피드를 원한다. 친구와 함께 상품을 둘러보고, 평가하고, 선택하는 경험적 측면에서 볼 때, 현재의 인터넷은 이들과 동떨어진 듯한 느낌이 든다. 전자상거래를 둘러싼 과대 선전에 익숙해진 Y세대들에게 인터넷은 특별히 인상적일 것도 없다. 언젠가 〈USA 투데이〉는 10대들에게 500달러를 나눠주고 인터넷 상에서 각자 원하는 물건을 살 수 있도록 한 적이 있다. 이때 참가자들의 한결같은 불만은 쇼핑몰에는 경험이 빠져 있다는 점을 지적했다. 또한 그들은 로딩 시간이 너무 길다는 점에 대해서도 불만을 토로했다.[9] 사실 이들에게는 3초도 너무 길다. Y세대는 즉각적인 만족에 대한 욕구가, 느리게 로딩되는 웹 페이지나 일주일 정도 소요되는 배송 기간에 의해 좌절되기도 한다. 어쩌면 웹사이트는 새로운 패션 흐름을 미리 알아내고 공통의 관심사를 가진 사람들과 상호작용을 하는 공간으로서, 브랜드 아이덴티티를 발전시키는 수단으로 가장 유용할 수 있을 것이다.

델리아스(dELiAs)의 인터넷 시장 진출은 이 회사의 트레이드 마크가 된 선견지명과 Y세대에 대한 이해를 단적으로 보여주는 예이다. CEO인 스테판 칸이 투자자를 찾아다니며 10대 소녀들을 대상으로 한 다이렉트 마케팅 계획에 대한 지원를 요청했을 때, 그는 일언지하에 거절을 당했다. 하지만 이에 굴하지 않고 그는 그 동안 저축해둔 돈과 가족 및 친구들에게 빌린 돈으로 델리아스를 설립했고, 현재 델리아스의 연간 매출은 1억 5000만 달러에 이르고 있다. CFO인 에반 겔리맨은 "3년 안에 우리는 다이렉트 메일(direct-mail : DM) 시장의 100%를 점유하게 될 겁니다"라고 장담했다.[10] 그 후 델리아스는 인터넷 시장으로 진출하여 소녀들 사이에서 인기 있는 girl.com을 인수했고 이를 델리아스의 웹사이트에 링크시켜 놓았다.

girl.com은 스포츠, 데이트 등 소녀들의 관심도가 높은 문제들에 대한 최신 기사를 업데이트하고 e-메일 주소와 개인 웹 페이지 같은 서비스를 제공한다. girl.com 사이트는 풍부한 패션 및 미용 정보를 가지고 있지만,

	베이비 붐 세대	X세대	Y세대
인구 통계학적 특성	-1946~64년생(35~54세) - 약 8100만 명 (인구의 30% 정도) - 연간 약 9000억 달러 이상 소비	- 1965~76년생(24~35세) - 약 4600만 명 (인구의 17% 정도) - 연간 약 1250억 달러 정도 소비	- 1977~94년생(6~23세) - 약 7500만 명 (인구의 28% 정도) - 연간 약 350억~1000억 달러 소비
정의	- 아이콘의 세대 "US" - 정의하는 세대 (Defining Generation)	- 개인의 세대 ◀── "I" ──▶ - 반항자/영향력을 행사하는 사람	- 철학의 세대 "ALL" - 양심
경험	- 로큰롤 - TV - 저항/폭동 - 우주 탐험 - 베트남전/히피/저항 - 인종 분리 - 성의 혁명 - 여피족 - 50대에 대한 새로운 정의	- 이혼 가정의 절망 - 독립적이어야 하는 상황 - 에이즈의 만연 - 마약/갱/폭력 - 부모의 경제력 감소 - 팝 문화 - 정보 폭발 현재 : - 전통적 구조에 반항 - 기업가적 - 고학력/금전 중심 - 주장을 관철하기 위해 책임을 짐	- 통합 - 다층적 정보의 이해 - 브랜드의 시대에 성장 - 단합 - 낙관적 - 심리학의 영향 - 재활용
반응 대상	- 성취/지위/영웅과 관련된 것 - 우상적 권위 - 영웅/선구자 - 노력해서 얻은 것들 - 편안함 - 구하기 힘든 것을 얻음 - "나는 사치품을 가질 자격이 있다" - 노화 방지	- 이미지/메시지에 그들이 반영될 때 - 신랄한 냉소주의/상상력, 창의력 - 어리석은/똑똑한 메시지 - 해체된 패러다임 - 스타일 - 사치품과 대중 시장	- 새로운 사고 - 철학을 가진 기업들 - 다감각적 경험 - 다세대적 메시지 - 그들을 똑똑하다고 인정하는 메시지 - 영웅으로서의 부모 - 재미있는 사람들 - 공동체 의식
태도의 변화	- 우상 : 로큰롤 · 영화 · 스포츠 · 정치 · 경제계 인물 - 마케팅의 영향을 받음 - 인종 분리 - 현실적 - 테크놀러지에 대한 공포 - 종교 - 부/번영 - 탈출/환상 - 열망 - 따뜻한 노스탤지어 - 섹스 - 노화 방지/장수/정신적 건강 - 남성/여성	- 얼터너티브 음악/패션 아이돌/유명 인사 - 마케팅의 영향을 받지 않음 - 다민족적 - 비관적 - 테크놀러지에 능숙 - 영적/의식적 - 명성/부 - 경험/현실 - 영감 - 감각적인 노스탤지어 - 성적 매력 - 육체적 건강/복지 - 유니섹스	- 혁신적인 대변자/메시지를 지닌 탤런트 - 마케팅에 정통함 - 글로벌 문화 - 낙관적 - 교화된 테크놀러지 - 신비주의 - 재미/상호작용 - 사회적 책임 - 재미있는 노스탤지어 - 관능 - 과격한 스포츠 - 대중

직접적으로 쇼핑을 유도하고 있지는 않다. 대신 '외모가 전부는 아니다'와 같은 섹션을 통해 지나치게 부풀려진 미의 개념을 축소시키는 것과 같은 의미 있는 시도들을 하고 있다. 여기에는 '얼간이 파일'과 '털북숭이' 같은 칼럼들, 또는 '단정하지 못한 소녀'와 '여드름 지우기' 같은 게임들이 있다. 모든 정보는 철저히 개인화되어 있고, 방문객들은 사이트 상에 자신의 글을 올릴 수도 있다. 고도로 상호작용적이며, 방문객들을 고객이라기보다는 감각적 · 감성적 · 복합적 존재로 대하는 이 웹사이트는 사실상 그들의 것이라고 할 수 매체를 통해 어떻게 젊은이들과 상호작용할 수 있는가를 보여주는 모델이다.

브랜드는 다른 어느 세대들보다도 그것에 대해 더 많은 것을 알고 있는 이 젊은이들의 관심을 어떻게 끌 수 있을까? 그들에게 직접 다가가 그들의 앞에, 등 뒤에, 또는 그들의 손이나 그들이 좋아하는 누구가의 손 위에 자신을 놓는다면 브랜드는 친밀하게 이 세대와 연결될 수 있을 것이다. 아메리칸 이글(American Eagle)은 〈다우슨스 크리크(Dawsons Creek)〉라는 인기 틴에이저 쇼에 나오는 배역들에게 의상을 협찬하고 있다. 토미 힐피거(Tommy Hilfiger)는 래퍼들에게 자신들의 의상을 제공한다. 게릴라 마케팅도 Y세대에게 대단히 효과적이다. 게릴라 마케팅의 이점은 젊은 층의 고객을 직접 겨냥하여 그들의 언어로 의사소통할 수 있다는 점이다. 이러한 접근 방법은 가장 영향력 있고 유행에 민감한 세대들을 선택적이고, 개인적으로 겨냥함으로써 다른 마케팅 형태로는 얻어내기 힘든 호소력을 가진다.

이것은 다양한 이벤트들이 마케팅에서 인기를 얻고 있는 주요 원인이지만, 감성적 브랜딩 전략의 측면에서 볼 때는 상대적으로 탐험의 손길이 미치지 않은 영역이다. 이벤트는 축제와도 같은 감성적으로 충만된 분위기에서 브랜드를 경험할 수 있게 하는 훌륭한 방법이다. 365개의 점포를 갖고 있는 샌드위치 체인인 크리스털(Krystal)은 다양한 이벤트들을 성공적으로 실시해 오고 있다. 크리스털사에서 개최하는 이벤트는 학교에서 열리는 '햄버거 먹기 대회' 와 같이 아주 단순하다. 예컨대 친구들의 열렬한 응원을 받으며 1분 안에 햄버거를 가장 많이 먹는 학생이 우승자가 된다. 이런 식의 이벤트는 TV나 라디오 광고캠페인을 보완해주며, 주요 고객층과 직접 접촉할 수 있는 이점을 제공한다. 대회가 진행되는 동안, 크리스털사의 직원들은 학생들에게 쿠폰을 비롯한 다양한 홍보물을 나눠준다. 포괄적인 브랜드 경험을 제공하는 이러한 마케팅은 젊은 층의 소비자들에게 접근하기 위한 가장 참신한 방법이다. 또 다른 훌륭한 사례로는 펩시사가 후원하는 '콜라의 즐거움' 이라는 이벤트로, 전국의 29개 주요 쇼핑몰에서 진행되었으며, 약 50만명에 달하는 행사 참석자들에게 다양한 오락거리와 경품 그리고 펩시콜라가 제공되었다.

Y세대에 대한 마케팅에 있어 가장 큰 도전은 빠르게 변화 발전하는 그들의 라이프 스타일과 취향에 어떻게 보조를 맞추는가 하는 점이다. 어떤 책에서는 이 그룹을, "무엇을 사고 무엇을 사지 않을 지를 결정할 수 있는 이들의 힘과 의지 때문에 생산자인 동시에 소비자인 '프로슈머(prosumer)' 로 묘사하기도 한다. 또한 인터넷을 통해 전례 없는 속도로 유행이 전파됨에 따라, 한때 6개월 정도였던 패션 주기가 이제는 한 달 이내로 짧아지고 있다. Y세대는 요구 사항이 많고 낙관적이며, 아는 게 많고 개인주의적 성향이 강하다. 때문에 모든 뛰어난 브랜딩 이론들마저 그들의 캐릭터에 대한 희미한 스케치와 그들의 미래에 대한 모호한 힌트만을 제공하는데 그치고 있을 뿐이다. 이때 내가 할 수 있는 최선의 충고는 이것이다. "한 걸음 뒤로 물러서서 그들 스스로가 길을 리드하도록 하라." 그러면 그들은 자신들이 무엇을 원하는지를 보여줄 것이다.

2

단절 경보

인종의 용광로가 달아오르고 있다!

오늘날 미국의 기업들과 소비자 시장 사이에는 놀라울 정도의 인지도 결핍와 의사소통상의 괴리가 여전히 존재하고 있다. 우리는 바야흐로 대단히 중요한 인구통계학적 변화에 직면해 있지만, 정작 기업들은 이 분야에 관해서는 여전히 잠에서 깨어나지 못하고 있다. 라틴계, 아시아계, 그리고 미국의 흑인 인구들은 새로운 열망을 가진 영향력 있는 그룹으로 부상하고 있다. 통계적으로 이 세 그룹의 구매력은 향후 12년 안에 3배로 증가할 것으로 예상된다.

이들 그룹들은 지난 200년간 정치 · 사회적으로 미국을 지배해 왔던 백인 유럽 이주민들과는 매우 다른 문화와 가치를 형성하고 있다. 오늘날 미국 시장은 다양한 인종들로 이루어진 모자이크와 같으며, 이러한 추세는 더욱더 심화되고 있다. 그러나 대부분의 미국 기업들은 여전히 백인 남성들에 의해 경영되고 있으며, 시장에서의 변화된 인구 구성을 반영하는 경영진을 두고 있지 않다. 이는 기업들로 하여금 변화하는 시장과의 단절을 초래하고, 기업의 최고경영자가 닫혀진 문 뒤에서 흑인 종업원에게 인종차별적인 농담을 했던 텍사코(Texaco)의 유감스러운 사례처럼, 어떤 경우에는 인종차별적 기업 환경 조성이라는 심각한 문제를 야기하기도 한다. 오늘날 기업 문화적인 관점에서 볼 때, 이는 변명의 여지가 없을 뿐더러 위험하기 짝이 없는 현상이다. 그리고 이것은 순식간에 한 기업을 도태시킬 수도 있다.

하지만 이러한 이면에는 새로운 기대감이 숨겨져 있으며, 그것은 곧 감성적 브랜딩과 관련되어 있다. 사람들은 자신들이 갖고 있는 독특한 욕구에 민감하게 반응하는 기업과 자신들을 이해해주는 브랜드와 관계를 맺고 싶어한다. 엄청난 잠재 구매력을 지닌 미래의 영리한 소비자들은 자신들의 가치를 반영하는 기업과 그렇지 않은 기업을 차별화할 것이다.

미국의 흑인 소비자들

미국의 흑인들(African-American)에 대한 대중 매체의 묘사와 그들의 실제 지위 간의 괴리는 불행히도 기업들이 흑인 소비자 시장에 대한 기회를 간과하게 만드는 요인이다. 흑인들은 기업들로부터 소외되어 있을 뿐 아니라 잘못 이해되고 있다. 다시 말해 많은 기업들은 브랜드와의 진정한 감성적 접촉으로 이들을 이끄는 대신, 상투적인 이해에서 벗어나지 못하고 있다.

흑인 문화를 이해한다는 것은 절반이 중류층에 속하는 12.2%의 인구를 대표하는 시장에 접근한다는 의미이다. 흑인 인구는 경제적으로 풍요로워지고 교육 수준도 점차 향상되고 있다. 올해 이들의 연간 수입은 약 4000억 달러에 이를 것으로 예상된다.[1)] 미국 흑인 그룹의 경제적인 영향력은 이미 상당한 수준에 이르렀지만, 이제서야 그 능력을 발휘하기 시작했다. 대부분의 미국 흑인들은 그들이 미국에서 태어나고 생활해 왔으며, 백인들과의 차별대우가 점진적으로 개선되고 있음에도 불구하고 백인 및 다른 소수인종 그룹들과 구별되는 자신들만의 아이덴티티와 독자적인 가치 시스템을 유지하려 하고 있다. 조사에 의하면, 미국 흑인들은 그들의 문화와 역사를 자랑스럽게 생각한다. 다른 소수인종의 46%만이 인종적 전통과 상징들을 보존할 필요성이 있다고 응답한 데 반해, 미국 흑인들은 약 70%가 그러한 인식을 갖고 있다. 다른 그룹의 62%와 비교하여, 78%의 미국 흑인들은 부모들이 자녀들에게 인종적 전통을 전수해야 한다고 생각하며, 90%의 흑인들은 자신들의 인종적 유산을 자랑스럽게 생각한다고 응답했다.[2)]

미국 흑인들은 더 많은 시간을 교회에서 보내고, 가사일을 더 적게 하며, 비슷한 수준의 교육, 비슷한 정도의 재산을 가진 백인들에 비해 더 많은 시간을 자녀들을 돌보는데 쓰고 있다. 또한 흑인들은 백인들에 비해 젊은 연령층이 많고 가정을 갖고 싶어한다. 현재 흑인 인구의 약 4분의 3 정도가 도시 지역에 살고 있지만, 경제력이 향상됨에 따라 점차 교외 지역으로 이동하고 있는 추세이다. 그리고 비록 느리긴 하지만 상당한 수준의 경제력 향상이 흑인 인구층 사이에서 진행되고 있다. 그러나 이들 그룹은 여전히 경제적 불균형에 대해 극도로 민감한 반응을 보인다. 2000년 3월 〈타임〉 지에서 실시한 여론조사을 보면, 69%의 흑인들은 백인과 흑인 간의 수입 격차는 도덕적으로 잘못되었다고 응답했다.[3)] 흑인들이 주도하는 사업은 연간 7% 정도의 성장률을 보이고 있으며 이는 다른 인구 집단의 연간 5%보다 높은 수치이다. 오늘날 미국 사회는 기술 집약적인 비즈니스와 전문적인 서비스 영역에서 흑인 기업들의 부상을 목도하고 있다. 또한 흑인들은 백인, 라틴계, 아시아계보다도 대학 진학 및 학위취득 면에서 상대적으로 놀라운 증가세를 보였다.

미국 흑인들은 자신들을 다른 그룹들과 차별화하는 소비 패턴을 갖고 있다. 그러므로 브랜드는 비록 직접적인 관련성은 없을지라도 이러한 패턴을 인식해두어야 한다. 최근에 미국 흑인들은 자신들의 역사적 뿌리를 간직한 카리브해, 아프리카, 남아메리카 지역으로 여행을 많이 떠난다. 이런 이유로 인해, 미국 흑인들의 열망에 어필하려는 광고캠페인은 비록 그것이 특정 투자 플랜의 이점을 권유하는 것이라도, 프라하보다는 버진 제도를 방문하려는 미국 흑인들을 묘사하는 것이 훨씬 더 효과적이다. 이 밖에도 주목할 만한 몇 가지 경향들은 다음과 같다.

- 자동차 : 지난 10년 동안 미국 흑인의 신차 구매 증가율은 다른 인구의 자동차 구매율의 12배에 달한다.[4)]

- 건강 및 미용 : 미국 흑인의 총 지출액 중 10%는 건강과 미용을 위한 비용이다. 하지만 유명 상품점과 대형 유통점에 입점한 대부분의 화장품 회사들은 흑인 여성만을 대상으로 한 특별 마케팅을 고려하고 있지 않으며, 흑인 여성(혹은 다른 유색인종 여성)을 겨냥한 상품 라인은 극소수에 불과했다. 소수인종을 대상으로 한 메이크업 분야는 2002년까지 2억 2400만 달러에 이를 것으로 예상되기[5)] 때문에 지금이 이를 개발할 절호의 기회이다. 미국 흑인은 모발보호 제품의 30%를 구매했고, 인구통계청 조사 결과에서도 모발보호 제품 분야에서 흑인 여성들의 소비가 엄청나게 늘어난 것으로 나타났다. 이들은 특수한 모발보호 제품을 필요로 하며, 다른 여성들에 비해 정형화된 서구적 미의 개념에 덜 얽매이는 편이다.

- 음식 : 전체 음식 범주에서 대형 구매자이다. 1995년 코카콜라 판매량의 25%를 흑인들이 구매했으며, 캔디 바, 옥수수, 소시지, 커피, 통조림, 토마토 소스에서도 큰 비중을 차지했다. 특히 이들은 단것을

좋아하여 흑인 주부는 백인 주부보다 평균 54%나 많은 설탕을 소비했으며, 거대한 코냑 시장의 50%를 흑인들이 차지했다.[6)]

- 의류 : 흑인들은 수입의 상당 부분을 의류비로 지출한다. 이들은 1998년 3억 8000만 달러 상당의 남성복과 3억 7700만 달러 상당의 양말과 속옷류를 구매하기 위해 돈을 소비했다.[7)] 미국 흑인은 아동 의류와 신발류에 1인당 소비하는 돈이 백인보다 더 많으며, 남자 어린이의 의류에 백인보다 75% 이상 더 많이 소비하는 것으로 나타났다.[8)]

쇼핑은 많은 미국 흑인들이 가장 좋아하는 것이지만, 그들 대부분이 특정 소매업체에 대한 충성심을 가지고 있지는 않다. 그리고 그들은 과거와는 달리 브랜드, 마케팅, 광고에 비판적인 입장을 취하고 있으며 맹목적으로 브랜드를 받아들이지도 않는다. 그러나 만약 브랜드가 그들을 향해 관심과 존경을 표한다면 그들은 그 보답으로 강한 브랜드 충성도를 보여줄 것이다. 기업들은 60% 이상의 흑인들이 자신들을 존중해주었기 때문에 특정 소매점을 선택했다는 사실을 잊지 말아야 한다.[9)]

미국 흑인을 주요 타깃 층으로 잡고 마케팅 활동을 펼치는 흑인 소유의 유명 의류 회사 FUBU의 성공 사례를 보라. 흑인 소비자들은 자신들이 살고 있는 지역사회의 청소년들을 대상으로 교육과 비폭력을 장려하는 등 진지하고 효과적인 방법으로 흑인 사회의 삶의 향상에 기여하고자 하는 이 브랜드로부터 인정과 존경을 받고 있다고 느낀다. 이 점이 바로 FUBU사가 인도주의적 업적에 의해 주어지는 에센스(Essence) 상을 받은 첫번째 회사가 된 이유이다. 수상 소감을 밝히는 자리에서 그들이 한 말은 "흑인들의 달러가 힘을 가지고 있음을 기억하라!"였다. 그러자 흑인 청중들은 환호성을 터뜨렸다. 왜? 그것은 흑인들의 힘을 일깨워주었기 때문이 아니라, 자신들을 기억해주었기 때문이다.

흑인들 역시 다른 사람들과 똑같이 광고나 홍보 캠페인을 본다. 하지만 그들은 이러한 캠페인들을 조금은 다르게 해석한다. 대부분의 상업광고, 특히 교외에 거주하는 백인 가족을 타깃으로 내보내는 광고들은 흑인들과는 무관한 것으로 보여진다. 이는 광고에서 소수인종을 대변하는 것이 점점 중요해지고 있다는 것을 의미한다. 그리고 흑인 소비자들은 특정한 커뮤니케이션 수단이나 방법에 특별한 호응을 보인다. 예를 들어 흑인 소비자들은 카탈로그 판매보다는 개인적인 접촉(대인판매)을 선호한다.[10] 그런 점에서 교회나 쇼핑센터, 스포츠 이벤트 행사장 등은 흑인들에게 접근하기 좋은 장소이다. 대면(face-to-face) 마케팅의 이점은 실질적으로 사람들을 브랜드에 가깝게 만들고, 높은 신뢰감을 얻을 수 있게 한다는 데 있다. FUBU는 이와 같은 대면 마케팅에서 뛰어난 능력을 발휘하는 브랜드이다. FUBU사의 최고경영진들은 뉴욕시 퀸스에 있는 그들의 본 매장을 자주 방문하며, 성공과 부의 획득으로 인해 흑인 사회와 멀어지거나 달라졌다는 느낌을 주지 않기 위해 노력한다.

FUBU사는 지역사회를 대상으로 다양한 서비스 활동을 펼치고 있는데, 추수감사절 기간 동안 칠면조를 나눠주거나 크리스마스 때는 가난한 어린이들에게 선물을 나눠준다. FUBU와 같은 회사가 흑인들이 살고 있는 지역사회에 투자를 하고 그들에게 진정한 관심을 보일 때, 흑인들은 이러한 헌신에 확실하게 반응한다. 학교 및 지역사회 이벤트를 지원하기 위해 기금을 마련하는 파트너십은 기업이 흑인 사회에 관심을 보여줄 수 있는 훌륭한 수단이다. 이러한 마케팅은 흑인들이 운영하거나 혹은 이들과 의사소통 경험이 많은 대행사에 의해 시행되었을 때 훨씬 더 효과적이다. 소수인종을 무시하는 태도로 인해 따가운 비난을 받았던 볼보(Volvo)는, 미래의 마케팅 기반을 강화하기 위해 2000년에 흑인 및 라틴계 기업, 지역사회 리더들과 함께 소수인종 위원회를 구성하기도 했다. 미국 흑인들을 타깃으로 한 광고는 대량의 일시적인 캠페인보다는 신문이나 라디오와 같은 흑인 중심의 미디어와 장기적인 관계를 수립해야 할 필요가 있다. 제너럴 모터스는 흑인을 대상으로 한 매체를 보유하고 있는 BET Holdings와의 계약을 통해 이를 시도했다. 이 계약은 BET의 출판 및 TV, BET.com 및 BET가 제작하는 영화 등에서 GM 광고를 싣도록 한 것으로 이전의 단기 계약과는 달리 흑인 소비자 시장에 깊숙이, 일관성 있게 스며들기 위한 장기적인 협정이었다. 그러나 대형 투자가 반드시 성공의 열쇠는 아니다. 왜냐하면 흑인들을 대상으로 한 마케팅은 대부분 소규모 지역사회의 반향을 불러일으키기 위한 것이기 때문에, 소규모 지역 신문을 활용한 마케팅 활동과 광고캠페인을 과소평가하지 말아야 한다.

흑인 인구를 대상으로 한 브랜딩에서 가장 중요한 것은 존중과 감성적 관계에 기초한 접근이다. 수입이 급증하고 있는 흑인 소비자들을 사로잡기 위한 얕은 책략은 불성실해 보이고, 실패할 가능성도 높다. 그러나 개인과 지역사회에 봉사하고 활력을 부여하는데 브랜드의 관심을 표출하는 광고캠페인은 인종에 관계 없이 성공할 수 있을 것이다.

라틴계 소비자들

미국 내에서 성장하는 라틴 문화의 파워에 대한 관심이 점차 고조되고 있다. 1999년에는 리키 마틴의 얼굴이 〈타임〉 지를 장식하는가 하면, 〈뉴스위크〉에서는 라틴 U.S.A.라는 기사가 커버 스토리를 차지했다. 이러한 주요 매체들의 관심들은 라틴계의 경제적 급성장과 이들 그룹의 폭발적인 인구 성장에 의해 더욱더 강화되고 있다. 머지않아 라틴계는 미국 내에서 가장 많은 인구 수를 가진 소수민족으로 부상하는 동시에 인구 구성 비율 면에서 백인 인구와 대등한 수준에 이를 것으로 전망된다.

2000년 미국 인구통계청의 조사에 의하면, 라틴계는 미국 인구의 11.4%를 구성하고 있으며, 이는 최대 규모의 소수인종인 흑인보다 8% 적은 수치이다. 라틴계는 이민과 높은 출생률로 인해 2005년에는 흑인 인구 수를 뛰어넘어 약 3600만 명에 이를 것으로 예상된다. 지난 50년간 라틴계는 미국 내 인구 성장의 약 4분의 1을 차지하는 인구폭발의 주역을 담당했으며, 오늘날 미국 인구 9명 중 한 명은 라틴계이다. 미국은 현재 세계에서 다섯 번째로 스페인어를 많이 사용하는 나라이며, 2020년까지 청년 인구 중 절반이, 2050년까지는 인구의 4분의 1을 라틴계가 차지할 것으로 보인다.[11)]

이처럼 팽창하는 소수 집단을 목표로 하는 브랜드는 이들의 필요를 충족시키고 이들의 충성심을 얻기 위해 더 열심히 노력해야 한다. 지금 이 시장에 진입하는 것이 이후에 진입하는 것보다 유리한 것은 사실이지만, 라틴계의 인구 변화는 새로운 현상이 아니며 소비자로서의 영향력도 전혀 새로운 것이 아니라는 사실을 먼저 깨달아야 한다. 이미 몇 년 전부터 프록터앤갬블, 시어스, 필립 모리스, 도요타와 같은 기업들은 라틴계를 대상으로 적극적인 구애 공세를 펼치고 있다. 마케터들이나 광고 전문가들에게는 다행스럽게도, 스페인어를 사용하는 라틴계 인구는 캘리포니아, 텍사스, 뉴욕, 플로리다, 일리노이, 뉴저지의 6개 주에 편중되어 있으며, 60% 이상이 10개 도시에 모여 살고 있다.[12)] 전체적으로 볼 때 라틴계의 90% 이상이 미국 내 주요 대도시 지역에 살고 있으며, 이들 중 3분의 2가 최저생활 수준 이상의 생활을 영위하고 있다.

하지만 비록 언어가 같고 생김새가 비슷할지라도, 이들 라틴계는 국적이나 연령, 경제 수준에 따라 매우 복잡하게 구성되어 있다. 이들은 출신지를 기준으로 대략 17개의 하위문화들로 나뉘어져 있다. 이는 미국 전역에 분포된 라틴계 지역사회들이 결과적으로 혼합 가능한 다양한 형태를 포함하고 있다는 것을 의미한다. 이러한 주요 지역사회들은 캘리포니안스(멕시코 이민자와 중간층 멕시코인들), 텍사노스(텍사스에 카우보이 문화를 창조한 멕시코인과 과테말라인들), 시카고 라티노스(멕시코인과 푸에르토리코인들. 이 그룹이 시카고 인구의 27%를 구성한다), 마야미얀스(쿠바인, 니카라과인, 남아메리카인들), 뉴요커(푸에르토리코인, 도미니카인, 콜롬비아인,쿠바인들로 구성된 전체 360만 명의 라틴계 인구)들이다.

그러나 라틴계 하위문화를 이해하는 데 있어 더욱 중요한 것은 라틴계 내에서의 문화변용의 정도이다. 미국 내 라틴계의 28% 이상은 문화변용이 되지 않았는데, 그 이유는 결의가 굳고 성실한 이민자들이 계속해서 스페인어를 사용하고 있기 때문이다. 가난한 노동자 계층이 대부분인 이들은 미국 사회의 밑바닥에서부터 출발하여 그들의 삶을 지속적으로 향상시켜 왔다. 비록 80, 90년대의 몇몇 보수적인 움직임들은 이들을 무시해 왔지만, 그들의 끈기는 존경받을 만하며 무언가를 반드시 이루고야 마는 그들의 의무감은 현재 혹은 미래에 상품 및 서비스를 제공할 브랜드의 인정과 존중을 받기에 충분하다.

그러나 대부분의 라틴계(59%)는 미국에서 태어났거나 오랜 세월을 미국에서 살아왔기 때문에 부분적으로 문화변용이 되어 있다. 중산층에 해당하는 수입과 2개 국어를 구사하는 이들 라틴계는 미국 사회에 성공적으로 진입했으며, 가정에서는 텔레문도를 시청하고 직장에서는 동료들과 영어로 농담을 주고받으며 미국 문화와 라틴 문화 사이를 오가고 있다. 라틴 인구의 13%를 차지하는 그들의 자녀들은 미국 내에서 고도로 문화변용이 이루어진 라틴계의 영역을 구성하고 확대해 나갈 것이다. 미국에서 태어나서 성장한 이 그룹은 주로 영어를 사용하며 상류층에 해당하는 수입을 벌어들이고 있다. 그들은 최고 교육을 받은 부유한 라틴 그룹이며, 라틴인들의 문화변용이 더욱 완전해질수록 그들의 수는 급속도로 증가할 것이다.[13] 만약 통합과 발전이 현재와 같은 속도로 진행된다면, 라틴계는 2020년까지 약 400만 개의 전문가나 관리자의 위치를 차지할 것으로 기대된다. 이는 국가의 정체성뿐 아니라 국가의 방향과 의제들에 영향을 미치고 그것을 결정하는 데 있어 그들의 힘을 극적으로 증대시키는 요인으로 작용할 것이다.[14] 미래의 라틴계는 대중들의 마음속에서 종족적 다수/소수 그리고 인종과 같은 개념들을 부적절한 것으로 만드는데 결정적인 역할을 할 가능성이 높다. 이들에게 효과적으로 접근하기 위해 마케터들은 문화변용의 정도를 주의깊게 살펴보아야 한다.

마케터들은 또한 라틴계 시장이 매우 젊다는 사실을 기억해야 한다. 미국 인구의 평균 연령이 33.2세인 데 반해 라틴계는 25.9세이다. 리키 마틴이나 제니퍼 로페즈 같은 라틴계 스타들의 유명세 때문이기도 하지만, 〈뉴스위크〉 지에 의해 'N세대'[15]로 불린 많은 수의 젊은 라틴인들은 유행을 선도하고 있으며, 이는 젊은 백인 층에 의해 광범위하게 모방되고 있다. 롱아일랜드에서 엘살바도르까지 이어지는 그들의 풍부한 문화적 유산은 미국 사회에 영향을 미치고, 다른 문화들의 유행 및 패션을 자신의 것으로 만들 수 있는 매우 독특한 위치에 있게 한다.

미국 인구통계청에 의하면, 2000년도 라틴인들의 예상 구매력은 2750억 달러에서 3000억 달러에 이를 전망이며, 이 수치는 2015년까지 약 4500억 달러로 65%의 증가가 예상된다. 로스앤젤레스, 뉴욕, 마이애미는 라틴인들의 구매력이 강한 단일 도시들로 1998년에 각각 570억 달러, 350억 달러, 150억 달러의 세금을 이들로부터 거둬들였다. 이 수치들은 라틴인들의 낮은 1인당 수입과 높은 실업률로 인해 아직까지는 낮지만, 이는 새롭게 이주한 라틴계 이민자들과 그 자손들의 성장 잠재력으로 이해해야 한다.[16] 브랜드들은 이같은 잠재력과 성장을 둘러싼 문화적 경향을 빨리 인식할수록, 라틴 시장의 현재와 미래의 욕구를 충족시키기 위한 더 나은 자리를 확보할 수 있을 것이다.

대부분의 산업이 라틴인들의 소비 활동과 관련이 있지만 라틴인들이 비(非)라틴 소비자들만큼 혹은 더 많이 소비하는 여덟 가지 주요 영역은 식료품, 의류, 전화세, 집세, 가전제품, 퍼스널케어 제품, 교통비, 세제류이다. 라틴계 소비자들의 차별화된 소비 패턴 중 그들이 가장 많이 소비하는 상품은 퍼스널케어(personal-care) 관련 제품이다. 라틴인들은 백인들에 비해 훨씬 많은 양의 샴푸와 린스를 소비하며, 라틴 소녀들은 메이크업 제품에 다른 틴에이저들보다 60% 이상 더 많은 돈을 지출한다.[17) 또한 이들은 식료품 소비율이 매우 높고, 아침식사 패턴도 인종적 특성에 따라 각기 다르다. 1998년 Strategic Research Corporation의 조사에 의하면, 라틴인들은 흑인이나 백인에 비해 차가운 시리얼은 적게 먹고 따뜻한 시리얼을 더 많이 먹는 것으로 나타났다. 문화적 영향력은 그들의 서비스에 대한 기대에서도 작용한다. Insight Research Company에 의하면, 53%의 라틴인과 동양인, 그리고 44%의 흑인들에게는 고객서비스가 전화 회사를 선택하는 데 있어 가장 중요한 요인이라고 응답한 반면, 백인들은 36%만이 고객서비스를 우선 요인으로 꼽았다.[18)

브랜드는 소비자들이 자신들의 아이덴티티를 구축하는 데 있어 중요한 역할을 담당한다. 따라서 브랜드 매니저들은 라틴인들이 열망하는 관심사를 충족시키기 위해 그들 사이에서 아이덴티티의 어떤 면이 가장 두드러지고 영향력이 있는지를 파악해야 한다. 패션과 관련하여, 라틴인들은 유명 인사들을 유행의 선도자로 간주하는데, 예를 들어 자신의 패션 아이디어를 스타의 스타일에 의존하는 비율이 비(非)라틴계 여성은 10%인데 반해, 라틴계 여성은 18%에 이른다. 라틴인들은 또한 가족, 종교 및 전통을 중시한다. 여성들은 가정을 꾸려나가고 아이들을 양육하는 데 있어 전통적인 것에 많이 의존하며, 어린 자녀를 소중히 여기고 연로한 부모에게는 공경심을 표한다. 이들은 대부분 여러 세대가 한 집에 모여 살고 있으며, 그들만의 전통을 지키기 위해 노력한다. 따라서 반복되는 실수를 피할 수 있는 가장 좋은 방법은 라틴 그룹의 라이프 스타일과 영감을 주는 암시들을 끊임없이 모니터하고, 브랜드를 형성하는 데 있어 라틴인들의 다양성을 중시하는 것이다.

1999년부터 라틴인들을 겨냥해 마케팅을 시작한 뷰익(Buick) 자동차는 이들에 대해 매우 세심한 태도를 보여주었다. 우선 그들은 텔레문도와 유니비전에 스페인어로 된 첫 광고를 내보냈다. 뷰익은 그 전에도 스페인어로 더빙한 영어판 광고를 내보내 라틴 지역사회에서 브랜드 인지도를 높이긴 했으나, 진정한 반향을 불러일으키지는 못했다. 왜냐하면 시청자들은 그 광고가 라틴인들의 문화와 언어를 중요하게 고려하지 않았다는 것을 알아차렸기 때문이다. 이와 대조적으로, 라틴계 광고 회사를 통해 멕시코 지역의 탤런트와 스태프들을 고용해 스페인어로 제작한 오리지널 자동차 광고는 뷰익 센추리의 판매 향상에 크게 기여했다.

그 동안 기업들은 라틴 인구를 마케팅 고려 대상에서 제외시켰다. 하지만 뷰익 자동차는 라틴 인구가 자신들의 브랜드에서 중요한 고객이 되리라는 것을 알았다. 조사에 의하면 이들은 적정 가격대의 편안하고 쾌적한 패밀리카를 원했는데, 이는 뷰익 센추리와 정확히 일치하는 컨셉이다. 뷰익은 또한 GM이 후원하는 플로리다 라틴 카니발의 미니어처를 제작해 이를 뷰익 센추리에 매어 라틴계 유명 인사들과 함께 20여 곳의 시장을 방문하기도 했다. 뷰익 자동차는 라틴인들의 뷰익 판매고 점유율을 현재의 1%에서 2010년까지 8%대로 향상시킬 수 있을 것으로 기대하고 있다. 이와 같은 세심하고 광범위한 계획들은 라틴계 소비자들을 끌어들이기 위한 진지한 시도라고 볼 수 있다.

아시아계 소비자들

인구 수에 있어서는 소수이지만 아시아계는 미국 내에서 가장 빠르게 성장하는 인종 집단이며, 이들 1050만 명의 1인당 수입은 백인을 포함한 어느 인종 집단보다 높다. 따라서 이들은 매우 중요하게 고려되어야 할 집단이며 모든 브랜드들이 갈망하는 시장이다. 아시아계 미국인은 컴퓨터, 보험, 국제 전화와 같은 주요 범주에서 다른 소수민족 그룹보다 소비율이 높다. 마케터들은 아시아계의 다양성과 그들에 대한 정보 부족으로 혼란을 겪고 있지만, 바로 거기에서 경쟁자들을 압도할 만한 이점을 찾아낼 수 있다. 기업들이 아시아계 시장에 뛰어들어야 하는 중요한 이유가 바로 이것이다. 지금까지 극소수의 기업만이 아시아계 미국인을 겨냥한 광고를 내보내고 있는데, 그런 점에서 이들 기업들은 엄청난 브랜드 로열티를 확보할 수 있을 것이다.

〈Admerasia〉, 〈포커스 USA〉[19]의 기사에 따르면, 아시아계 미국인들은 다음과 같은 특징이 있다.

- 93%가 도심 지역에 살고 있다.
- 60%가 5만 달러 이상의 수입을 올리고 있다.
- 50%가 전문직에 종사하고 있다.
- 37%의 성인 아시아계 미국인은 학사 이상의 학위를 갖고 있다.
- 63%가 신용카드를 소지하고 있다.

대부분의 아시아계 미국인은 숫자에 대한 미신이 있다. 그러므로 이들을 겨냥해서 마케팅을 할 때는 숫자를 포함한 마케팅 메시지가 바람직하지 못한 의미를 담을 수도 있다는 점을 고려해서 각 나라의 문화적인 특징들을 사전에 파악해두어야 한다. 예컨대 동양 문화권에서 6과 8은 행운을 상징하는 숫자인 반면, 4는 죽음과 결부되어 있다(어느 항공사의 수신자 부담 전화 번호 1-800-FLY-4444가 아시아계 시장에서 실패한 이유도 바로 여기에 있다). 색상 역시 마찬가지로, 많은 동양 문화권에서 흰색은 죽음을 암시한다.

아시아에는 적어도 17개의 서로 다른 소수민족과 언어 그룹이 존재하지만, 이 중 90%의 아시아계 미국인은 다음의 여섯 그룹 중 어느 한 그룹에 속한다.

중국계 미국인 : 태어난 곳이 중국이냐 미국이냐에 따라 나눠진다. 보통 미국에서 태어난 중국계가 미국 사회와 더 가깝고 경제적으로도 더 부유하지만, 이들은 공통적으로 가족과 교육을 가장 중요하게 생각한다. 특히 마케터들은 중국계 미국 이민자들끼리 통하는 상징과 색상에 대한 독특한 의미를 알아두어야 한다. 중국계 미국인은 일반적으로 값이 저렴한 상품을 구매하는 경향이 있지만, 상품의 질에 관한 한 절대로 양보하지 않는다.

일본계 미국인 : 낮은 문화변용을 일으킨 1세대와 2세대 그리고 높은 문화변용을 일으킨 3세대로 세분화된다. 일본에서 17세의 여성의 이미지는 광고의 기초적 요소로서, 칫솔에서 컴퓨터에 이르기까지 모든 광고에서 미래를 상징한다.

한국계 미국인 : 매우 적극적인 소수 그룹으로 사업 수완이 뛰어나고 매사에 헌신적인 것으로 알려져 있다. 조사에 의하면, 한국계 미국인 중 절반은 기독교 신자이며, 이들 중 90%가 자신들의 조국과 사업, 교회와 관련된 사회조직에서 활동하는 것으로 나타났다. 그리고 이들 한국계 미국인은 전통적으로 가격보다는 브랜드 네임에 더 높은 관심을 보였다.

필리핀계 미국인 : 문화적 · 언어적으로 매우 다양하게 구성되어 있으며, 이들 중에는 스페인 혈통에서 유래된 이름이 많기 때문에 구별하기도 쉽지 않다. 그러나 필리핀계 미국인은 주로 다섯 개의 도시, 즉 로스앤젤레스/샌디에이고, 샌프란시스코/세크라멘토, 호놀룰루, 뉴욕, 시카고에 집중적으로 모여 살고 있다.

베트남계 미국인 : 최근에 이민을 온 그룹으로 미국 문화와 친근하지 못한 편이다. 이들은 특히 출생지의 문화적 전통을 굳건히 지켜 나가고 있으며, 이러한 전통적 가치는 공공 장소에서의 애정 표현에 대한 거부감, 가족과 웃어른에 대한 높은 공경심을 포함한다. 가정 살림은 보통 여성이 관리하지만, 값비싼 물건을 살 때는 남성이 최종 결정을 내린다.

인도계 미국인 : 대체로 교육을 잘 받았으며 영어에 능통하다. 그러나 인도계는 힌두어를 지배적인 제2언어로 사용하는 수많은 하위문화들을 갖고 있다.

미국 내 동양인 중 3분의 2가 캘리포니아, 뉴욕, 하와이, 텍사스, 일리노이에 거주하고 있으며, 이 중 40%가 캘리포니아에 집중되어 있다.[20)]〈The DMS Insider〉 지는 2000년 겨울호에서, 동양인 이민자들을 민족적 정체성, 미국 문화에의 동화(同化) 정도, 언어적 의존도라는 3가지 요인에 근거해 세분화했다. 비록 이러한 요인들이 다양한 미국 내 아시아계들 사이에서 복잡한 다수의 범주를 만들어, 결과적으로 아시아계 미국인 인구의 비동질성을 보여주고 있다. 하지만 아시아계 미국인을 하나로 묶어주는 일반적인 가치는 존재한다. 이들 각 민족의 가족과 지역사회는 미국이라는 문화 속에서 더욱 중요한 의미를 가지며, 대부분의 아시아계는 여러 세대가 함께 살아가는 대가족의 양상을 띠고 있다. 그러므로 거의 대부분의 광고들이 개인적인 선택에 초점을 맞추는 데 반해, 동양인을 겨냥한 광고는 가족과 지역사회의 틀 속에서 선택적으로 만들어지고 있다.

따라서 개인적인 면을 지나치게 강조하거나 가족간의 전통적 위계 질서를 무시하는 광고는 성공하기 어렵다. 무엇보다도 광고는 미국적 환경 속에서도 그들만의 전통적 가치를 보존하고자 하는 아시아계 미국인들의 열망을 이해하고 존중해야 한다. 조사에 의하면, 전체 아시아계 미국인 중 3분의 2가 집안에서는 모국어를 사용하고 있으며, 기업들이 자신들의 언어를 사용해 마케팅하는 것을 존중의 표시로 받아들인다고 한다.[21] 이에 대한 예로, AT&T는 6개국 출신의 아시아계 미국인을 대상으로 영어를 포함한 7개국 언어로 마케팅을 전개하고 있다. 이와 같이 전형적인 틀을 탈피하여 이들의 전통적인 문화와 가치에 대한 친근감을 부각시킨 광고는 큰 효과를 얻을 수 있다. 서비스를 중시하는 것 또한 여러 아시아계 시장에서 매우 일관되게 나타나고 있다. 이는 소비자에 대한 친절한 태도와 예의를 갖춘 어조를 의미하며(예를 들어 AT&T의 경우, 백인 소비자에게는 "우리는 당신이 와주기를 바랍니다"라고 무뚝뚝하게 말하는 데 반해, 일본인 소비자에게는 "우리는 당신이 방문해주기를 기다리고 있습니다"라고 친절하게 말한다), 판매 후의 고객 경험에 대한 이해를 보여주는 관점이다.

부유한 아시아계 미국인들에 대한 상업적 관심이 높아지면서 메릴린치, 에브리CD, 로레알, 스프린트 및 골드만삭스 그룹의 광고캠페인에서 볼 수 있듯이, 동양인이 출연하는 광고가 늘고 있다. 이 그룹에 대한 시장 조사가 확대됨에 따라 광고 예산도 더불어 증가할 것으로 예상된다. 시어스, 애플, 홀마크, MCI, 찰스 슈왑 같은 우량기업들은 이미 그 대열에 합류하고 있다. 2000년 인구 센서스에서는 이들 인구의 자발적인 참여를 독려하기 위해 그 어느 때보다도 더 많은 노력을 기울였다. 실제로 참여도를 높이기 위해 책정된 1억 6500만 달러의 마케팅 예산 중 13%가 아시아계 미국인을 위해 쓰여졌으며, 처음으로 영어와 스페인어 외에 아시아 4개국 언어로 된 설문지가 제작되었다. 지역사회에서도 이들 아시아계에 대한 정확한 정보를 파악하려는 노력이 체계적으로 수행되고 있다.

샌프란시스코 아시아 TV 방송국 KTSF는 시청자들의 소비 행태 조사를 비롯해 최근에 발표된 몇몇 조사 결과들은 특정 브랜드가 아시아계 고객들에게 접근하는데 성공적이었음을 보여준다. 소비자 선호도 조사에서 상위를 차지한 브랜드들은 AT&T와 같이 아시아계 시장을 대상으로 한 마케팅에 많은 투자를 하거나, 코카콜라, 팬틴, 타이레놀 등과 같은 브랜드들과 같이 아시아 시장에서의 높은 지명도가 미국으로 옮겨져 온 경우이다.[22] 이 조사는 80년대에 미국 내 라틴계 지역사회에 대한 상업적 관심을 촉발시키는데 기여한 라틴계 네트워크인 텔레문도와 유니비전의 유사한 조사 활동을 연상시킨다. 아시아계 미국인들의 영향력 증대에 대한 조사 결과가 많아질수록, 마케팅과 상업적 투자 역시 확대될 것이다. 그러나 조사 이전이라도 이들 지역사회에 투자하는 것을 지연시킬 이유는 없다. 뉴욕에 있는 아시아계 미국인 광고주 협회와 같은 기관들이 전문가를 동원하여 아시아계 미국인을 정계에 성공적으로 진출시키는 것은 충분히 가능한 일이다.

아시아계 미국인을 겨냥한 대규모의 집중적인 캠페인은 거의 본 적이 없지만, 〈뉴욕타임스〉의 중국계 미국인들을 대상으로 한 세심하고 사려 깊은 판촉 노력은 매우 인상적이다. 그들은 1999년 2월, 음력 설 연휴 동안 중국의 전통 미술로 장식한 달력을 배포했으며, 중국인들에게 애도를 상징하는 파란색 〈뉴욕타임스〉의 자동판매기를 차이나타운 내에서는 행복을 상징하는 빨간색으로 바꾸었다. 그리고 최종적으로는 지면, 방송,

다이렉트 메일을 통한 광고가 중국인들을 겨냥해 나갔다. 이 광고들은 중국어 지역 채널을 통해 방송되었고, 다이렉트 메일은 영어와 중국어로 인쇄되었으며, 중국어의 두 지배적인 방언인 만다린어와 광동어로 수신자 부담 전화번호를 표시했다.

〈뉴욕타임스〉는 양질의 정보와 뉴스를 제공하는 권위 있는 언론 매체로서 이 시장에서 이상적인 상품이다. 홍보 및 마케팅 담당 부사장인 알리스 마이어스는 캠페인과 관련하여, "문화적으로 볼 때 중국계 미국인은 성공의 지름길로서 교육을 강조한다"고 말한다.[23] 이들은 교육에 높은 가치를 부여하며, 그들 자신과 자녀들의 성공을 열망한다. 따라서 광고는 〈뉴욕타임스〉의 내용을 가장 가치있게 여길 만한 전문가 그룹과 대학에 들어갈 자녀를 둔 부모를 집중 공략했고, 학업 성적이 뛰어난 자녀들을 지켜보는 부모의 자긍심이라는 주제를 강조했다. 뉴욕에서 활동하는 아시아계 미국인 마케팅 전문가 강앤리(Kang & Lee)에 의해 디자인된 이 광고캠페인은 엄청난 성공을 거둠으로써 샌프란시스코, 오클랜드 및 실리콘밸리까지 확대되었다. 한편, 뉴욕에 거주하는 남아시아인과 한국인을 겨냥한 또 다른 광고도 진행되고 있다. 이와 같이 성장하는 아시아계 소비자들의 욕구에 관심을 기울이는 것은 그만큼 충분한 가치가 있다.

3

여성

새로운 최고 구매 결정자

소비자는 바보가 아니다. 그녀는 당신의 부인이다.
데이비드 오길비

나는 또 다른 이야기를 들었다 :
그녀는 바보가 아니라 당신의 보스이다!
데이비드 루이스, BBDO West

오늘날 여성은 대단히 영향력 있는 소비자가 되어 가고 있다. 이는 우디 앨런이 감독 주연한 영화 〈마이티 아프로디테(Mighty Aphrodite)〉에서 우디의 아들이 "아빠와 엄마 중에서 누가 보스야?"라고 묻는 대사를 생각나게 한다. 이때 우디는 아들을 향해 이렇게 재치 있게 대답한다. "그야 물론 아빠지. 엄마는 단지 결정을 내릴 뿐이란다."

오랜 세월 동안 여성은 경제적으로 미미한 세력이라는 인식이 지배적이었다. 하지만 오늘날 여성은 미국 인구의 51.2%를 차지하고, 매년 3조 5000달러 이상을 지출함으로써[1] 판매 상품의 80%에 영향을 미치거나 혹은 구매한다.[2] 여성의 구매력은 점점 더 커지고 있을 뿐만 아니라, 구매 품목이나 구매 이유에서도 전반적인 변화가 나타나고 있다. 여성들은 자동차, 컴퓨터, 게임, 하드웨어, 술, 담배 같은 전통적으로 남성들에게 팔리던 상품과 서비스를 이전보다 더 많이 구매하고 있다.[3] Consumer Electronic Marketing Association에 의하면, 여성은 전자제품의 구매를 결정하는 데 있어 50% 이상의 막강한 영향력을 행사했고, 지난 몇 년 간 받고 싶은 선물 목록에서는 컴퓨터가 1위를 차지했다.[4] 이러한 변화들은 많은 현명한 기업들에 의해 인식되어 왔지만 일부 기업들에게는 여전히 생소하게 받아들여진다.

홈데포(Home Depot)는 여성들이 좋아할 만한 친근하고 매력적인 하드웨어 매장을 만든다는 기본 전제 위에 세워졌다. 〈최고의 감동을 주는 곳〉이라는 시어스(Sears)의 광고캠페인은 자동차 제품을 포함한 대부분의 구매가 여성에 의해 이루어진다는 사실에 대한 통찰력 있는 인식을 보여준다. 에이스 하드웨어(Ace Hardware) 역시 더 많은 수의 여성을 끌어들이기 위해 부엌가구, 가정용품, 정원용품 등의 매장을 확장하는 한편, 선물 포장 등 서비스를 강화하고 있다.[5]

우리는 미국의 자동차 산업에서 여성 구매자가 차지하는 비율이 65%나 된다는 사실을 잘 알고 있다.[6] 그럼에도 불구하고 여성들을 대상으로 적극적인 마케팅 활동을 펼치고 있는 회사는 새턴(Saturn)을 비롯한 소수 기업에 불과할 뿐이다. 새턴의 경우, 상당 수의 광고가 여성 고객을 겨냥하고 있으며, 의도적으로 여성 판매원을 고용하고 있다. 일반적으로 여성 고용인구의 평균 구성비가 7%인 데 반해, 새턴은 판매사원의 17%를 여성이 차지하고 있다. 새턴의 이러한 노력은 그에 상응하는 성과를 얻고 있는데, 현재 새턴 자동차의 64%를 여성이 구매하고 있다.[7] 포드사는 여성이 직접 차를 디자인하게 함으로써 더 많은 수의 여성 고객을 끌어들이기 위한 시도를 했다. 포드의 1999년형 윈드스타(Windstar) 미니밴은 50명의 여성들에 의해 디자인 되었는데, 이들 중 30명이 아이를 둔 어머니였다. 이들은 자동차의 독특한 사양들을 개발하는데 자신들의 경험을 적극 반영했다. 예를 들어 차 문이 열려 있을 때 아기의 얼굴을 라이트로부터 보호하기 위한 절전형 실내등, CD뿐 아니라 기저귀도 넣을 수 있는

다용도 박스, 시동을 건 후에도 뒷좌석의 아이를 돌보기 위해 신속히 뛰어나갈 수 있도록 운전자 쪽의 도어가 자동으로 잠기는 것을 방지해주는 스위치 등이 그것이다.[8] 이런 다양한 사례에도 불구하고 아직도 많은 기업들이 여성 소비자의 구매력을 간과하거나, 설사 관심을 기울인다 해도 여성들의 진정한 열망이나 욕구와는 거리가 먼, 일방적이고 상투적인 접근에 그치고 있을 뿐이다.

이제는 그 어떤 기업도 여성 고객을 무시할 수 없다. 오늘날 여성의 영향력은 구매력과 구매 습관의 변화 이상이다. 여성은 신경제에서 중요하게 고려되어야 할 대상이며, 신경제를 주도하고 그것을 만들어 나갈 진정한 세력이다. 전체적으로 볼 때, 여성은 남성에 비해 수입의 1달러당 76센트밖에 벌지 못하고,[9] 〈Catalyst〉 지에서 평가한 2533개 미국 기업 상위 소득자의 3.3%에 불과하지만,[10] 점차 남성과 동등하게 경쟁하는 시대가 전개되고 있다. 우리는 상징적으로, 휴렛팩커드가 여성 CEO를 임명한 사건과 같은 놀라운 진전을 보고 있다. 빠른 기술적 변화와 글로벌화된 경제 환경 속에서 여성을 위한 새로운 기회들이 무궁무진하게 펼쳐져 있다.

신경제는 문제 해결, 커뮤니케이션, 정보처리와 같은 여성의 뛰어난 능력이 발휘되는 비즈니스 영역을 확장시키고 있다. 오늘날 비즈니스에서 창의력, 융통성, 그리고 휴머니즘의 중요성에 대해서는 더 이상 언급할 필요도 없다. 많은 여성들이 기존 기업에서의 승진 한계를 피해 자신의 사업을 시작하고 있다. 미국에는 총 900만 명의 여성 사업가가 있으며, 이들은 대략 2750만 명의 고용인을 두고 있다. 이는 1987년에 비해 78%가 증가된 수치이며, 오늘날 전체 미국 기업의 40%를 여성이 소유하고 있다.[11]

인터넷 혁명은 그 어느 때보다도 여성들에게 많은 기회를 제공하고 있다. 인터넷은 남성 중심의 네트워크가 존재하지 않고, 새롭게 형성되고 있는 체제이기 때문에 더 빨리, 더 높은 지위에 도달하려는 여성들의 노력을 용이하게 해준다. 인터넷은 여성에게 적합한 섬세한 감각의 마케터와 미디어 전문가에 대한 거대한 수요를 창출하고 있다. 또한 비즈니스 환경에서의 의사소통 매체(예컨대, 가상 회의)로서 인터넷은 성적인 차이점을 즉각적으로 드러내지 않으며, 내용 자체에 초점을 맞춘다. 1999년 인터넷 기업 CEO의 6%를, 신생 벤처기업 최고관리자의 45%를 여성이 차지했다. e.phiphany.net의 사장인 게일 크로웰(Gayle Crowell)은 자신이 거둔 성공에 관해 이야기하면서 "그것은 최고의 상품이나 기술의 창조에 관한 것이라기보다는, 브랜드 개발과 소비자를 파악하는 것과 관련이 있다. 여성은 이러한 업무에 탁월하다"고 지적한다.[12)]

기업에서 여성들의 지위가 부상하면서 비즈니스 세계에서의 영향력도 증대되고 있다. 여성들은 경영과 비즈니스 전략에 대한 상이한 접근을 통해, 그리고 개인적인 삶을 위한 더 많은 시간의 필요성을 강조함으로써 비즈니스 방식과 조직 운영 방식을 매우 빠르고 단순하게 변화시켜 나가고 있다. 우리는 소프트웨어 회사인 SAS와 같이, 어린이 놀이방, 의료 시설, 가족 휴식 공간 등 다양한 방법으로 가족 친화적이고 융통성 있는 복지 혜택을 제공하는 회사들을 보고 있다. 제한 없는 병가와 주 35시간 노동도 그 중 하나이다. 그들은 우수한 여성 인력을 영입하기 위해 경쟁적으로 이같은 프로그램을 제공하고 있다.[13)] 펩시콜라 북미 지역 담당 CEO인 브렌다 바니스(Brenda Barnes)는 가족들과 좀더 많은 시간을 보내기 위해 자리에서 물러남으로써 많은 사람들을 놀라게 하기도 했다.

1990년대 초반, 딜로이트앤투세(Deloitte & Touche)는 여직원들이 회사를 떠나는 것을 막기 위해 많은 제도상의 변화를 시도했고, 현재는 700

명 이상의 직원들이 자율적인 업무 시간제를 활용하고 있다.[14] 딜로이트 앤투셰와 SAS는 여성이라는 새로운 노동력의 요구에 귀를 기울이고 이를 적극적으로 수용한 훌륭한 사례라고 할 수 있다. 결국 여성들에 의해 시작된 이러한 경향은 전체 인구에 매우 강력한 영향을 미칠 것이다.

신경제에서 여성의 성장하는 파워와 영향력을 고려할 때, 이들 기업이 여성 인력에 투자하는 것은 대단히 현명한 태도이다. 그들은 이러한 게임에서 한발 앞서 있다. 그러나 이것은 어디까지나 여성에게 권한을 부여하는 흐름의 시작에 불과하다. 아직도 여성들은 대다수 기업들의 핵심 경영진에서 제외되어 있으며, 다양성의 존중은 기업의 사명 문구에서나 발견될 뿐 여성들에게 어떤 실질적인 의미를 전달하지 못하고 있다. 그러나 성공을 원하는 기업이라면 이 사회에서 여성의 세력이 얼마나 강력한가를, 그리고 여성의 중요성을 반영하여 조직을 재정비하지 않으면 안 된다는 사실을 깨달아야 한다. 결국 여성이 모든 상품의 구매자라고 한다면, 기업들이 여성에게 경영권을 맡기지 않을 이유가 어디 있는가?

여성들은 새로운 비즈니스 환경을 창출하기 위해 남성 중심적 세계의 협소한 제약들을 뛰어넘고 있으며, 여성주의가 접목된 브랜드는 비약적으로 성장하고 있다. 바디숍(The Body Shop)의 창립자인 아니타 로딕(Anita Roddick)은 비즈니스를 통해 환경적 · 사회적 문제들에 영향력을 행사하고, 여성들에게 긍정적인 메시지를 전달해 왔다(예를 들면, "주름방지 크림의 노화방지 효과에 관해 거짓말을 하지 않겠습니다. 이것은 단지 괜찮은 크림일 뿐이며, 주름이 있어도 당신은 여전히 아름답습니다"). 여성을 위한 옥시젠(Oxygen) 방송국을 출범시킨 게리 레이보니는, 비즈니스에 대한 비타협적인 여성주의적 접근의 실례를 보여준다. "지구를 돌보는 어머니이자 강력한 투사"[15]로 묘사되곤 하는 그녀는 비폭력 · 비착취, 그리고 감성적인 울림을 가진 수준 높은 프로그램 제작을 목표로 삼고 있으며, 실제적인 문제를 갖고 있는 실제 여성들의 모습을 보여주기 위해 노력한다. 아니타 로딕과 같이 그녀는 비즈니스의 성공만을 위해서가 아니라, 모든 여성과 인간의 삶을 향상시키고자 하는 사명감에 의해 끊임없이 자극을 받고 있다.

여성들은 감성을 소중하게 생각하고, 감성적인 것에 대단히 민감하게 반응하기 때문에 감성적 경제에서 그 가치가 더욱 높아지고 있다. 인간이자 소비자로서 여성의 주요 관심사는 '관계(relationships)' 라는 사실이 여러 차례에 걸쳐 입증되었다. 여성은 비즈니스의 해결책을 찾는 데 있어 개인적인 일대일 관계를 선호한다. 이는 친구나 신빙성 있는 정보원과의 대화를 통해 중요한 상품 정보를 얻는 것과 같이 그들이 소비자로서 상품을 발견하는 방법이기도 하다. 또한 여성들은 관계에 대한 접근방식에 있어서도 총체적인데, 이것은 여성들이 브랜드나 기업을 단지 특정한 상황에서 그것이 제공하는 것만을 보고 인식하지 않는다는 의미이다. 무엇보다도 여성들은 큰 그림을 이해하고 싶어한다. 그것은 브랜드 이미지, 브랜드 철학, 브랜드 윤리와 같이 전체적으로 브랜드가 대표하는 것이다. 여성들은 더욱 사려깊고 심층적인 '연결' 을 느끼고 싶어한다. 이것이 바로 감성적 브랜딩에 관한 모든 것이다!

소비자로서의 여성을 이해하는 5가지 핵심 요소인 존중, 개성, 스트레스 해소, 연결, 관계에 대해 최근의 몇몇 브랜딩 프로그램과 광고캠페인을 통해 살펴보고자 한다. 성공적인 감성적 브랜딩 프로그램의 경우에서와 같이, 이런 요소들의 여럿 혹은 전부가 가끔은 한 사례에서 다루어지기도 하지만, 나는 논의를 위해 각각의 사례들을 가장 적절하게 대변한다고 생각되는 영역에 포함시켰다.

- **존중** : *여성들은 자동차의 카뷰레터나 전기톱에 대해 당신이 생각하는 것보*

다 더 많이 알고 있다. 그들을 존중하는 자세로 대화를 나눠라!

새턴, 홈데포, 시어스 외에도 전통적인 남성 산업군에 속하는 또 다른 기업들도 흥미로운 방식으로 여성들과 대화를 시작하고 있다. 미쉐린(Michelin)은 1999년 광고캠페인에서 아기를 씻기고 있는 친구에게 타이어를 선물하는 여성을 등장시키는 것과 같은 재치 있는 방법으로 여성층을 겨냥했다. 이 광고는 전형적인 여성의 이미지 위에 타이어 선물이라는 의외의 요소를 결합함으로써 안전한 타이어라는 브랜드의 신뢰성을 강화하고, 동시에 여성들도 타이어와 같은 품목을 구매한다는 사실을 회사가 알고 있음을 알리고자 했다.

그러나 최근의 아메리칸 익스프레스(American Express) 광고는 여성들을 대상으로 마케팅을 전개하는 데 있어 '존중'이란 개념의 중요성을 인식하지 못하고 있다. 광고는 해외 여행 중인 50대 여성을 보여주는데, 그녀는 지갑을 택시에 두고 내렸고 수중에는 돈 한푼 없다. 그녀의 모습은 신경질적이고 무기력해 보이기까지 한다. 물론, 이때 아메리칸 익스프레스 카드사의 여행자 수표를 샀으면 아무 문제가 없었을 것이다. 하지만 이미 때는 늦었다. 곤란한 상황을 벗어날 만한 능력이나 재치라고는 없어 보이는, 실수투성이에다 두려움에 떨기까지 하는 광고 속의 여성과 자신을 동일시하려는 여성이 과연 있을까?

설령 실제 여성들이 광고 속의 여성처럼 행동한다 할지라도 아메리칸 익스프레스는 왜 스스로를 가부장적인 기업으로 포지셔닝하려 했을까? 그보다는 차라리 존중을 바탕으로 소비자들과 동등한 관계를 형성하기 위한 시도를 하는 편이 훨신 더 효과적이었을 것이다. 비록 택시 안에 지갑을 두고 내리긴 했지만, 아메리칸 익스프레스사의 여행자 수표를 살 정도로 현명하고 계획적이기 때문에 누군가에게 멋진 저녁식사를 대접하는 모습을 보여주었더라면 더 좋지 않았을까?

소비자로서 여성이 원하는 것은 무엇인가?

소비자로서 여성이 진정으로 원하는 것은 무엇인가? 감성적 브랜딩 프로그램이 여성들에게 제공하는 5가지 중요한 요소는 다음과 같다.

● **존중** : 여성들은 제품에 대해 잘 알고 있다. 여성들은 구매에 앞서 먼저 상품에 대한 조사를 한다. 그들은 해로운 성분이 없는지 확인하기 위해 남성보다 훨씬 더 자세히 성분을 살펴보며, 최종 결정을 하기까지 매우 신중하게 행동한다.[16] 여성 소비자들은 매우 영리하며 제품에 대해 잘 알고 있다는 것을 인정하라. 그러면 그들은 당신의 브랜드를 존중할 것이다.

● **개성** : 여성들은 여러 가지 역할을 맡고 있으며, 오직 한 가지 좁은 측면만으로 얘기되고 싶어하지 않는다. 그들은 여성적이며, 영향력이 있고, 자녀를 돌보는 어머니이며, 독립적이고, 섹시하며, 현명하다. 그들이 가진 다양성을 가능한 한 많이 인정하고, 전형적인 타입의 유혹에 저항하라!

● **스트레스 해소** : 스트레스는 여성 최고의 적으로 간주된다. 오늘날 여성들은 한 가족을 부양하면서 동시에 살림까지 책임져야 하는 이중의 역할을 떠맡게 됨으로써 스트레스에 시달리고 있다. 레드북(Redbook)과 Women.com의 조사에 의하면, 43%의 여성이 직장인으로서의 생활과 부모로서의 생활 간에 균형을 맞추기가 힘들다고 응답했다.[17] 이에 대한 해결책을 제시하거나, 적어도 그들이 일상에서 겪는 긴장을 이해하고 있다는 점을 드러내라!

● **연결** : 여성들은 어떤 결정을 내리는 데 있어 합리적이라기보다는 감성적이다. 여성들은 제품의 기술적 특성을 설명해놓은 자료를 좋아하지 않는다. 그들은 단지 그 상품이 자신에게 무엇을 해줄 수 있는지를 알고 싶어할 뿐이다.[18] 어떤 점이 여성 고객의 마음을 움직일 수 있는지 찾아내라!

● **관계** : 여성들은 거래만이 아닌 진정한 대화를 원한다. 여성들은 신뢰할 만한 브랜드를 찾고 있으며, 그들과 지속적으로 신뢰를 쌓아온 브랜드에 대해서는 놀라울 정도의 충성심을 보인다. 여성들이 브랜드와 형성하는 관계의 일부는 브랜드

가 자신들의 삶에서 중요한 의미를 갖는 어떤 것을 대변하는 것과 관련이 있다. 그 어떤 것에 대해 진지한 태도를 취하고 보다 실제적이고 구체적인 방식으로 그것을 보여주는 브랜드들은 여성 소비자들에게 성공적으로 어필할 수 있다.

솔로몬 스미스 바니(Solomon Smith Barney)의 최근 광고는 어떻게 여성들을 존중하고 그들에 대해 이야기할 수 있는가를 근사하게 보여주고 있다. 광고는 여성들이 집안에서 맡고 있는 막중한 책임감을 지적하며, "그녀는 커리어우먼으로서 가정을 꾸려 나가고 가족들의 자산을 관리한다. 그렇다고 해서 그녀가 슈퍼우먼은 아니다. 그녀는 단지 보통 여성일 뿐이다"라고 말한다. 광고는 많은 여성들이 가족들의 자산을 관리할 뿐만 아니라 다른 역할도 맡고 있음을 인정한다. 여성이 편안하게 웃고 있는 모습을 보여준 것 또한 훌륭하다. 이는 비록 여성이 많은 책임을 떠맡고 있을지라도 항상 진지하기만 한 것은 아니며, 자신의 인생을 즐길 줄도 안다는 의미를 상징적으로 보여주고 있기 때문이다.

● **개성** : *직장 상사, 엄마, 여성, 노동자, 양육자, 여자 친구, 자전거 타는 사람, 아내, 사업가, 유혹하는 여자, 친구, 요리사, 자원봉사자, 산업 리더, 활동가, 예술가, 스포츠 팬 등등!*

고급 시계 메이커인 파텍 필립(Patek Philippe)은 새로운 브랜딩 프로그램에서 현대 여성들의 다면적인 삶의 진수를 포착하고 있다. Twenty-4라는 여성용 시계는 바쁜 생활에 어울리는 현대적인 스타일을 강조하면서 28~35세의 여성층을 겨냥했다. "다음 24시간 안에 당신은 어떤 사람이 될 것인가?"라고 여성을 향해 질문을 던지는 이 광고캠페인은 단순하면서도 호기심을 자극하는 방법으로 하루 24시간 중 여성들이 맡은 다양한 역할에 대한 이해를 강화시킨다.

전통적으로 장년층의 남성 소비자를 놓고 경쟁하는 코냑 산업에서, 헤

젊고 세련된 도시 여성을 겨냥한 헤네시 코냑 광고

네시(Hennessy)는 최근 광고에서 더욱 현대적이며 미적 취향을 가진 고객, 특히 젊은 여성들에게 어필하고 있다. 헤네시는 광고를 통해 복잡한 삶을 살아가는 젊고 세련된 도시 여성을 사로잡으려 하고 있다.

"당신의 개인 요리사를 찾아라"라는 광고 문구를 내세운 코닝웨어(Corningware) 광고는 멋진 부엌에서 행복한 표정을 짓고 있는 여성을 보여주는 전형적인 조리기구 광고캠페인에서 벗어났다. 광고는 섹시하고 우아한 드레스를 입은 편안한 분위기의 젊은 여성이 완벽한 저녁 준비를 기대하며 즐겁게 조리기구의 버튼을 누르는 모습을 보여준다. 그녀가 입고 있는 드레스와 촛불 장식을 통해 우리는 그녀가 누군가를 기다리고 있으며, 거기에는 흥분과 즐거움이 가득 배어 있음을 느낄 수 있다. 광고는 그녀가 요리한 음식을 누군가에게 제공하는 즐거움에 초점을 맞추는 진부한 접근 대신에, 요리하는 즐거운 과정 자체에 초점을 맞추고 있다.

- **스트레스 해소** : *여성의 일은 끝이 없다 !*

스트레스가 여성의 최대 고통이 된 주요 원인은, 비즈니스 영역에서 여성의 역할과 책임감은 더욱 확대된 동시에 가족을 보살피는 기존의 역할은 그대로 지속되고 있기 때문이다. 연구에 의하면, 남성들은 이전에 비해 가사일을 더 많이 하고 있는 것은 사실이지만, 아직까지도 대부분의 책임을 여성들이 떠맡고 있는 것으로 나타났다.[19] 이 점은 마케터들이 여성들을 이해하고 그에 따라 민감하게 반응하기 위한 매우 중요한 요소이다. 감성적 브랜딩은 해결책에 관한 것이므로, 어떤 방법으로 여성들이 일과 삶 사이에서 균형을 유지하고 스트레스에서 벗어나도록 도와줄 수 있을까? 이를 위해서는 실제적인 접근을 해볼 필요가 있다.

예를 들면 여성의 바쁜 스케줄을 고려하여 슈퍼마켓에서는 미용용품 코너, 알레르기 · 기침 · 감기약 코너와 같이 매장에 진열된 상품들을 용도별로 그룹화할 수 있다. 식품은 요리 메뉴에 따라 그룹을 만들 수 있다. 이는 여성들이 쇼핑을 빠르고 쉽고 재미있게 하기 위한 것이다. 이외에도 슈퍼마켓은 여성들과의 관계를 발전시키기 위해 더욱 창의적인 해결책을 제공할 수 있다.[20] 이를테면 현장에서 조언을 해줄 수 있는 헬스 전문가나 미용 전문가들을 배치해두거나 자녀들을 위한 놀이시설을 설치할 수도 있고, 여성들이 지역사회의 주요 이슈에 참여할 수 있도록 강연회나 세미나를 개최할 수도 있다. 이러한 가능성은 무궁무진하다. 만약 슈퍼마켓이나 또 다른 쇼핑공간이 여성 고객들을 배려하고 그들의 필요에 반응하는 역동적인 장소가 될 수 있다면, 인터넷 쇼핑몰 때문에 위협을 느낄 이유가 없을 것이다.

브랜딩 브리프 3

여성을 겨냥한 금융 상품 브랜드가 많이 나와 있기는 하지만 아직까지도 대개의 금융 회사들은 여성을 상대로 감성적으로 세심한 마케팅을 전개하고 있지는 않다. National Association of Securities Dealers의 조사에 의하면, 증권투자의 47%를 여성이 차지하고 있으며, 그들은 또한 수완 있는 투자가들임을 감안할 때 이것은 이해할 수 없는 일이다. 3500명 이상의 주식거래자들에 대한 연구에서, 캘리포니아 대학은 여성의 포트폴리오 수익률이 남성의 그것에 비해 1.4% 높았고, 특히 독신여성은 2.3%나 더 높게 나온 사실을 발견했다. 이 연구 결과는 여성에 대한 흥미 있는 통찰을 제공한다. 다른 결정에서와 마찬가지로, 여성들은 조사를 완벽히 끝낸 다음에야 투자 여부를 결정하며, 스스로의 선택에 대해 일관성과 참을성 있는 태도를 취한다. 반면에 남성은 모험을 감수하며 투자자금을 빈번히 이동시키기 때문에 많은 거래비용이 발생하여 수익률을 떨어뜨린다. 남성과 여성의 투자 행태를 연구해온 브라운 대학의 브룩크 해링턴에 의하면, 여성들은 투자에 앞서 자신들이 직접 경험한 회사와 상품 그리고 서비스가 양질의 상품 혹은 서비스인가, 또는 투자대상 기업이 윤리적으로 문제는 없는지 따위의 개인적인 질문들을 스스로에게 던져보곤 한다. 또한 백인 남성은 그들이 종사하는 산업의 추이에 따라, 혹은 인터넷이나 TV 등의 외부 정보에 근거해 투자 결정을 내리는 데 반해, 여성은 스스로 체험한 소비자 경험을 통해 투자 아이디어를 얻는다.[21)]

편리한 반품을 강조하는 애커드(Eckerd)의 광고는 현대 여성들은 시간에 쫓기고 있으며, 피부에 안 맞는 화장품을 반품시키기 위해 시간을 허비하기보다는 사랑하는 사람들과 함께 시간을 보내고 싶어한다는 점을 회사가 잘 인식하고 있다는 것을 보여준다. 맥켄에릭슨(McCann Erickson) 광고대행사가 제작한 마스터카드의 〈돈으로 살 수 없는 감동의 순간〉 시리즈는 현대적인 분위기의 신데렐라가 멋진 왕자와 함께할 저녁식사에 늦지 않도록 모든 용무를 끝낼 수 있도록 마스터카드가 어떻게

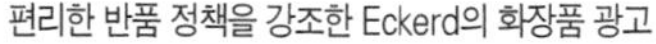
편리한 반품 정책을 강조한 Eckerd의 화장품 광고

평화롭고 안락한 행복의 순간을 묘사한 L. L. Bean 광고

도와주는가를 유머러스하게 보여준다. L.L. Bean 광고는 평화롭고 안락한 행복의 순간에 있는 여성을 묘사함으로써 스트레스 문제에 대한 또 다른 접근방식을 취했다. 어떤 여성이 드넓은 자연 속에서 그물침대에 누워 있는 것을 좋아하지 않겠는가?

● **연결** : *나에게 느낌을 달라! (통계나 숫자 목록이 아닌)*

필립스(Philips)사는 여성 고객을 대상으로 홈 시네마 제품을 마케팅하기 위해 이러한 원칙을 적용하고 있다. 광고는 제품의 사양이나 기능을 설명하는 대신 홈 시네마의 즐거움(특히 사회적인 즐거움)에 초점을 맞춘다. 그리고 젊은 여성이 등장하는 인쇄 광고에는 다음과 같은 문구가 씌어져 있다. "내 친구들은 더 이상 영화관에 가지 않는다. 대신 그들은 우리집에 온다." 이처럼 여성 고객에 대한 연결 마케팅에서의 핵심 요소는 여성들끼리의 유대감을 활용하는 것이다.

여성 관련 제품을 생산하는 업체들도 보다 흥미롭고 세련된 방식으로 여성 고객과들과 대화를 시도하고 있다. 한 예로, 올웨이즈 세니터리 냅킨(Alwalys sanitary napkins)사는 최근에 생리대 신제품 광고를 시작하면서, 이전과는 다르게 제품의 효능보다는 유머러스한 분위기를 살린 광고를 내보냈다. 광고에서, 킬트(kilt : 스코틀랜드 남자들이 입는 주름이 많은 짧은 치마)를 입은 멋진 남자들이 환상적인 테크노 음악에 맞춰 춤을 추고 있을 때 한 여성의 목소리가 들려온다. "이봐요, 올웨이즈에서 새로운 생리대가 나왔어요. 주름 잡은(kilted) 게 아니라 부드러운 천으로 누빈(Quilted) 거예요." 그리고 거센 바람에 의해 킬트가 휙 뒤집어지자 남자들은 난처한 표정을 짓는다. 이때 광고는 "여자라서 좋다"는 말로 끝을 맺는다. 또 다른 광고는 생리대의 뛰어난 보호성을 강조하기 위해 실오라기 하나 걸치지 않은 남자가 울창한 풀숲을 걸어가는 모습을 보여준다. 평범한 상품을 특이하게 접근하여 여성들에게 놀라움을 주고, 우스꽝스런 상황에 처한 남자들을 보며 즐거워할 수 있는 기회를 제공한 이 기발한 광고는 진지하고 실용적인 상품을 감성화하는데 성공했다. 올웨이즈의 마케팅 담당이사인 앤디 에이브러햄은 이렇게 말한다. "이제 소비자들은 푸른 바다 한가운데에 떠 있는 보트 위에서 흰 바지를 입고 서 있는 여성을 보는데 지쳤다."[22)]

미스터 클린(Mr. Clean)이 프랑스에서 실시한 재미있는 광고는 일반적인 여성 구매 상품에 적용되는 진부한 브랜딩에서 탈피한 뛰어난 사례이다. 이 광고는 세균에 대한 과학적인 자료를 제시하는 전통적인 접근방식에서 벗어나 새로운 토대 위에서 여성 소비자들과의 연결을 시도하고 있다. 이 광고는 근육질의, 가슴털이 달린 대머리 미스터 클린이 웃통을 벗고 있는 모습을 보여주면서 "당신에게 자신의 몸을 바치는 것은 남자만한 것이 없다"라고 말한다. 광고는 재치 있고 유머러스한 방식으로 여성들이 성적인 측면에서 파워를 갖게 되었고, 친숙한 집안 청소부로부터의 유혹에 즐거움을 느낄 수 있다는 것을 인정함으로써 감성적 브랜딩에 다가서고 있다.

● **관계** : *이것은 쌍방향이다!*

여성들은 상품을 파는 데에만 초점을 맞추기보다는 그들과 의미 있는 대화를 나누고자 하는 브랜드에 신뢰감과 장기간의 충성도를 보인다. 여성들은 자신들이 중요하게 생각하는 가치를 반영한 브랜드를 원한다. 오늘날 여성들의 최대 관심사는 자신을 비롯한 가족의 정신적 · 신체적 건강이다. 중년 여성들은 가족의 건강관리와 관련된 의사결정의 80% 이상을 책임지고 있으며,[23] 20대의 젊은 여성들도 자신과 사랑하는 사람들의 건강 문제를 매우 중요하게 생각한다는 연구 결과가 나왔다.[24] 안전과 건강에 대한 높은 관심은 그들로 하여금 남성들과는 전혀 다른 관점에서 상품을 바라보게 한다. 예를 들면 자동차 광고에서 '파워(power)' 라는 단어는 여성에게는 긴급 상황에 대처하는 안전 요소라는 의미로 받아들여지는 데 반해, 남성에게는 흥분을 전달하는 개념으로 받아들여진다.[25]

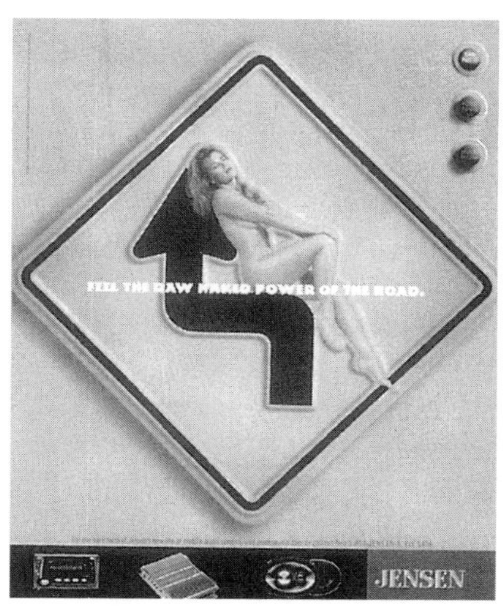

파워 = 흥분을 암시하는 Jensen 자동차 광고

여성들은 다른 사람들을 돌보거나 양육하고 있으며 또한 그렇게 자신을 간주한다. 그리고 여성들에게는 친밀감과 폭넓은 인간애가 있다. 브랜드는 이런 감성적인 면들을 이해하면서 여성들을 향해 이야기를 건네는 것이 중요하다. 에이본(Avon)의 유방암 치료를 위한 장기간의 지원, 타겟(Targt)의 아동교육 사업, 리즈 클레이본(Liz Claiborne)의 가정폭력 반대운동 등은 이에 대한 이해를 보여주는 좋은 사례들이다. 중요한 것은, 여성들은 의미 있는 무언가를 대변하는 진정한 브랜드와 관계를 맺고 싶어한다는 점이다.

여성이 다른 사람들을 돌보거나 양육한다고 해서 그들 자신의 욕구와 필요를 희생한다는 의미는 아니다. 여성들에게 가장 의미 있는 것은 바로 그들 자신과 관계가 있다. 우먼 파워 시대를 살고 있는 오늘날의 여성들은 스스로를 바라보는 시각이 과거와는 많이 다르다. 그 한 예로, 〈Advertising Age〉는 "여성들은 광고에서 자신감과 자연스러운 아름다움을 지닌 여성들을 보고 싶어한다. 여성들은 감성이 묻어나는 진실과 실생활의 경험에 반응한다"라고 쓴 바 있다.[26] 바나나 리퍼블릭 광고에서 나이 들고 자연스러운 스타일의 모델들이 자주 등장하는 이유도 바로 이것이다. 에이린 피셔는 "양성적인 젊은 여성들이 패션을 지배하고 있는 추세에 대해 일반 소비자들이 반발하고 있으며, 여성들이 갈망하는 더욱 새롭고 현실적인 이미지를 원한다"[27]고 말한다. 우리 회사 뉴욕 사무소 여직원들의 비공식 투표 결과에 의하면, 여성을 타깃으로 한 광고 중 가장 눈에 거슬리는 것은 여성을 일차원적이고 비현실적인 인물로 대상화한 광고인 것으로 나타났다.

그렇다고 해서 여성들이 아름다운 이미지를 원치 않고 또 그것에 의해 고무되고 싶어하지 않는다는 의미는 아니다. 〈내면의 아름다움만이 영원할 수 있기 때문에〉라는 캐치프레이즈를 내걸고 있는 메이든폼

(Maidenform)의 커뮤니케이션 프로그램은 이에 관한 흥미로운 시각을 제공한다. 이 광고는 여성은 무엇보다도 자신의 내면적인 품격에 의해 인정을 받고 싶어하지만, 매혹적으로 보이는 것 또한 중요하기 때문에 둘 다를 동시에 추구할 것을 유머러스하게 지적하고 있다.

성차별적인 이미지를 피하면서 여성의 다면적인 특성과 오늘날 여성들이 직면한 도전을 인정하는 긍정적이고 고무적인 메시지를 전달하는 브랜드는 여성들과 지속적인 관계를 형성해 나갈 수 있을 것이다. 오늘날에는 틀에 박힌 성의 구분이 실로 무의미하다는 사실을 고려한다면, 이는 모든 브랜드에 해당되는 사항이다.

Y세대 여성

이제 브랜드는 Y세대 여성 소비자와 미래의 그녀가 우리를 이끌어갈 곳에 초점을 맞추어야 한다. 오늘날에는 여성주의 브랜드가 대중문화 속에 널리 퍼져 있으며, 이는 Y세대인 젊은 여성들의 태도에 배어 있는 새로운 유형의 우먼 파워 개념과 결합되어 있다. 우리는 곳곳에서 10대들의 파워를 감지할 수 있는데, 그들은 책, 영화, 미디어를 통해 활달하고 섹시하며 자신감 넘치는 성공적인 이미지로 묘사된다. 그들은 자신들이 원하는 것을 거침없이 주장하며(Spice Girls의 팝송 가사를 떠올려보자 : "내가 무엇을 원하는지, 내가 정말 무엇을 원하는지 너에게 말해줄게"), 자신들의 길을 당당하게 걸어간다. 10대들은 이전 세대와는 달리 남성들과 경쟁해야 한다는 강박관념에 시달리지 않는다. 어쩌면 그들은 지금 남성들을 유혹하고 싶어할지도 모른다! Y세대 여성은 여성적인 아름다움이나 섹시한 멋을 억누르거나, 반대로 그것을 입증하도록 강요받지 않는다. 그들은 여성이라는 그 자체로서 파워를 가지고 있다. Y세대 여성은 그들 자신의 룰에 따라 행동하고, 미니 스커트를 입을 수도 있으며, 〈뮬란(Mulan)〉의 주인공처럼 그들만의 게임에서 남성들의 군대를 참패시킬 수도 있다. Y세대 여성은 신체적인 조건보다는 개성이나 건강과 관련된 아름다움에 더 관심이 많다. Y세대 여성의 이러한 시각은 스포츠 참여율의 놀라운 증가를 가져왔다.[28)]

Y세대 여성들이 성숙해질수록 한 가지 확실한 것은 그들이 상거래의 세계에 매우 중요한 영향을 미칠 것이라는 점이다. 1장에서도 살펴보았듯이, Y세대는 붐 세대와 거의 같은 규모이며, 그들과 유사한 정도의 영향력을 행사할 것으로 보인다. 전통적으로 남성들의 주요 구매 품목이었던 상품에 대한 여성들의 구매가 늘고 있는 것에서 볼 수 있듯이, 이들은 점점 더 기존의 전통적이고 전형적인 모습에서 벗어나게 될 것이다.

연구에 의하면, Y세대 여성은 붐 세대 여성에 비해 전통적인 제약으로부터 자유로우며, 자동차 · 컴퓨터 · 전자제품 등에 대한 구매결정 비율이 높은 것으로 나타났다.[29)] 이는 Y세대 여성이 전형적인 타입의 브랜딩 프로그램을 훨씬 더 받아들이려 하지 않는다는 사실을 의미한다. 그래서 바비 인형과 같은 브랜드들은 Y세대 소녀들의 이러한 취향에 맞추기 위해 획기적인 변화를 시도하지 않을 수 없었다. "수학은 너무 어려워"라는 대사 때문에 곤욕을 치르고 난 후 바비는 많은 것을 배워오고 있다. 오늘날의 바비는 뉴욕의 지하철을 타고 다니거나, 배우가 되기 위해 공부를 하고, 학교 신문사에서 영화 및 라이프 스타일 담당기자로 활동한다. 새롭게 태어난 이 바비 인형은, 전 세대인 X세대와 붐 세대의 동년배보다 더욱 성숙한, 9~12세의 소녀들에게 어필하기 위한 시도이다. 이와 더불어 메텔(Mattel)사는 NCAA 바비와 같은 스포츠에 열광하는 바비 인형을 탄생시키기도 했다. 이제 금발의 바비는 과거 속으로 사라져버렸고, 영리하고 활동적인 바비 인형이 새롭게 무대의 주인공으로 등장했다.[30)]

여성들이 총체적인 관점에서 브랜드를 바라보고 있음을 고려할 때, 아마도 지금이 브랜딩 프로그램에서 뻔뻔스런 성차별적 이미지들을 포기해야 할 때가 아닌가 한다. Y세대 여성은 다면적인 자아를 가진 존재로서, 여성에 대한 존중을 기대하면서 장차 그러한 변화를 주도해 나갈 당사자임을 명심해야 한다.

브랜딩 브리프 4

여성과 인터넷

여성들이 인터넷의 주요 세력으로 등장하고 있다. 그들은 현재 인터넷 사용 인구의 48%를 차지하고 있으며, 2002년까지는 남성의 숫자를 뛰어넘을 것으로 예견된다. 그들은 모든 구매 의사결정의 80%를 차지하므로, 인터넷 상에서 남성의 소비를 능가할 것이 분명하다. 넷스마트(Netsmart)의 조사에 의하면, 1998년에는 33%의 여성이 인터넷을 이용해 구매를 했지만, 1년 뒤인 1999년에는 53%로 증가했다. 인터넷 상의 여성의 행동과 소비 유형은 남성과는 많이 다르다. 다음은 인터넷에서 여성들이 흥미를 느끼는 것에 대한 관찰 결과이다.

여성들의 주요 온라인 활동

- *정보 수집 (비즈니스 · 직업 · 가족 · 쇼핑 · 건강 · 여행 · 컴퓨터)*
- *이메일 발신 및 수신*
- *채팅*

처음에 많은 여성들은 엔터테인먼트와 즐거움을 위해 인터넷을 이용했지만, 지금은 시간을 절약하기 위해 인터넷에 의존한다. 조사에 의하면, 88%의 여성이 인터넷이 생활을 편리하게 해준다고 응답했다.[31] 인터넷을 이용하는 데 있어서도 남성과 여성은 많은 차이점이 있다. 즉 여성은 구체적인 목적을 갖고 인터넷을 이용하는 반면, 남성은 서핑이나 검색을 위해 이용한다. 이것은 방문객의 편의를 배려한 맞춤 콘텐츠뿐만 아니라 이용하기 쉽고 한눈에 알 수 있는 웹 디자인이 성공의 열쇠임을 의미한다. 그리고 컨테스트나 도움이 될 만한 조언은 여성에게 게임보다 더 가치가 있다. 이와 같이 소비자로서 여성에 대해 이미 알고 있는 사항은 인터넷에서도 똑같이 적용된다.

● **존중** : 여성은 정보에 근거해 결정을 내리며, 상품과 서비스, 기업에 대한 철저한 조사를 하기 위해 인터넷을 이용한다. Northstar Interactive의 조사에 의하면, 여성은 구매 정보를 얻는 출처로서 신문, TV, 라디오, 그리고 가까운 친구들보다도 인터넷을 더 많이 이용하고 있었다. 조사대상자의 67%가 인터넷을 통해 구매 정보를 얻고 있었으며, 나머지는 친구(55%), 신문(44%), TV(27%), 라디오(20%) 순으로 나타났다.[32)]

● **개성** : 여성들은 다차원적인 존재로서 그들의 감각을 강화하기 위해 인터넷을 이용한다. 여성들은 활동영역에서 시야를 넓히기 위해 인터넷이 제공하는 힘을 즐긴다. 또한 여성들은 인터넷을 개인적인 조사나 비즈니스를 위해, 이벤트, 패션, 여행, 그리고 엔터테이먼트 사이트를 탐험하기 위해 이용한다.

● **스트레스 해소** : 여성들이 인터넷 쇼핑을 즐기는 가장 중요한 이유는 편리함이다. 인터넷은 24시간 이용할 수 있기 때문에 바쁜 일과 후의 쇼핑은 실용적이며 실행 가능한 대안이 되어준다. 여성들은 또한 휴식과 자기 만족을 위해 인터넷을 즐긴다. 넷스마트의 조사 응답자 중 96%의 여성이 인터넷을 오락적이며 즐거운 것으로 인식하고 있었다.

● **연결** : Oxygen, Woman.com, iVillage와 같은 콘텐츠 사이트들이 여성들 사이에서 인기를 얻고 있다. 이 사이트들은 무료 정보를 제공하고 공동체적인 분위기를 느낄 수 있도록 적절한 콘텐츠를 제공하여 성공을 거두었다. 이 사이트들은 무료 이메일, 날씨, 주식 시세 같은 서비스도 제공하고 있다.

● **관계** : 여성들은 자기 자신과 가족을 돕기 위해 인터넷을 이용한다. 넷스마트가 인터뷰한 여성의 83%는 자녀를 돌보는데 인터넷이 많은 도움을 주었다고 말했다(응답자의 69%는 자녀들의 숙제를 도와주기 위해 인터넷을 사용했다).

4

게이와 레즈비언 소비자들

진실함이 최선의 정책이다!

IBM, Subaru, Anheuser-Busch, American Express, AT&T, British Airways, Allstate, Starbucks, Levi Strauss, Waterford, Philip Morris. — 이들 기업들은 공통적으로 어느 한 가지를 공유하고 있다. 게이와 레즈비언 인구가 자신들의 중요한 세분시장 중 하나이며, 그들만의 문화적 특성에 맞는 개별화된 관심을 받을 만한 충분한 가치가 있다는 데 대한 민감하고도 현명한 인식이 바로 그것이다. 동성애자를 겨냥한 마케팅은 더 이상 특수하고 주변적인 상품을 파는 기업들만의 해당 사항이 아니다.

위에서 열거한 여러 유수 기업들이 증명해주듯이, 미국 사회는 합법적으로 동성애자를 인정하고 있으며, 주요 대기업들까지 무시할 수 없는 수입을 올리고 있는 이들에게 구애 공세를 펼치고 있다. 바야흐로 기업들은 이 시대의 문화적 영향력을 행사할 만한 세력으로서 게이와 레즈비언 인구의 중요성을 인식하기 시작한 것이다. 이와 반대로, 동성애자 인구를 무시하는 기업은 가치 있는 비즈니스를 잃는 것뿐만 아니라 스스로 무지를 드러내는 것과도 같다. 구매력이 급속히 증가하고 있는 Y세대는 특히 차별을 혐호하기 때문에 동성애자를 무시하는 기업의 태도를 못마땅하게 여길 것이다. 인종이나 성적인 다양성에 관한 Y세대의 관용주의는 게이와 레즈비언의 미래를 가늠해볼 수 있게 해준다.

〈세븐틴(Seventeen)〉 지의 조사 결과에 의하면, 1991년의 17%와 비교하여 현재는 54%의 틴에이저들이 동성애자에 대해 거부감을 느끼지 않는 것으로 나타났다.[1] 이러한 추세는 앞으로도 계속되어 더 많은 수의 틴에이저들이 동성애 인구를 받아들일 것으로 예상된다. 그리고 이들이 성인이 되면서 과거의 동성애에 관한 낡은 터부는 사라지게 될 것이고, 그렇게 되면 더 많은 기업들이 게이와 레즈비언 소비자들을 유혹하기 위한 마케팅 활동을 전개할 것이다. 동성애자들의 지갑을 열기 위해 새로운 경쟁에 돌입하고 있는 브랜드들의 바다에서, 이들에게 지속적이고 흔들리지 않는 관심을 보여주는 브랜드들은 두각을 나타낼 것이고, 이들과의 진정한 감성적 연결을 창출함으로써 궁극적으로 브랜드에 대한 충성도를 얻을 수 있을 것이다.

동성애자들이 당면하고 있는 세상의 편견과 모욕 때문에 이 그룹의 규모와 영향력에 대한 통계에는 상당한 차이가 있다. 추정에 의하면, 동성애자는 미국 성인 인구의 3~10%를 차지하고 있는 것으로 보인다. 그들의 경제력에 대한 평가 또한 각양각색이다. 미국에서 가장 규모가 큰 게이 출판사 중 하나인 젠르(Genre)는 게이 독자들의 평균 수입이 9만 2000달러라고 언급했다. 그러나 Yankelovich Partners는 이들 그룹의 수입(1999년도)을 약 3만 7000달러 정도로 파악하고 있다.[2] 그렇다면 어떤 수치가 가장 정확한가? 이것은 단언하기 어려우며, 일반화하지 않는 편이 나을 듯하다. 한편, 동성애 인구의 도시 집중과 낮은 자녀 양육의 가능성은 이들의 가처분 소득을 증가시킨다. 직장 내에서의 차별과 편견은

게이를 모델로 내세운 쿠어스 맥주 광고

동성애자들이 부딪히는 장애물이며, 소득 수준이 낮은 지방 거주자의 경우에는 사회적인 냉대에 대한 두려움 때문에 자신의 성적 취향을 숨기기도 한다. 다행히도 인터넷 사용 인구가 증가하고 게이 사회가 점차 확산됨으로써 동성애자의 규모와 경제력, 라이프 스타일 등에 관해 신뢰할 만한 통계 자료가 나올 것으로 예상된다. 이들에 대한 구체적인 자료는 게이 행동주의자들 뿐만 아니라 게이와 레즈비언 소비자들의 필요와 욕구를 파악하고자 하는 마케팅 담당자들에게도 많은 도움이 될 것이다.

인터넷 이용실태 보고서에 따르면, gay.com 사이트는 1999년 후반기에 매달 최대 120만 명의 방문객 수를 기록했으며, 전체 동성애 사이트를 놓고 볼 때는 2000년 6월 한 달 동안 256만 명이 방문했다. 동성애자들이 즐겨 찾는 이러한 웹사이트들은 브랜드들이 이들을 좀더 잘 이해하고 친밀한 대화를 나눌 수 있는 훌륭한 장소이다.

분명한 것은, 게이와 레즈비언 소비자들은 긍정적이든 부정적이든 기업이 그들 사회에 취하는 태도에 가장 민감한 집단이란 점이다. 동성애 인구는 기업들이 자신들을 어떻게 대하는지에 대해 세심한 주의를 기울이고, 자신들을 존중해주는 기업을 찾고 있다. Greenfield Online과 Spare Parts의 조사에 의하면, 동성애자의 77%가 자신들을 바라보는 기업의 긍정적인 태도 때문에 그 기업의 브랜드를 선택한 것으로 나타났으며, 그 중 70%가 한 브랜드와 1년 이상 관계를 지속했다. 반면, 부정적인 태도를 취한 기업에 대한 이들은 반응은 더욱 강하게 나타났다. 조사 대상자 중 87%의 동성애자가 자신들에 대한 기업의 부정적인 태도로 인해 브랜드를 바꿨고, 그 중 79%가 두 번 다시 그 상품을 구입하지 않았다.[3] 소비자를 떠나게 하는 이같은 강력한 힘은 감성적 브랜딩에 관한 가장 눈에 띄는 사례 중 하나이다.

동성애자들의 잠재력을 깨닫기 위해 브랜드는 그들의 감성적 아이덴티티가 단지 광고나 상품에 의해서가 아니라, 기업의 정책이나 태도와 관련이 있다는 사실을 인식하는 데서 출발해야 한다. 과거 쿠어스(Coors) 그룹은 반(反)게이 단체를 지원한 적이 있는데, 이것은 게이 종업원 학대 혐의와 맞물려 1977년 이후로 게이들에게 보이코트를 당하는 등 게이 소비자 시장에 부정적인 영향을 미쳤다. 현재 쿠어스 그룹은 동성애자들을 대상으로 과거의 좋지 않은 이미지를 쇄신하기 위해 노력하고 있으며, 그 일환으로 게이 미디어를 통해 과감하고 재미있는, 특화된 광고를 내보내고 있다. 이제 쿠어스는 동성애자들을 비중 있는 고객 집단으로 인정하고 있으며, 이들을 겨냥한 특별한 방식으로 대화를 지속하고 있다. 이들은 또한 마케팅을 전개하는 데 있어서도 일관되고 응집된 메시지를 기업 정책으로 뒷받침하고 있다.

1999년 액슨(Exxon)과 모빌(Mobil)사 간의 합병 과정에서 액슨 측이 게이 직원의 동거인에게 제공하던 의료보험 혜택을 철회하는 유감스러운 결과가 발생한 적이 있다. 합병 이전에도 모빌사가 이같은 조치를 취한 적이 있었지만 그 당시는 동성애자들로부터 별다른 저항을 받진 않았다. 그러난 합병 이후 액슨모빌사가 이를 거부하자 분노한 게이 사회로부터 거센 비난과 반발을 샀다. 게이 행동주의자들은 의료보험 혜택을 철회하는 것은 공공기관이나 사기업에서의 일반적인 추세에 반하는 것이라고 항의했다. 오늘날 약 15%에 해당하는 미국 내의 주요 기업들이 동거 중인 동성애자 파트너에게도 의료보험 혜택을 제공하며 있으며,[4] 이 수치는 느리지만 확실히 증가하고 있다.

액슨모빌사에서 취한 이같은 태도는, 기업 홍보와 비용 절감 측면에서 아무런 효과도 보지 못한 채 민감하게 반응하는 이 소수 집단들에게 나쁜 인상만 심어주었고, 결국 분노한 게이 소비자들이 경쟁사로 발길을 돌리게 하는 불행한 결과를 초래했다. 이들은 또한 직원들을 지원하는 데 있어서도 공정하지 못한 태도를 취함으로써 기업의 사기를 떨어뜨렸다. 설사 액슨모빌사가 그 결정을 번복하여 원래대로 의료보험 혜택을 제공한다 할지라도 보수주의자들로부터는 동성애자들의 압력에 굴복했다는 비난을 받을 게 뻔하고, 동성애자들은 기업의 진실성에 대해 의심의 눈초리를 거두지 않을 것이다.

아메리칸 항공의 동성애자들에 대한 공개적인 지원과 비차별 정책을 둘러싸고 발생한 소비자들의 행동을 생각해보라. 아메리칸 항공의 인도주의적이고 포용적인 정책에 대한 보수주의자들의 비난은 오히려 수많은 사람들로 하여금 아메리칸 항공에 대한 지지를 촉발하는 계기로 작용했고, 이것은 기업 입장에서 대단히 효과적인 홍보 캠페인이 되었다

너무도 많은 기업들이 게이 미디어를 통해 특화된 광고를 내보내고 있기 때문에 동성애자에 대한 기업 정책이 그 기업에 대한 충성도와 관심을 차별화하는데 점점 더 중요한 역할을 하고 있다. 프라임 액세스(Prime Access) 뉴욕 지사장 겸 게이 및 소수그룹 미디어 전문가인 하워드 부포드(Howard Boford)는 〈Advertising Age〉와의 인터뷰에서 "게이 시장에 많은 기업들이 들어오고 있다. 이제 그들은 더 이상 선구자가 아니며 당연히 해야 할 일을 하고 있을 뿐이다"[5]라고 말했다. 게이 관련 출판 분야의 광고량 증가가 이를 증명해주고 있는데, 광고 수입은 1996년 737만 달러에서 1998년 1171만 달러로 증가했다.[6] 게이 사회를 상대로 이미 마케팅을 시작한 기업들은 교만함이나 영악함 대신 사려깊고 세련된 방식으로 그들과 이야기하는 방법을 터득했다. 이제는 기업들이 동성애 잡지에 이성 커플이 나오는 광고를 그대로 싣는 경우는 아주 드물다.

IBM은 1999년에 만든 동성애자를 겨냥한 광고로 좋은 반응을 얻었다. 그 광고는 "우리는 전형적인 엄마와 아빠로 살아가는 것은 아니다…… 그렇다고 해서 우리가 보통의 아빠와 아빠로 살아가는 것은 더욱 아니다"라는 문구와 함께 사진 현상소를 운영하고 있는 남성 커플의 모습을 보여주었다. 그 후 IBM은 게이 소비자들로부터 광고 내용을 칭찬하는 수천 통의 격려성 이메일과 전화와 편지를 받았다. IBM의 통합광고 담당 부사장인 머린 맥과이어는 "그 동안 게이 소비자들은 광고에서 자신들이 무시당하고 있다고 느꼈다"고 말한다.[7]

그러나 아직도, 게이와 레즈비언 시장에 뛰어들고는 싶지만 논란을 꺼리는 많은 기업들이 광고에 나오는 모델들의 성적 취향을 모호하게 표현하는 수법을 취하고 있다. '독특한 개인들(unique individuals)'을 위한 은행 서비스를 홍보하는 광고 문구 밑에 악수를 나누는 젊고 멋진 두 명의 남성을 보여주고 있는 체이스 맨해튼 은행의 광고가 그 한 예이다. 이러한 '안전 지대(safety zone)' 식 접근은, 동성애자들의 지갑을 열고는 싶지만 진정으로 받아들이지는 않는다는 뉘앙스를 풍김으로써 긍정적인 결과와 부정적인 결과가 뒤섞여 나타났다. 동성애에 우호적인 기업 정책과 모호하지 않은 광고 외에 동성애 사회에 대한 진정한 관심의 또 다른 신호는 주류 매체에 광고를 싣는 것이다. 뉴욕에서 게이를 대상으로 한 마케팅 회사를 경영하는 폴 룩스는 "우리의 핵심 고객집단에 있는 사람들은 기업들이 단지 〈Adbocate)〉나 〈Out〉만이 아니라 〈타임〉과 같은 유력 잡지에도 게이 광고를 실음으로써, 진정으로 게이 시장에 참여하고 있다는 증거를 보여주기를 원한다"고 말한다.[8)]

스바루(Subaru)는 이와 같은 시도를 감행한 첫번째 회사 중 하나이다. 1994년부터 자동차 판매를 촉진하기 위해 틈새시장에 주력해온 스바루가 게이 사회에서 거둔 성공은 실로 주목할 만하다. 조사에 의하면, 전륜구동 자동차는 건강관리 전문가와 교육자들 외에도 레즈비언 등 독특한 시장에서 인기가 있었다. 스바루는 동성애 지향의 광고를 만들기 위해 게이와 레즈비언 광고를 제작해본 경험이 있는 Mulrayn/Nash 광고대행사와 손을 잡았다. 그리고 동성 커플을 주인공으로 내세운 광고를 내보내기 전에, 예상되는 반발에 대비하기 위해 보도자료를 준비하고 PR 전문가를 채용했다. 그러나 수십 통의 전화와 한 교회에서 보내온 항의서 한을 제외하고는 별다른 논란이 일지 않았다. 그 이후로 동성애자들을 겨냥한 광고들이 더 많이 만들어졌으며, 그 중 일부는 옥외 광고판과 버스에 부착되기도 했다. "다른 운전자. 다른 길. 한 자동차(Different

Drivers. Different roads. One car.)"라는 문구로 압축된 이 광고 메시지는 동성애자들에게는 대단히 세련되고 즉각적인 느낌으로 전달되었고, 일반인들에게도 그다지 반감을 불러일으키지 않았다. 이 광고는 동성애자들끼리 쉽게 알아차릴 수 있는 심벌을 통해 그들에게 말을 걸고 있다. 그 한 예로, 어느 자동차는 게이 행동주의자 단체를 상징하는 노란색과 파란색 등호 표시가 찍힌 범퍼 스티커를 부착했고, 또 다른 두 자동차는 비밀 번호판인 'XENA LVR'과 'P-TOWNIE'를 달았는데, 첫번째는 레즈비언들 사이에서 인기 있는 전사 공주 제나(Xena)를, 두 번째는 게이와 레즈비언을 위한 휴양지인 프로빈스타운(Provincetown)을 의미한다. 주류 미디어를 통해 이처럼 교묘하고 영리한 광고를 내보내기로 한 스바루의 결정은 동성애자들에게 강력한 메시지로 전달되었고, 이들에 대한 기업의 진정한 관심을 증명해주었다.

미묘함은 때로는 노골적인 것보다 더 효과적이다. 중요한 것은, 영리하고 복잡한 성향을 가진 동성애자들을 이해하기 위해 시간을 투자하고 그들과 진실한 관계를 맺기 위해 노력해야 한다는 것이다. 소비자 관계를 다루는 G.L. 커뮤니케이션스 컨설팅사의 사장이자 《알려지지 않은 백만장자들: 게이와 레즈비언에 대한 마케팅(Untold Millions: Marketing to Gay and Lesbian Consumers)》[9]의 저자인 그랜트 루켄빌(Grant Lukenbill)은 이렇게 충고한다. "동성애자를 지지하는 기업의 메시지는 미묘한 방법으로 표현될 수 있다. 주요 요소는 포용성, 세련됨, 미묘함이다. 당신은 너무 요란하게 경적을 울릴 필요가 없다."[10]

동성애자 대상의 금융정보 사이트 gfn.com의 광고캠페인을 통해 Mad Dogs & Englishmen은 내부 조사와 더불어 포커스 그룹을 대상으로 조사를 실시했다. 이 광고대행사는 동성애자가 된다는 것과 전통적인 비즈니스 환경에서 동성애자로서의 관점을 제대로 이해하기 위해 그들 스스로 게이 역할을 경험해보기도 했다. 아트 디렉터인 한 여성은 가짜 커밍아웃(coming-out)을 통해 그녀의 어머니에게 자신이 레즈비언이라고 고백했다. 또 다른 두 남성은 동성 친구를 가장해 은행에 공동 대출을 신청했다. 그 중 한 명인 스펜서 베임은 "우리는 함께 가정을 이루기를 원한다고 말했고, 같은 성을 사용했으며, 종종 서로의 팔을 만지기도 했다. 그럴 때마다 우리는 뒤에 앉아 있는 여성이 당혹스럽고 불편해 한다는 것을 느꼈으며, 우리 역시 마찬가지였다"고 말했다.[11)]

소비자인 동성애자들의 실생활 속으로 들어가 보려는 이같은 노력은 감성적 브랜딩 접근의 좋은 사례이다. 이러한 노력의 결과물로 만들어진 재미있고 감각적이며 혁신적인 광고는 미국 내의 주요 매체에 실릴 예정이며, 동성애 혐오증에 걸린 비즈니스 세계에 부드러운 일격을 가하고 있다. 각각의 광고는 동성애자를 무시하는 태도를 취하거나 그들에 대해 아무런 경험이 없는 비즈니스맨을 보여준다. 한 광고는 대머리 남자가 시가를 씹으면서 "당신, 게이였어!!!……그러고 보면 난 참 운이 좋은 편이야"라고 빈정댄다. 또 다른 광고는 한 은발의 은행 직원이 동성애자 커플을 향해 "당신들은 사업상의 파트너입니까? 오우! 그렇다면 비즈니스 대출을 받으셔야겠군요!", 세 번째 광고에서는 한 남자가 "두 숙녀분이 함께 사신다고요? 사내놈들을 조심하세요!"라고 농담을 던진다.

기업들이 게이와 레즈비언 소비자와의 관계영역에 진실하고 과감하게 다가갈수록, 그들과의 문화적 연관성을 보여줄 수 있는 능력이 확대되고 경쟁사와 차별화할 수 있으며, 마침내는 동성애자 소비자들로부터 브랜드 충성도를 기대할 수 있을 것이다.

제2부 감각적인 경험

브랜딩,
그 미지의 세계

개요

감각의 전략적 활용

DMV 라이선싱 센터(운전면허 시험장)나 혹은 다른 어떤 장소에서 경험했던 유쾌하지 못한 기억들을 떠올려보라. 숨이 막힐 듯한 위압적인 분위기와 함께 짜증스러운 기다림의 순간들이 분명 생각날 것이다. 이제, 넓고 환한 휴게실 안에서의 경험을 상상해보자. 커다란 유리창을 통해 부드러운 햇살이 깊숙이 흘러 들어와 매혹적이고 세련된 인테리어를 한층 돋보이게 해준다. 유리창 좌우의 벽면에는 빛바랜 홍보 포스터 대신에 이름을 날린 현대 미술가들의 복제품이 걸려 있다. 당신은 인증 서류를 작성한 다음, 친절하고 매력적인 사무원에게 건넨다. 그녀의 권유로 당신은 온도가 알맞게 조절된 방을 가로질러 가서 신선한 오렌지 주스 한 잔을 마신다. 마치 당신을 초대라도 한 듯한 라운지의 소파에 편안히 앉아 긴장을 풀어주는 부드러운 멜로디의 음악을 들으면서 당신이 가장 즐겨 보는 최신판 잡지를 펼쳐 든다. 이러한 경험을 DMV에서의 그것과 바꿀 수 있을까?

DMV에 관한 한 이것은 어쩌면 너무도 이상적인 비전일 수 있으나, 이와 같은 질문은 감성적 경제(Emotional Economy)에서 상품과 소매 환경이라는 두 가지 측면에서 매우 의미 있는 고려이다. 음영이 드리워진 이미지, 낯선 미각의 즐거움, 귀에 익은 음악의 기억, 부드러운 천의 감촉, 오래된 향취의 연상—이런 경험들이 우리의 기억 속에 지울 수 없는 감성적 인상을 남기는 요소들이다. 그리고 우리 모두는 감각적 자극이 주는 이러한 강렬한 효과를 실제로 경험하고 있다. 하지만 브랜딩의 측면에서는 어떠한가? 감각적 경험은 즉각적이고 강력하며 우리의 삶을 바꿀 만한 놀라운 힘을 갖고 있지만 브랜딩은 매장 디자인에서, 상품 개발 단계에서, 포장 디자인과 광고에서 이를 최대한 활용하고 있지 못하다.

오늘날 기업들 간의 첨예한 경쟁을 놓고 볼 때, 어떤 비즈니스도 오감(五感)을 무시할 수 없다는 것이 나의 생각이다. 세심하게 만들어진 감각적 호소는, 경쟁 상품들로 넘쳐나는 시장에서 브랜드를 차별화하는 소비자의 선호를 창출한다. 또한 감각적 요소는 특정 브랜드에 대한 경험을 다른 브랜드와 구별해주는 핵심 요소이다. 《소비의 경험적 측면(The Experimental Aspects of Consumption)》의 저자가 제안하는 대로, 상품들이 제대로 평가받기 위해서는 눈으로 보고, 손으로 만지고, 귀로 듣고, 코로 냄새를 맡는 등의 중요한 비언어적 단서들을 전해줄 수 있어야 한다. 경험적 관점에서 볼 때, 소비의 결과는 상품을 통해 소비자가 얻는 즐거움이며, 그것은 상품이 제공하는 즐거움과 상품이 불러일으키는 즐거움으로 나타난다.[1)]

소비자들이 상품의 유형적 특성을 중요하게 생각할지라도 라이프 스타일과 상품의 이미지가 무시되어서는 안 된다. 크리넥스 티슈에서 링컨센터의 오페라에 이르는 모든 상품들은 상징적인 특성을 갖고 있으며, 그 중 많은 부분이 언어적 묘사보다는 감각적 연상을 통해 전달된다. 하지만 어떻게 '냄새'와 같은 추상적인 경험적 요소를 브랜딩을 통해 적용할 수 있을까? 콜롬비아 대학의 미첼 팜은 다음과 같은 몇 가지 실마리를 제시했다. "적절한 상징들을 선택하기 위하여 마케터들은 현재의 트렌드와 일시적인 유행에 대해 알고 있어야 하며, 이를 위해 소비자들과 강도 높은 비공식적 접촉을 유지해야 한다."[2] 그가 말하고자 하는 핵심은, 우선 소비자를 이해하고 소비자가 무엇을 좋아하고 무엇을 원하는지를 찾아내어 그것을 그들에게 주라는 것이다. 감각을 통해서!

감각적 요소들은 풍요롭고 상상력을 자극하는 쇼핑 경험을 소비자들에게 제공할 수 있다. 그리고 이러한 연상(심상 · 공상 · 감성)을 불러일으키는 경험은 상품에 대한 만족만큼이나 중요한 경험적 요소이다.[3] 대부분의 소비자들은 이러한 자극이 주는 효과를 지각하지 못한 채 자신들의 선택에 대해서 다른 이유를 제시하곤 한다.[4] 하지만 기업들은 이 효과에 대해 분명하게 인식하고 있어야 한다.

성공적인 감각적 호소는 세련된 전략을 통해서만 가능하다. 이는 브랜드 디자인에 있어 다음과 같은 일련의 질문들을 제기한다.

- 특정 브랜드의 감성적 아이덴티티를 전달하기 위해 어떤 음악이 매장이나 웹사이트에서 연주될 수 있는가?
- 어떻게 색상이 브랜드에 적절한 감성적 분위기를 연출할 수 있는가?
- 포장과 매장 그리고 광고에서 어떤 이미지가 고객들로 하여금 제품을 인식하게 만드는가?
- 음식물을 제공하는 것이 고객의 행동에 어떤 영향을 미치는가?
- 냄새가 브랜드에 대한 바람직한 연상을 창출해낼 수 있는가?
- 소비자들은 어떤 경우에 자극이 지나치다고 느끼는가?

이러한 감각적 브랜딩에 관한 수많은 질문들에 대답하는 것이 나의 목표이지만, 다음 장들에서는 먼저 감각의 영역에서 발견될 수 있는 강력한 브랜딩 솔루션과 풍부한 재료들에 대한 이해의 단서들을 제공하고자 한다. 이에 대한 연구를 진전시키기 위한 하나의 출발점으로 다이앤 액커맨(Diane Ackerman)의 뛰어난 저서인 《감각의 자연사(A Natural History of the Senses)》가 있다. 이 책은 전혀 다른 관점에서 미지의 감각 분야를 탐험하기 위한 사회적 · 과학적 · 사실적, 그리고 예술적 영감을 풍부하게 제공한다. 그러나, 궁극적으로 감각적 영역에 대한 이해는 우리 자신에게 달려 있다. 왜냐하면 이러한 감각에 관한 자료를 이해하기 위해서는 그 이전에 경험이 선행되어야 하기 때문이다.

5

감정을 고조시키는 소리

나는 부모님과 함께 파리의 한 골프 클럽에서 경험했던 어느 토요일을 잊을 수가 없다. 우리는 테라스에 앉아 칵테일을 마시고 있었는데, 그 모습은 표면적으로는 일상의 어려움과는 거리가 멀어 보였다. 그런데, 어느 순간 부모님의 표정에는 긴장감이 감돌기 시작했고 무언지 모를 공포에 얼굴이 하얗게 질려 있었다. 내 부모님의 평정을 뒤흔들어 놓은 정체를 알 수 없어 나 역시 한동안 혼란스러움과 당혹감을 감추지 못했다. 그로부터 한참이 지난 뒤에야 부모님은 나에게 그와 같은 상황이 벌어진 이유를 들려주었다. 그것은 다름아닌 돌멩이에 부딪칠 때마다 탁탁 소리를 내던 골프화였다. 우리가 앉아 있던 테라스 가까이에서 들려오던 골프화 부딪치는 소리가 제2차 세계대전 당시 프랑스 거리를 행군해 오던 독일 병사들의 군화 소리를 연상시켰기 때문이었다. 그 소리는 한밤중에 침실로 들이닥친 게쉬타포들이 잠자던 사람들을 사정없이 끌어내고, 다음번에는 누가 사라져버릴지 짐작조차 할 수 없었던 공포의 그 밤을 되살아나게 했던 것이다.

음악 소리가 나는 초콜릿 Nagusakiya Mera Chan

이와 같은 사례는 많은 연구에서 입증되고 있다. 즉, 소리는 회상과 감정을 통해 즉각적이며 인식적으로 통제할 수 없는 효과를 만들어낸다. 친구의 목소리, 졸업식 축가, 바닷가의 파도소리 따위는 뇌 속의 컨트롤되지 않은 연상작용을 작동시키는 사례들이다. 음악을 듣는 행위는 뇌 속의 즐거움 저장고를 강하게 활동시켜 체내의 엔돌핀 생성을 촉진시킨다. 그럼에도 불구하고 대부분의 브랜딩 프로그램은 소리의 이점을 제대로 살리지 못하고 있다(열악하게 구성된 배경 음악들이 쇼핑객들의 마음을 가라앉히고 감각을 무디게 하는데 사용된다). 그러나 공공 장소에서 이를 체계적으로 적용할 경우, 소리는 쇼핑객들의 발길을 붙잡을 수 있을 뿐만 아니라 그들의 감성까지 사로잡는 수단이 된다. 소리를 적용할 수 있는 방법은 매우 다양하다. 일본의 나구사키아 메라 찬 (Nagusakiya Mera Chan)이라는 브랜드는 포장 안에 음악 도구를 넣은 초콜릿을 판매하고 있는데, 이는 맛을 보기 전에 혹은 맛을 음미하는 것과 동시에 만지고 듣는 감각을 통해 상품을 탐색하도록 어린이들을 유혹한다.

다음은 소리에 관한 이론적인 면에서 출발하여, 최첨단 기술로서 소리를 브랜딩에 적용한 사례들을 살펴보기로 하자.

훌륭한 마케팅 수단으로서의 소리

일반적으로 소비자가 상품과 그 광고에 노출되었을 때 그들은 상품에 대한 개인적인 필요를 인식하는 것도 아니며, 또 그것을 사려고 의도하지도 않는다. 개인들은 상품에 관한 정보를 얻는 데 적극적이지 않기 때문에, 그들의 감성이나 감각을 자극하는 것은 상품을 차별화하고 소비자들의 관심을 끌 수 있는 좋은 방법이다. 음악은 합리적인 마인드를 차단하고 충동구매자가 즐기는 감성적 마인드에 직접 호소한다는 점에서 특히 효과적인 접근 수단이다.

제럴드 곤(Gerald Gorn)은 〈광고 음악이 소비자의 선택적 행동에 미치는 영향〉이라는 연구를 통해 위의 가설을 검증했다. 소비자들이 상품을 둘러볼 때 음악을 들려주었더니, 좋아하는 음악이 흘러 나오는 동안에 상품을 선택한 비율(80%)이 압도적으로 높게 나온다는 사실을 발견한 것이다. 흥미롭게도 소비자들은 상품 선호도를 음악보다는 상품의 질(이 경우는 볼펜의 색상)에서 찾고 있다고 생각한다. 이런 효과를 관찰한 뒤에 그는 다음과 같은 결론을 내렸다. "소리에 반응하는 소비자들은 적극적으로 어떤 문제를 해결하려는 인식을 갖고 있다기보다는 뚜렷한 구매 의사가 없는 잠재적 소비자들로 광범위하게 구성되어 있다. 음악과 같이 소비자들을 감성적으로 자극하는 배경 효과는 그들이 브랜드를 선택하느냐 선택하지 않느냐에 중요한 영향을 미칠 수 있다."[1] 이러한 소리와 음악의 영향은 다양한 실제 사례들을 통해서도 확인되고 있다. 그 중 한 예로, 서던 컴포트(Southern Comfort)는 음악을 이용한 프로모션을 통해 판매를 112%나 신장시켰다.[2]

맨해튼에 있는 카널 진(The Canal Jeans)이라는 회사도 이러한 아이디어를 성공적으로 실행에 옮긴 경우이다. 이 회사는 고객들이 쇼핑을 하는 동안 엉덩이를 흔들면서 유행 음반을 틀어주는 DJ를 고용했다. DJ는 고객들이 쇼핑을 하면서 그 옆을 지나갈 수 있도록 매장의 입구 쪽에 배치되었는데, 젊은 쇼핑객들에게 클럽에 온 듯한 신나는 기분을 느끼게 해주었다. 애버크롬비앤피치(Abercrombie & Fitch) 매장에서 들려주는 음악도, 비록 덜 극적이긴 하지만 같은 역할을 수행하고 있다. 애버크롬비앤피치는 특히 쇼핑객들에게 어필할 수 있는 음악을 신중하게 선택한다. 그들의 주 고객층은 취향이 매우 독특하기 때문에, 애버크롬비앤피치는 그들의 선호에 맞는 음악을 쉽게 선곡할 수 있는 이점을 가지고 있다. 그들이 들려주는 음악은 젊은 취향의 빠르고 활기찬 음악들로서, 이는 적극적인 태도를 표방하는 애버크롬비앤피치의 브랜드 개성과 일치한다. 이와 같이 음악은 쇼핑객들의 감성을 자극할 뿐만 아니라 그들 자신을 매장과 동일시할 수 있게 해준다. 애버크롬비앤피치는 매장에서 들려준 음악들을 고객들이 일상 생활에서 즐길 수 있도록 웹사이트를 통해서도 제공하고 있다.

소리의 적용이 가져다주는 두 번째 가치는 일체감이다. 특히 X세대와 Y세대 쇼핑객들에게 있어 음악은 일체감을 형성하기 위한 효과적인 수단이다. 그리고 브랜드를 특정한 장르의 음악과 연결시키는 행위는 기업의 브랜드 아이덴티티를 차별화하는데 기여한다. 갭(Gap), 토이저러스(Toys 'R' Us), 에디 바우어(Eddie Bauer), US와 같은 소매업체들은 AEI 음악방송국과 함께 맞춤음악 프로그램에 투자하고 있다. AEI 음악방송국은 700만 곡들로 이루어진 자료를 통해 특정 기업의 브랜드 이미지에 맞는 음악 컬렉션을 만드는 곳이다. 아메리칸 이글 아웃피터스(American Eagle Outfitters)는 고객들에게 발송하는 카탈로그에 음악계 소식이나 추천 음악가의 프로필을 싣고 있다. 록에서 힙합에 이르는 다양한 선택 범위는 고객들이 각자의 취향에 맞는 곡을 고를 수 있도록 해준다. 그리고 카탈로그에 올라온 모든 곡들은 아메리칸 이글 웹사이트에서 직접 살 수도 있다. 카탈로그에서 자신이 좋아하는 새로운 밴드를 발견한 쇼핑객에게 있어, 밴드는 그것의 이미지, 사운드와 함께 AE와 영구적으로 연결되어 있다. 이와 같은 철저하고 개인화된 서비스가 아메리칸 이글 아웃피터스로 하여금 제품 지향의 마케팅을 뛰어넘어 고객들의 전체적인 라이프 스타일을 지원하고 실현해주는 영역까지 도달할 수 있게 했다.

디스커버리 채널(The Discovery Channel)은 매장 안에 소리를 효과적으로 도입했는데, 이는 브랜드 아이덴티티를 일관성 있게 강화하는 동시에 매력적이고 특별한 분위기를 전달하는 방식으로 이루어졌다. 예를 들어 매장 안의 특정 섹션은 칸막이 대신 다소 정형화되지 않은 사운드 존(sound zone)으로 구분되어 있어서, 고객들이 한 섹션에서 다른 섹션으로 이동할 때마다 변화된 상품에 맞추어 소리와 음악이 바뀐다. 이와 같은 시도는 쇼핑객들로 하여금 매장을 둘러보는 경험을 즐거운 모험으로 만들어준다. 쇼핑객들은 다음 섹션에서는 과연 어떤 종류의 소리와 음악이 나올지 궁금해 하는데, 이는 관심 있는 특정 섹션만이 아니라 매장 전체를 탐험하도록 쇼핑객들의 감성을 한껏 부추긴다. 이 즐거운 사운드 경험과 다양한 상호작용의 도구들은 또한 엄마 아빠가 쇼핑을 하는 동안 어린이들에게는 정신을 빼앗길 정도의 즐거움을 제공한다. 산타모니카 매장에서는 살아 있는 동물과 똑같은 소리를 내는 수많은 동물 모형과 서로 다른 행성에서의 체중을 표시하는 체중계로 어린이들의 마음을 사로잡고 있다.

디스커버리 채널 스토어의 미디어는 공간 기능을 갖도록 디자인 되었다. 가장 적합한 것이 무엇이냐에 따라, 어떤 공간에는 소리가 있고 어떤 공간에는 아무것도 없으며, 또 다른 공간에는 소리, 음악, 비디오가 동시에 있다. 그리고 여기서 사용된 음악과 소리를 다시 듣고 싶다면 직접 구매할 수도 있다. 이는 쇼핑객들이 매장에서 경험한 즐거움의 일부를 집으로 가져갈 수 있으므로 쇼핑의 즐거움이 더해지며, 매장과 전체적인 브랜드 경험을 떠올리게 하는 데도 많은 기여를 한다.

뉴욕에 있는 현대미술관(Museum of Modern Art : MoMA)은 감각적이고, 개인화된 서비스를 위해 음향과 테크놀러지를 이용하는 또 다른 혁신적 사례이다. 이곳을 찾아온 관람객들은 4달러 5센트의 사용료만 내면 개별적으로 관람이 가능한 디지털 플레이어와 헤드셋으로 구성된 음향 안내기를 대여할 수 있다. 미술관에 전시되어 있는 모든 작품에는 음향 안내기의 트랙에 상응하는 번호가 표기되어 있어, 관람객들은 자신의 관람 코스에 맞춰 트랙을 선택할 수 있다. 또한 MoMA는 이 음향 안내 시스템을 독립적인 마케팅 도구로도 활용하고 있다. 한 예로, MoMA는 Modern Stars(1999년 가을~2000년 봄) 전시회에서 음향 안내기를 특별히 이 전시회와 연관된 19세기 말부터 20세기 초까지의 음악에 맞추어 놓았다. 그리고 음향 안내기를 통해 관람객들에게 디지털 투어 과정에서 들은 곡들을 편집한 CD를 미술관 내 매장에서 구입할 수 있다는 것을 안내하였다. 이와 같은 방식으로 MoMA는 개인화된 서비스, 즐거운 분위기, 그리고 자신들의 상품을 교묘하게 광고하는 장치들을 만들어냈다. 그리고 미술관의 전시물들을 관람하고, 예술의 역사에 대해 배우며, 거기서 판매하는 제품을 사도록 하는 유인들은 사려깊은 서비스의 형태로 포장되어 있다.

대형 매장들은 헤드셋 장비를 갖춘 MoMA의 음향 안내 시스템의 도입을 고려할 필요가 있다. 이러한 기구의 잠재력은 엄청나다. 헤드셋은 쇼핑객들에게 음악과 함께 쇼핑 투어를 안내하거나 혹은 단순히 긴장을 풀고 다른 것들에 전혀 개의치 않고, 자신이 선택한 음악을 들으면서 쇼핑할 수 있도록 배려한다.

소리를 브랜딩에 적용한 사례는 너무 광범위하므로 그것의 잠재적인 용도를 모두 설명하기란 거의 불가능하다. 음악은 쇼핑의 속도, 매장에서 보낸 시간, 물건을 기다리며 대기하는 시간, 쇼핑객들이 지출하는 돈의 액수에 확실히 영향을 미친다. 그러나 음악의 형식에 있어서는 실험이 필요하다. 일반적으로 클래식 음악은 쇼핑객들의 마음을 안정시켜준다. 아사다(Asada) 매장의 경우, 클래식 음악을 들려준 결과 쇼핑객들이 20% 이상 더 구매한다는 사실을 발견했다![3]

몇 가지 제안

여기에 덧붙여서, 나는 매장 디자인에 청각적 수단을 포함시킬 것을 제안한다. 디스커버리 채널의 매장처럼 사운드 존을 설치하는 것은 어떤가? 만약 상품이 소리를 내는 것이라면 고객들이 그 소리를 매장 내에서 들을 수 있게 하는 것은 어떤가? 어떤 물건이 됐든지 간에 그것이 소리를 내는 것이라면 고객들이 먼저 그 소리를 듣게 할 필요가 있다. 또 하나, 매장 내에 당신의 고객이 선호하는 음악 도서관을 만드는 것도 생각해볼 수 있다. 그 음악을 매장에서 판매함으로써 고객의 취향을 알아낼 수도 있고, 매장 홍보에도 도움이 될 것이다. 그러나 다른 브랜딩에서와 마찬가지로, 소리 역시 그 적용의 한계는 오직 창의성에 달려 있으며, 기업은 창의적이면서 가장 적합한 적용 방안을 결정해야 한다.

브랜딩 브리프 4

비록 소리에 대한 지각에 있어 본능적인 측면과 문화적인 측면을 구별하기는 어려운 일이지만, 과학적인 조사는 음악이 유발하는 광범위하고 일반화된 반응이 있으며, 특정한 소리나 음악과 특정한 감성적 상태 간에 연결이 존재한다는 것을 확인해 주고 있다. 한 예로 Scherer와 Oshinsky(1977)가 행한 실험에서, 상이한 소리에 대한 실험 대상자들의 반응은 다음과 같았다.

음의 빠르기	느리다	슬픔, 지루함, 혐오
	빠르다	활동, 놀라움, 행복, 즐거움, 힘, 두려움, 분노
음의 고저	낮 다	지루함, 즐거움, 슬픔
	높 다	놀라움, 힘, 분노, 두려움, 활동
진폭 변조	작 다	혐오, 분노, 두려움, 지루함
	크 다	행복, 즐거움, 활동, 놀라움

● 출처 : *Sound, Music, and Emotions : An Introduction to Experimental Research* by David Huron, featured in Meryl Paula Gardner, "Mood States and Consumer Behavior: A Critical Review," *Journal of Consumer Research*, 12 (December 1985).

Fried와 Berkowitz의 다른 연구(1979년)에 의하면, 실험 대상자들은 이런 특정 곡들과 연관된 느낌을 다음과 같이 진술했다.

곡 목	실험 대상자들에 의해 보고된 상태
멘델스존의 〈Song without Words〉	평화로운 느낌
듀크 엘링톤의 〈One O' clock Jump〉	즐거운 느낌
존 콜트란스의 〈Meditations〉	불쾌한 느낌

흥미롭게도, 멘델스존의 〈Song without Words〉를 들은 실험 대상자들은 다른 곡을 들었거나 혹은 아무 것도 듣지 않은 사람들 보다 실험에 더 협조적인 반응을 보였다.

● 출처 : Meryl Paula Gardner, "Mood States and Consumer Behavior: A Critical Review," *Journal of Consumer Research*, 12 (December 1985).

6

매혹적인 색상/ 마음을 사로잡는 심벌

10세 이후부터 시각은 인간이 세계를 탐험하고 이해하는 지배적인 감각 수단이다. 디자이너로서 나는 항상 시각적 감각을 소중하게 생각해 왔으며, 이는 내가 창조하는 작품 속에 깃들여 있다. 내가 특정 브랜드의 시각적인 무지에 놀라곤 하는 이유도 바로 이것이다. 나는 그와 같은 브랜드들에게 무감각적이고, 평범한 디자인에 대한 대안을 보여주고 싶다.

시각적 브랜딩

다음과 같은 사항을 생각해보라. 빨간색, 하얀색, 파란색. 황금색 아치, 빨간색 콜라 캔, 당신이 좋아하는 스포츠 팀. 각각의 경우에 색상은 연관된 대상을 떠올리게 하고, 특정 이미지와 감성을 유발시킨다. 모든 감성적 브랜딩 전략은 브랜드에 대한 색상의 효과를 고려해야 한다. 그리고 이런 점을 고려할 때, 브랜드 경험의 구성 요소로서 아름다움, 지속성, 생생함 이상의 무언가가 필요하다. 색상은 다른 어떤 요소보다도 이러한 경험을 위한 핵심적인 도구이다.

색상 이론

이미 암시했듯이, 컬러 브랜딩은 미학적인 것에 관한 것이 아니다. 색상은 당신이 소비자들에게 중요한 정보를 전달하는 것에 관한 것이다(물론 그런 정보는 미학적인 즐거움과 관련이 있을 수 있다). 색상은 우리 몸의 중앙 신경체계와 대뇌 피질에서 특정한 반응을 촉발시킨다. 일단 대뇌 피질을 자극하고 나면, 색상은 사고와 기억, 특정한 인식 방식을 활성화하게 된다. 그리고 이것은 소비자의 정보처리 능력을 증대시킨다. 적절하게 선택된 색상은 브랜드의 로고, 상품, 디스플레이 등을 정의해주고, 브랜드가 나타내는 것을 더 정확하게 이해할 수 있도록 할 뿐만 아니라 브랜드가 더 잘 기억될 수 있게 한다. 만일 색상을 잘못 선택했을 경우, 전달하고자 하는 메시지를 혼동시키고, 최악의 경우에는 브랜드의 실패를 초래할 수 있다. 가장 효과적인 컬러 브랜딩 전략은 컬러 팔레트와 그것의 소비자에 대한 의미를 활용할 줄 아는 디자이너에게서 나올 수 있다.

색상의 효과는 문화변용(acculturation)과 생리학적 요인에 의해 발생하며, 이 두 요인은 서로에 의해 강화된다. 예를 들어 긴 파장을 가진 색상은 감정을 자극하고(빨간색은 다른 어떤 색보다 눈을 빠르게 매혹시키는 가장 자극적인 색상이다), 짧은 파장을 가진 색상은 마음을 가라앉힌다(실제로 파란색은 혈압, 맥박, 호흡 수를 낮춰준다). 색상의 생리학적 특질은 그것의 효과를 더욱 강화하는 문화적 연상을 발전시킨다. 예를 들어 빨간색 립스틱의 경우를 보자. 빨간색 립스틱은 색상으로서 빨간색이 환기시키는 특징으로서 입술 위에 자연스럽게 그려지지만, 립스틱의 사회적 의미(섹스와 유혹)는 빨간색을 훨씬 더 도발적인 것으로 간주하도록 우리의 인식을 변용시켰다. 다른 색상에서도 이와 유사한 결정 요소가 작용한다. 노란색은 인간의 눈으로 탐지할 수 있는 파장의 한가운데에 있는 색상으로서 가장 밝고, 쉽게 주의를 끈다. 그러므로 노란색은 도로 안전 표지판과 경찰의 현장 표시 등 주의를 요하는 물체에 사용된다. 이는 노란색에 대해 우리들로 하여금 그 존재에 주의를 더 기울이도록 훈련시키는 주의의 연상을 만들어낸다. 이 점이 깜박 졸거나 지루해 하는 전화 교환원들의 주의를 환기하기 위해 전화번호부(Yellow Page)를 노란색으로 만든 본래 이유이기도 하다. 그러나 색상에 의한 연상의 전체적인 배열은 이보다 훨씬 더 복잡하며, 미묘한 변화는 끝이 없다.

몇몇 색상을 일반화해보면, 원래의 오렌지색은 친근함, 파스텔 담색은 다정함, 노란색에 가까운 오렌지색은 환영, 연한 파랑은 고요함, 짙은 파랑은 믿음직스러움을 의미한다. 회색은 보통 전문가적인 색상으로 인식되며, 진지함이나 익명성을 암시하기도 한다. 이런 이유들로 인해, 회색은 사무실, 집기 및 하드웨어 등에서 광범위하게 활용되고 있다. 하지만 개인적으로는 그와 같은 특성의 색상이 항상 업무공간을 지배해야 된다고 생각하진 않는다. 왜 붉은 느낌이 나는 밝은 톤의 보라색으로 사무실의 분위기를 고조시키고 직원들에게 활력을 불어넣는 것은 안 되는가? 혹은, 많은 사람들에게 바다를 암시하고 긴장 완화의 의미가 있는 신선한 물색으로 스트레스를 해소하는 것은 어떤가?[1] 누구도 왜 색상이 이런 방식으로 사람들에게 영향을 미치는지는 명확히 설명할 수 없지만 색상이 주는 효과에 대한 인식은 디자이너들로 하여금 색상을 통해 정보와, 더 중요하게는 분위기를 전달할 수 있게 한다.

내 친구 한 명은 수백만 달러의 가치가 있는 거장(巨匠)들의 작품을 판매하는 유서 깊은 화랑에서 일한 적이 있는데, 그때 경험했던 흥미로운 경험담 하나를 내게 들려주었다. 그 화랑에는 카펫, 벽지, 벨벳 커튼 그리고 천장까지 온통 빨간색으로 장식된 방이 있었다. 어느 날 친구는 궁금증을 참지 못하고 주인에게 물어보았다. "언제나 이 빨간 방에서만 고객들에게 그림을 보여주는 이유가 무엇인가요?" 그러자 주인은 이렇게 대답했다고 한다. "빨간색은 사람의 마음을 감성적으로 바꾸어주지. 그리고 그림을 팔기 위해서는 이같은 강렬한 감성을 불러일으키는 장치가 필요하다네."

색상의 창조적인 사용은 눈에 잘 띄지 않으면서도 강력한 효과를 발휘할 수 있다. 나는 최근에 〈홈타운 블루스(Hometown Blues)〉라는 스테판 브리제 감독의 영화 시사회에 참석한 적이 있었다. 영화가 끝나고 질문과 답변을 주고받는 시간이었다. 그때 누군가가 감독에게 특정 장면에서 주연 여배우가 항상 빨간 찻주전자 옆에 있는 이유를 물었다. 그러자 감독은 놀랍게도 자신이 만든 영화를 주의깊게 보면, 행복한 장면에서는 여배우가 빨간색 옷을 입고 있거나 빨간색이 세트의 일부분으로서 그녀 가까이에 놓여지며, 반대의 경우에는 교통경찰로서의 세속적이고 숨막히는 업무를 수행할 때 그녀의 유니폼 색깔이 파란색인 것처럼 파란색이 영화 세트 전체에 넘친다고 말했다. 이것이야말로 색상을 예술적으로 사용한 놀라운 예가 아닌가!

색상과 브랜드 아이덴티티

색상은 종종 로고와 포장을 통해 브랜드의 분위기를 결정한다. 그러므로 색상을 선택할 때는 일반적으로 상품과 쉽게 결합되는 색상을 고르는 것이 바람직하다. 그 예로, 존 디어(John Deere)는 트랙터에 초록색을 사용한다. 초록색은 자연을 함축한다. IBM은 안정감과 신뢰를 상징하는 짙은 파란색을 사용한다. 파란색의 짧은 파장은 마음을 안정시키는 효과가 있다. 그러나 알 리스(Al Ries)와 로라 리스(Laura Ries)가 《22가지 브랜딩 불변의 법칙(The 22 Immutable Laws of Branding)》[2)]에서 언급한 것처럼, "올바른 상징적 색상을 사용하는 것보다 차별화된 브랜드 아이덴티티를 창출하는 것이 더 중요하다." 제1의 렌터카 브랜드인 허츠(Hertz)가 노란색을 선택하자, 두 번째 브랜드인 아비스(Avis)는 빨간색을, 내셔널

(National) 렌터카는 초록색을 사용했다. 뉴욕의 〈옵저버〉, 런던의 〈파이낸셜 타임〉 지가 인쇄되는 연어색 종이는 다른 신문들과 시각적인 차별화를 주고, 전혀 다른 관점을 제공할 수도 있다는 가능성을 보여줌으로써 성공적인 컬러 브랜딩을 적용한 사례이다. 페덱스(FedEx)는 스펙트럼의 색상 중 가장 조화되지 않는 두 가지 색상인 오렌지색과 보라색을 로고 색상으로 선택했는데, 이는 소비자들로부터 시각적으로 관심을 끌고 페덱스에서 배달하는 물건이 도착했을 때 사무실 안에 있는 모든 사람들이 한눈에 알아볼 수 있도록 의도했기 때문이다. 이처럼 브랜드 아이덴티티에서 색상 선택의 역할이 과소평가되지 않아야 한다.

상품의 컬러화

헨리 포드(Henry Ford)는 근대적인 제조 공정을 발명한 사람이다. 대량생산을 실행한 그의 뛰어난 능력은 양질의 상품을 적정 가격에, 누구나 이용할 수 있게 했다. 그의 성공 비밀은 다름아닌 표준화였다. 무슨 색상으로 자동차를 생산할 것이냐는 질문을 받은 포드는, "당신이 좋아하는 어떤 색상의 자동차도 구입할 수 있소. 그것이 검은색에 한해서라면 말이오"라고 비꼬았다. 이는 생산자 정신의 한 전형이다. 하지만 이와 같은 태도는 그 당시에는 매우 뛰어난 것이었을지 몰라도, 현재로서는 부적절한 것이다.

오늘날 소비자 현실에서는 근대 제조업의 규범들이 더 이상 통하지 않는다. 기계가 아니라, 사람이 무엇이 또 어떻게 생산될 것인가를 정의한다. 성공의 비밀은 맞춤화(Customization)와 개성(individuality)이다. 아직도 헨리 포드의 사고방식을 암묵적으로 따르고 있는 브랜드 후보들은 앙드레 탈리와 같은, 디자인에 대한 실질적 인식을 갖고 있는 사상가들의 말에 귀를 기울여야 한다. 탈리는 이렇게 말한다. "전면적으로 컬러에 대한 수요가 커지고 있다. 지금은 살기 좋은 시대이며, 사람들은 좋은 것을 느끼고 싶어한다. 나는 감각적인 컬러가 칠해진 공공 교통수단을 보고 싶다. 분홍색, 노란색, 물색, 연두색, 살구색 등의 피터맥스(Peter Max) 컬러가 칠해진 기차, 버스, 지하철을 상상해보라. 어린이들은 노란색 스쿨버스를 타고 학교에 가는데 단지 어른이라고 해서 그러지 못할 까닭이 어디 있는가!"[3)]

분홍색 지하철? 파란색 버스? 이처럼 유별나 보이는 제안들이 일류 디자이너들의 마음을 사로잡는 고려 사항들이 되고 있다. 왜냐하면 지루하고 권태로운 일상 생활 속에서 소비자들은 대담한 선택을 필요로 하기 때문이다. 색상은 사람들의 주의를 끌 수 있으며, 즉각적으로 반응을 불러일으킨다. 오렌지색의 투명한 곡선미를 살린 iMac은 '재미있고(fun)', '다르다(different)' 고 외치고 있다. 실용적이고 표준화된 아이덴티티를 전달하고 있는 전형적인 네모난 회색 데스크톱과는 정반대이다. 아이맥이 반드시 기능적으로(functionally) 우월한 것은 아니다. 그러나 아이맥은 다르다. 아이맥은 브랜드이고, 브랜드라는 사실이 아이맥을 '기능적으로(FUNctionally)' 우월한 컴퓨터가 되게 한다. 이것이 1999년 마지막 4분기 애플(Apple)사의 제품 관련 단위당 성장률이 동종 산업 내의 평균 성장률에 비해 2.5배나 더 높은 주요 이유이다.

PC가 이처럼 상대적으로 단순한 혁신을 하는데 어째서 20년이라는 오랜 세월이 걸렸을까? 그 이유 중 하나는 최근 들어 훨씬 더 풍요로워진 미국의 경제 상황이 소비자 시장으로 하여금 색상과 즐거움에 순응하도록 영향을 미치고 있기 때문이다. 더 중요한 이유는, 컴퓨터는 무엇이며 그것이 어떻게 보여져야 하느냐에 대한 고리타분한 인식들이 오랫동안 지배적이었다는 것이다. 그리고 그러한 인식들이 깨지지 위해서는 컴퓨터가 즐거움이 될 수 있다는 것을 보여줄, 성공을 위해 기꺼이 모험을 감수할 준비가 되어 있는 후발 기업인 애플을 필요로 했다.

사실 컴퓨터의 흐릿한 색상이 전적으로 창의성이 부족한 생산자 탓이라고는 생각지 않는다. 공정하게 말하자면, 소매업자들도 비난의 일부를 떠안아야 한다. 컬러 컨설팅 회사인 나다(Nada)사의 나다 루카는 "대다수 제조업자들은 색상 면에서 다양한 상품 라인을 가질 수 있지만, 그것은 소매 매장의 진열상의 문제 때문에 제한될 수밖에 없다"고 말한다. 결과적으로, 대형 소매업자들에게 판매의 대부분을 의존하고 있는 제조업자들은 그들이 선호하는 특정 색상을 따를 수밖에 없으며, 이때 소비자들은 아무런 발언권도 행사할 수 없다. 나다 루카는, "상당량의 물량이 이들 대형 소매업자들을 통해 거래되고 있기 때문에 색상의 취향을 결정하는 집단은 소비자가 아니라 유통업자들이라는 사실을 발견했다"고 덧붙인다. 그러나 소매업체들도 이처럼 제한된 방식으로는 판매를 지속하기가 힘들 것이다. 소비자들은 더욱 생생하고 감각적인 색상을 원하며, 해당 지역의 소매점들이 이를 거부할 경우 인터넷을 통해 그들이 원하는 제품을 얻을 수 있기 때문이다. 게다가 '소매'와 '제한된 선택'이 연결될 이유가 없으며, 오히려 감성적 경제 하에서 그것은 치명적인 결합이다.

색상과 인구통계학

색상을 선택한다는 것은 그리 간단한 문제가 아니다. 그리고 해당 상품과 독립적으로 또는 컬러 디자이너의 도움 없이 색상을 해석하는 것은 위험할 수 있다. Color Services & Associates의 컨설턴트인 팻 브릴로는 다음과 같이 강조한다. "적절한 색상을 고르는 행위는 목표 고객에 관한 문제이다." 누가 당신의 고객인가? 메시지는 무엇인가? 단순히 유행 색상을 고르는 것은 해답이 아니다. 각각의 소비자들은 색상에 의해 다른 방법으로 영향을 받고, 유행은 끊임없이 바뀐다.[4] 의도적으로 선택된 컬러가 종종 의도하지 않은 결과를 가져올 수도 있다. 예를 들어 미국인들, 특히 미국의 젊은이들은 초록색을 환경주의와 결부시킨다. Cooper

Marketing Group에 의하면, 18~34세의 연령층은 초록색을 건강, 생태학, 자연과 연결시키는 경향이 있는 것으로 조사되었다. 그래서 환경 친화적인 상품에 초록색을 약간 더함으로써 이들을 대상으로 판매를 향상시킬 수도 있다. 그러나 이집트에서는 초록색이 국가의 상징색으로, 만일 쓰레기 봉투에 초록색을 사용하는 것은 무례한 행위가 될 수 있다. 이와 유사한 예로, 흰색은 미국에서는 순수를 상징하는 데 반해 특정 아시아 국가에서는 죽음을 상징하는 색상이다.

색상을 인지하는 데 있어 나라마다 특성이 있는 것과 같이 나이, 사회적 계층, 성, 종교 등과 결합된 색상이 인지된다. 따라서 전문 디자이너와의 상담 과정을 거치지 않고 색상을 선택하는 것은 안데스 산맥을 가이드 없이 하이킹하는 것과 같다. 어쩌다 운이 좋을 수도 있지만, 너무도 중요한 작업을 운에 맡겨서는 절대로 안 된다.

인테리어 브랜딩을 위한 시각적 아이디어

우리가 디자인한 조니 워커(Johnnie Walker) 직영 의류매장은 세련된 세계 여행가들에게 어필할 수 있는 브랜드 아이덴티티 요소를 전달하고자 비언어적 · 시각적 요소에 의존했다. 예를 들어 매장 뒤쪽의 스크린에는 계절에 따른 여행 목적지를 전시하고, 일련의 시계들이 세계 여러 지역의 각기 다른 시간을 동시에 알려준다. 이와 같은 비언어적 상징들은 수많은 이점을 갖고 있다. 특히 사진이 전달하는 이미지는 소비자들로 하여금 매장의 브랜드 아이덴티티와 개인적으로 열망하는 라이프 스타일이 혼합된 즐거운 연상 속으로 빨려들게 한다. 또한 사진은 즉각적이고 폭넓게 핵심을 전달함으로써 단어보다 더 유용하다. 그리고 거대한 이미지는 거리에 제약을 받는 단어와는 달리, 멀리 떨어진 거리에서도 사람의 마음을 사로잡을 수 있다.

여행가들에게 어필할 수 있도록 디자인된 조니 워커 의류매장

조명 또한 인테리어 디자인에서 아주 중요한 요소이다. 일반적으로 상품은 매혹적인 조명과 함께 전시되었을 때 한층 더 돋보인다. 게다가 조명은 전구의 변화만으로 어떤 인테리어도 변화시킬 수 있다. 빅토리아스 시크리트(Victoria's Secret)는 뉴욕의 플라자 호텔에서 패션쇼를 열었을

때, 건물 외부 전체를 핑크빛 조명으로 비추었다. 이것은 우연히 그곳을 지나가던 사람들에게 잊을 수 없는 광경이었다. 조명은 종종 충분히 그리고 창의적으로 고려되고 있지 않지만, 어떤 공간이라도 변화시킬 수 있는 경제적으로 매우 효율적인 방법이다. 그리고 계절에 따라, 혹은 한 상품 라인마다 변화를 주기 위한 매장의 색채 계획을 위해서도 효과적인 방법이다. 그러나 조명이 지루한 단색이거나 특정한 곳을 향해 고정되어 있을 필요는 없다. 최근에 나는 어느 파티에 참석했었는데, 파티장에는 무늬가 새겨진 콤팩트 디스크가 조명 주위를 회전하게 하여 그것이 움직이는 모양이 벽에 비추는 것을 보았다. 로열 예술대학에 부속된 애필리언스 디자인 스튜디오(The Appliance Design Studio)는 컴퓨터 기술을 이용하여 다양한 색상의 움직이는 형상을 벽에 비추는 램프(DataLamp)를 고안했다. 이 조명은 음악과 조화를 이루어 마술적인 신비한 분위기를 연출할 수 있으며, 특수 효과도 가능하다.

이 장에서는 창의성과 상상력이 풍부한 응용 사례들을 통해 색상과 시각에 대한 흥미로운 특성들을 개략적으로만 제시하고 있을 뿐이다. 궁극적으로는 전문적인 지침들이 중요하지만, 그보다 더 중요한 것은 기업들 스스로가 브랜드의 시각적인 측면들을 새롭게 바라보아야 한다는 점이다. 색상의 가능성에 관한 새로운 조망을 위해서는 록포트(Rockport)에서 발간한[5)] 《색채 적용 실무 지침서 : 창조적인 컬러 배색을 위한 안내 및 실무 지침(Color Harmony Workbook : A Workbook and Guide to Creative Color Combinations)》을 읽는 것이 최상의 방법이다. 이 책은 이용하기 쉽고 아름다우며, 강력한, 신선한, 친근한, 생생한, 신기한 등과 같은 묘사적 색상 범주의 시리즈 형식으로 편집되어 있다. 또한 주제별 색채 도표와 1400가지 색상 조합을 가능케 하는 색상 견본도 들어 있다.

시각적 아이덴티티의 놀라운 세계로 들어가는 것은 때때로 우리가 무언가에 주의를 기울일 수 있느냐에 달려 있다. 단언컨대, 의식을 아주 약간만 확장시키는 것으로도 우리는 누군가의 감수성에 영감을 불어넣을 수 있다. 뉴욕에서, 사하라 사막에서, 루이지애나 강에서, 그리고 또 어딘가에서 우리는 날마다 놀라운 영상과 마주친다. 그리고 일상에 노출된 영상들을 보면서 우리는 색상에 대해 아무런 느낌을 갖지 못할 수도 있다. 그림자는 어디로 지는가? 특정한 나무 껍질은 어떤 유형인가? 유리창은 얼마나 다양한 모양들을 갖고 있는가? 이런 식의 단순한 관찰들이 마침내 위대한 브랜딩을 낳는다.—이것을 믿거나 믿지 않거나 관계 없이. 그리고 이러한 관찰과 인식은 필수적이고 가치 있는 것으로 세상에 대한 새로운 감각들을 제공해준다. 우리가 문 밖으로 걸어 나갈 때마다, 일상의 삶을 특징짓는 미묘하고 세밀한 부분들을 발견하고 재발견할 수 있는 무수한 기회들이 존재한다.

7

즐거움과 편안함을 주는 미감

언젠가 내 동료 중 한 명이 학창 시절에 심리학을 가르쳤던 자신의 선생님에 대한 이야기를 들려준 적이 있었다. 그의 선생님은 시험이 있는 날에는 한 가지 특이한 행동을 했는데, 그것은 다름 아닌 모든 학생들에게 사탕 한 알을 나눠주는 것이었다. 그 선생님은 어째서 그와 같은 행동을 반복했던 것일까? 동료의 말에 의하면, 파블로프(I. P. Pavlov)와 스키너(B. F. Skinner) 이론에 정통했던 그 심리학 선생님은, 학생들에게 시험 전에 무언가 긍정적인 자극을 줌으로써 시험으로 인한 스트레스를 조금이라도 감소시켜주기 위해 그렇게 했다고 한다. 그 결과, 학생들은 시험을 스트레스나 고민거리라는 의미로서보다는 맛있는 기쁨과 연관시키는 버릇이 생겼다. 그리고 그보다 더 중요한 것은, 학생들은 사탕 한 알을 통해 그 선생님만의 온화하고 다정다감한 성품을 직접 느낄 수 있었는데, 이는 심리학 이론을 뛰어넘어 친근감에서 비롯된 것이었다고 내 동료는 덧붙였다.

고객들은 애정을 갈망한다

음식을 제공하는 행위는 친절을 의미하고, 마음을 편안하게 해주며, 나아가 즐거움까지 전해준다. 만약 우리 집을 방문한 손님이 이런 식의 대접을 받는다면, 고객들 역시 그와 같은 호의를 받지 못할 이유가 없지 않을까. 쇼핑객들은 직장에서의 업무와 집안에서의 책임감에서 잠시 벗어나, 긴장을 풀고 즐거운 마음으로 사람들과 만날 수 있는 장소를 원한다. 매장 내의 카페나 레스토랑은 고객들이 몇몇 사소한 용건들을 처리하면서 편안함을 느끼고 감미로운 기쁨을 즐기게 해준다. 그러나 한 잔의 커피, 한 잔의 와인, 혹은 몇 알의 사탕이 아주 큰 차이를 만들어낼 수 있다. 쇼핑객들에게 이와 같은 서비스는 유형적 편익과 그 제스처의 상징적 가치 모두에 있어, 제품에 달려 있는 가격표보다 훨씬 더 소중한 것이다. 더구나 기분 좋게 쇼핑을 끝낸 뒤에 편안하게 휴식을 취하면서 음식을 맛보는 행위는 인터넷 쇼핑몰에서는 경험할 수 없는 일이다. 이와 같이 음식이 주는 브랜딩 가치를 잘 알고 있음에도 불구하고 애정에 굶주린 고객들을 그대로 방치해두고 있는 기업들이 많다.

반즈앤노블(Barnes & Noble)은 음식에 관한 진정한 이해를 보여주는 대표적인 소매업체이다. 반즈앤노블은 매장 한쪽에 핫도그 판매대를 만드는 대신(몇몇 소매상들은 그렇게 했다), 자신의 브랜드 의미, 즉 책의 의미를 고려했다. 이곳을 자주 찾는 한 작가는 오랜 세월 동안 문학과 카페 사이에 존재해온 친근감에 관하여 글을 쓴 적이 있다. 반즈앤노블 카페는 고객들이 〈뉴욕타임스〉 베스트 셀러 목록을 살펴보는 동안, 의자에 편안히 앉아 차 한 잔과 패스트리 한 조각을 즐기고 싶은 욕구뿐만 아니라 책과의 연관성을 최대한 활용함으로써 반즈앤노블 브랜드 경험의 매력적인 구성 요소가 되었다.

고품질의 고객서비스를 보증 마크로 내세우고 있는 노드스트롬(Nordstrom) 백화점 역시 고객들은 음식을 원하고, 또 당연히 그것을 제공받아야 한다는 점을 잘 인식하고 있는 소매업체이다. 노드스트롬은 각기 다른 네 종류의 식당을 소유하고 있으며, 백화점마다 이 가운데 어느 한 종류 이상의 식당이 입점해 있다. 대개 백화점 입구 바깥쪽에 위치한 에스프레소 바는 최고급 커피와 이탈리안 소다와 케이크를 고객들에게 제공한다. 카페 노드스트롬은 카페테리아 스타일의 간이식당에서 샐러드, 샌드위치, 수프, 패스트리, 음료 등을 제공한다. 펍(Pub)은 영국식 바(bar)로, 스포츠 중계를 보여주면서 아침 시간에는 간단한 식사를, 그 이후에는 음식이나 흑맥주, 칵테일 등을 제공한다.

매장 디자인 담당이사인 바버라 에릭슨은 "고객들이 우리 매장에서 많은 시간을 보낼 때, 그들이 앉아서 휴식을 취하고, 식사를 하고, 음료를 마실 공간이 필요하다"고 말한다.[1)] 이곳에서 커피는 아주 오랫동안 25센트라는 저렴한 가격에 제공되었다. 그것은 공동 회장인 짐 노드스트롬(Jim Nordstrom)이 1992년 당시 겨우 몇 센트밖에 안 되는 커피값을 1달러씩이나 받는 음식점들을 못마땅하게 생각했기 때문이었다[2)](유감스럽게도 현재 이곳의 커피값은 보통 수준이다). 최근의 인상적인 경험 한 가지를 예로 들어보자. 노드스트롬 레스토랑에서는 빈 좌석이 날 때까지 기다려야 하는 고객들에게 무선호출기를 나눠주는데, 고객들은 매장에서 쇼핑을 하다가 테이블이 준비되었다는 무선호출 신호를 받고 다시 돌아온다. 고객에 대한 이같은 배려는 오랜 기간 동안 축적된 서비스 노하우로, 노드스트롬의 명성을 드높인 빈틈없는 비즈니스 감각과 결합된 것이다.

감각적 마케팅의 메카로 불리는 센트럴 마켓(Central Market)은 미국에서 가장 혁신적이고 신나는 슈퍼마켓 중 하나이다. 부사장인 존 캠벨은

"센트럴 마켓의 거대한 규모와 엄청난 양의 상품 진열에도 불구하고, 이는 물건의 선택에 관한 것이 아니라 쇼핑 경험에 관한 것입니다. 우리는 손님들이 센트럴 마켓 매장을 걸어나갈 때 자랑스러움을 느낄 수 있기를 바랍니다"라고 말한다.[3)] 오스틴과 텍사스 지역에서 가장 유명한 관광 명소 중 하나인 센트럴 마켓은 생생한 감각적 경험을 통해 매장을 성공적으로 운영하고 있는 사례이다. 센트럴 마켓은 전직 요리사, 영양사로 구성된 푸디스(foodies)라는 팀을 짜서 매장 내에서 고객들과 요리와 음식에 관한 이야기를 나누기도 하고, 적절한 주제로 고객들을 유인하여 식단을 짜주거나 특별 이벤트 계획을 도와주기도 한다. 이들은 종종 특정 고객과 개인적인 유대관계를 맺기도 하는데, 고객들은 푸디스의 조언을 받기 위해 센트럴 마켓을 정기적으로 방문한다.[4)]

푸디스는 매장에 진열된 어떤 상품이라도 개봉할 수 있는 권한을 갖고 있으며, 고객들로 하여금 새로운 상품을 탐험하고, 그 음식을 사기 전에 미리 맛을 볼 수 있도록 서비스한다. 엄마 아빠와 함께 매장을 방문한 어린이들에게도 유쾌하고 즐거운 프로그램이 제공되는데, 25센트만 내면 원하는 과일을 고를 수 있는 과일 카운터가 매장 입구 쪽에 마련되어 있다. 주말에는 어린이들의 생일 파티를 주관해, 피자를 직접 만들어볼 수도 있고 야채를 이용해 판화를 만드는 작업에 참여할 수도 있다. 이 슈퍼마켓은 요리와 쇼핑 강좌를 제공하고, 아름다운 공원처럼 펼쳐진 야외 매장에서 콘서트와 같은 문화 행사를 열기도 한다. 이곳은 또한 센트럴 마켓에서 쇼핑을 마친 후 피크닉을 가거나 사교 모임을 갖는 지역 주민들을 끌어들이기도 한다. 이러한 센트럴 마켓의 존재를 지켜보면서, 〈Fast Company〉 지의 론 리베르는 "센트럴 마켓은 경험 경제에 살고 있으며, 고객들에게 입장료를 받아도 될 정도로 너무나 생생한 경험을 제공하는 장소이다"라는 내용의 기사를 썼다.

그러나 대부분의 소매 상점들은(식품점까지도!) 아직도 음식을 무시하고 있다. K마트, 코스토코(Costco)를 비롯한 다른 체인들도 매장 안에 다양한 음식점이 들어서 있기는 하지만 그곳에서의 식사는 유쾌하고 즐거운 경험이라기보다는, 쇼핑을 좀더 많이 할 수 있도록 임시 방편으로 패스트푸드류의 음식을 판매하고 있을 뿐이다. 쇼핑은 이벤트여야 하고, 브랜드들은 축하 의식(celebration)이어야 한다. 음식 없이 축하 의식이 완벽할 수 있을까? 내가 보기에는 이런 좋은 기회들이 너무 무시되고 있는 듯하다.

- 센트럴 마켓에서 살펴본 바와 같이, 슈퍼마켓을 위한 또 다른 아이디어가 있다. 지금까지 슈퍼마켓은 너무 단조로웠다. 셀로판지와 스티로폼은 음식물의 신선도를 보증해주긴 하지만 쇼핑객들로 하여금 자신들이 지금 식품 매장에 있다는 사실을 느끼게 해주는 것이 더 중요하다. 이를 위해 매장 안의 공기를 향기로 가득 채우고, 언제라도 샘플을 만져보거나 맛볼 수 있게 해야 한다. 이것은 소비자들이 쇼핑카트에 넣기 전에 직접 확인해보고 싶어하는 값비싼 제품인 경우에 특히 더하다.

- 가정용품, 특히 주방용품에 특화된 상점들은 고급 요리를 시연(試演)하는 요리사를 매장 안에 배치할 수도 있다. 요리 시범이 끝나면 쇼핑객들은 음식을 직접 맛보고, 요리사와 이야기도 나누고, 요리 비법도 배우고, 해당 용품과 요리책을 구입하기도 한다. 경우에 따라 쇼핑객들은 요리사의 도움을 받으며 그 주방용품으로 직접 요리를 해볼 수도 있다. 이렇게 함으로써 해당 주방용품의 판매를 촉진시킬 뿐만 아니라 브랜딩에 핵심적인, 친밀감 있고 공동체적인 환경을 조성하는데 기여한다.

- 종종 간과되고는 있지만, 나는 적절한 상황이 주어지면 남성들도 함께 쇼핑하는 것을 즐겨야 한다고 생각한다. 특히 홈데포 버라이어티(Home Depot variety)와 같이 장비나 도구 등을 판매하는 상점들은 미국 독립기념일을 전후하여 바비큐 행사를 가질 필요가 있다. TV 프로그램인 〈This Old House〉에서와 같이, 페인트공, 목수, 그리고 다른 관련 분야의 전문가들은 고객들과 함께 시원한 맥주를 마시면서 집 수리에 관해 조언해줄 수도 있다. 여기에는 물론 시연과 판매를 위한 건축 자재도 준비해 두어야 한다.

- 무료하게 기다리는 것을 좋아할 사람은 아무도 없다. 이런 경우 기다리는 고객들을 위해 손으로 집어먹을 수 있는 간단한 음식을 준비해 두는 매장도 있다. 만일 대기시간이 5분 이상으로 길어질 때 칩과 소스를 제공하면 어떨까? 고객 대부분은 그 같은 행동에 신선한 충격을 받아, 자신들이 줄을 서고 있다는 사실조차 잠깐 잊게 될 것이다.

지금까지 예로 든 것들은 수많은 아이디어 중 아주 일부에 불과하다. 고객들에게 무료로 제공하는 음료와 같이 단순하고 큰 비용이 들지 않는 서비스만으로도 놀라운 효과를 얻을 수 있다. 이것은 무심코 지나치던 행인들을 매장 안으로 유인하고, 쇼핑을 더 하고 싶지만 잠시 휴식이 필요한 사람들에게 쇼핑을 계속하게 하는 결정적 요인이 되기도 한다.

산타페의 캐넌 도로에 줄지어 선 멋진 갤러리들 중에는 겨울에는 셰리주나 커피, 혹은 뜨거운 멀드 와인을, 여름에는 시원한 음료를 제공한다. 고객에 대한 이런 종류의 배려는 사람들로 하여금 이곳을 자주 찾게 만들어주며, 예술 작품을 구입하도록 분위기를 조성한다. 뿐만 아니라, 사람들이 이곳 갤러리에서의 즐거운 경험들을 떠올릴 때마다 연상되는 기억의 일부를 차지하게 될 것이다.

맛과는 무관한 제품조차도 달콤한 감각의 연상을 불러일으킬 수 있음을 보여주는 클리니크 화장품 광고

쇼핑 도중 동행한 남성이 휴식을 취할 만한 공간이 있다면, 여성의 쇼핑 시간이 길어진다는 것은 잘 알려진 사실이다(고객이 매장에 오래 머물수록 물건을 더 많이 사는 것 또한 마찬가지다).[5] 쇼핑에 질린 남편이 잠시 쉴 수 있는 편안한 의자와 시원한 음료까지 무료로 제공받는다면 그의 아내는 더 많은 시간과 돈을 소비할 것이다. 호주의 패션 브랜드인 컨트리 로드(Country Road)는 이같은 무료 서비스를 실천하고 있는 몇몇 소매상점 중 하나이다. 고객들이 뉴욕에 있는 컨트리 로드 매장에 들어서면 의자 두 개가 놓여 있고, 셀프 서비스 테이블엔 시원한 음료나 뜨거운 커피가 항상 준비되어 있다. 매주 목요일 오후부터 늦은 저녁 시간까지 고객들은 호주산 적포도주나 백포도주를 골라 마실 수도 있다. 바닥이나

옷에 음료를 엎지르면 어떻게 하느냐고 물었더니, 매력적인 한 여성 판매원은 이렇게 대답했다. "저희는 고객들에게 세심한 주의를 기울입니다. 그래서 어느 고객이 옷을 입어보기 위해 잔을 내려놓을 곳이나 그것을 대신 들어줄 사람을 찾으려고 두리번거릴 필요가 없지요."

컨트리 로드는 고객들에게 음료를 서비스하면서 세심한 부분까지 주의깊게 고려하고 있다. 특히 중요한 것은, 판매원들에게 고객과의 사회적 상호작용을 위한 기초로서 그러한 행위들이 자연스럽게 이루어지도록 인식시켜 주었다는 점이다. 심리학자 파울 로진(Paul Rozin)은 다음과 같이 말한다. "인간에게 있어 음식은 매우 사회적인 실체이다. 그것은 다른 사람들에 의해 획득되고, 준비되며, 그리고 제공된다. 음식은 사회적 교류의 한 형태이며, 다양한 문화들 내에서 특별한 의미를 갖고 있다."[6] 브랜드가 이러한 점들을 인식하고 그에 맞게 대응한다면, 고객들이 입 안에 씁쓸한 맛을 남긴 채 매장을 떠나는 일은 결코 없을 것이다.

8

느껴보고 싶은 촉감

이 책을 쓰는 과정에서 나는 한 가지 어려운 문제에 부닥쳤다. 그것은 소비자의 촉감에 대한 연구가 너무나 취약하다는 점이었다. 그렇다면 왜 이렇게 촉감에 대한 연구가 부족한 것일까? 촉감은 오감 중에서 가장 중요한 감각이며, 또 가장 즉각적이다. 사랑하는 사람의 부드러운 터치에 대한 기억을 떠올려보라. 면과 양모, 그리고 실크는 어떤 차이점이 있는가? 대부분의 감각들이 세계에 대한 정보를 알려주는 데 반해, 우리로 하여금 세계를 궁극적으로 소유할 수 있게 하는 것은 다름아닌 바로 촉감이다. 마케팅에서 촉감이 자주 간과되는 이유도 그것이 너무도 필수적이기 때문은 아닐까?

나는 현대 사회, 특히 서양 사회가 촉감에 대한 우리의 인식과 태도를 억압하고 있다고 생각한다. 공공 기물은 일반적으로 만지기에는 더럽고 나쁜 것으로 간주된다. 그러나 우리는 "제발 만지지 마세요!"라고 씌어진 작은 팻말을 보면 어떻게 하고 싶은가? 그것을 만지고 싶지 않은가!

잡고, 느끼고, 애무하는 일련의 행위들은 세상을 탐험하고 경험하는, 기본적이고 유쾌한 방법이다. 연구에 의하면, 브랜드에 대한 인식이 약할수록 고객들은 해당 상품을 평가하는 과정에서 그것을 더 많이 만져보는 경향이 있다고 한다. 추측하건대, 이와 같은 행위는 쇼핑객들이 더 많은 상품 지식을 얻기 위해 자신의 감각을 통해 부족한 정보를 보상하려는 심리라고 본다. 상품 그 자체, 매장시설, 실내 온도, 바닥 혹은 문 손잡이에 이르기까지 촉감은 브랜드 경험의 영역 안에 포함된다. 촉감을 상실당한 세계, 더구나 인터넷의 출현으로 인해 그것이 더욱더 제한되어 있는 세계에서 상품을 직접 만져볼 수 있도록 배려하는 비즈니스는 고객들에 의해 충분한 보상을 받게 될 것이다.

촉감 전술 : 좋은 감촉을 주는 브랜딩

포장용 랩, 판지, 종이 포장은 상품을 보호하는 기능은 아주 뛰어난 반면, 상품을 직접 만져보고 발견할 수 있는 기회를 빼앗아버렸다. 가능한 한 매장에 진열된 모든 상품은 고객들이 직접 만져보도록 하는 게 좋다. 소비자들은 물건을 사기 전에 그것을 직접 느껴보고 싶어한다. 이는 립스틱의 색상을 테스트해보는 것과 같이 실제적인 이유를 갖고 있진 않지만, 구매 전에 그 물건을 잡아보고, 시험해보고, 자신에게 소유되는 것을 상상하는 순수한 즐거움과 관련된 보다 근본적인 이유 때문이다. 여성의 경우, 그녀는 립스틱의 감촉을 알고 싶어한다. 바를 때의 느낌은 어떨까? 손에 쥐었을 때나 뚜껑을 여닫을 때의 느낌은? 이런 이유들로 인해 이중 포장이 된 상품도 고객들이 직접 만져볼 수 있도록 디자인 되어야 한다. 만약 상품을 완전히 포장해야 할 경우에는 반드시 샘플을 전시해 놓아야 한다. 세포라(Sephora)는 화장품을 만져보고 테스트해보게 하는 정책을 통해 판매에서 성공을 거두었다. 세포라 매장은 고객들에게 화장품을 직접 사용해볼 수 있는 기회를 주었을 때 어떤 일이 일어날 수 있는

촉감을 통해 전해지는 브랜드 아이덴티티

지에 관한 놀라운 사례이다. 세포라의 미국 및 아시아 담당 마케팅 이사인 셰리 베이커는, 고객들로 하여금 자유롭게 다니면서 모든 화장품을 직접 시험해보도록 한 회사 정책에 대해, "고객들을 혼자 내버려두자 쇼핑 시간이 훨씬 더 길어졌다"고 말한다.[1]

상점에서 나는 다른 누군가가 이미 뜯어본 물건을 발견하게 되면 기분이 좋지 않다. 포장을 뜯어보는 행위는 포장 속에 감춰진 그 물건을 고객들이 직접 보고자 했기 때문이다. 그러나 이미 포장이 뜯긴 물건을 사고 싶어할 사람은 아무도 없다. 이것은 결국 포장과 팔리지 않는 물건 모두의 낭비다. 만약 어떤 상품을 만져보고 싶은 마음이 들지 않는다면 그건 어딘가 디자인이 잘못되었다는 뜻이다. 가시투성이의 선인장조차도 손끝에 부드러운 느낌을 전해주는 아름다운 꽃을 피우지 않는가! 하지만 유감스럽게도, 이러한 촉감을 간과하고 있는 브랜드들이 너무 많다.

그러나 어떤 기업의 경우에는 자신의 브랜드에 기분 좋은 촉감을 주는 것을 목표로 디자인을 한다. 우리는 빅토리아스 시크리트의 드림 엔젤(Dream Angel) 라인을 부드러운 아치형의 곡선 형태로 디자인했는데, 이는 특히 촉감을 좋게 하고, 손 안에 잡히도록 하는 데 주안점을 두었다.

코카콜라의 병은 손으로 만지거나 잡기에 좋은 여체 곡선 형의 병을 통해 촉감에 호소하는 또 다른 뛰어난 사례이다. 탄산음료는 직접 들이키지 않는 한, 촉감만으로는 더 나아지지 않는다. 그러나 코카콜라는 병 디자인을 통해 브랜드 아이덴티티를 손 안의 촉감으로 전환시켰다. 코크의 디자인은 너무도 뛰어나 코카콜라의 전체적인 브랜드 아이덴티티를 아름답게 해준다.

감촉(touch)은 문자 그대로 사물을 소유하는 방법 중 하나이기 때문에 매장에서는 상품을 직접 만져보고 싶어하는 고객들의 갈망을 즉각적으로 충족시켜줌으로써 고객과 상품 간의 흥분되는 감성적 연결을 제공할 수 있다. 상점에서 신발을 산 다음 그 신발을 신고 상점 밖으로 걸어 나와본 적이 있는가? 그 느낌은 정말이지 굉장하다! 나는 어린 시절, 새 운동화를 신어보던 기억이 난다. 운동화는 너무나 편안한 느낌이 들었고 보기에도 좋아서 그것을 사자마자 신지 않을 수 없었다. 당신도 당신의 고객들에게 촉감이 주는 즐거움을 선사하라! 그 즐거움을 느껴보기 위해 당신의 고객은 기꺼이 대가를 지불할 것이다.

매장은 하나의 운동장이고, 물건들과 인테리어는 경험해보고 느껴볼 수 있도록 디자인되고 배치되어야 한다. 톰 행크스가 그가 다니는 회사의 사장과 함께 파오 슈왈츠(FAO Schwarz) 매장 바닥의 악보 위에서 젓가락 행진곡을 연주하는 영화 〈빅(Big)〉의 한 장면을 떠올려보라. 주중에 파오 슈왈츠 매장에 가보면, 끊임없이 이어지는 쇼핑객들이 영화의 한 장면을 재현하는 모습을 볼 수 있을 것이다. 쇼핑객들이 그와 같은 행동을 하는 것은 단지 톰 행크스라는 배우를 좋아해서였을까? 물론, 어느 정도는 그렇다고 할 수 있다. 그러나 더 큰 이유는 그와 같은 행동을 통해 재미와 즐거움을 느끼고, 그들로 하여금 직접 참여할 수 있는 기회를 주었기 때문이다. 매장이 운동장으로 바뀐다는 것은 만지고, 쳐보고, 뛰어다닌다는 것을 의미한다. 그것은 바로 활력이다. 또한 어떤 경우, 상품이 두 가지 감각을 역동적으로 결합한다면(위 예의 경우에는 촉감과 소리의 결합), 소비자들에게 두 배의 즐거움을 선사할 수 있다.

브랜드 관리자들 중에는 촉감은 단지 손과 관련된 문제라고 생각하는 경우가 많다. 하지만 촉감은 발바닥과도 관련이 있다. 신발은 어느 신체 부위보다도 매장과 직접적으로 접촉한다. 그것은 발 역시 마찬가지다. 그러므로 상점들은 매장 바닥에 좀더 세심한 주의를 기울일 필요가 있다. 예를 들어 매장 바닥을 엉성한 타일로 장식하는 것은 바람직하지 못하다. 타일을 깐 바닥은 청소하기는 쉽지만 지저분하다는 인상을 주기 때문이다. 그렇다고 해서 화려하고 값비싼 카펫을 까는 것만이 능사란 의미는 아니다. The Kitchen, etc. 매장 바닥에는 가정집 부엌에서 많이 사용하는 큼직한 타일이 깔려 있다. 브랜드 아이덴티티는 바로 이런 것이다. 다른 매장들도 The Kitchen, etc.처럼 바닥 장식을 할 수 있다. 예를 들어 스포츠 관련 건물의 바닥을 체육관 바닥처럼 꾸며보는 것은 어떨까? 시카고의 나이키 매장처럼 고객들이 농구화를 신고 실제로 농구를 해보거나 스니커즈를 신어볼 수 있는 소규모 코트장을 마련하는 것은 또 어떨까? 골프 매장에는 초록색 잔디를 깔아놓는 것도 좋은 방법이다.

그러나 촉감을 경험하는 매장 환경이나 상품 디자인에 적용하는 일련의 작업들이 의외로 단순할 수도 있다(비용도 적게 든다). 바나나 리퍼블릭(Banana Republic)의 1998년 스트레치 캠페인을 예로 들어보자. 바나나 리퍼블릭은 새로운 의상 컬렉션에 사용된 섬유의 신축성을 강조하기 위해, 매장 한쪽에 고객들이 갖고 놀 수 있도록 고무 밴드가 담긴 큰 그릇을 준비했다. 고무 밴드는 바나나 리퍼블릭만의 메시지를 전달하기 위한 재미있고 감각적이면서도 영감을 불러일으킬 만한 방법이었다.

브랜딩 브리프 6

인간 공학 : 인간을 위한 상품 디자인과 소매 환경

인간 공학(ergonomics)은 소비자들과 감성적으로 연결되는데 있어 점점 더 중요한 역할을 담당하고 있다. 그러나 단순히 관심을 갖고 있다고 말만 해서는 안되며 브랜드가 여기에 귀를 기울이고 있음을 증명해야 한다(결국, 말보다는 행동이 효과적이다!). 인간을 위한 상품과 소매 공간 디자인은 많은 기업들의 비전의 전면에 부각되기 시작하고는 있으나, 아직까지 별다른 진전은 없었다. 얼마나 많은 상품들이 보통 사람들이 접근하기에 너무 높거나 혹은 너무 낮은 진열대 위에 올려져 있는가?

파코 언더힐(Paco Underhill)의 소매 리서치 회사인 인바이런셀(Environsell)은 소매 행동에 관한 흥미로운 자료들을 모아 《왜 우리는 구매하는가?(Why We Buy)》[2]라는 책으로 펴냈다. 이 책에 의하면, 소매 매장에는 인간 공학적으로 부적합한 판매 행위들이 있다고 한다. 예를 들어, 약국에서는 나이 든 여성들이 기미나 주름살을 감추기 위해 바르는 컨실러 크림을 진열장의 가장 아랫부분에 진열하여 이들이 힘들게 몸을 구부려야 하는 경우가 흔하다.[3] 장애인들이 자신들의 신체적 불편을 전혀 고려하지 않은 판매 환경에 직면해야 하는 현실을 상기해보라. 또한 노인 인구가 증가할수록 실버 시장에서 상품 정보를 판독하기 쉽게 큰 글씨를 사용하는 것이 얼마나 중요한가. 당신은 어두운 곳에서 운전해본 경험이 있는가? 그렇다면 노인 운전자들이 커다란 핸들에 가려서 간신히 앞을 내다보고 있다는 사실을 알고 있는가? 이런 불편하기 짝이 없는 상황은 대부분의 자동차 좌석이 앞뒤 조절 기능만 있고 상하 조절 기능은 없기 때문이다. 반면, 잔디깎이 제조업자들은 이와 대조적이다. 그들은 운전하기에는 전통적인 수평 핸들보다는 수직 핸들이 더 자연스럽다는 사실을 잘 알고 있다. 왜냐하면 그렇게 하는 것이 더 효율적일 뿐만 아니라, 우리 몸의 힘을 더 잘 활용할 수 있기 때문이다.

디자이너라는 배경과 쇼핑 환경에 대한 개인적인 관심으로 인해, 나는 사람들이 쇼핑하는 모습이나 물건을 구매하는 과정에서 체험하는 어려움이 무엇인지를 자주 관찰해보는 편이다. 관찰 결과 한 가지 분명한 문제는, 쇼핑 카트가 너무 크거나 혹은 너무 작다는 점이다. 카트는 좁은 통로나 쇼핑객이 많은 곳에서는 움직이기 어렵고, 바구니는 모든 쇼핑객들, 특히 나이 든 사람들에게는 너무 빨리 무거워진다. 이럴 때는 바퀴 위에 필요한 사이즈의 장바구니를 수직으로 올려놓을 수 있는 모듈 쇼핑 카트가 어떨까? 모듈 쇼핑 카트는 쇼핑을 더욱 편리하게 해주고, 사람들이 구매하는 물건의 양을 증가시켜줄 것이다. 같은 맥락에서, 물건이 너무 높거나 혹은 너무 낮게 진열되어 있을 때 좀더 편리하게 올리고 내릴 수 있는 모듈 선반을 만든다면 어떨까? 이따금 나는 제조업자들이 포장이나 병의 사이즈를 정할 때 어떤 사이즈의 손을 표준으로 삼는지 궁금해질 때가 있다. 또, 물건을 바닥에 떨어뜨리는 진열대와 엉성하게 만들어진 선반들도 자주 눈에 띈다. 문제는 인간공학을 고려하지 않은 물건, 판매방식 혹은 포장 디자인이다. 이것은 소비자에게 불편을 주고, 불만이 쌓이게 하며, 결국에는 온라인 쇼핑몰로 몰려가게 하는 한 가지 이유를 더해준다.

지능적인 인간 공학 디자인(ergonomic design)은 문화적 소산이다. 인간 공학은 어떻게 하면 물건을 편리하게 사용할 수 있는가에 대한 이해를 필요로 하기 때문에 물건이 어떻게 사용되는지에 대한 지식이 요구된다. 이것은 문화마다 각기 다르다. 예를 들어 유럽의 많은 기업들은 미국 시장에서 성공하기 위해서는 물건을 크게 만들어야 한다는 사실을 깨달았다. 이케아(IKEA)의 사장은 미국인들이 잔에 많은 양의 얼음을 넣는다는 사실을 알기 전까지는 자사에서 만든 작은 잔을 판매하는데 어려움이 많았다고 한다. 그들은 또한 미국인들은 유럽인들에 비해 더 큰 침대에서 잠을 자고, 더 큰 책장을 필요로 하며, 소파에 앉아 있기보다는 눕는 것을 더 좋아한다는 사실을 알았다. 이러한 예들은 미국 시장에서 어려움을 겪었던 사업 초창기와 번창하고 있는 현재의 차이점이 무엇인지를 설명해준다. 오늘날과 같은 글로벌 경제에서, 기업들은 각 나라의 문화적 특수성을 반드시 고려해야 한다.

촉각 지향적 디자인의 핵심은 "어떤 방법으로 한 개인이 제품을 사용하고 경험하는가, 그리고 그 개인에게 부가적인 가치와 강화된 경험을 구성하는 것은 무엇인가"이다. 디자이너를 위한 질문은, 어떻게 제품들이 잘 기능하도록 만들 것인가가 아니다. 이것은 당연한 것이다. 올바른 질문은, 어떻게 제품을 사용할 만한 가치가 있게 만들 것인가이다.

효과적인 촉감 디자인은 이 질문에 답변하는데 실질적인 도움을 줄 수 있으며, 그렇게 함으로써 브랜드 개성의 한 구성 요소가 된다. 인간 공학에 관한 더 많은 정보를 얻으려면 www.ergoweb.com을 참고하기 바란다.

9

유혹하는 향기

대부분의 사람들은 어떤 특정한 향기—향수 냄새라면 더욱 좋을 것이다—와 연관된 누군가를 기억하고 있거나, 사랑하는 사람이 남기고 간 옷 한 점의 희미한 향기에 감정이 흔들려본 경험이 있을 것이다. 그러나 스카치 테이프나 새 자동차, 혹은 쇼핑몰에서 나는 향기에 대해 생각해 본 적이 있는가? 각각의 향기들은 독특한 특성을 가지고 있으며, 브랜드 아이덴티티를 관리하는데 향기가 사용되는 미묘한 방법에 대한 단서를 제공한다.

효과적인 브랜딩은 바로 당신의 코 밑에 있다

논란의 여지는 있지만, 후각은 오감 중에서 가장 강력한 감각이다. 그럼에도 불구하고 향기는 소비자를 매혹하는 감성적 경험을 제공하는 도구로서는 종종 무시되어 왔다. 연구 결과에서도 나타나듯이, 후각은 다른 어떤 감각보다도 인간의 감정을 강하게 자극하는 잠재력을 가지고 있다.[1] 그것은 아마 뇌 속의 다른 감각 영역에 비해 후각 영역이 감성적 기억을 처리하는 아미그달라-히포캄팔 콤플렉스(amygdala-hippocampal complex)와 더 밀접히 연결되어 있기 때문일 것이다. 후각은 뇌의 여과 과정을 거치지 않는다. 후각은 본능적이고 무의식적인 것이다. 그래서 고객의 코는 고객 자신의 기억과 감성에 직접적으로 연결되어 있으며, 바로 당신의 자극을 기다리고 있다. 당신은 당신의 고객이 어디에 있기를 원하는가. 로맨틱한 분위기의 침실? 동물원? 아니면 부엌? 고객이 어디에 있든지 간에 환경적인 자극은 풍부할수록 좋으며, 그 중 향기는 당신의 브랜딩 계획의 핵심적 부분이 되어야 한다.

수잔 포니어는 고객이 브랜드와의 관계를 발전시키는 방법에 관한 연구에서,[2] 어떤 고객들은 향기를 이용해 자신의 아이덴티티를 관리하고, 특정 브랜드와의 일체감을 갖는다는 것을 발견했다. 연구 대상자 중 한 명인 비키라는 여성은 다음과 같이 말한다. "나는 매우 건전하고 순수해요. 내가 말하고 싶은 것은, 그것들이 내게 중요하다는 거예요. 내 머리, 내 몸에서 나는 냄새, 그리고 내가 입는 옷들, 이 모든 것들이 매우 여성적이고 건전하죠." 향기와 그녀의 아이덴티티와의 연관성은 그녀의 다음 말에서 더욱 분명해진다. "나는 오늘 아침에 당신이 아베다 일리시르(Aveda Elixir) 샴푸를 썼다는 걸 알 수 있어요. 그 나무 껍질 냄새를 맡을 수 있거든요. 1마일 밖에서도 아베다 제품의 냄새는 금방 알 수 있죠. 제가 보기에, 당신은 굉장히 현실적인데다 책임감 있게 행동하려고 노력하시는 분 같아요." 향기에 대한 강한 기호를 가지고 있는 사람이 단지 비키라는 여성뿐일까?

"사람들은 대개 향기 나는 제품은 싫다고 말하죠. 하지만 그건 거짓말이에요." 센서리 스펙트럼(Sensory Spectrum)에서 일하는 게일 시빌의 말이다. 센서리 스펙트럼은 인간의 오감에 어필하는 자극제를 연구하고 디자인하는 곳이다. 그녀는 또 이렇게 말한다. "사람들은 향기 나는 제품을 좋아하고, 어떤 제품보다 그것을 선호합니다. 그들은 향기가 난다는 이유 하나만으로도 그 제품에 긍정적으로 반응하죠. 어떤 사람에게 똑같은 종이 타월 두 장을 줘보세요. 한 가지 다른 점이 있다면, 타월 한 장은 향기가 난다는 거죠. 누구든지 향기 나는 타월이 더 부드럽다고 말할 겁니다."[3] 최근 들어 향기를 이용한 사업이 크게 늘고 있다.

아로마테라피의 등장과 함께 향기를 이용한 많은 제품들이 쏟아져 나왔다. 미국에서 양초를 가장 많이 생산하는 회사 중 하나이며, 콜로니얼 캔들(Colonial Candle)을 소유한 블리스 인더스트리(Blyth Industries)사의 회장 로버트 고어곤은 이렇게 말한다. "양초 산업이 빠르게 성장할 수 있었던 것은 향기 나는 양초의 생산이 가능했기 때문입니다." 향 제품의 성장 속도는 내가 보기에도 정말 놀랍다. 최근 몇 년 동안 아로마테라피 제품의 매출은 매년 30%씩 향상되었고, 향기 나는 양초는 90년대 초반 이후부터 매년 10~15%씩 성장을 거듭해 왔다.[4]

일본에서는 향기 나는 옷, 향기 나는 양말, 심지어는 향기 나는 타이어까지 판매되고 있다. 영국의 컨투어 모벨(Contour Mobel)사에서 만든 아로마 소파는 쿠션을 누를 때마다 장미, 라벤더, 바닐라 향이 은은히 풍겨 나온다. 3300달러가 최저가인 아로마 소파를 판매하는 이 회사의 대변인은 이런 말을 한다. "향 제품은 성장 가능성이 매우 큽니다. 향기는 대단히 자극적이고 감성에 어필하는 장점이 있으니까요. 분명히 시장성이 있다고 확신합니다."[5] 뉴욕에서 활동하는 인테리어 디자이너 데이비드 이스턴은 오늘날 사람들이 향 제품에 열광하는 까닭을 다음과 같이 흥미롭게 분석한다. "사무실이나 호텔의 꽉꽉 닫힌 창문들, 완벽하게 에어컨 시설이 갖추어진 집들. 이처럼 인공적인 환경에 둘러싸여 살고 있는 우리 현대인들은 이에 대한 반작용으로 자연에 대한 열망을 갖게 되었습니다. 향 제품에서 나는 자연의 향기는 사람들에게서 멀어져 버린 세계를 다시금 불러올 수 있게 합니다."[6)]

향기가 반드시 제품 자체에만 국한되는 것은 아니며, 상품의 제시 방법이라는 차원에서도 고려될 필요가 있다. 잘 연출된 향기는 멋진 색상이나 조명 디자인과 마찬가지로 매출을 촉진시킨다. 모넬 케미컬 감각센터(Monell Chemical Senses Center)의 수석 연구원인 수잔 크나스코는, 매장의 단 두 곳에서만 좋은 향기가 나도록 시험해본 결과, 쇼핑객들은 향기나 나는 곳에 더 오랫동안 머문다는 사실을 알아냈다.[7)] 이와 같은 실험 결과에 착안하여, 기업들은 그들의 매장 분위기에 가장 잘 어울리는 향기를 만들어냈다. Renaisselaer Polytechnic Institute의 로버트 바론은 향기의 효과에 대해 다음과 같이 언급했다. "공기 중의 상쾌한 향기는 기분을 향상시켜 사람들의 행동에 영향을 끼친다. 다시 말해, 경험을 통해 알 수 있듯이 기분 좋은 향기는 물리적인 환경의 일부로서 사람들을 행복하게 해준다. 향기는 적당한 온도나 부드러운 조명, 짜증나는 소음을 차단시키는 것과 유사한 효과가 있다."[8)] 그는 또한 이 연구를 통해 향수, 커피, 과자 등과 같은 기분 좋은 냄새를 맡은 쇼핑객들은 자신도 모르게 기분이 더 좋아질 뿐만 아니라, 때로는 상냥한 태도와 이타적인 행동으로 이어지기도 한다는 사실을 발견했다.

향기는 가장 오래된 마케팅 기법 중 하나이다. 고대에서부터 야외에서 장사를 하던 상인들은 향을 피워서 지나가는 사람들을 유혹했다. 오늘날 역시 많은 상점에서 향기라는 시대적 흐름을 타고 있다. 예를 들어 런던에 있는 토머스 핑크(Thomas Pink)라는 셔츠 가게는 빨랫줄에 말린 양모 냄새로 매장 안을 가득 채웠고, 레인 포레스트(Rainforest) 카페에서는 신선한 꽃 향기가 풍겨나오며, 매사추세츠주에 있는 조던(Jordan) 가구점의 경우, 아동용 코너에서는 풍선껌 냄새가, 컨트리 스타일 코너에는 솔 냄새가 나도록 했다. 조던 가구점의 잰 헨드릭은 향기 마케팅을 도입한 이후 매출이 크게 신장되었다고 말한다. 이 가구점은 또한 매장 안의 특정 지점으로부터 18인치 이내에서만 향기가 나도록 하는 시스템을 설치하기도 했다.[9)]

정신병리 학자이자 정신과 의사이며 시카고의 Smell & Taste Treatment and Research Foundation의 창립자이기도 한 앨런 허쉬(Alan Hirsch) 박사는 상업용 향기 개발 전문가이다. 허쉬 박사는 "매출이 향상되기를 원한다면 감성에 호소하는 것이 최상의 방법이다. 그 중에서도 특히, 후각을 이용하는 것이 가장 빠르다"고 조언한다.[10)] 1997년 200만 달러의 매출을 기록했던 그는, 자신이 개발한 향기처리 공정을 거친 후 고객사들의 이익이 무려 40%나 신장되었다고 말한다. 허쉬 박사가 만든 향기는 진으로 만든 옷에서 갤러리아 몰에 이르기까지 각각의 특성에 맞도록 디자인 된다.[11)] 상업용 향기를 생산하는 또 하나의 회사로는 뉴욕의 International Fragrance Foundation이 있다. 이 회사에서는 미국 자연사 박물관에 아프리카 초원의 냄새를 재생시켰으며, 놀이공원의 분위기가 나도록 동굴 냄새와 같은 독특한 냄새를 만들어내기도 했다.

게일 시빌은 "나는 사람들이 향기를 임의대로 선택하는 경우를 자주 보는데 그럴 때마다 화가 납니다. 어떤 사람들(대개 경영진들)은 '우리 상점의 냄새는 바로 이거야' 라고 독단적으로 결정해버리고 말지요." 시빌은, 브랜드의 향기는 적절한 연구를 통해 결정되어야 한다고 말한다. "고객들에게 제품을 제시하여 맛보고, 냄새 맡고, 느끼게 하라. 그런 다음 사진이나 단어, 로고 등을 보여주면서 향기가 그 이미지와 어울리는지 물어보라. 그렇게 함으로써 당신의 브랜드에 맞는 특정한 감각적 자극을 찾아내라."

잘 만들어진 향기의 효과가 과소평가 되어서는 안 된다. 다른 연구에 의하면, 박물관에 온 관람객들을 여러 가지 냄새에 노출시켜본 결과, 이들은 가죽이나 무취 상태에서보다 풍선껌 냄새를 맡았을 때 더 긍정적인 기분을 느꼈으며, 향 냄새를 맡았을 때가 다른 냄새를 맡았을 때보다 전시물을 더 깊게 음미하는 것으로 나타났다. 또 다른 조사 결과에 따르면, 1930년대 이전에 태어난 사람들은 소나무와 같은 자연의 냄새가 자신의 어린 시절을 더 많이 회상시켜준다고 말한다. 반면, 그들보다 어린 세대들은 화학적인 냄새—예를 들어 플레이 도우(Paly Doh: 화학 물질로 만든 어린이용 진흙)—를 맡으며 어린 시절을 연상한다고 한다. 이는 소비자의 감성을 타깃으로 하는 디자이너에게는 아주 중요한 사실이다. 왜냐하면 어린 시절이 연상되는 냄새야말로 가장 정서적인 무언가를 불러일으키는 힘을 가지고 있기 때문이다.[12)]

향기를 선택할 때는 나이뿐만 아니라 성별이나 문화적인 차이까지 고려해야 한다. 예를 들어 듀크(Duke) 대학의 연구자들은 향기는 그 향기를 좋아하고 싫어하는 것과는 상관없이 사람들을 기분 좋게 만들어준다는 사실을 알아냈다. 그 중에서도 특히 중년 여성의 기분을 향상시킨다고 한다. 따라서 그러한 고객층을 목표 고객으로 하는 상점에서는 매장 안에 반드시 향기가 나도록 해야 한다. 허쉬 박사에 의하면, 여성이 남성보다 후각이 더 발달했으며, 재미교포 한국인들이 가장 예민한 후각을 가지고 있다고 한다. 이에 비해 일본인들은 후각이 약하며, 미국의 백인이나 흑인들의 후각은 중간 수준이라고 한다. 그런데 후각을 사용하는 브랜드를 마케팅하기 위해서는 전적으로 이같은 정보에만 의지해서는 안 된다. 다양한 연구 결과를 통해 우리가 알 수 있는 사실은, 각각의 브랜드마다 실험을 통해 자신들의 고객들이 갖고 있는 독특한 기호와 특성에 대한 이해를 발전시켜야 한다는 점이다.

기술의 발달에 힘입어 머지않아 우리는 인간의 감정과 깊이 연관되어 있는 후각을 아주 정확하게, 그리고 물리적인 거리에 상관없이 사용할 수 있게 될지도 모른다. 캘리포니아주 오클랜드에 있는 디지센트(DigiScents)라는 회사에서는 향기 카트리지에 입력할 수 있는 디지털 언어를 만드는 작업이 진행되고 있으며, 각각의 카트리지는 약 100가지 정도의 냄새를 금방 만들어낼 수 있을 것이라고 한다. 디지센트사에서는 이 기술이 인터넷 사이트나 영화, 비디오, 게임 등에 사용되기를 기대하고 있다. 이 기술이 가장 멋지게 사용될 만한 곳은 아무래도 스타벅스 홈페이지가 아닐까? 상상해보라. 스타벅스 홈페이지를 클릭하는 순간, 신선한 커피 향을 마음껏 음미하는 웹 서퍼들의 모습을. 이제 소비자들은 인터넷을 이용해 그윽한 커피 향을 맡으면서, 좋아하는 커피를 선택할 수도 있게 될 것이다.

브랜드의 독자성을 더욱 강화하거나 혹은 단순히 상점이나 전시장을 개선하기 위해서도 후각이 제공하는 장점들을 최대한 활용해야 한다. 아마도 상점 내의 아로마 시스템이 그 해답이 될 수 있을 것이다. 그것이 불가능하다면, 갓 구워낸 쿠키로 선물코너의 안락한 분위기를 연출할 수도 있다. 매장 안에 쿠키를 준비해둠으로써 고객들의 후각과 미각을 동시에 자극하는 이중 효과를 얻게 될 것이다. 문제는 창의력이다. 이에 대해 게일 시빌은 "냉장고, TV, 그리고 가구도 가능하다. 거의 모든 물건에 후각이 주는 장점을 적용할 수 있다"고 덧붙인다. 결국은 향기가 감각을 창조한다!

결론

감각을 안정시켜라

감각도 평화를 원한다!

감각에 호소하는 것이 중요하다고 해서 그것을 너무 지나치게 이용해서는 안 된다. 생각해보라. 속삭임과 외침 중 어느 쪽이 더 유혹적인가? 일반적으로 속삭임이다. 속삭임은 다른 사람에게 부드럽고 미묘한 메시지를 전달한다. 반면, 외침은 귀에 거슬리면서 주의를 끈다. 이 책 전체를 통해 나는 사람들의 주의를 끌고 즐거움과 놀라움을 제공할 수 있는 방법에 관해 이야기하고 있다. 그러나 감성적 경제에서 사람들의 주의를 끌기 위한 최상의 방법은 외침이 아니라 속삭임이다.

오늘날과 같은 정보시대에 사람들은 모든 것이 활동 · 흥분 · 충만 상태가 되어야 한다고 강하게 믿고 있는 것처럼 보이지만, 한편으로 많은 소비자들은 유혹적인 오아시스를 갈망하고 있다. 잘 알려져 있듯이, 우리가 많은 시각적 자극들에 노출되었을지라도 정보를 흡수할 수 있는 능력은 한 번에 일곱 가지 정도로 국한된다. 그리고 어떤 메시지들이 시각 이외의 다른 네 개의 감각을 향한 것인지, 동시에 너무 많은 다른 감각에 작용하는 메시지의 효과가 무엇인지 우리는 정확히 알지 못한다. 앞으로 브랜드는 평화와 상대적인 고요함에 대한 사람들의 니즈에 민감할 필요가 있다. 브랜드는 속삭여야 할 때가 언제인지를 알아야 한다. 처음에는 소비자들의 귀에 들리지 않을 수도 있지만, 한 번 들리기 시작하면 그들은 계속해서 귀를 기울일 것이다.

소매 시장을 보자. 노드스트롬(Nordstrom) 백화점에서는 배려와 기품을 가지고 쇼핑객들에게 편안함을 주기 위해 최선을 다한다. 그들은 고객들이 쇼핑 도중 잠깐씩 휴식을 취할 수 있도록 매장 곳곳에 의자를 넉넉히 비치했다. 그게 뭐가 그렇게 대단한 거냐고 당신은 반문할지도 모르겠다. 하지만 노드스트롬은 그저그런 평범한 백화점이 아니다. 이곳에서는 모든 면에서 고객을 가장 중요하게 생각하며, 그들이 어떤 변화를 시도하고자 할 때에는 반드시 고객의 반응을 제일 먼저 살핀다. 노드스트롬 백화점에서는 매장 이곳저곳을 돌아다니느라 지친 고객들이 좀더 쉽게 앉거나 일어설 수 있도록 높낮이를 조절하는 등 의자를 선택적으로 재디자인했다. 고객을 위해 어떻게 하면 의자를 좀더 편안하게 만들 수 있을까 하는 노드스트롬의 진정한 배려야말로 의식 있는 브랜드를 평가하는 기준이며, 이런 브랜드의 미래는 밝다.

노드스트롬 백화점의 또 다른 고객 지향적 배려는 마사지실에서도 찾아볼 수 있다. 이곳에서는 쇼핑객들을 대상으로 일정 요금을 받고 얼굴 마사지, 손톱 정리, 매니큐어 칠하기 등 다양한 서비스를 제공한다. 이 백화점을 찾은 쇼핑객들은 지나가다 들러볼 수도 있고, 마음에 드는 피부관리사나 미용사에게 서비스를 받거나 미리 예약을 해둘 수도 있다. 삶의 고통에서 벗어나는 방법 중에서 실컷 쇼핑을 즐기고 난 뒤에 한 시간 남짓 마사지를 받는 것보다 더 좋은 방법이 있을까? 고객에 대한 이 같은 배려는, 브랜드의 독창성이란 단순히 옷이나 구두를 파는 것이 전부가 아님을 말해주고 있다. 감성적 브랜딩은 오히려 한 명 한 명의 고객들에게 편안함과 안정감을 느낄 수 있는 경험을 제공함으로써 비로소 가능하다.

뉴욕에 있는 펠리시모(Felissimo) 매장에서도 이와 같은 훌륭한 판매 사례를 찾아볼 수 있다. 일본풍의 고급 가정용품 브랜드인 펠리시모는, 도시 속에 오아시스를 만들기 위해 미니멀리즘과 동양적인 풍수(風水) 사상에 기초하여 매장을 디자인했다. 건축가 클로다는 색다른 개념의 세련미와 내면의 고요를 방해하지 않고 감각을 일깨울 수 있는 매장을 창조하겠다는 목표를 가지고 펠리시모 매장을 설계했다.[1] 펠리시모 매장 안에는 '꿈의 동산(Dream grounds)' 이라는 사랑스러운 원형 건축물이 있는데, 여기에는 각종 식물, 잡지, 원예용품 등으로 엄선된 어른용 장난감들이 꽃 향기와 분수의 물소리와 어우러져 전시되어 있다. '긴장 해소(tension-deficit)' 라고 명명된 공간에는 각종 욕실용품, 향초, 비누, 오일 등이 진열되어 있다. 4층에는 퓨전 음식과 하이쿠 차를 파는 찻집이 있고, 5층에는 상품을 진열해놓지 않은 '고상한 장소(Higher Ground)' 라고 명명된 공간이 있다. 이곳에서는 미술품 전시, 강의, 명상 및 각종 축하 행사가 열린다. Higher Ground는 매출과는 무관하게 아이디어를 교환하고 의미 있는 시간을 함께 나누는 장소이며, 꿈과 열망을 상징하는 공간일 뿐만 아니라, 몽상가들의 비전을 키워주는 곳이기도 하다.

고요함을 채워주는 상업적 건축물의 또 다른 멋진 예는 새로 건립된 런던의 이안 슈라거(Ian Schrager) 호텔 체인인 샌더슨 호텔(Sanderson Hotel)이다. 세련된 '칠아웃' (chill-out : 죽이는, 멋진이란 의미의 속어—역주)[2] 공간으로 불리는 이 아름다운 호텔은 독특한 도시 속 휴양지로서, 평화를 갈망하는 여행객들을 향해 손짓을 한다. 호텔 설계자 중 한 사람인 안다 안드레이(Anda Andrei)는 이렇게 말한다. "당신은 호텔 문을 열고 들어서는 순간, 고요한 안락함으로 둘러싸이는 듯한 느낌을 받고 싶어한다. 이곳은 성역이다.[3] 우리는 안락한 분위기를 연출하기 위해 건물 전체에 반투명 커튼을 사용했고, 운동 후에 이용하는 '고요의 공간(Quiet Zone)'을 조성했으며, 침대 머리맡 쪽에는 평화로운 시골 정경을 그린 풍경화를 걸어놓았다."

감성에 호소하는 브랜드 원칙인 대화와 친밀한 관계를 구체화시킨 또 한 명의 설계자인 필립프 스타크(Philippe Starck)는 이런 말을 한다. "여기에는 어떤 스타일도 없다. 우리의 임무는 고객들에게 활력을 주는 것이지 우리의 재능을 과시하는 데 있지 않다. 이 호텔을 찾아온 고객들에게 최소한의 것을 제공함으로써 그것을 통해 자기 자신에 대해 성찰할 시간을 갖도록 하는 것이다."[4] 그럼에도 불구하고 디자인은 호텔 구석 구석까지 구현되어 있고, 심지어 헬스 기구 하나 하나에도 디자인적 요소가 배어 있다. 방문객을 아찔하게 할 위압적인 환경으로 둘러싸인 장소에서 아름답고 개방적인 건축 구조와 인테리어 디자인은 호텔 방문객의 마음을 안정시키고 힘을 재충전할 수 있도록 해준다.

최근의 광고 경향 중에서도 사람들이 받는 과다한 자극의 수준에 대한 또 하나의 반응이 나타나고 있다. 일부 광고 제작자들은 미디어가 포화 상태인 환경에서 편안한 느낌이나 위안을 주는 비주얼과 음악(때로는 정적까지도 사용한다), 그리고 언어나 활자체로 표현되는 최소한의 단어를 사용한 광고가 훨씬 더 소비자들의 관심을 끈다는 것을 알고 있다. 이것은 전통적인 광고 기법인 반복적이고 긴 제품 설명보다 훨씬 더 효과적이다. 물론 소비자들은 이런 식의 광고가 전달하고자 하는 메시지가 정확히 무엇인지 알기 위해(때로는 판매하려는 상품이 무엇인지 알아보려고) 더 신경을 써야 할 수도 있다. 하지만 미학적으로 상쾌하게, 편안한 방법으로 사람들의 감성에 다가갈 수 있다면, 그 광고는 소비자들의 관심을 끌 수 있을 것이다. 또한, 다른 강압적인 광고보다 훨씬 더 강력한 유대감을 브랜드와 형성할 수도 있을 것이다. 이런 스타일의 광고는 부족한 것이 지나친 것보다 낫다는 것을 입증해준다.

마케터들과 테크놀러지는 우리의 일상 속에 침투하여 그것을 더욱 가속화하고 복잡하게 만드는 경향이 있다. 이에 대한 반작용으로, 사람들의 마음을 안정시키는 상품에 대한 수요는 더욱 늘어날 것이다. 우리는 전혀 예상치 못한 장소에서 이러한 노력들을 발견할 수 있다. 이를테면 당신이 자주 들르는 매장 한쪽에 마련된 명상의 방, 사무실 내의 화랑, 흐르는 이미지와 부드러운 음향을 주로 내보내는 케이블 채널 등이 그것이다. 이것들은 비록 가망성은 낮을지라도 불가능한 것은 아니다.

제3부 상상력

혁신은 브랜드 최고의 친구

개요

상자 밖의 세상

우리는 앞에서 현재의 인구통계학적인 전망과 변화에 대해 살펴보았고, 아직 탐험되지 않은 감각의 영역에 대해서도 심층적으로 고찰했다. 그야말로 감성적 브랜딩의 다이내믹한 세계에 빠져들기 위한 완벽한 준비가 된 것이다. 이 책의 진정한 핵심 내용이 담긴 3부에서는, 브랜드에 생명을 불어넣는 일상에서의 실제적인 도전들을 탐험해보기로 하자.

공급과잉의 경쟁적인 시장 환경에서 상품이나 서비스를 구매하도록 사람들을 설득하기란 쉽지 않다. 따라서 소비자들의 결정을 지배하는 강력하고 정의되지 않은 감성적 파워를 이해하는 것이 성공의 열쇠이다. 모든 가치 있는 노력이 그렇듯, 이를 실천하기 위한 최적의 해답은 없다. 창의성은 그런 식으로 작동하지 않는다! 그것은 개방적이고 관계 지향적인 문화를 구축하려는 지속적인 노력을 필요로 한다. 그러한 문화만이 감성적 민감성과 이해력 그리고 현상에 대한 의문을 고무하고, 그럼으로써 스릴 넘치는 창조성의 표출을 가져올 수 있다. 상품 개발, 포장, 소매 방식, 브랜드 존재 및 광고에 있어서 혁신적인 브랜드 디자인 프로그램을 가능하게 하는 창조적인 영감은 단순히 어딘가에 담겨져 있거나 살 수 있는 것은 아니다. 하지만 그것을 구할 수는 있다.

10

감각적인 디자인

새로운 브랜딩 파워 수단

사람들은 탈출하고 싶어하고, 매일 매일의 삶과는 다른 경험을 필요로 한다.
나는 종종 우리의 자동차 디자이너들에게 이러한 가정을 시험해보곤한다 :
우리는 훌륭한 자동차를 창조하는 것이 아니라,
훌륭한 경험을 창조하기 위한 시도를 하는 것이다.
J 메이스, 폴크스바겐 비틀 개발자

만약 제조업자들과 소매업자들이 J 메이스의 제안을 심각하게 받아들여 상품 및 매장 환경을 강력하고 훌륭한 경험의 창조로 본다면 어떤 일이 벌어질까? 기업들이 소비자와 감성적인 관계를 맺는 관점에서 디자인에 대해 이런 종류의 의무감을 갖는다면 과연 어떤 일들이 발생할지 상상해보라. 개인적인 관계 위에서 번창하는 경제로 다가감에 따라, 감각적인 경험으로서의 상품 및 소매 환경의 디자인은 그 어느 때보다도 감성과 상상력, 그리고 비전을 요구하고 있다.

기능에서 느낌으로 : 21세기 감각으로의 초대

나는 디자인이 강력한 브랜드의 표현이며, 디자인을 통해 아이디어에 생명을 불어넣는 것이 제조업자 혹은 소매업자와 소비자 간에 지속적인 유대관계를 맺기 위한 최선의 방법이라고 확신한다. 폴크스바겐 비틀(Beetle), 질레트 면도기 시리즈, 이세이 미야케의 패션 디자인(쿠튀르),

'디자인의 재탄생' 을 알리는 2000년 3월 20일자 〈타임〉 지 표지

세포라와 고디바 스토어들은 잘 구성된 상품 혹은 매장 디자인의 사례이다. 그리고 이들은 디자인이 감성과 감각적인 경험을 제공하여, 궁극적으로는 판매로 연결된다는 사실을 입증해준다.

나는 항상 감성적인 디자인이 감성의 시대인 21세기에 속한다고 믿어왔으며, 그것은 점차 현실로 다가오고 있다. 〈타임〉 지의 2000년 3월 20일자 표지는 '디자인의 재탄생' 을 소리 높여 환영했다. 이것은 프랑스 태생의 유명 디자이너인 레이몬드 로이(Raymond Loewy)가 〈타임〉 지의 표지를 장식한 지 50년 만의 일이다. 그 당시 한 디자이너에 대한 대중 매체의 찬사는 전례가 없는 일이었으며, 그것은 50년대 들어 디자인의 황금시대를 여는 신호탄이었다. 〈타임〉 지는 다시 한 번 사람들을 향해 "기능(Function)의 시대는 끝났고, 외형(Form)의 시대가 시작되었다. 라디오에서 자동차, 그리고 칫솔에 이르기까지 미국은 스타일 속으로 빠져들고 있다"고 보도했다. 〈뉴욕타임스〉는 뉴욕타임스 매거진 2000년 봄호의 표지 전면을 홈 디자인과 벽 램프를 발명한 전설적인 디자이너, 조지 한센(George Hansen)에게 할애함으로써 이러한 흐름에 동조했다.

우리는 또한 뉴욕의 쿠퍼 헤위트 박물관에서 3년마다 개최되는 디자인 회고전과 같은 대규모 디자인 전시회를 관람하고 있다. 런던 디자인 박물관 관장 겸 디자인 컨설턴트인 캐서린 맥더모트(Catherine McDermott)는 현대의 가장 영향력 있는 작품들의 디자인 컬렉션을 보여주는 《20세기 디자인(20th Century Design)》을 발간했다.[1)]

오늘날에는 다양한 매체를 통해 디자인이 자주 소개됨에 따라 디자이너들의 사회적 위상과 평가 또한 높아지고 있다. 특히 가구 디자인 분야에서 '프랑스의 무서운 아이'로 불리는 필립프 스타크, 폴크스바겐 비틀을 개발한 J 메이스, 애플 컴퓨터를 디자인한 천재적 디자이너 조나단 아이비스(Jonathan Ives), 르네상스 시대의 디자인을 현대적으로 다면화한 구찌의 톰 포드(Tom Ford) 등은 비즈니스 세계와 일반 대중들 사이에서 스타급 디자이너가 되었다. 제너럴 모터스는 르노 자동차를 자동차 업계에서 톱 브랜드의 반열에 올려놓은 앤 아세니오(Anne Asenio) 같은 유럽의 스타급 디자이너를 고용하고 있다.

디자인이 상품의 미학을 정의하고 조종하는 자리에 다시 앉게 된 것은 대단히 고무적인 현상이다. 효과적인 마케팅 수단으로서 제품 디자인의 명성을 높인 선구자 중의 한 명인(그리고 "상승하는 판매 곡선처럼 아름다운 것은 없다"는 유명한 말을 남긴) 레이몬드 로이는, 신경제 하에서 소비자들의 감성적이고 실제적인 욕구에 민감하게 반응하는 새로운 디자이너 그룹의 등장에 대해 자랑스럽게 생각할 것이다. 소비자들의 이러한 욕구는 개인적인 표현에 대한 욕구인 동시에 차가운 하이테크 세계에서 인간적인 느낌을 가진 대상에 대한 욕구이다. 그리고 이러한 욕구는 예리함과 대담한 창의성에 의해 충족되고 있다.

하지만, 1950년대에서 금세기가 시작되기 전까지 무슨 일이 일어났던 걸까? 1960년대에서 90년대까지 디자인은 무대 뒤로 소리 없이 물러났고, 대신 개성 없는 산업 생산이 제품의 미학을 통제했다. 디자이너에게 있어 그것은 오랜 기간 동안 사막을 횡단하는 것과 같았다. 그렇다면 오늘날 디자인이 다시금 예전의 인기를 회복할 수 있었던 까닭은 무엇인가? 또, 새롭게 디자인에 관심을 갖도록 고무한 세계적 · 경제적 변화 요인은 무엇인가? 이러한 흥미로운 질문들은 감성적 경제와 오늘날 소비자들이 왜 뛰어난 디자인을 원하는지에 대한 해답을 제시해준다는 점에서 진지하게 고려해볼 필요가 있다.

명백히 양 시기 사이에도 디자인이 죽은 것은 아니었다. 그러나 그 시대에는 오늘날의 디자인이 갖고 있는 영향력과 전망이 없었다. 그러면 50년대와 오늘날, 디자인이 인기를 누릴 수 있었던 사회적인 분위기는 무엇일까? 제2차 세계대전 이후 경제 붐이 일었던 50년대와 미국 역사상 최장 기간에 걸쳐 경제적 번영을 누리고 있는 2000년대 초반 사이에는 유사점들이 매우 많다. 오늘날 신경제는 새로운 비즈니스 모델과 첨단기술에 기반한 비약적인 아이디어의 출현에 의해 동력을 얻고 있다면, 반 세기 전에는 산업 경제와 소비자 운동이 당시의 번영과 발전에 커다란 영향을 미쳤다. 이상적인 경제는 상상력과 모험, 그리고 보상을 통해 비즈니스의 성장을 촉진시킨다. 차이점이 있다면, 50년대는 사람들에게 더 나은 직업을 선택할 수 있는 기회와 새 집, 새 차, 그 전에는 존재하지도 않았던 새 가전제품을 소유할 수 있는 가능성을 열어준 반면, 오늘날에는 그러한 물리적 재화의 획득이 더 나은 삶의 질에 대한 욕구보다 결정적으로 덜 중요해졌다는 점이다. 하지만 이것이 사물이 어떻게 보

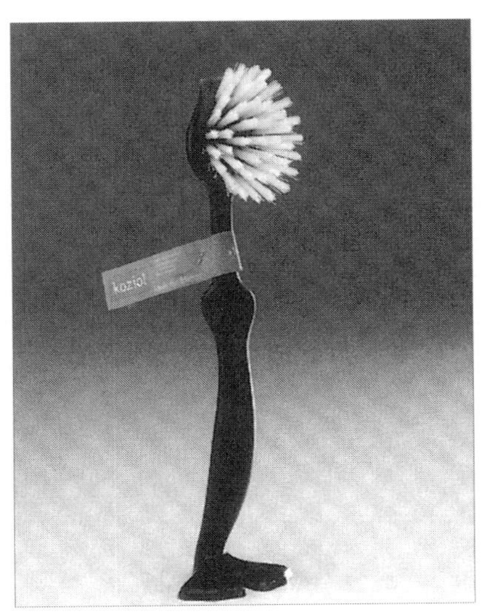

접시닦이 솔조차도 인간적인 감성과 유머를 전달할 수 있다.

이는가에 대해 우리가 점점 더 까다로워지고 있는 유일한 이유는 아니다. 전체적인 관점에서 볼 때, 이러한 변화는 물질적인 것에서 정신적인 것으로의 진화를 반영하는 것이다.

디자인 분야의 유명 저널리스트인 베로니크 비엔느(Veronique Vienne)는 이런 말을 했다. "디자인 혁명은 모든 것이 느리게 진행되었던 과거 시간에 대한 향수와 품격 높은 삶을 위한 예술성의 추구에서 기인한다."[2] 스피드와 컴퓨터가 우리의 삶을 물리적인 현실과의 접촉으로부터 점점 더 멀어지게 하고 있는 이 새로운 세상에서, 매일 매일 상호작용하는 상품들에 대한 직접적인 경험은 우리의 기분과 감정에 깊은 영향을 미친다. 따라서 우리가 언제라도 접할 수 있는 상품들, 이를테면 휴대폰, 일회용품, 수세미, 쓰레기통 같은 흔해빠진 물건들까지도 새로운 감각의 즐거움을 줄 수 있어야 한다. 통제로부터 벗어난 세상에서, 아름답고 독창적인 것들로 주변 환경에 영향을 미치고 싶어하는 것은 모든 인간의 본능이다. 이것은 통제에 대한 새로운 감각을 갖게 한다.

매력적인 복고풍 스타일

수십 년 전의 과거에서 디자인적 영감을 얻음으로써, 디자이너들은 지난 시대의 문화적 가치들에 대한 우리의 관심과 열망을 예견해 왔다. 아이맥(iMac)은 50년대부터 TV 수상기처럼 보여졌으며, 최신 재규어 자동차의 미학과 폴크스바겐의 새로운 뉴비틀 디자인은 과거의 모델들에 대한 현대적인 재해석이다. 최근 필립프 스타크는 이메코(Emeco)가 1940년대에 유행시킨, 가벼운 철재로 만든 네이비 체어(Navy chair)를 현대적인스타일로 재디자인했다. 미첼 그레이브스(Michael Graves)의 타겟(Target) 디자인은 멤피스 포스트모던 디자인 운동에서 영감을 받았다. 이와 같은 사례들은 헤아릴 수가 없을 정도이다.

이러한 디자인들의 최대 공통 요소는 디자인적인 의미와 매력을 동시에 갖추고, 사람들에게 감성적으로 즐거운 경험을 주기 위해 창조되었다는 점이다. 오늘날의 디자인은 "심리학과 감성을 포용하기 위해" 산업경제에서 지배적이었던 기능성의 요소를 뛰어넘고 있다. 홈디자인 시스템사인 불서업(Bulthaup)은 이 아이디어를 광고 카피에 효과적으로 반영했다 : "당신의 집을 불서업 가구로 바꾼다면, 당신은 의식 있고 감각적인 디자인의 세계로 들어오신 겁니다." 이것은 디자인이란 소비자가 초대받아 들어가고 싶어하는 마음의 상태라는 것을 표현한다.

지금 소비자들은 그러한 디자인의 세계로 몰려오고 있다. 그리고 고가정책과 배타성이 결합된 과거의 엘리트 지향적 디자인은 모두를 위한 디자인 솔루션으로 변화되고 있다. 전문 디자이너들도 이제는 더욱 개방적이고, 대중적인 길을 선택한다. 디자인 회사들은 친근한 느낌의 디자인을 창조하기 위해 인류학자와 심리학자를 고용하고 있으며, 대형 유통업

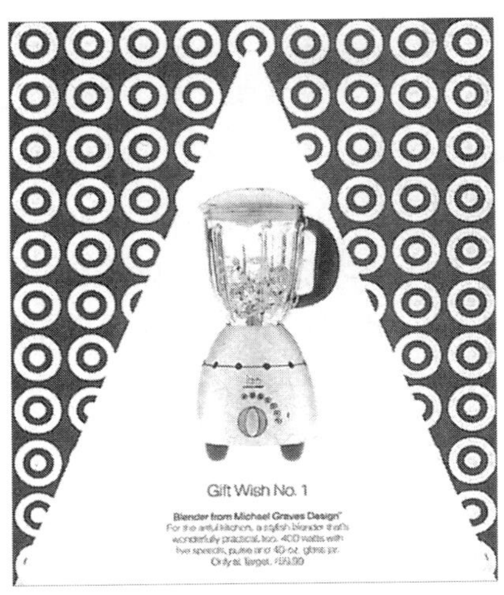

멤피스 포스트 모던 디자인에서 영감을 받은 미첼 그레이브스의 믹서기 디자인

체에서는 그들의 브랜드를 창조하고, 홍보하기 위해 유명 디자이너를 영입하고 있다. 미첼 그레이브스의 브랜드 상품 라인을 지휘했던, 타겟의 전 부사장인 론 존슨은 이런 말을 했다. "소비자들은 새로운 사고를 담고 있는, 그리고 자신들의 영혼(soul)과 연결된 상품에 강하게 반응한다." 만약 그가 과거에 이렇게 말했다면, 대중 시장에서 영혼을 이용해 사업한다는 것을 상상조차 해본 적이 없는 제조업자들에게는 대단히 충격적으로 들렸을 것이다.

디자인이 예술에 관한 것인가 혹은 상업적인 가치에 관한 것인가에 대한 반복되는 질문은 오늘날의 디자이너들에 의해 명확하게 설명되어질 수 있다. 그것은 아름다움을 통해 인간의 삶을 더욱 풍요롭게 만들어 가는 디자이너의 역할에 관한 것이다. 레이몬드 로이의 저서 《너무 내버려두지 말아라(Never Leave Well Enough Alone)》의 프랑스어 제목은 《추한 것은 팔리지 않는다(La Laideur Se Vend Mal)》인데, 오히려 프랑스어 제목이 오늘날의 비즈니스 환경에 훨씬 잘 어울린다.

마하 III의 이전 모델이고, 필 시몬스(Phyl Symons)와 피터 호프만(Peter Hoffmann)의 창작물인 질레트 센서는 비즈니스 분야에서 디자인이 할 수 있는 강력한 역할로 주목받은 경우이다. 질레트 면도기의 패키징 디자인이 뛰어난 이유는 그것이 단순히 멋있어 보인다는 점이 아니다. 그것은 면도기의 핸들 디자인이 면도기에 관한 한 세계 최고의 기술이라는 강력한 메시지를 전달한다는 점이다. 면도날은 너무 작아서, 그 효율성이 상세히 설명되지 않는 한 설득력이 약하다. 시각적인 요소는 언어적인 요소보다 의사전달 능력이 더 뛰어나며, 질레트 면도기의 경우 핸들이 면도날을 위한 메신저 역할을 한다. 결국 이 혁신적인 상품을 실질적으로 각광받게 만든 것은 패키징이다.

그러나 오늘날까지도 자신들의 비즈니스에서 디자인이 가져오는 이와 같은 차이점들을 이해하지 못하고, 디자인의 의미와 파워를 전략적 도구로 고려하지 않음으로써 좋은 기회를 놓쳐버리는 브랜드들이 많다. 재능 있고 도전적인 디자이너들은 신선하고 비범한 디자인을 창조해낸다. 그런데도 기업들은 오히려 디자이너들의 실용적 감각이 떨어진다며 불평을 늘어놓고 있다.

센서 면도기의 성공 이후에 우리가 새롭게 선보인 질레트 시리즈인 그루밍 라인(grooming line) 디자인을 발표할 당시, 나는 질레트 생산부서에서 내린 결정을 잊지 못할 것이다. 우리가 질레트 브랜드의 핵심 이미지에 맞는 상쾌함과 테크놀러지적인 느낌을 전달하기 위해 은색 효과가 나는 특별한 마감 방식의 혁신적인 디자인을 제안했을 때, 생산부에서는 그런 디자인은 생산될 수 없다고 잘라 말했다. 긴장된 침묵이 흐르는 동안, 나는 팀원들의 얼굴에 환멸의 빛이 스치는 것을 보았다. 하지만 나는 그들의 실망뿐만 아니라 이 새로운 제품에 대한 그들의 확신도 읽을 수 있었다. 대담한 생각만이 프로젝트를 성공시킬 수 있다고 판단한 나는

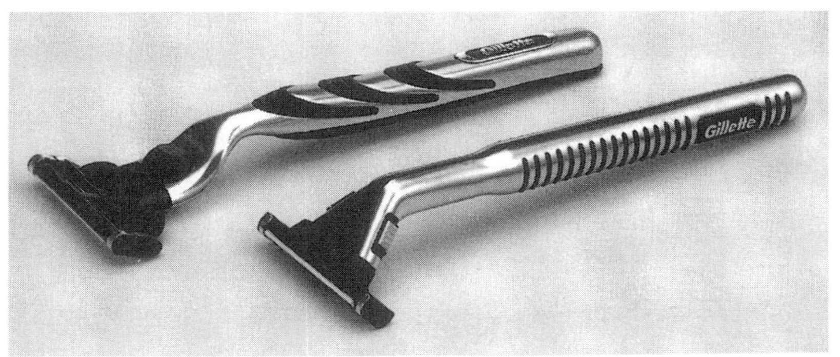

비즈니스 분야에서의 디자인의 강력한 역할로 주목받은 질레트 센서

이렇게 말했다. “만약 이 프로젝트를 수행할 수 없다면, 당신들은 해당 산업에서 최고가 될 수 없습니다. 그러니 한번 도전해보십시오.” 대담하고 용감무쌍한 내 발언으로 인해 우리 팀은 그 자리에서 당장 해고를 당할 수도 있었다. 그런데, 다행스럽게도 내가 제안한 디자인을 지지해 준 두 명의 뛰어난 마케터가 있었다. 결국 자신들의 비즈니스에서 디자인이 곧 활력임을 인식하고 있던 질레트는 우리로 하여금 새로운 프로젝트를 제 시간에, 정해진 예산 범위 내에서 수행할 수 있도록 도와주었다.

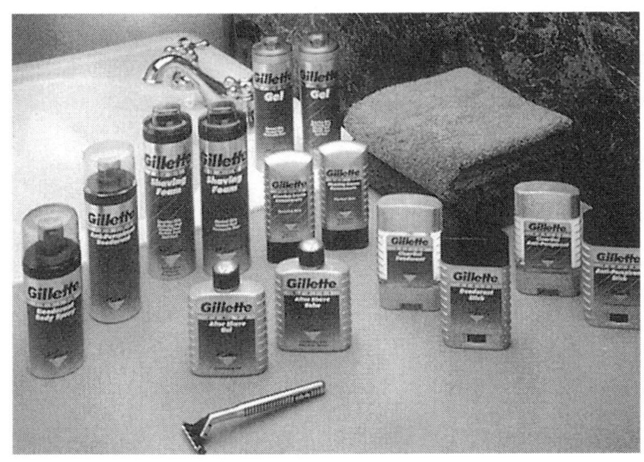

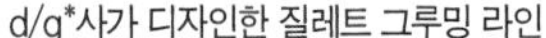
d/g*사가 디자인한 질레트 그루밍 라인

에스티 로더의 힐피거 토미 스포트 향수

글로벌 디자인의 감각과 취향

디자이너와 기업에 던지는 다음의 질문 내용은 불가피하게 동일한 것이다 : 무엇이 진실로 "탁월한 감성적 디자인"을 구성하는가? 그것은 "탁월한 취향(good taste)"이라는 개념과 어떤 관련성이 있는가? 이것은 개인적인 인식에서부터 성적인 차이, 민족적 기원에 이르는 모든 개념을 포괄하는 문제이다. 디자인은 무엇보다도 문화적 · 사회학적 가치에 관한 것이다. 이를테면 브라질에서 통하는 디자인이 프랑스에서는 통하지 않을 수도 있다. 각각의 문화는 독특한 전통 예술, 건축물, 옷 입는 방법 등에 내포된 서로 다른 미학적 민감성을 지니고 있으며, 이것들은 모두 제품과 소매 디자인에 그대로 반영된다. 예를 들어 일본에서의 소매 환경은 단아하고 깔끔한 축소주의를 지향하며, 프랑스에서는 열렬한 표현성이 추구된다. 모로코에서는 테마가 더욱 컬러풀하고 노골적이며, 미국에서는 역동적인 풍부함이 흔히 사용되는 기본적인 방법이다.

수많은 요인들에 의해 영향을 받는 새로운 글로벌 문화에서, 디자인과 관련된 우리의 취향은 음식에 관한 취향만큼이나 더욱더 다양해져 가고있다. 그리고 우리는 여행에서처럼 디자인에서 어떤 흥분된 경험을 기대하고 있다. 이것은 새로운 방식으로 소비자들과 이야기를 해야 하는 기업들에게 있어 엄청난 도전과 기회를 의미한다. 그리고 디자이너들에게 이 세계는 점점 더 훌륭한 영감의 원천이 되고 있다. 문화적으로 민감한 디자인은 하나의 문화를 대변할 뿐만 아니라, 그들 자신만의 친밀한 언어로 우리에게 이야기(talk)하면서 제품 혹은 매장을 초월하여 확장 가능한 브랜드 개성을 창조한다.

이와는 반대로, 우리 팀과 고객기업 모두가 기회를 놓쳐버린 사례도 있다. 프록터앤갬블의 향수병 디자인이 그것이다. 당시 우리가 제안한 향수병은 병 입구를 한가운데가 아닌 가장자리에 디자인한 것이었다. 당혹스럽게도 이 디자인은 기술적인 이유로 인해 받아들여지지 않았다. 혹날 우리는 우리가 제안한 디자인과 유사한 컨셉이 에스티 로더의 힐피거 토미 스포트(Hilfigers Tommy Sport)라는 이름으로 성공적으로 출시된 것을 보았다. 자, 그렇다면 아름다움을 창조해내는 제품 분야에서 누가 진정한 리더인지 판단해보라.

이제 우리는 기업과 디자이너 사이에 새로운 파트너십을 형성하려는 순간에 와 있다. 기업들은 치열한 경쟁을 통해 세상 물정에 밝은 소비자들에게 가까이 다가가기 위해 시장의 트렌드에 대한 철저한 이해와 혁신적인 디자인을 필요로 한다. 이것은 디자이너들이 제공할 수 있는 그 무엇에 관한 것이다. 현명한 기업들은 트렌드를 선도하는 디자이너는 단지 '디자인' 이상의 것을 줄 있다는 사실을 이미 이해하고 있다. 이들이 바로 21세기에 성공할 수 있는 기업들이다.

우수한 디자인은 용감하다

아이맥(iMac)은 가정 친화적이며 대중 친화적인 디자인이다. 성장하는 X세대와 Y세대를 지향하는 소매 유통 체인인 어반 아웃피터스(Urban Outfitters)는 스릴 넘치는 펑키 스타일의 쇼핑 공간이며 '언더그라운드' 뉴욕 패션 감각에 연결된 느낌을 주는 장소이다. 나는 이따금 어떻게 아이맥이 매장에 영감을 불어넣기 위해 사용될 수 있을지, 혹은 어반 아웃피터스 매장의 컴퓨터는 어떻게 보여질지에 대해 궁리해보곤 한다. 디자인은 확실히 논리나 분석이 아닌 영감이나 상상력에 관한 것이다.

1960년대 뛰어난 폴크스바겐 광고로 유명해진 빌 번바치(Bill Bernbach)는 "고정관념은 예술가가 깨뜨리는 것이다"라고 말했다. 디자인에 관한 최고의 아이디어는 항상 직관적이고 소비자를 매혹시키며, 기존의 모든 규칙과 고정관념을 무너뜨린다.

우수한 디자인은 용감하다. 그러나 디자인은 미학적인 가치뿐만 아니라 기업의 가치를 10배 혹은 그 이상 높일 수 있는 장기적인 투자임을 잊지 말아야 한다. 어느 누가 구찌나 애플의 방향 전환을 디자인이 주도했다는 사실을 반박할 수 있겠는가? 나는 이따금, 디자인이 기업 경영진의 주요 관심사에 밀려나 있는 반면—경우에 따라 디자인은 우선 사안이 아닐 수도 있고, 잠재적인 수입 측면에서 투자로 간주되지도 않는다—이들 경영자들이 합병과 산업적 투자, 그리고 광고비를 지출하면서 감수하는 재정적 위험에 깜작 놀랄 때가 있다. 기업들은 종종 형편없는 결과를 얻는 데 불과한 평범한 광고에는 해마다 수천만 달러를 쏟아 부으면서, 상품을 돋보이게 해주는 유일한 요소인 디자인의 중요성에 대해서는 자주 간과하는 경향이 있다. 폴크스바겐의 비틀 광고캠페인에 대한 〈Advertising Age〉의 기사는, "비틀은 바퀴 위의 예술작품이며, 그 자체로 115마력짜리 광고"이기 때문에 비틀을 위한 광고를 만드는 것은 어려운

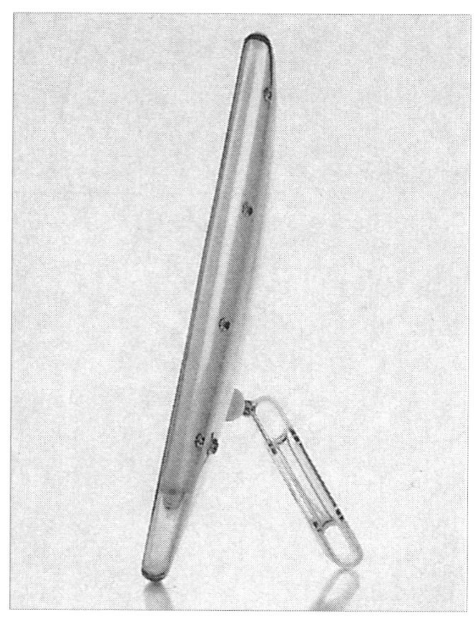

뛰어난 디자인을 추구하는 애플사의 22인치 시네마 디스플레이

도전이라고 쓰고 있다.[3] 비틀 자동차 광고는 단순하면서도 현명한 방법으로 제품 디자인 자체의 강조를 통해 브랜드 개성을 보여준다는 점에서 뛰어난 광고이다.

혁신적인 상품을 갖고 있지 않은 이상, 소비자들의 마음속에 전달되어 지속적인 연결성을 갖는 브랜드 감성을 창출하기란 쉽지가 않다. 애플의 〈Think Different〉 광고캠페인을 예로 들어보자. 이 광고는 독창적이고 흥미롭기는 하지만, 나는 개인적으로 마틴 루터 킹 목사나 간디와 같은 영웅적인 인물들을 애플의 상업적 브랜드와 동일시할 수 없었다. 광고적인 관점에서 볼 때, 그 광고는 나에게 절망적인 느낌으로 다가왔다. 상품에 관해 전달할 뉴스도 없었고, 아무것도 말해진 것이 없었다. 그런 다음에 아이맥(iMac)이 출시되었고, 갑자기 〈Think Different〉가 제 의미를 찾게 되었다. 나는 애플이 테크놀러지에 대해 어떻게 다른 생각을 하는지 지켜보았고, 결국 그들이 내세운 모토는 아이맥에 의해 유효해졌다. 그것은 혁신적이고 잘 디자인된, 실용적인 컴퓨터였다. 광고와 상품과의 연관은 활력 있고, 명확하고, 실제적인 것이 되었다. 아이맥이라는 상품과 커뮤니케이션 컨셉은 동시에 〈Think Different〉라는 메시지를 진정으로 의미 있게 만들어주었다. 그리고 애플은 맥 큐브(Mac Cube)와 같은 또 다른 창의적인 디자인을 통해 소비자들과 신나는 디자인 커뮤니케이션을 지속적으로 주고받고 있다. 맥 큐브는 애플의 가장 강력한 테크놀러지를 8인치짜리 스크린이 장착된 토스터 크기만한 투명 플라스틱 상자 안에 구현해냈다.

미술관 같은 장소의 디자인

브랜드 지향적인 건축물은 새로운 감각의 아름다움을 창조해냄으로써 사회에 영향을 미친다. 사람들은 상품 매장, 미술관, 레스토랑, 사무실 혹은 놀이공원에서 새로움, 흥분, 즐거움에 대한 경험을 찾고 있다.

빌바오 구겐하임 미술관(Bilbao Guggenheim Museum)을 설계한 프랭크 게리(Frank Gehry)는 빌바오 지방의 경제와 그 지역 전체를 바꿔놓았다. 이 건물에 도입한 독특하고 혁신적인 건축 기법은 사람들의 관심을 불러모았으며, 미술관에 무엇을 전시하는지와 관계 없이 건축물 자체만으로 충분한 매력을 갖고 있다. 해마다 세계 각지에서 몰려든 400만 명의 관람객들 중 40%는 곡선형 티타늄 금속판으로 만들어진 이 건축물의 독창성을 직접 확인하기 위해 이곳을 찾아올 정도이다. 빌바오 구겐하임 미술관은 미술품 전시장으로서의 역할을 뛰어넘어 건축물 자체가 관람객들의 목적지가 되어버렸다. 여기서 더 중요한 것은 무엇인가? 건축물의 컨셉, 장소, 혹은 전시물일까? 이 요소들은 서로 멋지게 조화를 이루고 있다. 빌바오 구겐하임 미술관은 그 전시물에 있어서 세계 최고 수준을 자랑할 만하다. 컨셉도 물론 강력하다. 여기서 차이점, 즉 미술관이 훌륭하게 기능할 수 있는 가장 중요한 이유는, 뛰어난 건축가이자 예술가인 프랭크 게리가 디자인을 통해 사람들이 그 예술적 세계에 매료되도록 만들었다는 점이다.

상점들은 과거의 성공적인 인테리어 매뉴얼에 따라 판에 박힌 패션으로 디자인될 필요는 없다. 올드 네이비(Old Navy)와 같은 브랜드는 유쾌하고 컨셉 지향적인 환경에서, 유행하는 패션 의류들을 할인가에 제공함으로써 주변의 많은 전통적 할인 소매업자들을 곤경에 빠뜨리고 있다. 세계화와 문화 공유의 새로운 시대로 들어섬에 따라, 디자이너들은 전세계 소비자들에게 창조적인 영향력을 미치는 통역사이자, 외교관이며, 비전의 전달자가 되고 있다. 당신이 방문했던 상점 중에서 가장 기억에 남는 곳을 떠올려보고, 그 상점을 훌륭하게 만든 요인이 무엇인지 분석해보라. 십중팔구 실력이 뛰어난 디자인 회사가 그 매장을 디자인하는데 많은 기여를 했을 것이다. 콜롬비아 대학의 교수로 있는 나의 한 친구가 이런 말을 한 적이 있다. "포터리 반(Pottery Barn)이나 크레이트앤배럴

빌바오 구겐하임 미술관

(Crate and Barrel)은 매장 내에 진열된 예술품을 살 수 있다는 점을 제외하고는 흡사 박물관을 방문한 듯한 느낌이었다." 이제 예술은 벽에 걸린 그림이나 받침대 위에 놓여 있는 조각물만을 의미하진 않는다. 오늘날 예술은 우리가 일상에서 구매하는 모든 물건 속에서 찾을 수 있다는 것이 그녀의 생각이며, 나 역시 그녀의 생각에 전적으로 동의한다.

상품이나 매장을 디자인한다는 것은 소비자들을 이해하고 그들의 욕구와 갈망을 존중한다는 의미이다. 오랫동안 대형 유통매장들은 대량의 획일성으로 특징지어졌다. 그것은 마치 대형 유통매장을 찾는 주 고객층은 서민들이고, 품질은 그들이 구매할 만한 정도이며, 스타일은 별로 중요하지 않다고 외치는 듯했다. 그런데 영리한 디자이너 한 명이 K마트에서 그와 같은 인식을 바꿔버렸다. 마사 스튜어트의 멋진 가정용 가구 컬렉션이 일약 대성공을 거둔 것이다. 스타일과 결합된 혁신과 적정 수준의 가격은 소비자들의 지불 능력과는 상관없이 그 진가를 인정할 만한 것이었다.

내일의 첨단 디자인을 창조하는 마술가들

디자인의 미래는 새로운 테크놀러지가 가져다주는 가능성만큼이나 무궁무진하다. 발전하는 하이테크 세계는 디자이너들의 새로운 개척 분야이며, 끝없이 펼쳐져 있는 신나는 기회의 영역이다. 휴대폰과 같이 현대인들의 생활 필수품으로 빠르게 자리잡은 첨단기기들은 흥미롭고, 감각지향적이며, 유행에 민감한 디자인에 의해 점점 더 차별화될 것이다. 디자인은 정보사회에서 중요시 되는 모든 인간적인 요소들을 반영하게 될 것이다. 미쯔비시의 인터넷 기능이 장착된 휴대용 다기능 전화기는 사용자들에게 즐거움을 주기 위해 편안한 모양의 은색 외관에 벨벳류의 직물을 사용한 아주 독특한 디자인이다. 오늘날에는 평범한 상품에 테크놀러지가 가미된 독창적인 첨단 상품이 생산되고 있다. 그렇다면 앞으로 테크놀러지의 미래는 어떻게 펼쳐질 것이며, 디자인과 어떤 식으로 결합할 것인가? 이것은 매우 신나는 상상이다. 나이키는 현재 테크랩(Techlab)이라는 신설 부서에서 마이크로소프트 윈도 미디어의 오디오 파일뿐만 아니라 MP3 파일까지 작동할 수 있는 디지털 오디오 플레이어, 첨단 워키토키, 그리고 손목에 차고 다니는 모니터와 같은 스포츠 테크놀러지 제품을 개발하고 있다.

캘리포니아에 있는 혁신적인 상품 디자인 회사, IDEO는 향후 10년 이후의 제품들을 구상해보는 프로젝트 2010을 추진 중이다. 이 회사는 지속적인 기술 혁신을 통해 새로운 세대에 어울리는 멋진 제품이 탄생할 것이라고 예견한다. 예를 들어, 모양과 크기 조절이 가능한 컴퓨터 LCD 스크린은 휴대폰 화면이나 휴대가 간편한 두루말이 형태의 전자책으로도 사용할 수 있는 제품이다. 또한, 가정이나 직장에서는 가구와 벽에 내장된 컴퓨터와 결합된 통신기술이 3차원 홀로그래픽 정보와 오락 프로그램을 제공하게 될 것이다. 우리는 이미 스워치(Swatch)나 모토롤라가 만든, 휴대폰 기능이 겸비된 멋진 시계를 착용하고 있다. 디자인 잡지

〈Wallpaper〉는 모토롤라에서 생산한 시계에 대해 "사람들은 휴대용 기기에 금방 싫증을 낸다. 하지만 이렇게 귀여운 제품의 경우에는 예외가 될 것이다"라고 호평했다.[4] 패션 쪽에서는 사이버 섬유라는 새로운 트렌드가 형성되고 있다. 이는 섬유 제조기술의 일대 혁신으로, 앞으로 패션 디자이너들은 자외선으로부터 착용자를 보호하고 박테리아를 억제하며, 하루 종일 은은한 향기가 나거나 맥박을 체크해주는 인공지능 기능이 내장된 재질로 옷을 만들 수 있게 될 것이다.

결 론

디자이너들은 자신들의 비전을 통해 미래를 정의하고, 가장 뛰어난 컨셉에 생명력을 불어넣는 비범한 능력을 갖고 있다. 디자이너들은 기업을 위한 마술사, 창조자, 진정한 싱크탱크 및 R&D 자원이 될 수 있다. 디자인은 점차 솔루션(solutions)에서 창조(creations)로 진화해 가고 있으며, 그리고 이것이 디자인이라는 직업을 정의하는 더 효과적인 방법이 될 것이다. 디자이너들은 공학과 기술의 영역을 뛰어넘어, 감성적으로 강력한 제품 스토리를 통해서 시장을 추동하는 기회들을 포착하고 있다. 그리고 이것이 시장에서의 진정한 차이를 만들어낼 것이다. 감성적 경제에서 기업의 자산으로서 디자이너의 역할은 증대되고 있으며, 디자이너들는 멋있고 놀라운 형태의 창조자로서 뿐만 아니라 새로운 사고를 위한 인큐베이터로서의 역할도 하고 있다.

레이몬드 로이는 그 시대의 주요 문화적 가치인 스피드와 효율성—산업적 생산에 있어서의 스피드와 효율성—을 위하여 디자인했다. 그가 창조해낸 아름답고, 현대적이며, 역동적인 디자인 스타일은 제조업자로 하여금 경쟁업체에 대응하여 미학적 우위를 가진 고기능 제품으로 시장을 장악할 수 있도록 하는 작업이었다. 감성적 브랜딩의 관점에서, 오늘날의 디자인은 사람들에게 감각적인 즐거움을 줄 수 있도록 그들의 감성적 욕구와 열망에 부응해야 한다. 이는 열정과 정직, 그리고 우리가 살고 있는 세계를 개선하려는 임무에 대한 헌신을 요구한다. 내 말이 너무 이상적인가? 아니면, 너무 급진적인가? 그렇다면 지금 당장 거리로 나가서 사람들에게 물어보라.

11

감성이 넘치는 아이덴티티

잊혀지지 않는 브랜드 개성

K마트나 컴팩과 같은 비감성적인 브랜드가 있는가 하면, 월마트나 애플과 같은 감성적인 브랜드도 있다. 양자의 차이점은 비전, 시각화(visualization), 감성적 연결이며, 이것들은 감성적 브랜드에 의해서만 세상에 전달된다.

심벌이나 시그니처와 같은 기업 아이덴티티 프로그램은 그것이 '권위적(Dictated)' 인 것이든 감성적으로 '연결(Connected)' 된 것이든, 기업의 문화와 개성(personality) 그리고 기업이 제공하는 상품이나 서비스의 표현이다. 로고와 컬러는 심벌(Nike 같은) 또는 로고 타입(수직 형태의 로마자로 디자인된 FedEx 아이덴티티처럼 이름에 적용된 독특한 서체), 혹은 이 둘의 결합 형태(AT&T 로고) 중 어느 것으로 표현되었든지 간에 20세기 중반부터 모든 주요 브랜딩 전략의 핵심을 이루어 왔다. 코카콜라, IBM, 메르세데스 벤츠 등에 적용된 디자인들은 시간의 테스트를 통과한 성공적인 아이덴티티 프로그램의 대표적인 사례들이다. 코카콜라의 특별한 서체와 강렬한 빨간색은 혼동될 염려가 없고 기억하기도 쉽다. 독특한 파란색의 IBM 로고는 전세계적으로 널리 알려져 있다. 메르세데스 벤츠의 로고(둥근 원 속에 삼각형의 별 모양으로 된 심벌 또는 엠블럼)는 최상의 기술력에 대한 보증 마크로 보여질 뿐만 아니라, 자동차 소유자의 탁월한 안목과 사회적 지위를 나타내는 것으로도 해석될 수 있다.

이와 같은 강력한 로고 아이덴티티는 광고와 PR 프로그램을 더욱 돋보이게 만들어주는데, 이는 로고가 브랜드의 의미를 시각적으로 빠르게 전달함으로써 소비자들이 기업의 메시지에 효과적으로 반응하도록 영향을 미치기 때문이다. 품질로 평판이 높은 기업의 로고를 달고 있는 다른 제품은 그것 역시 최고 품질을 가진 것으로 인식되며, 그 제품의 소비자에 대한 호소력은 그 브랜드가 주는 편안함에 의해 더욱 강화된다.

로고는 사람들의 머릿속에 기억되기 쉬우며 많은 의미들을 함축적으로 표현할 수 있다. 로고 자체가 반드시 의사소통의 수단은 아니지만, 로고는 기업이 대표하는 것(또는 대표하고자 하는 것) 그리고 기업에 대한 소비자 인식의 심벌로써 기능할 수 있다. 기업의 깃발로서, 로고는 가장 중요한 시각적 자산이자, 호감이나 거부감을 유발시키는 촉매이다. 따라서 로고는 현명하게 관리될 필요가 있으며, 오늘날 이는 로고가 융통성 있고 폭넓은 기능을 수행하도록 하는 것을 의미한다. 또한 기업 아이덴티티가 활기차고 효과적이기 위해서는, 그것이 사회적 민감성과 문화적 적실성, 그리고 사람들과의 진정한 연결점을 찾고자 하는 시도와 같은 요소들을 갖고 있어야 한다. 비록, 로고가 시각적으로 두드러져 보일지라도, 이러한 '인간적 요소' 를 결여하고 있다면, 그것은 심장이 없는 사람처럼 차갑고 무미건조한 존재에 불과하다. 그리고 이러한 '인간적 요소' 을 찾기 위해서는 창의적 솔루션이 필수적이다.

마음을 움직이는 로고 디자인

소비자 지향적 경제로 나아감에 따라, 기업 아이덴티티 프로그램은 가시성(visibility)과 효과(impact)의 개념에 기초한 접근에서 소비자와의 감성적 접촉의 개념에 기초한 접근으로 발전해 왔다. 그리고 과거의 권위적인 시각 아이덴티티(기업이 표방하는 일방적인 가치를 전달하는 기업 중심적 아이덴티티)에서 인간적인 시각 아이덴티티(감성적으로 디자인되었으며 그에 대한 해석은 소비자마다 다를 수 있는 아이덴티티)로 변화하고 있다.

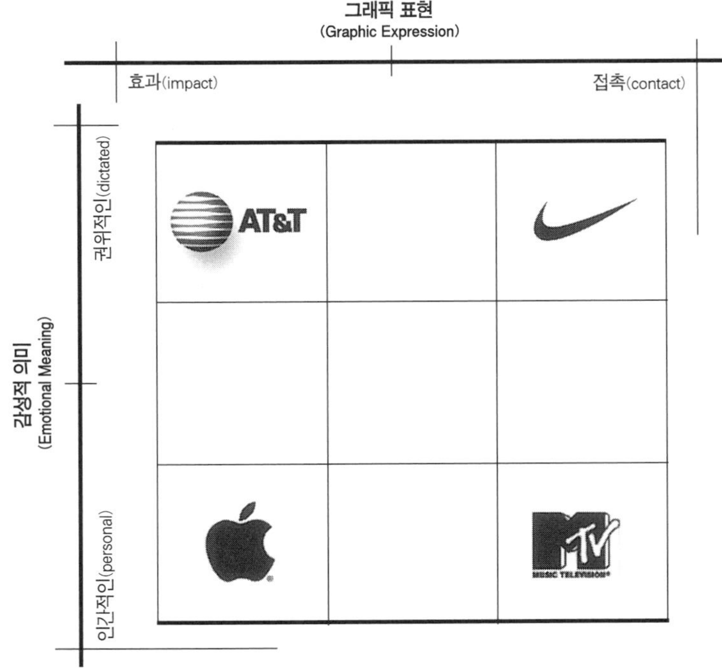

오늘날 기업 아이덴티티 메시지가 적절한 균형을 이루기 위해서는 브랜드의 감성적 메시지와 시각적 메시지가 함께 고려되어야 한다. 브랜드의 감성적 의미가 '권위적인(dictated)' 것에서 '인간적인(personal)' 것으로 변화하는 것처럼, 브랜드의 표현도 '효과'에서 '접촉'으로 발전할 필요가 있다(그래픽 스타일에 있어 인간적인 아이덴티티는 설명적이고 상상을 불러일으키는 반면, 권위적인 아이덴티티는 추상적인 경향을 띤다). 분명히 권위적-효과 모델은 수동적인 소비자를 가정하고 있는 반면, 새로운 인간적-접촉 모델은 소비자와 더 가깝고 쌍방향적인 연결을 시사한다. 실제로 많은 로고들은 특별히 기업과 소비자를 이어주기 위해 디자인되고 있으며, 소비자와 연결된 브랜드 로고 디자인은 기업의 개성이 더 잘 정의되고 전달될 수 있도록 한다.

감성적 브랜딩의 관점에서 강력한 기업 아이덴티티 프로그램을 구축하기 위한 프로세스를 이해하기 전에, 기업들의 심벌이 오늘날의 성공적인 '연결된' 로고로 발전하기까지의 변천 과정을 알아볼 필요가 있다. 각각의 세대별 접근 방식은 그들 자신의 언어, 문화적 가치, 윤리, 우상, 신화, 경영 원칙과 기업 로고를 통해 정의되며, 그 기준에 의해 이전 시기를 3개의 시대, 즉 실용주의 시대(1940~67년), 복음주의 시대(1968~89년), 감각주의 시대(1990~현재)로 분류할 수 있다.

실용주의 시대

1940~50년대 미국인들은 산업의 세계화와 더불어 새롭고 효율적인 유통 시스템을 바탕으로 전례 없는 경제 붐을 경험했다. 강력한 전후(戰後) 경제와 초강대국이라는 국제적 위상에 힘입어 이 시대에는 기능성, 신뢰성, 실용성을 강조한 다양한 제품들을 생산하는 거대기업들이 등장했다. 이 기업들이 세계 시장을 향해 모험적으로 뛰어들면서, 기업의 일관된 시각적 아이덴티티를 세계 시장에 전달하기 위한 기업 디자인의

중요성이 최초로 인식되기 시작했다. 기업들은 기억하기 쉬운, 상징적인 형태의 로고 또는 로고 타입과 같은 기업의 상징물이 필요하다는 것을 깨달았다.

세계적으로 아메리칸 드림의 한 조각이라도 소유하기를 갈망하던 시대에(미국은 황폐화된 유럽 국가들에 비해 상대적으로 번영을 이루었다), 기업의 브랜드 디자인 전략은 미국 내에서 뿐만 아니라 해외에서도 경쟁력을 가질 수 있도록 기획되었다. 레이몬드 로이(Raymond Loewy), 월터 랜도(Walter Landor), 파울 란드(Paul Rand)와 같은 브랜드 디자인 전문가들에 의해 창조된 기업 이미지와, 영앤루비컴, 맥켄에릭슨, 레오버넷과 같은 광고대행사에 의해 기획된 캠페인들은 세계 시장으로 진출하는 미국 상품의 대변인 역할을 담당했다. 이 시대에는 생산 및 생산의 표준화가 비즈니스 전략의 핵심이었고, 기업의 목표는 세계 시장을 공략하는 것이었다. 따라서 기업의 가치를 시각적으로 표현하는 데 있어 가시성 · 안정성 · 일관성이 중요한 요소를 차지했다. 이러한 브랜드 아이덴티티는 그 자체가 산업화 시대 기업의 특징과 실용주의적 성공을 반영하는 문화적 상징이 되었다.

코카콜라, 맥도날드, IBM, 포드, TWA, 말보로, 리바이스와 같이 미국을 상징하는 브랜드의 성공은 대개가 그들이 경쟁자에 비해 압도적으로 우위에 있던 커뮤니케이션 수단에 힘입은 것이었다. 이들 기업의 목표는 상업적인 메시지를 담은 대량 광고와 일관된 기업 아이덴티티 프로그램을 통해 시장을 시각적으로 지배하는 것이었다.

복음주의 시대

1970~80년대에 미국은 세계에서 가장 활발한 소비 시장으로 발전해 가고 있었고, 베이비 붐 세대들은 그들의 부모 세대보다 더 높은 수준의

경제적 자유를 누렸다. 동시에 베이비 붐 세대는 아메리칸 드림에 대한 그들 부모 세대들의 관점을 받아들이지 않았다. 그들은 50~60년대 세대와는 전혀 다른 가치관을 가지고 있었다. 베트남 전쟁, 다국적 기업의 정치적 영향력에 대한 부정적 인식의 만연, 사회·경제적 불평등에 대한 현실 인식 등은 역사상 최초로 기업가들이 비즈니스 실행을 통해 잘못된 정치·사회적 문제들을 바로잡아야 한다는 주장을 제기하도록 만들었다. 이것은 기업가들이 자신들이 믿고 있는 가치를 전파하는 것이었다. 그 예로서, 애플사는 테크놀러지가 사람들에게 힘을 되돌려줄 것이라는 신념에 기초하여 자신들의 기업 문화를 창조했다. 베트남 전쟁은 미국인들로 하여금 사회적 양심을 깨닫게 해주었고, 대중들 스스로가 정치 과정과 그들의 주변 세계를 변화시킬 만한 힘을 갖고 있음을 일깨워주었다. 이제 기업들은 새로운 힘을 갖게 된 이들 보통 남성과 보통 여성들에게 호소해야만 했다.

이 시대의 가장 혁신적이고 단호한 몇몇 기업가들은 그들의 비즈니스 실행에 정의와 평등, 그리고 환경에 대한 민감성에 관한 새로운 이상들을 주입하기 시작했다. 처음으로 비즈니스 실행과 실용주의가 인간과 지구에 미치는 기업 활동의 영향에 대한 관심과 상호 결합되었다. 그 결과 새로운 비즈니스 언어가 창조되었다. 예를 들어 베네통은 그들 특유의 급진적인 광고캠페인을 통해 폭력과 인종차별, AIDS 확산 등의 문제를 사회적인 차원으로 부각시킴으로써 세계를 향해 불의에 맞서는 설교를 하기 시작했다. 3장에서 이미 언급했듯이, 아니타 로딕이 이끄는 바디숍(The Body Shop)은 인간적인 요소, 환경과 동물의 권리 등의 이슈에 대해 대단히 전향적인 비즈니스 모델을 창조함으로써 엄청난 성공을 거두었다. 의류 브랜드인 파타고니아(Patagonia)는 납품업자들에게 엄격한 환경 기준을 요구했다. 애플사는 덜 경직되고 더욱 인간 친화적인 경영 방식을 도입함으로써 새로운 형태의 기업 라이프 스타일을 선도했다. 애플은 수많은 사람들의 시선을 사로잡은 〈1984〉 광고를 통해 IBM을 빅 브러더(Big Brother)와 같은 기업으로 묘사함으로써 자신들을 IBM과 차별화시켰다.

나이키는 사람들(특히 여성들)에게 초점을 맞춘 반문화 마케팅(counterculture marketing) 프로그램을 통해 사회적 통념을 깨뜨렸으며, 신체적 · 정신적으로 도전하도록 그들의 신념을 고취했다. 버진 아틀랜틱(Virgin Atlantic)은 더욱 즐겁고 친근한 스타일과 고객에 대한 더 나은 서비스를 통해 조용한 여행 산업계의 관행을 뒤흔들어 놓았다. 샌프란시스코에서 시작된 초창기 갭(Gap) 스토어의 디자인을 떠올려보라. 당시로서는 대단히 혁신적인 아이디어라고 할 수 있는 대담하고, 현대적이며, 컬러풀한 그래픽으로 장식된 상점에서 소비자들은 원하는 모든 스타일의 진(jean)을 고를 수 있었다. 랄프 로렌은 아메리칸 룩에 대한 명확한 인식을 심어주었으며, 일반인들이 중 · 상류층의 라이프 스타일을 즐길 수 있도록 함으로써 패션계의 배타적인 관행에서 탈피했다. 랄프 로렌은 미국의 패션계에 자부심을 가져다주었으며, 궁극적으로는 전세계에 영향을 미쳤다.

기업의 심벌에는 이러한 혁신적인 문화가 반영되어 있다. 바디숍의 로고는 자유로운 곡선형 디자인에 기업적이고 기계적이지 않은 서체를 사용했다. 베네통의 초록색 로고와 둥근 서체는 그래픽 디자인 면에서 매우 독특한 반면, 비감성적인 기업 세계의 관점과는 다른 그래픽 스타일로 표현된 애플의 아이덴티티는 사람들과 연결되는데 있어 완전히 색다른 시도이다. 버진 항공은 개인적이고 친밀한 느낌을 주기 위해 손으로 쓴 서명처럼 보이는 로고를 개발했다. 랄프 로렌의 폴로 로고는 사람들로 하여금 멋진 삶을 위해 더 많은 것을 열망하도록 북돋운다.

이러한 새로운 전략들은 몇몇 브랜딩 대행사들이 당시의 새로운 반문화적 메시지를 전달하기 시작했음을 의미한다. 애플의 〈1984〉 광고를 담당한 Chiat/Day, 나이키의 〈Just Do It!〉 광고를 담당한 Wieden & Kennedy 광고대행사가 새로운 세대의 메신저이자 대변자였다. 이러한 브랜드 철학에 입각한 브랜드 아이덴티티 프로그램들이 새로운 로고와 포장 및 매장 디자인에 반영되었다. 이 시대는 코카콜라처럼 "세상을 노래하게 하고(teaching the world to sing)", 나이키와 같이 "과감하게 도전하며(Just do it)", 베네통과 바디숍처럼 "인도주의적인 비전과 책임감의 확산을 공유"할 뿐만 아니라, 랄프 로렌에 의해 명확하게 정의된 "멋진 인생(good life)"을 즐기는 시대였다. 이러한 라이프 스타일을 지향하는 복음주의적 성격을 띤 브랜드들은 비즈니스를 성공시키고 사람들의 삶을 변화시킨다는 이중의 임무에 대해 확고한 믿음을 가지고 있다.

감각주의 시대

90년대로 들어서면서 쾌락주의, 매력, 명성, 그리고 개인적인 표현들로 가치가 변화하기 시작했다. X세대가 사회적으로 점차 세력을 형성해 감에 따라 개인적인 것, 즉각적이고 감각적인 보상의 추구, 지속적인 변화에 대한 요구가 중시되기 시작했다. 인터넷 혁명은 속도를 중시하는 새로운 가치 체계를 받아들였고, 엄청난 경제적 기회들을 촉발함으로써 브랜딩 전략들을 격앙되고 분주한 흐름 속으로 몰아넣고 있다. 디지털 세대들은 인류 역사상 전례가 없었던 혁신과 경제적 보상을 받을 수 있

amazon.com

eBay와 아마존닷컴의 트레이드 마크

는 세계로 빠져들고 있다. 그 이전에는 이처럼 많은 수의, 그리고 나이 어린 백만장자들이 존재했던 적이 없었다. 이들 세대는 디지털이라는 자유분방한 활동 무대 위에서 그들만의 언어와 문화와 상징들을 창조하고 있다. 야후!, 익사이트(Excite) 같은 포털, 라조피시(Razorfish) 같은 디지털 커뮤니케이션 회사, 〈Red Herring 〉, 〈Fast Company〉, 〈Wired〉 같은 잡지들은 이 세대의 기업가들이 완전히 다른 표현 방식으로 기업을 창조하고 있는 대표적인 사례들이다. 여기에서는 속도와 변화에 대한 의지가

새로운 디지털 문화를 표방하는 잡지들

핵심을 이룬다. 브랜딩 전략은 6개월 혹은 그보다 더 짧은 기간 내에 수행되어야 하며, 기업의 아이덴티티가 종종 순간적인 발상에 의해 만들어지거나 식사 도중 냅킨 위에서 곧바로 스케치 되기도 한다.

비즈니스를 상징하는 시그니처(signature)로서 로고의 2차원적 역할이 감소하고 있는 데 반해, 웹사이트에서 로고의 역할은 확대되고 있다. 디지털 아이덴티티는 다른 방식으로 운용된다. 즉 온라인 세계는 즉각적인 커뮤니케이션의 세계이며, 인터넷과 무선 방식의 커뮤니케이션 수단의 결합으로 새로운 차원의 온라인 비즈니스 시대를 맞고 있다. 그리고 엔터테인먼트는 비즈니스에 완전히 새로운 차원을 추가하고 있다. 이 새로운 경제는 스타워즈의 세계와 유사하다. 여기에서는 다차원적인 전투함들이 항상 떠다니면서 첨단기술을 통해 자신을 스스로 재창조한다. 기업과 브랜드 아이덴티티는 2차원적 기업 자산으로서의 로고 역할을 뛰어넘어 새로운 비즈니스 방식을 반영하게 될 것이다.

미래의 로고 형태

앞에서 살펴본 바와 같이, 40년 전의 기업 아이덴티티(CI)는 공장의 굴뚝이 좀더 근사해 보이도록 하기 위해 만들어졌다. 이러한 로고들은 영구적인 형태로 디자인 되었으며, 그 시대의 보수적인 가치를 반영하기에 아주 적절했다. 오늘날의 기업 아이덴티티는 소비자 주도적이고 융통성이 있으며, 기업 이미지를 감각적으로 표현할 수 있도록 변화하고 있다. 기업 아이덴티티 프로그램을 디자인하면서, 디자이너는 그래픽 요소뿐만 아니라 사운드와 질감까지도 개발한다. 그리고 로고는 웹사이트 상에서 더욱 생동감 있게 표현된다. 21세기의 아이덴티티 프로그램은 상상력이 넘치는 브랜드 비전의 다차원적 표현이다. 따라서 기업 아이덴티티는 과거 MTV가 보여준 다양하고 표현력이 뛰어난 로고 프리젠테이션들처럼 혁신을 계속하면서, 더욱 모듈화(modular) 되어야 한다.

다양하고 표현력이 뛰어난 MTV의 로고 프리젠테이션

기업들은 최근에야 어떻게 로고가 브랜드 인지도를 강화하는 살아 숨쉬는 창조물이 될 수 있는지를 탐색하기 시작했다. 로고는 광고의 한 귀퉁이를 차지하는 것 이상의 역할을 할 수 있다! 그리고 기업 아이덴티티를 개발하기 위해 들이는 비용을 고려한다면 로고는 좀더 효과적으로 활용되어야 한다. 타겟(Target)이 수많은 창조적인 방법으로 로고를 광고에 사용하는 것은 변화에 대한 기업의 혁신적인 접근과 약속의 의미를 전달해준다. 타겟은 패션 감각, 최신 유행, 즐거움 등의 메시지를 고객들에게 전달하기 위해 빨간색 '황소의 눈(Bull' s eye)' 이라는 로고의 강점을 최대한 활용하여 브랜드에 관한 색다른 스토리를 창조해냈다. Bonfire(아디다스의 스노보드 상표)와 같은 Y세대 지향의 브랜드들은 다양한 로고 디자인을 고객이 자유롭게 선택하거나 취향에 맞춰 상품에 로고를 부착하게 함으로써 융통성 있는 로고 사용 방식에서 한 걸음 앞서 나갔다. 이것은 특히 대량 맞춤생산의 영역에서 지속적으로 발전하고 있는 컨셉이다.

오늘날 서로 다른 세대와 경제를 반영하는 시각적 언어들이 잡지와 TV, 그리고 웹상에 혼재해 있다. 또, 기업 아이덴티티를 창조하는 작업은 어떻게 최신의 감각을 유지할 것인가라는 도전에 직면해 있다. 불과 5년 전에 개발된 기업 아이덴티티도 시대에 뒤떨어질 수 있으며, 새로운

로고(Bull's eye))를 활용한 Target 광고

네임도 어느 순간 유행과는 동떨어진 것으로 전락할 수 있다.

브랜드의 가장 중요한 시그니처로서 로고 디자인은 각 세대별 기업가들의 철학을 반영하여 만들어져 왔다. 비록 몇몇 로고 아이덴티티들은 적실성을 유지하기 위해 계속적으로 변화되어 되어 왔지만, 대부분의 로고들은 여전히 과거 속에 머물러 있다. 자신들의 시대를 명확하게 집약하고 있는 3개의 로고, 즉 IBM, 애플, 야후!는 수년 동안 기업의 시각적 표현들이 어떻게 발전해 왔는지를 보여준다. 파울 란드가 디자인한 IBM 로고는 그 시대의 기업 주도형 비즈니스 접근의 강력한 예로서, 실용주

YAHOO!

IBM, 애플, 야후!의 로고는 기업의 시각적 표현의 변천을 보여준다.

의적이고 산업적이며 보수적인 서체를 사용하고 있다. 반면, 네임 혹은 심벌로서의 애플은 인간적이고, 베이비 붐 세대의 '복음주의적' 가치와 그 맥을 같이한다. 야후!는 인터넷 세대의 재기발랄한 정신을 반영한다. 그것은 감각적이고 표현력이 풍부하며, X세대와 Y세대에게 어필하는 50년대의 세련된 복고풍 스타일을 사용하고 있다.

새로운 규칙들이 10억 분의 1초마다 재수정되고 있는 새로운 가상세계에서, 로고는 단지 물리적인 표시 수단으로서 뿐만 아니라 기업과 사람들을 문화적으로 이어주는 기능을 담당한다. 항시적으로 변화가 진행되고 있는 지금 이 시대에 로고가 지향하는 최우선 순위들은 과거와는 많은 차이가 있다. 그런 관점에서 볼 때, 아마추어적인 느낌이 드는 AOL사의 로고는 파울 란드(IBM 로고 창조자)와 사울 바스(AT&T 로고 창조자)를 질겁하게 만들지도 모른다.

IBM의 새로운 하위 브랜드인 넷비스타(Netvista) 브랜딩 프로그램에서, 우리는 모든 커뮤니케이션 채널로 아이덴티티를 확장하면서 일관성을 확보하기 위해 아이콘을 친밀한 볼드 타입의 서체를 적용하여 워드마크(wordmark)로 디자인했다. 활기차고 신선한 느낌을 주는 넷비스타

로고는 컴퓨터의 사용을 쉽고 단순한 것으로 바라보는 새로운 방식으로의 브랜드 의미를 전달한다. 브랜딩 프로그램은 3단계의 접근 방식으로 응집적이면서 동시에 대단히 융통성 있게 계획되었다. 즉 각종 홍보물에서는 핵심 그래픽 요소로 N을, 고객 지향적인 커뮤니케이션에서는 핵심 비주얼 요소로서 제품을, 그리고 전체 프로그램을 전달하는 커뮤니케이션에서는 핵심 그래픽 요소인 넷비스타 브랜드 아이콘을 강조했다.

브랜딩 브리프 8

서체는 개성이다

인간 두뇌 이상의 복잡성과 독창성을 가지고, 새로운 상황을 해석하고 다양한 지식을 넘나들며 활용할 수 있는 컴퓨터는 아직 만들어지지 않았다. 제아무리 첨단 기술 시대라 할지라도, 역동적인 복합성에 관한 한 인간의 능력에 필적하는 기계를 상상하기는 어렵다. 인간의 두뇌활동 중 가장 매력적인 면은, 그것이 자발적이며 무의식적이라는 것이다. 다음 사례를 보자.

Reagonomics

Reagonomics

Reagonomics

위의 세 가지 메시지에서 다른 점은 무엇인가? 비록 같은 단어이고 의미가 동일할지라도, 여기에는 분명 다른 점들이 있다. 나의 경우, 첫번째 메시지는 심각성과 중요성의 의미로 받아들여진다. 두 번째는 조소하는 듯한 풍자에서나 만날 것 같은 코믹함을, 세 번째는 이상하고 아이러니한 궤변이 담겨 있는 듯하다. 대부분의 사람들은 열다섯 살이 될 때까지 위와 같이 상대적으로 모호한 서체가 주는 뉘앙스의 의미를 해석할 수 있는 사회화 과정을 경험한다. 학교 수업에서 서체의 특성을 평가하는 방법을 가르쳐주지는 않지만, 어쨌든 정보는 우리의 마음속에 담겨져 있다. 어떤 자극에 대해 즉각적이고 창의적으로 반응할 수 있는 능력은 인간의 두뇌 속에 선천적으로 타고났으며, 서체가 전하는 강력한 힘은 이와 같은 매력적인 특성에 기초하고 있다.

메시지를 전달하는 서체 디자인은 브랜딩의 핵심 요소로서 강력한 감성적 함축성을 지니고 있다. 이것은 실질적인 전략적 이점으로 활용될 수 있는 일종의 과학이다. 서체 스타일은 브랜드의 라이프 스타일을 상당 부분 말해준다. 코카콜라의 올림픽 시티 로고 디자인에 우리는 "팬들을 위하여!(For the Fans!)"라는 메시지를 전달하기 위해 대담하면서 도시적인 느낌을 주는 컨피덴셜(Confidential) 서체를 사용했다. 우리는 코크의 고전적인 서체와는 확연히 다르지만 코카콜라의 전매특허인 빨간색과 흰색을 이용해 동시대적인 감각의 글자 타입을 만들었고, 기존의 브랜드와 너무 동떨어지지 않게 하면서 브랜드 의미를 확장시켰다. 사람들은 무의식적으로 이런 종류의 서체가 전하는 메시지를 해독한다. 그렇지 않을 경우, 그 의미에 대한 길고 지루한 설명이 요구되고, 결국 메시지를 전달하는데 실패할 것이다(코카콜라의 올림픽 후원과 관련된 우리의 작업을 보려면, 17장의 TOOL#3를 보기 바란다).

단일한 브랜드 구조를 가지고 있는 기업 아이덴티티들은 거의 서체로만 구성된 워드마크에 의존해 오고 있다. IBM은 컴퓨터 업계의 특성을 반영하기 위해 현대적

코카콜라 올림픽 시티 로고

IBM 서체 디자인의 뛰어난 식별성

인 감각의 볼드 서체를 사용한다. 굵고 단단하면서 차분해 보이는 파란색 글자는 기업이 추구하는 신뢰성과 확고한 힘을 전달해준다. 파울 란드는 잘 사용되지 않는 시티 미디움(City Medium)이란 1930년대 서체를 사용하여 1956년에 IBM 등록상표의 로고를 개발했다. 파울 란드의 오리지널 로고는 오늘날 우리에게 익숙한 줄무늬로 70년대에 업데이트되었다. 이와 같이 서체와 IBM 브랜드 아이덴티티의 긍정적 결합은 수년 동안에 걸쳐 일관되게 유지되었고, 일관성과 신뢰성이라는 IBM의 기업 이미지를 창출하는데 기여했다.

잡지의 타이틀에는 훨씬 더 추상적인 무언가를 표현하기 위해 그 서체를 사용한다. 출판물이 독자에게 제시하는 가치, 이를테면 〈Vogue〉 지에 사용된 보도니 세리프(Bodoni serif) 서체는 고전적인 우아함을 함축한다. 〈Wired〉 지는 스피드와 에너지 그리고 첨단기술 세계의 예측 불가능성을 표현하는 풍부한 독창성과, 혁신적이고 역동적인 활자 형태를 지니고 있다. 〈The New York Times〉는 언론의 전통과 권위를 계승한다는 명확한 의미를 전달하기 위해 전통적이고 권위적인 느낌의 구텐베르크 활자와 고딕이 결합된 서체를 사용한다. 이 서체는 〈뉴욕타임스〉를 고결하게 인식시켜주는 아이덴티티이며, 이는 즉각적으로 신문의 이미지와 연결된다.

많은 기업들이 서체의 중요성을 간과하고 있는 데 비해, 몇몇 기업들은 강력한 기업 아이덴티티를 전달하고 메시지의 일관성을 유지하기 위해 자신들만의 전용 서체를 개발하기도 한다. 광고와 출판업계에서 서체는 경쟁업체와의 메시지를 차별화하기 위한 목적으로 개발되었으며, 그것은 때때로 기존의 메시지와 새로운 메시지를 차별화시켜주기도 한다. 마이크로소프트사는 광고캠페인에 적용될 새로운 로고 디자인을 창조하기 위해 유명 디자이너이자 식자공인 데이비드 카슨(David Carson)에게 로고 개발을 의뢰했다. 그는 〈Ray Gun〉(실험적인 편집과 독특한 활자체로 유명한 음악 잡지—역주)에서 보여준 것과 같은 혁신적인 작업을 통해 첨단기술의 정신을 포착하였으며, 90년대의 활자 형식을 재정의하였다. 카슨은 다음과 같이 회고했다. "오늘날 미디어는 정보에 관한 것이다. 그러나 나는 시각적인 영향을 고려하지 않은 채 정보만 제시하는 것으로는 불충분하다고 생각한다. 거기에는 무언가가 더 추가되어야 한다. 〈Ray Gun〉 지처럼 말이다. 만약 〈Ray Gun〉 지가 전통적인 방식으로 만들어졌다면 그 잡지는 지금까지 살아남지 못했을 것이다. 기사들은 그다지 뛰어나지 않았고, 다른 잡지들도 우리와 비슷한 영역을 다루었기 때문이다. 결국, 내용 못지않게 시각적인 언어가 중요하다."[1)]

카슨은 레이아웃과 서체 자체를 기사의 의미를 전달해주는 중요한 매개체로 만들었다. 형식은 단순히 내용만을 따르지 않는다. 형식이 곧 내용이다. 카슨의 작업은 〈wired〉, 〈Shift〉를 비롯한 다른 온라인, 오프라인 출판물 등에서 현재 광범위하게 적용되고 있는 테크놀러지의 시각적 표현 기법에 많은 영향을 미쳤다. 켄터키 대학의 교수이자 디지털 문화와 뉴미디어의 통찰력 있는 관찰자이기도 한 매튜 커스켄바움은 이를 '정보와 연관된 독특한 시각적 미학'으로 묘사했다.[2)] 그는 MIT 연구소가 주최한 전환기의 미디어 연구에 관한 회의에서, "이제 정보는 일단의 미학적 실행으로서 시각적이며 물질적인 형식을 취하고 있다. 이것은 대중들의 눈에 집합적으로 정보의 관념을 전달하는, 수사 어구, 아이콘, 그래픽 양식의 시각적인 스펙트럼이다"라고 언급했다.[3)]

컴퓨터나 디지털에서 영감을 얻은 오늘날의 서체 혁명은 이전 시대에 꽃피었던 활기차고 이례적인 서체 혁명을 상기시킨다. 70년대 피터 맥스(Peter Max)나 푸시핀 그룹(Pushpin Group)이 디자인한 사이키델릭한 포스터들은 변화의 시대를 한눈에 알리는 강력한 선언과도 같았다. 푸시핀 그룹의 창설 멤버 중 한 사람인 세이모어 추와스트에게 이같은 새로운 형태를 창조하는데 영감을 준 것이 무엇이냐고 묻자, 그는 자신들의 창조성을 발휘하게 하는 훌륭한 매체로 음악 산업과 레코드 앨범을 꼽았다. 밀턴 그레이서가 디자인한 1967년 밥 딜런의 위대한 히트곡

음악 산업은 서체 트렌드에 있어 항상 그 시대를 앞서간다.

앨범과 포스터를 기억하는가? 이러한 새로운 형식은 이 시대 젊은이들의 혁명적인 언어를 재정의했다. 영감을 얻고자 한다면 CD의 그래픽을 보라. 음악 산업은 서체 트렌드에 있어 항상 그 시대를 앞서가며, 각 세대의 그래픽 표현의 진정한 바로미터이다. 프랭크 코식은 유쾌하고 혁명적인 록 이미지의 선구자로서, 그의 컬러풀하고 폭발적인 그래픽은 최신 유행하는 펑크록 밴드들에 의해 사용되고 있다. 그가 창조해낸 서체와 이미지, 그리고 컬러의 아름다운 조화는 응집적이고 놀라운 시각효과를 발휘한다. 그 묘사가 지미 핸드릭스에 대한 것이든 혹은 레드핫 칠리 페퍼스와 같은 동시대 그룹에 대한 것이든, 인습에 얽매이지 않은 이들 밴드의 정신을 효과적으로 전달하고 있다.

뛰어난 서체는 현재의 순간을 사로잡을 뿐만 아니라, 그 뛰어남과 활기를 지속적으로 이어간다. 사람들의 깊은 감성, 열망 그리고 꿈은 그들의 심리 상태를 구체화하고, 세계를 향해 그들의 메시지를 보내줄 새로운 언어를 필요로 한다. 흔히 서체는 이미지나 긴 설명보다도 훨씬 더 강력하고 미묘한 메시지를 전달해준다는 점에서, 이 시대에 더욱 적합한 이상적인 수단이다.

감성적 경제 하에서의 명명체계와 조직 구조

새로운 소비자 주도형 경제에서는 기업의 아이디어와 시장을 최대한 단순한 방식으로 연결하는 것이 중요하다. 그리고 이를 위해서는 기업의 명명체계(기업이 부서와 제품의 이름을 선택하는 방법)가 감성적 모델에 기초해야 한다. 감성적 모델은 인간적 감성을 그 핵심에 두고 있으며, 기업과 사람들 사이에 자유로운 아이디어가 흐르도록 한다. 그러나 대부분의 기업 아이덴티티 프로그램은 상의하달 방식이며, 소수 인원에 의해 주도되고, 기업의 인간적인 요소가 빠진 조직 차트에 근거하고 있다.

이러한 시스템의 예가 랄프 로렌의 브랜드 아키텍처(brand architecture)이다. 여기에는 너무나 많은 개별 브랜드들과 하위 브랜드들이 포함되어 있다. 오리지널 폴로에서부터 Chaps, Polo Sports, Polo Jeans, Double RL, Ralph, Lauren, RLX 등에 이르기까지 폴로의 브랜드 시스템은 기업과 유통의 관점에서 결정되었다. 이같은 아이덴티티 프로그램은 신경제 기업들에서 발견되는 인간적 역동성을 반영하지 못하고 있다. 반면 유기적이고 사람 주도적인 모델은 내부적 · 외부적 대화뿐만 아니라 소비자와의 접촉을 단순하게 만든다.

우리는 일본의 한 고객기업을 위해 그들의 명명체계를 관계에 기초한 모델로 새롭게 디자인했다. 목표는 새로운 비즈니스 전략 하에 회사를 단합시키고, 동시에 투자자 · 소비자 · 고용인들에게 비춰진 구기업이라는 인식에서 탈피하는 것이었다. 처음에 이 회사는 글로벌 기업으로서의 비전을 제시할 수 있는 기업 아이덴티티를 창출해줄 것을 의뢰해 왔다. 몇 개월에 걸친 진단 결과, 우리는 이 회사의 철학이 근본적으로 바뀌지 않는 한 그것은 일시적인 해결책에 불과하다는 것을 깨달

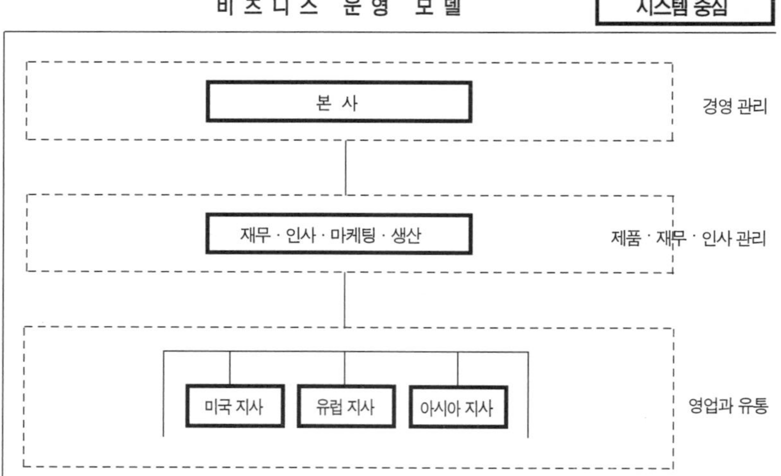

았다. 그리하여 우리는 최고경영자로 하여금 기존의 비즈니스 전략을 재고하고 감성적 브랜드의 관점에서 접근하도록 조언했다. 그리고 조직도에 대한 새로운 시각화 작업을 통해 그 조직이 이 새로운 비전을 이해하도록 하였다.

우리는 이 회사가 생산 중심의 비즈니스(factory-based business)에서 브랜드 인큐베이터(brand incubator)로 발전할 필요가 있다고 판단했다. 이러한 아이디어는 매우 과감하고 도전적인 것이었다. 이 기업의 핵심 문화는 전적으로 산업적 역량과 생산설비 능력에 의해 주도되고 있었다. 그것은 생산 공정상의 장점에 기초한 위계적이고 전통적인 모델이었다.

이 회사가 거둔 놀라운 성공은 40년 전의 산업 아이디어에서 비롯된다. 접착제를 생산하는 소규모 사업으로 출발한 이 회사는 튜브 관련

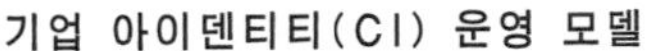

시스템 중심

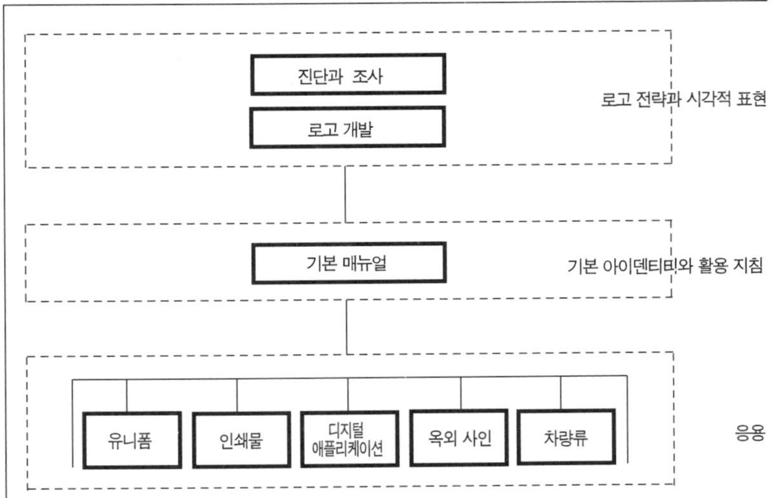

상품으로 비즈니스를 확장했다. 튜브 관련 상품을 치약에 적용한 결과, 회사는 순식간에 일본에서 가장 큰 규모의 치약 제조업체로 성장했다. 이어, 회사는 각각의 세분시장과 유통채널에 맞는 수백 종의 구강용품을 지속적으로 개발했고 자국 내의 보호주의 정책이 완화되고 서양의 메가 브랜드들이 일본 시장에 진출하기 전까지 아시아 시장에서 비약적인 성장을 거듭했다. 그러나 이 회사는 강력한 산업적 기반에도 불구하고 명성과 자본을 겸비한 브랜드 주도형 기업들과의 경쟁에 직면하여 시장을 내어줄 위기에 처하게 되었다.

우리의 작업은 전통적인 아이덴티티 차트, 명명체계 그리고 멋진 로고 이상의 것을 해내는 것이었다. 우리는 고객기업에 새로운 브랜드 전략과 비전이 가져다줄 기회들을 보여주는 것을 목표로 했다. 우리는 이 기업이 역동적이고 경쟁적인 글로벌 비즈니스를 재구축하는데 직원들의 힘을 이용함으로써 그들의 강점을 발휘하도록 제안했다. 우리는

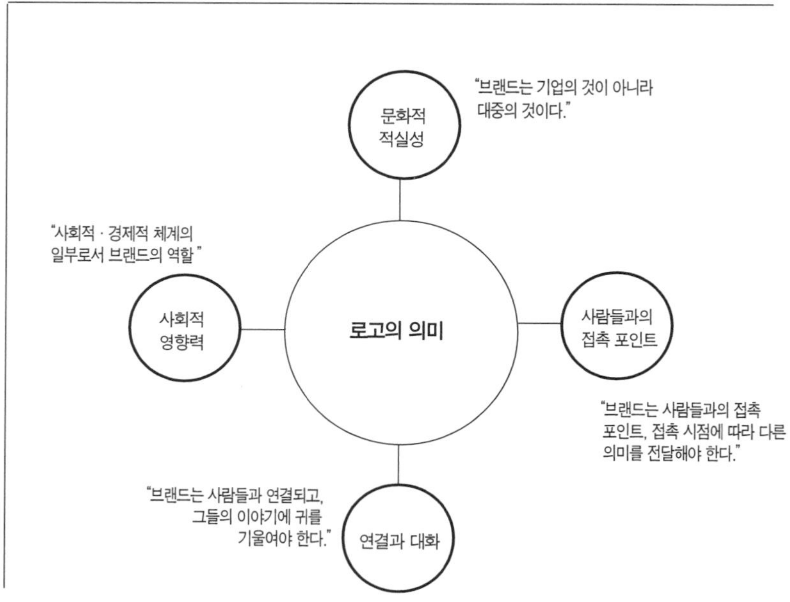

제안에서 기업이 상품의 기능과 혜택에 기초하는 합리성(rationality)의 문화에서 대중과 브랜드의 감성적 연결에 기초한 열망(desire)의 문화로 옮겨가도록 하는데 초점을 맞췄다. 우리는 또한 그들로 하여금 사람들이 필요로 하는 브랜드를 창조하는 문화에서, 사람들이 열망하는 브랜드를 창조하는 문화로 옮겨가도록 했다. 그것은 기존 공장들이 가진 능력의 한계를 뛰어넘어, 브랜드화된 기업의 지적 재산을 강조하는 것이었다. 그리고 그러한 아이디어를 전달하기 위해 '관계 형성 모델(relationship model)' 에 기초한 조직도와 브랜드 체계를 고안했다.

우리가 고안한 관계 형성 모델과 이 회사의 기존 조직구조 간의 차이점은 대수학과 기하학, 또는 평평한 2차원의 지구와 둥근 3차원 지구

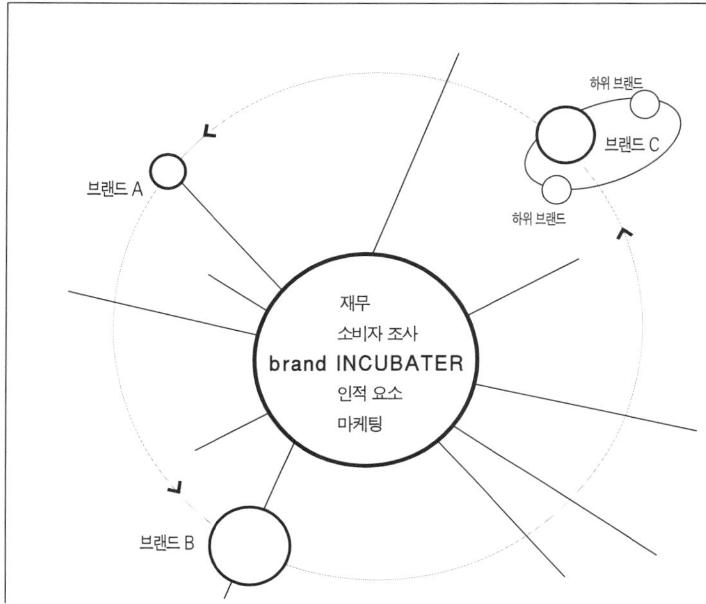

간의 차이점과 비슷하다. 상호작용—연결과 시너지—을 촉진하는 역동적인 모델을 창조하는 과정에서 우리는 은하계 행성들의 공전에서 영감을 얻었다. 우리는 각 그룹들의 역할과 책임을 나누고, 삶과 창조(인큐베이터)의 상징인 태양으로 대표되는 본사와의 연결을 정의했다. 즉 브랜드와 브랜드 그룹들은 본사인 태양 주위를 회전하는 행성들이며, 본사는 그 주위를 회전하는 브랜드들이 서로 다른 시장에서 자유롭게 회전하면서 전세계에 걸쳐 그들의 포지션을 공고히 할 수 있도록 재무, R&D, 마케팅을 지원하는 것으로 설정했다.

우리가 사용한 언어는 새롭고 강력한 아이디어와 비전 하에서 기업의 재조직에 필요한 인간적이고 감성적인 역학을 설명하는데 중요한 역할을 했다. 또한 이 모델은 기업의 메시지를 명확히 하였고, 브랜드의 가능성들을 더 잘 그려볼 수 있도록 하였다.

기업 브랜딩은 시장 지향적 사업 비전에 기초했을 때만 효과적으로 작용할 수 있다. 감성적 브랜딩은 기업의 재무, 사업, 마케팅 목표와 일치하는 보다 응집적인 비전을 제공하는 인간적 요소를 통합함으로써 기업 브랜딩을 강화한다. 새로운 비전을 향한 첫 걸음은 조직 외부에서 영향을 미치는 사람은 물론이고 조직의 모든 단계에 있는 사람들을 포함하는 감성 지향의 아이덴티티 프로그램이다. 이것은 브랜드의 가능성을 단순화하고 명확하게 하는 것 그리고 새로운 혁신 경로를 도식화하는 것에 관한 것이다.

브랜딩 브리프 9

융통성 있는 시그니처

미국의 Abercrombie & Fitch, 유럽의 Fendi, Gucci와 같은 패션 브랜드들은 그들의 패션 시그니처를 더 멀리, 더 폭넓게 전달할 수 있는 융통성 있고, 권위적이지 않은 아이덴티티들을 개발해 왔다. Chanel의 맞물린 Cs, Louis Vuitton의 겹쳐진 L과 V, Gucci의 G, Fendi의 더블 F는 고객과 제품을 개인적이고 감성적으로 연결하는 강력한 시각적 신호들이다. 깃발에서 영감을 얻은 Tommy Hilfiger의 로고, Ralph Lauren의 폴로 선수 심벌, Victoria's Secret의 하트와 같은 기업 아이덴티티들은 강렬한 브랜드 의미를 발전시켜 왔는데, 이는 이들 브랜드들이 어떻게 시각적 아이덴티티의 상이한 표현들을 관리해야 하는 지를 잘 알고 있기 때문이다.

심장을 멎게 하는 브랜드 개성

FedEx 혹은 AT&T의 기업 아이덴티티 프로그램은 브랜드의 편재성을 창출하기 위해 디자인된 명명체계 덕분에 강력하고 기억하기 쉬우며, 시각적으로도 돋보인다. 반면 패션, 소매 유통, 인터넷 기업들은 자신들의 비즈니스에 강력하고 융통성 있는 감성적 퍼스낼리티를 구축하고 소비자들의 갈망에 부응하는 브랜드 아이덴티티를 디자인함으로써 그와는 다른 경로를 택했다. 이들 기업들은 매일 또는 계절마다 고객들을 만족

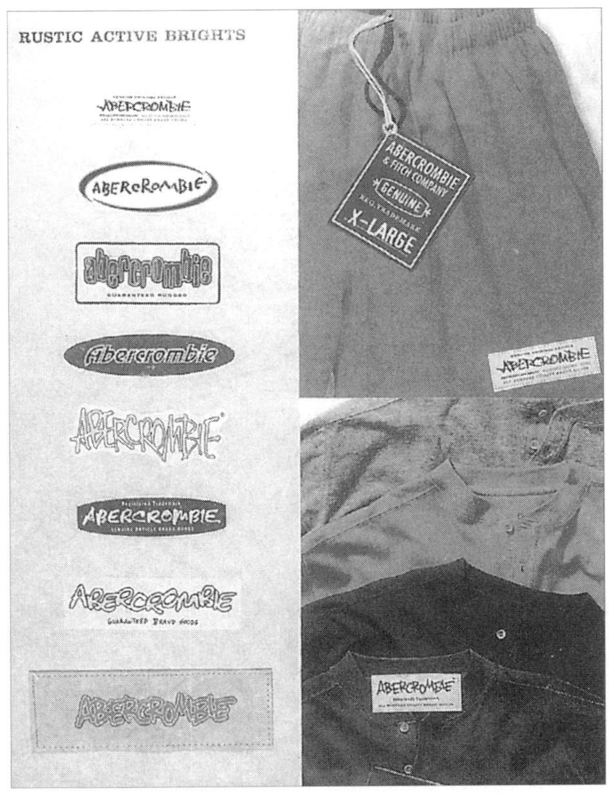

Abercrombie & Fitch의 다양한 로고 표현

시켜야 하고, 이를 위해 그들의 문화적 취향에 맞춰 브랜드를 융통성 있게 표현해야 한다. 또한 이들의 브랜드 개성은 합리성이나 질서보다는 욕망이나 문화적 연결에 관한 것이며, 로고 이면에 살아 숨쉬는 심장 박동과 풍부한 상상력을 보여준다. 이것은 패션, 소매 유통, 인터넷 기업들이 추구하는 브랜드 아이덴티티가 왜 감성적 브랜딩 철학에 부합하는 기업 아이덴티티 구축에 관한 좋은 사례가 되는지에 대한 이유이다.

개성(personality)이란 무엇인가?

상행위란 더 많은 상품과 서비스를 파는 것이다. 하지만 사람들은 욕망과 열망의 존재이다. 사람들은 자신을 알아주는 브랜드를 찾고 있으며, 카리스마를 가진 브랜드 개성과 자신을 어떤 방식으로 연관시킬 것인가를 끊임없이 고려한다. 우리는 때때로 라벨을 통해 (자신이 원하는 모습이라기 보다는) 현재의 자신을 표현하고 싶은 욕망을 느끼며, 다양한 경험을 제공하는 브랜드를 갈망한다. 그리고 우리는 지갑 속에 든 돈만 원하는 브랜드가 아닌 진정으로 사람들의 마음과 영혼을 이해해주는 브랜드를 기대한다.

다시 한번 말하지만, 브랜딩은 기업의 명명체계와 모호한 시스템에 관한 것이어서는 안 된다. 브랜딩은 융통성과 감성적 접근에 관한 것이어야 한다. 기업들은 대개 로고를 갖고 있지만 그 안에 영혼이 담겨 있지는 않다. 이런 로고는 아무 의미가 없으며, 그것은 단지 무력한 시각적 요소에 불과할 뿐이다. 패션과 소매 유통 이외의 다른 비즈니스에서도 스스로를 돋보이게 해줄 명확한 감성적 퍼스낼리티를 창조하고, 그것을 정의할 필요가 있다. 우리는 마사 스튜어트(미국에서 가장 유명한 생활 가이드지)의 메시지(고전적이며 생활의 노하우에 관한 정보)와 캘빈 클라인이 대변하는 것(반항적이고 섹시한 스타일)을 명확하게 이해한다. 그러나 아쉽게도 NBC나 윈스턴(Winston) 담배의 정

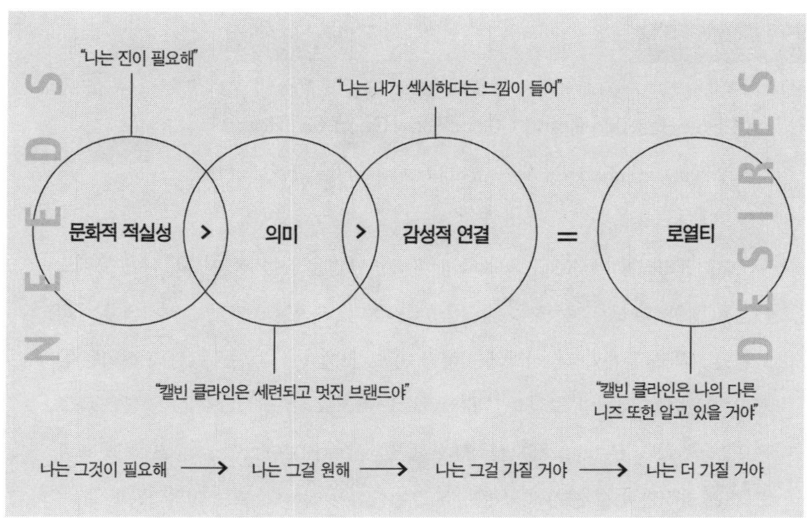

정확한 개성을 파악하기는 어렵다.

감성적 브랜드는 소비자들의 열망에 부응하기 위해 그들이 판매하는 상품을 확장시키는 데 있어 가장 성공적이다. 소비자들이 브랜드와 감성적으로 연결될 때, 비록 감성적 연결이 특정 제품에 관한 것이라 하더라도, 소비자들은 그 브랜드의 다양한 상품들을 구매하는 경향이 있다. 버버리(Burberry) 브랜드의 중대한 전환에 관한 로즈 마리 브라보(Rose Marie Bravo)의 결정은 감성과 제품 연관성의 올바른 균형에 입각한 것이었다. 그리고 만약 당신이 버진 항공을 신뢰한다면, 그것은 곧 그 기업의 문화를 신뢰하는 것이고 상품은 그 다음이다. 그것이 항공사든 콜라든 음반 가게든 상관없이 당신은 그 브랜드를 먼저 산다. 이와 같이 감성적 브랜드는 기업이 판매하는 상품의 확장을 통해 성장 잠재력을 높일 수 있는 강력한 힘을 가지고 있다.

브랜딩 브리프 10

Bad-Boy-Bad-Girl Brand : Good-Boy-Good-Girl Brand

When I am good, I'm very good, but when I am bad I'm better.

— Mae *West*

아이덴티티를 바라보고, 이해하는 새로운 방법을 찾는 과정에서, 나는 브랜드 개성을 명확히 하고, 해석하는 방법을 발견했다. 패션과 소매 산업에서의 감성적 브랜딩 효과를 분석할 때, 나에게는 분명 이 브랜드들이 속하는 두 개의 분리된 진영이 존재하는 것처럼 보였다. 내가 good-boy-good-girl(GBGG) 브랜드라고 부르는(Brooks Brothers를 생각해보라)것과 bad-boy-bad-girl(BBBG) 브랜드(캘빈 클라인과 같은)가 추구하는 태도(반항성과 섹시함, 또는 예의바름과 절제)에 근거하여 브랜드들은 한 진영 혹은 다른 진영으로 쉽게 분류된다. 도회적인 스타일의 거만한 광고캠페인으로 볼 때, 구찌는 bad 카테고리에 들어갈 수 있다. 노티카(Nautica)는 보수적이고 바람직한 가족 지향적인 행동을 장려한다는 측면에서 good 카테고리에 해당한다. 또한 이러한 GBGG/BBBG의 양극성은 앞으로도 계속 발전해 나갈 수 있다. 에스티 로더가 여장한 동성애자 루 파울과 힙합 스타 메리 브리지와 같은 유명 인사들이 후원하는 맥(MAC)을 인수했을 때, 이것은 새로운 제품 라인을 산 것일까, 아니면 섹시하고 나쁜 행동의 연상들을 산 것일까? 새로운 모델과 메이크업 아티스트 프레드 파루지아를 기용하여, 최근 라인의 룩을 젊게 바꿈으로써 브랜드에 새로운 활력을 준 랑콤은 어떤가? 랑콤은 차분함과 원숙미를 지향해 오던 기존의 이미지를 업데이트했다. 하지만 브랜드들 중에는 GBGG/BBBG 위치를 정하는 데 있어 명확성이 떨어진다.

갭(Gap)과 토미 힐피거의 브랜드 이미지는 일정한 선을 넘지 않는 섹시함을 유지하면서, 깔끔하고 건전한 이미지를 풍긴다는 점에서 GBGG 브랜드처럼 보인다. 그러나 뉴욕 갱들의 암투를 그린 〈웨스트 사이드 스토리〉를 패러디한 최근 광고들은 BBBG 방향으로 선회했다. 그리고 토미 힐피거의 의류는 거친 힙합퍼들의 BBBG 세계에서 확실한 틈새시장을 발견했다. 이렇게 볼 때, 갭과 토미 힐피거 두

랑콤 화장품의 브랜드 이미지 변화

브랜드는 패러다임의 양쪽 모두에 속하고 싶어하는 듯하다. 그러나 나는 이들 브랜드가 분명한 태도를 취함으로써 GBGG/BBBG 스펙트럼의 한 끝에 위치하는 것이 더 바람직하다고 생각한다. 애버크롬비앤피치는 BBBG로 분류될 수 있을까? 이들은 자신들이 발간하는 A&F란 간행물에서, X세대 독자들에게 남학생 기숙사에서의 라이프 스타일을 묘사하며 창조적으로 음주를 즐기라고 충고한다. 그것도 매우 노골적으로! 소비자 브랜드 부문에서 IBM은 진지

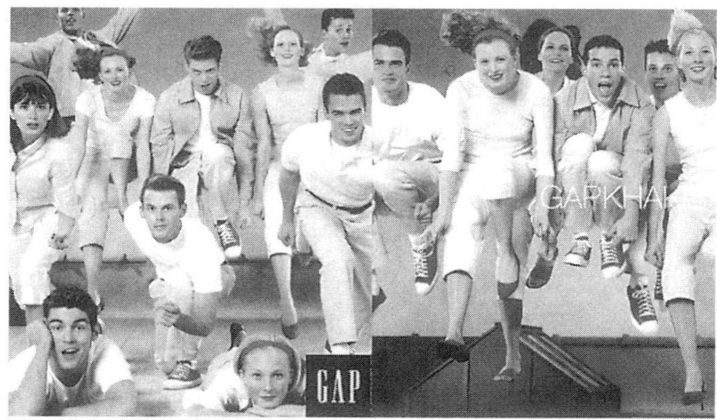

상반된 브랜드 이미지를 보여주는 GAP 광고

하고 확고한 기반을 구축한 기업이라는 인식 때문에 good에 해당하며, 애플은 지속적으로 현상에 도전하는 방법을 찾고 있다는 점에서 영원한 bad에 해당될까? 코카콜라는 미국적인 것을 상징하므로 good에 속하고, 펩시콜라는 무례한 틴에이저 지향의 커뮤니케이션 때문에 bad에 속하는 걸까? 섹시한 란제리 브랜드인 빅토리아스 시크리트 대 실용적인 브랜드인 플레이텍스(Playtex)는 또 어떤가? 어떤 연상에 의해 브랜드의 성격을 구분하는 것은 브랜드의 강점과 적실성, 그리고 명확성을 확인할 수 있는 재미있는 방법이다. 매우 잘 정의된 bad girl brand인 메이 웨스트(Mae West)는 분명히 그것을 알고 있었다!

BGBB/GGGB 패러다임을 통한 로맨스의 상이한 해석

브랜드에 의미 부여하기 : 브랜드 개념의 시각화 · 의인화

The Limited의 회장 겸 CEO인 레스 웩스너(Les Wexner) 그리고 최고 마케팅 책임자인 에드 라제크(Ed Razek)[4]와 오랫동안 관계를 유지해 오는 동안, 나에게는 세계적으로 유명한 소매 브랜드의 리포지셔닝과 아이덴티티의 창조 작업에 동참할 수 있는 좋은 기회가 주어졌다. Expess, Structure, Abercrombie & Fitch, Bath & Body Works, Victoria' s Secret와 같은 브랜드들은 우리의 노력이 상당한 영향을 미친 프로젝트들이었고, 많은 창의적인 아이디어들이 우리에게서 나왔다. 우리의 목표는 감성의 정수를 불어넣어 기업 아이덴티티를 재창조함으로써 아이덴티티가 표현할 수 있는 최고의 한계에 도달하는 것이었다.

우리가 감성적 브랜딩의 새로운 개념을 최초로, 대규모로 테스트한 것 역시 The Limited와의 작업에서였다. 1985년 The Limited의 소매 의류체인인 Express의 브랜드 아이덴티티를 재디자인하는 작업에 착수하면서 우리는 브랜드의 언어적 · 시각적인 스토리를 창조함으로써 개인적인 수준에서 브랜드와 소비자를 효과적으로 연결할 수 있는 새로운 접근 방법을 찾고자 했다.

우리는 먼저 최신 패션 트렌드를 살펴보기 위해 유럽으로 여행을 떠났다. 그곳에서 나는 브랜드가 지속적으로 발전할 수 있는 명확한 근거가 없이는, 디자인팀이 혁신적인 솔루션을 개발하도록 지도할 수 없다는 사실을 깨달았다. 파리에서의 실망감으로 인해 잠을 설친 다음날 아침, 나는 예술가들이 영감을 얻기 위해 자주 들르는 카페 플로어로 향했다. 그곳으로 가는 도중 나는 유명 인사들의 최근 동향을 실은 〈파리 마치(Paris Match)〉 지를 한 권 샀다. 모나코 왕국의 공주인 스테파니에 관한 기사는 패션 디자이너와 가수로서 전혀 공주답지 않은 그녀의 생활에 관해 상세히 다루고 있었다.

나는 한순간에 스테파니라는 한 젊은 여성의 독립정신, 강인한 성격, 창조적 능력, 그리고 왕실 태생으로서의 고결함에 한껏 매료되었다. 그녀에 대한 기사 내용은 한 편의 아름다운 스토리였으며, 새로운 익스프레스 스토어가 스테파니 공주와 같은 사람에게 매력적으로 어필할 수 있다면 우리가 원하는 소비자들과 효과적인 커뮤니케이션이 가능하리라는 생각이 머릿속을 스치고 지나갔다. 또한 시각 디자인을 초월하여 브랜드 의미를 발전시킬 수 있을 뿐 아니라, 스테파니 공주의 아이덴티티를 목표로 디자인을 창출하도록 훌륭한 지침을 제공할 수 있는 스토리를 갖게 되었다는 느낌이 들었다. 마침내 우리는 이러한 구상을 실행에 옮기기로 결정했다. 본격적인 작업에 들어가기에 앞서 우리는 작업의 기본 토대이자 영감으로서 반허구적이고 혼합적인 잠재 고객의 라이프 스타일을 창조적으로 전달할 수 있는 컨셉 보드를 제작했다.

나는 익스프레스의 스탭들에 의해 나의 컨셉이 거부될지도 모른다는 두려움 때문에, 웩스너에게 직접 보여줄 수 있을 때까지 비밀에 부치기로 마음먹었다. 이것은 위험하기 짝이 없는 전략이었다. 왜냐하면 만약 내가 구상한 컨셉이 실패로 끝날 경우 프랑스로 되돌아가야 할지도 몰랐기 때문이다. 그러나 이 전략은 경쟁자들과 차별화할 수 있는 유일한 방법이었다. 명백히 표준적인 절차에서 벗어난 이러한 방식은 웩스너가 아니었다면 받아들여지지 않았을 것이다. 처음에 나는, 어느 시점에서 스테파니 공주에게서 영감을 얻은 컨셉 보드를 제시할 것인지, 또는 그것을 어떻게 제시할 것인지에 대한 확신이 서지 않았기 때문에 먼저 여러 개의 로고와 포장에 대한 응용 디자인을 보여주는 것부터 시작했다. 회의는 순조롭게 진행되고 있었지만, 나는 내가 제시한 컨셉에 대한 어떠한 열광도 느낄 수 없었다. 비록 프리젠테이션이 그런대로 괜찮았고 승인을 받을 수도 있었겠지만, 그것은 내가 제시한 아이디어를 진실로 믿게 하는 수준까지는 이르지 못했다.

나는 결국 스테파니 공주를 컨셉으로 잡은 보드를 보여주기로 결심했고, 곧이어 사람들의 눈에서 불꽃이 튀는 것을 보았다. 스테파니 보드의 위력은 놀라웠고 그 즉시 감성적인 연결을 만들어냈다. 컨셉 보드는 훌륭하게 제작되었으며, 웩스너는 그것을 통해 브랜드가 갖고 있는 엄청난 잠재력을 예감했다. 웩스너는 그 자리에서 익스프레스 브랜드 팀에게 이상적인 소비자로서 스테파니를 마음에 두고 의류를 구매하거나 디자인할 수 있도록 보드를 커다란 포스터로 만들어 구매팀의 회의장에 걸어두도록 했고, 구매 담당자들이 해외에 나갈 때 가지고 갈 수 있게 우편엽서 크기로 사본을 제작하도록 지시했다. 그리고 후에 매장들은 스테파니 공주가 살고 있는 왕궁과 유사한 느낌이 나도록 재디자인되었고, 스테파니 공주에 관한 스토리와 우리가 그녀에게 투영한 모든 특성들이 브랜드의 배경 아이디어가 되었다.

실재 인물로서의 캐릭터를 창조하고, 이를 낭만적으로 표현하거나 또는 창조적으로 확장하면서, 캐릭터에 개성과 감성을 부여하는 이러한 접근 방법은 여러 차례의 수정을 거치면서 우리의 SENSE® 프로세스로 발전해 갔다. 브랜드를 시각화하는 독특한 기술인 SENSE®는 브랜딩 프로그램 개발을 위한 기초로서, 시각적 플랫폼을 보다 효과적으로 정의할 수 있게 하는 상상력 넘치는 브랜드 라이프 스타일을 창조한다. SENSE® 프로세스는 The Limited의 다른 부문에도 성공적으로 적용되었으며, 우리의 이름을 유명하게 만들어준 브랜딩 방법론이 되었다. 의인화를 통해 브랜드를 개념화하는 아이디어는 다른 기업들에게도 수용되었고, 이는 브랜드 아이덴티티를 수립하는 매우 강력한 방법이 되었다. 나는 언젠가 내 자신이 이러한 브랜딩 게임의 가상인물 중 한 사람이 되었다는 보고를 받기도 했다. 하지만 그 사실에 대하여 더 이상 구체적인 내용을 알기가 두려웠기 때문에 그 이상은 관심을 두지 않았다. 그것은 어쩌면 내가 좋아하지 않는 스토리일 수도 있기 때문이다!

Victoria's Secret : 비전 · 시각화 · 표현을 통한 기업 아이덴티티 프로그램 만들기

빅토리아스 시크리트는 미국의 고급 란제리 브랜드로, 1990년대 초반에 설립되었다. 로맨틱한 분위기의 영국풍 상점이 전국에서 성공적으로 문을 열었으며, 카탈로그는 남녀 모두에게 널리 알려졌다. 빅토리아스 시크리트는 인종주의적인 태도를 취하고 있는 Federick's of Hollywood와 같은 경쟁업체와는 대조적으로, 미국 여성들에게 섹시한 란제리를 편안하게 느낄 수 있는 자유를 주었다. 1995년, 빅토리아스 시크리트는 카탈로그와 매장 컨셉에서 선망의 대상이 되는 성공적인 브랜드로 자리잡았다. 하지만 적정한 가격대는 빅토리아 시크리트의 란제리가 고객들에게 좋은 반응을 얻게 된 요인이기도 했지만 불리한 요소로도 작용했다. 제품이 대중적인 브랜드로 인식되어졌기 때문이다. 그리고 그 당시 빅토리아스 시크리트는 오늘날 누리고 있는, 사회적 지위를 상징하는 심벌 수준까지는 도달하지 못한 상태였다.

● 비전

레스 웩스너는 성장 및 수익 측면에서 사업을 활성화시키려면 마케팅의 근본적인 요소들을 변화시킬 필요가 있다고 생각했다. 그는, 브랜드의 가치는 상품 라인에 있는 것이 아니라 여성과 매장과의 감성적 연결에 있음을 잘 이해하고 있었다. 그는 비즈니스를 감성적 관점에서 운영함으로써 상품 라인에 변화를 주고, 가격 수준을 높일 수 있으며, 핵심고객층인 30대 중반의 여성뿐만 아니라 그보다 더 젊은 여성들에게도 의미있는 브랜드 경험을 제공할 수 있게 될 것이라고 판단했다. 그는 빅토리아스 시크리트가 가진 브랜드 잠재력을 확신하고 있었으므로 그것을 최대한 끌어올리기로 마음먹었다. 그 즉시 우리는 새로운 비전을 창조하는 작업에 들어갔고, 브랜드 디자인 컨설턴트인 나 자신을 비롯하여 에드 라제크, Tarlow 광고대행사의 딕 탈로우, Gryphon의 CEO 겸 The Limited의 마케팅 및 신상품 개발 관리부서의 밥 루덴버그, 빅토리아스 시크리트의 사장인 그레이스 니콜스로 구성된 팀이 짜여졌다.

● 시각화

감성적 브랜딩의 관점에서 란제리에 관한 스토리를 창조하는 작업은 대단히 흥미있고 영감을 불러일으키는 것이었지만 일관되게 하나의 아이디어에 초점을 맞추기란 쉽지 않았다. 레브론(Revlon)과 랄프 로렌을 위한 프로모션에서 슈퍼모델을 성공적으로 활용했던 딕 탈로우는 빅토리아스 시크리트와 슈퍼모델이 의미하는 패션에 대한 신뢰감, 현대적인 감각, 그리고 열망적 가치 사이에 즉각적인 연결을 만들어냈다. 팀원 모두는 그의 아이디어에 찬성했다. 그것은 새롭고 강력한 브랜드 스토리의 시작이었다. 빅토리아풍이면서 다소 구식 스타일인 기존 아이덴티티는 스토리를 창작하기에는 너무나 협소한 것이었고, 란제리 브랜드 특유의

섹스 어필한 이미지를 결여하고 있었다. 브랜드에게 요구되는 것은 대대적인 변신이었다.

새로운 아이덴티티를 효과적으로 정의하기 위해 우리는 슈퍼모델의 인생 전반을 표현하는 수단으로 SENSE® 프로세스를 이용했다. 그리고 모델 자체만을 노출시키는 전형적인 표현 방식에서 탈피하여 그녀의 이상적인 삶을 표현하기 위한 방법을 구체화시켰다. 즉 그녀는 어디에 살고 있으며, 그녀의 침실과 욕실과 부엌은 어떤 모습일까. 그녀가 식사를 하는 레스토랑과 단골 나이트 클럽, 남자 친구, 좋아하는 스포츠는 무엇일까. 시간이 날 때는 주로 무슨 일을 할까 등등. 그 다음에는 브랜드와 어울리는 장식품과 음악을 준비했고, 브랜드 컨셉을 창조적으로 표현해주는 단어 목록을 작성했다. 우리의 목표는 브랜드 아이덴티티의 전체적인 형태와 느낌에 영향을 미치는 포장 및 시각 디자인 요소를 활용하여 감각적인 경험 수준을 높이고, 새롭고 젊은 느낌의 아이덴티티를 표현하는 것이었다. 이를 구체화하기 위해 심벌들이 개발되고, 로고 타입이 정의되었다. 빅토리아스 시크리트의 예측 불허의 로맨틱한 분위기를 나타내는 줄무늬와 하트 모양의 심벌과 함께, 즐겁고 여성적인 느낌의 핑크색을 상징 색으로 선택했다. 레스 웩스너는 먼 곳에서도 눈에 확 띄는 인상적인 핑크색 쇼핑백을 디자인해줄 것을 요청했다. 쇼핑백에 적용된 한 차원 높은 이미지는 란제리 브랜드가 옷장 속에서 일상 밖으로 걸어나오게 하는 데 기여했다(마돈나가 패션 제품으로서 란제리를 입는 방법을 보여주던 그 무렵의 일이다). 여성들은 란제리를 사면서 더 이상 부끄러워할 필요가 없었으며, 빅토리아스 시크리트 쇼핑백을 들고 다니는 것은 새로운 유행이 되었다.

우리의 지원 하에 Gryphon은 기존의 VS 목욕용품과 미용용품 라인을 빅토리아스 시크리트의 새로운 아이덴티티와 일체화시키기 위해 형태와 컨셉을 대폭 수정했다. 우리의 컨셉 보드는 신상품 아이디어와 Encounter, Rapture 같은 향수 병 디자인에 영감을 주었으며, 이것은 결국 로맨스와 감수성이라는 새로운 포지셔닝을 효과적으로 표현하는데 성공했다. 이미 성공을 거둔 비즈니스의 이같은 드라마틱한 변화는 많은 사람들을 놀라게 했다. 대개의 경영자들이 수치와 지난날의 성공에 근거하여 기업을 운영하는 데 반해, 레스 웩스너는 소비자에 대한 브랜드의 의미에 근거하여 기업을 운영한다. 그는, 비록 그것이 새로운 방향으로의 대담한 전환이라 할지라도, 소비자들의 갈망을 충족시키기 위해서라면 기꺼이 브랜드 의미를 변화시킬 수 있는 용기를 지닌 사람이다.

● 감성적 연결

소비자와의 강력하고 지속적인 문화적 연결이 뒷받침되지 않고서는 이러한 노력들이 완벽한 효과를 거둘 수 없다. 에드 라제크는 이를 위해 전력을 기울여 왔다. 라제크는 브랜드의 감성적 가치를 해석하고 향상시키는 놀라운 능력의 소유자였으며, 진정한 커뮤니케이터였다. 그는 패션쇼를 통해 빅토리아스 시크리트의 브랜드 파워를 시험해 보자는 아이디어를 제안했고, 그것이 상당한 홍보 효과를 가져다 줄 것으로 예상했다. 다소의 불안감은 있었지만, 그는 패션쇼가 브랜드를 활성화시키기 위한 최선의 방법이라는 확신 하에 이를 구체화하기 위해 열정적이고 헌신적으로 작업에 임했다.

에드 라제크가 주도한 패션쇼는 엄청난 성공을 거두어 빅토리아스 시크리트를 세계적으로 가장 선망받는 기업의 대열에 들게 해주었다. 패션쇼 당일에는 세계의 어느 패션쇼보다도 치열한 취재 경쟁이 벌어졌다. 이러한 흥미진진한 시도는 여기서 멈추지 않았다. 빅토리아스 시크리트는 란제리 시장에서 경쟁력을 유지하기 위해 지금도 전력을 다하고 있다. 빅토리아스 시크리트의 웹사이트로 수백만 명이 몰려들었던 1998년

빅토리아스 시크리트의 과거 브랜딩(위)과 핑크 하트 심벌로 로맨틱하고 젊은 감성을 표현한 새로운 브랜딩(아래)

슈퍼볼 광고는, 애플의 〈1984〉 슈퍼볼 광고와 함께 혁신적이고 성공적인 커뮤니케이션 노력의 하나로 기억될 것이다. 그리고 이러한 브랜드에 대한 새로운 인식은 궁극적으로 미용 부서와 새로운 메리야스 사업의 성공으로 이어졌다. 빅토리아스 시크리트는 에스티 로더의 사장을 역임한 로빈 번스와 같은 유능한 경영자를 영입할 수 있었고, 현재 그는 미용부서를 책임지고 있다. 카탈로그 판매 사업 또한 놀라운 성공을 거두었으며, 현재는 슈퍼모델을 이용한 카탈로그 사업을 시도하고 있는 중이다.

에드 라제크는 최근 AIDS 연구를 후원하는 amFAR의 기금 모금을 지원하기 위해 〈Victoria' s Secret Cannes 2000〉 이벤트를 조직화했다. 에어 프랑스와 공동으로 개최된 이 이벤트에서 빅토리아스 시크리트는 슈퍼모델들과 함께 엘리자베스 테일러, 엘튼 존 등의 유명 인사들을 프랑스의 휴양지인 리비에라로 초대하여 패션쇼를 열었다. 인터넷으로 보도되기도 한 이 이벤트는 빅토리아스 시크리트의 사업 수완은 물론이고 사회적인 책임감까지 보여준 프로그램이었다.

감성적으로 주도된 기업 아이덴티티 프로그램들은 비전을 제시하고, 기업의 소비자에 대한 약속을 반영해야 한다. 소비자와 연결된 아이덴티티는 문화적인 적실성을 가지며, 일반인 · 소비자 · 고용인 모두에게 지지를 받는다. 그러한 아이덴티티는 융통성 있고 상상력이 넘치며 매력적이다. 그에 반해 권위적인 아이덴티티는 오직 자신들이 무엇인지만을 말해줄 뿐이며, 단지 문 앞에 내걸린 로고에 불과하다.

브랜딩 브리프 11

브랜드 네임 만들기

브랜드 네임은 개발하기도 어렵지만 등록하기는 더더욱 어렵다. www.uspto.gov의 'fun of it' 을 클릭해보면, 영어 사전에 실린 거의 모든 단어들의 조합은 이미 등록되어 있음을 알게 될 것이다. 이처럼 네이밍 작업은 기업과 컨설턴트에게 가장 도전적인 프로젝트 중 하나이다.

우리 회사 뉴욕 사무소의 네이밍 담당부서에서는 브랜드 네임을 만드는 독특한 테크닉을 개발했다. 우리는 컨셉의 기초로서, 언어감각이 뛰어난 카피라이터, 교사, 리서치 담당자들이 작성한 네임 리스트를 참고하는 것이 최선의 방법이라고 판단했다. 이와 병행하여, 브랜드의 특성을 반영하는 시각적 이미지에 대한 사람들의 반응을 파악하는 것이 적절한 네이밍 아이디어를 얻는데 효과적이라는 것을 알게 되었다.

대부분의 사람들은 새로운 브랜드 네임을 좋아하지 않는 경향이 있는데, 그들이 특정 브랜드 네임에 거부감을 나타내는 데에는 그들 나름대로 이유가 있다. 브랜드 네임에 있어 가장 중요한 점은, 이름이 어떤 비즈니스와 연결될 때 완전히 다른 의미를 갖게 된다는 것이다. 이름 자체만으로는 사람들에게 아무런 느낌도 전달할 수 없다. 과연 누가 The Limited나 Nestle 같은 브랜드 네임을 그 자체만으로 이해할 수 있겠는가? 만약 글자의 의미만 놓고 본다면, Chase(체이스 맨해튼 은행)라는 이름을 어떻게 생각하는가? 라틴 아메리카에서 실패한 Chevy Nova saga라는 브랜드 네임은 이런 경우에 자주 언급되는 사례로, 스페인어로 Nova는 '가지 않는' 이란 의미로 해석된다. Procter&Gamble은 Pert 샴푸를 프랑스에서 출시했다. 하지만 헤어 제품의 이름이 '손실' 로 해석되는 프랑스와 같은 나라에서는 부적절한 이름이었다.

그러므로 브랜드 네임은 전체적인 맥락에서 살펴볼 필요가 있다. 브랜드 네임이 개발되면 그것을 다양한 서체로 나타내보라. 왜냐하면 그것이 각기 다른 서체로 표현되었을 때 전혀 다른 의미로 다가올 수 있기 때문이다. 그리고 이런 다양한 형태들을 웹사이트, 상점 입구, 편지지 상단과 같은 커뮤니케이션 프로그램의 요소들에 적용해보는 것이 중요하다. 새로 개발한 브랜드 네임의 적합성 여부를 판단하는 데 도움이 되는 테스트는 이른바 역할놀이이다. 예컨대 자신이 전화 안내원이라는 가정 하에 "좋은 아침입니다. 〔새로운 네임〕입니다"라고 말하면서 전화를 받거나, "저는 〔새로운 네임〕에서 일합니다"라고 반복해보자. 이런 과정을 통해 브랜드 네임의 개성에 대한 다른 인식을 유도해낼 수 있다.

브랜드 네임의 목표는 브랜드의 효과를 감소시키는 상투적인 문구나 유행어 따위를 멀리하는 것이다. 다음 세 회사의 이름에는 동일한 형태의 접미사가 포함되어 있다. Novartis, Lactalis, Aventis. 이름만 놓고 본다면 이들 회사들은 하나같이 구경제 시대의 회사라는 느낌이 강하다.

신경제 시대로 접어들면서 전통적인 브랜드와 인터넷 브랜드를 구별하기 위해 새로운 네이밍 스타일을 도입한 이래, 네이밍에 새로운 가능성이 열렸다. 이제 기업들은 불과 몇 해 전에는 상상도 할 수 없었던 컨셉들을 받아들일 준비가 되어 있다. 이런 환경에서는 성공을 위해 때때로 모험을 감수할 필요가 있다. Computer

Literacy는 도서 전자상거래 사이트에 적합한 새롭고 인상적인 브랜드 네임을 개발하기 위해 Interbrand에 작업을 의뢰했다. 얼마 뒤 그들은 많은 논란을 빚었던 Fatbrain.com이라는 이름을 들고 나왔다. 포커스 그룹에서의 높은 상기도에도 불구하고, 상당 수의 참가자들은 그 이름에 거부감을 표했다. 심지어 일부 직원들은 그 브랜드 네임을 선택할 경우 사임하겠다고 엄포를 놓을 정도였다. 거센 찬반 논쟁 끝에, 회사는 많은 사람들의 우려에도 불구하고 Fatbrain.com이란 브랜드 네임을 선택하기로 최종 결정했다. 그 후 놀라운 결과가 발생했다. 6개월 뒤 이 회사의 사이트 방문 횟수는 두 배나 증가했다. 그리고 이 브랜드 네임을 선택할 경우 사임하겠노라고 큰소리치던 직원 가운데 회사를 그만둔 사람은 아무도 없었다![5]

또 다른 성공 스토리

나는 로레알 향수 및 뷰티 부분 사장인 필립 쉬어러(Philip Shearer)와 기업 이미지에서 많은 도움을 얻고 있는 랑콤 브랜드에 대해 이야기를 나눌 기회가 있었다. 그는 감성적 브랜딩의 필수 요소들, 즉 문화적 적실성과 의미성, 그리고 감성적 연결을 가지고 있는 랑콤 브랜드에 관한 매혹적인 이야기를 들려주었다. 랑콤을 상징하는 장미와 O 위의 악센트는 기업 이미지에 엄청난 의미와 개성을 부여하는 두 가지 주요한 신호이다. 장미는 여성다움을 상징하며, 문법적으로는 아무 의미도 없는 O 위의 악센트는 랑콤이라는 브랜드가 프랑스에서 기원했음을 암시한다. 이 두 심벌의 조합은 이국적인 정취와 신뢰라는 강력한 칵테일을 만들어냈고, 이는 지난 수십 년 동안 전세계 여성들의 감성 코드를 지배해온 핵심 언어로 자리하고 있다.

나는 항상 랑콤에 매료되어 있었으며, 20억 달러 상당의 매출을 올리고 있는 이 브랜드를 관심 있게 지켜보았다. 랑콤의 성공 요인은 전문가와 소비자 사이에서 세계 최고임을 인정받은 마스카라를 포함해, 상품의 품질에 기초한 것임은 의심할 여지가 없다. 또한, 이 조직의 또 하나의

LANCÔME
PARIS

성공 요인으로 직원들의 역할을 빼놓을 수 없다. 해마다 열리는 연간 매출회의는 이 회사의 주요 이벤트이며, 정장 차림으로 회의에 참석한 영업사원들은 회사를 위해 일한다는 사실에 대단한 자부심을 느끼고 있다. 랑콤에 관해 가장 놀라운 사실은, 트렌드를 따르되 그것에 지배당하지 않는다는 점이다. 랑콤은 트렌드를 자신들의 브랜드 아이덴티티 안으로 흡수하면서 60년 동안 지속적으로 발전해 왔다. 유럽은 물론이고 아시아, 아메리카에서 랑콤이 거둔 성공은, 그들이 뛰어난 융통성을 가지고 세계 여성들을 향해 보편적인 언어로 이야기하는 능력이 탁월하다는 것을 반증한다.

엘리자베스 헐리가 브랜드의 의미를 지배해온 에스티 로더와 달리, 랑콤은 누가 브랜드를 대변하느냐와 상관없이 제품의 배후에 있는 목소리와 근거, 시그니처를 일관되게 유지해 왔다. 랑콤은 따뜻함과 친근함, 고급스러움과 우아함을 동시에 지니고 있다. 이러한 이미지들은 보편적인 여성을 표현하고 있으며, 이것은 곧 보편적인 여성들의 열망을 구체화시켜준다. 랑콤의 아이덴티티는 강력한 시각적 심벌을 통해 다차원적인 브랜드 특성을 반영한다. 랑콤의 아이덴티티는 친밀하며, 융통성을 통해 접촉을 유발할 수 있도록 디자인 되었다. 신화는 심벌을 필요로 하고, 랑콤의 층을 이룬 그래픽 표현은 브랜드와 전세계 여성들 사이에 가교를 만들어낸다. 그것은 장미의 영원한 아름다움이라는 스토리 위에 놓여진 악센트이다.

우리가 앤 테일러(Ann Taylor)를 위하여 창조해낸 스토리는 가상의 앤

(Ann)을 의인화한 것이었다. 1992년 당시 샐리 카삭스(Sally F. Kasaks) 사장은, 과거의 명성과 고객들을 잃어버린 앤 테일러 브랜드가 방향 전환을 하기 위해서는 새로운 컨셉이 필요하다고 생각했다. 이번 SENSE® 프로그램에는 12명의 상위 관리자들과 구매자들이 공동으로 작업에 참여했는데, 이러한 시도는 회사에 변화의 바람과 열정을 불어넣었고 모든 브랜드 관련자들이 명확한 방향성을 갖도록 해주었다. 브랜드와 관련하여 우리가 창조해낸 스토리는 대단히 발전적이면서도 현실적이었다. 사람들은 독립성, 진실함, 우아함, 친근감의 의미가 담긴 앤 테일러의 캐릭터와 자신의 모습을 감성적으로 연결시키거나 그 중 일부를 내면화했다. 사람들은 새로운 상품 컬렉션을 검토하면서 "앤이라면 이렇게 하지 않았을 거야", "이것은 앤과 통하는 면이 있군" 하는 식으로 코멘트를 달기도 했다.

이와 같은 시각적 전략 및 스토리에 기초하여, 우리는 새로운 로고, 독특한 패키징 프로그램, 샌프란시스코와 뉴욕의 선도 매장, 그리고 앤 테

전문직 여성들을 위한 패션 의류로 새롭게 브랜딩한 앤 테일러 포장 디자인

일러 제품을 다시 구매하기 시작한 젊은 층의 전문직 여성들에게 커다란 반향을 불러일으킨 광고캠페인을 개발했다. 앤 테일러의 아이덴티티 프로그램은 지금까지 우리가 수행해온 수많은 작업 중에서 가장 효과적인 통합 프로그램 중 하나였으며, 앤 테일러를 전문직 여성들을 타깃으로 한 합리적인 가격대의 의류 브랜드로 만들어주었다.

결 론

사람들은 변화를 두려워하며 기업들은 종종 변화를 달가워하지 않는다. 하지만 우리의 삶은 결국 변화와 경험에 관한 것이다. 기업 아이덴티티 프로그램의 성공 여부는 융통성에 달려 있다. 그것은 해당 시장에서 앞서간다는 의미보다는 고객과 기업 모두에게 의미 있는 무엇이 되는 것이다. '영원히' 란 단어를 기업 아이덴티티 프로그램에 넣는 것은 기업의 개성을 꽉꽉 걸어 잠금으로써 미래 세대들에게는 별다른 의미를 주지 못할 수도 있다. 우리는 고객사들이 갖고 있는 가장 큰 두려움이 "우리 기업의 로고가 유행에서 살아남을 것인가?"에 대한 의문이란 사실을 깨달았다. 그러나 기업들이 가슴속에 간직해야 할 진정한 의문은, "우리의 기업 문화와 소비자의 연결이 어떻게 그 적실성을 유지하도록 할 것인가?"여야 한다.

애플(Apple) 로고는 기업 주도형 로고와는 정반대였으며, 아직까지 살아남았다. 비록 로고가 그것이 만들어질 당시의 유행을 따랐을지라도, 버진 아틀랜틱(Virgin Atlantic)의 로고는 여전히 적실성을 갖고 있으며, 블루밍데일(Bloomingdales)의 둥근 글자는 시간의 흐름을 잘 견뎌내고 있다. 이러한 브랜드 아이덴티티들은 기업이 적실성을 가진 문화를 대변한다는 점에서 지금도 유효하다. 다시 말해 로고는 감성적 현실의 시각적 표현이며, 이런 연결이 브랜드와 사람들 간에 존재하는 한 브랜드 아이덴티티는 계속적으로 긍정적인 의미를 갖게 될 것이다.

만약 당신의 브랜드 아이덴티티가 잘 정의되지 않았다면, 가시성은 있으나 개성이 없는 경우일 수 있다. 로고에 담겨 있는 기업 이미지의 표현은 빙산의 일각에 불과하다. 그것이 기업의 리더에 의해 뒷받침되지 않는다면, 그리고 공유된 목표와 의미에 관한 것이 아니라면, 그것은 흔해빠진 로고로 전락하여 사람들로부터 사랑을 받지 못할 것이다. 지금까지 설명한 비전 · 시각화 · 표현 과정을 통하여 개성과 특성을 갖춘 기업 아이덴티티는 독특하고, 환기력이 강한, 다차원적인 메시지로 소비자와의 연결을 강화한다. 브랜드를 표현하는 데에는 한계가 없다. 만약 아이덴티티가 이런 과정으로 인도된다면, 그것은 스스로를 업데이트시키면서 계속적으로 그 적실성을 유지해 나갈 수 있을 것이다.

12

열정이 있는 소매 유통

내일의 멋진 매장

소매업자의 가정에서 자란 덕분에, 나는 성공적인 사업의 관건은 고객들과 어떤 식으로 관계를 형성하느냐에 달렸다는 오래된 진리를 일찍이 체험했다. 소매업은 오후 5시만 되면 끝나는 게 아니라 판매가 끝난 뒤에도 이어지는 관계의 지속이다. 그러므로 당신은, 최고 상품을 최고 가치로 고객들에게 제공하고 있다는 사실을 끊임없이 일깨워줄 필요가 있다.

구식 소매업

프랑스 서부의 한 작은 마을에서 의류 소매업을 하셨던 나의 조부모님은 거리나 교회에서 항상 고객들과 마주쳐야만 했다. 따라서 두 분의 신용은 언제나 아주 가까운 거리에서 마을 사람들의 감시 하에 놓여 있었다. 이때 조부모님은 자신들에 대한 평판 중 하나가 정직임을 확신했다.

20세기 초, 프랑스 시골 마을에서의 여행은 매우 제한되어 있었고, 여행은 도보나 말, 마차에 주로 의존했다. 조부모님이 살던 마을은 상업 중심지로, 농부들은 월요일마다 시장에 나와 농산물이나 가축 등을 내다팔고, 옷이나 농기구, 먹을거리 등의 생활용품을 사갔다. 이 마을에서 시장 이외의 중요한 모임 장소로는 주일마다 모이는 교회였다. 사람들은 하느님께 구원을 받을 수 있을 정도의 출석률을 채우기 위해 예배당으로 모여들었다가 얼마 뒤에는 근처 카페에 삼삼오오 모여 수다를 떨거나 장사꾼들과 흥정을 벌이곤 했다. 그런 자리에는 으레 이웃집 누구네 혼인 소식이나 추수를 하기 위해 품팔이를 구한다는 등의 이야기들이 오갔다.

조부모님은 마을 사람들에게 필요한 것이 무엇인지를 깨달았다. 그것은 마을에 없는 잡화점이었다. 그분들은 돈을 벌 수 있는 절호의 기회를 발견한 것이다. 부잣집에서 태어나 일이라고는 한 번도 해본 적 없는 조부모님은, 산업화가 시작되면서 공장에 취직하기 위해 하나 둘씩 도시로 떠나는 사람들을 지켜보면서 나름대로 신경제의 의미를 터득했다. 그것은 다름아닌 토지의 가치를 떨어뜨리고 또 다른 수입원을 찾게 만드는 것이었다. 시대를 앞서가는 선견지명으로, 그분들은 한 건물 안에 식료품점, 옷가게, 레스토랑, 카페를 모두 합한 새로운 개념의 소매업을 창조했다. 레스토랑과 카페는 사람들이 모여 친근하고 편안한 분위기를 느낄 수 있는 장소였고, 그것은 쇼핑 기분을 북돋는 역할을 했다. 그분들은 물건을 구매할 잠재 고객들을 위해 완벽한 상태를 조성해 놓은 것이다. 그 당시 농부들은 주일 예배나 세례식, 성찬식, 결혼식과 같은 특별 행사를 위해 옷을 잘 차려 입었다. 조부모님의 가게는 각종 행사에 어울리는 옷뿐만 아니라 그 행사를 축하하는데 필요한 장비까지 제공했다. 그리하여 가게는 마을에서 없어서는 안 될 사교 모임 장소로 자리잡게 되었다.

조부모님은 가게를 찾는 단골 고객들에게 최상의 관심을 표하기 위해 수많은 시도를 했다. 그분들은 고객에 대한 존경을 아주 중요하게 생각했다. 그리고 고객이 상품이나 서비스의 대가로 돈을 지불할 경우, 판매자와 고객 간에 도덕적 계약이 체결되는 것이라고 보았다. 그 계약은 고객이 원한다면 언제든 환불을 해주는 것은 물론, 고객들에게 최고의 서비스를 제공하는 것이었다. 그것은 절대 고객을 속이지 않겠다는 계약이었다. 그리하여 그분들과 고객 사이에는 브랜드에 대한 약속이 이루어졌고, 그 관계는 이후로도 꾸준히 지속되었다.

조부모님은 단골 고객들이 중요하게 여기는 것들을 공유해야 한다고 생각했다. 그래서 두 분은 주일 예배에 참석하는 습관을 들였다. 그리고 마을에서 열리는 축제에 빠짐없이 참가했다. 또한 고객들이 사정상 가게에 오지 못할 경우에는 항상 집까지 물건을 배달해주었다. 마을 사람들과의 이러한 관계는 위기 상황에서 더욱 빛을 발했다. 제2차 세계대전 당시, 가게는 레지스탕스의 통신기지로 사용된 적이 있었다. 조부모님은 그들을 진심으로 염려했고, 또 그들에 대한 지원을 아끼지 않았다.

나는 항상 우리 집안의 소매업의 역사를 반응적이고 상호작용적이며, 궁극적으로 가장 성공적인 소비자 관계의 전형이라고 입버릇처럼 말하곤 한다. 오늘날 우리의 생활 방식은 많은 변화를 거쳐왔지만 사람 자체가 변한 것은 아니다. 사람들은 여전히 서로 다른 정치적 · 사회적 · 문화적 배경에서 기인하는 요구와 신념을 가지고 있으며, 그런 요구와 신념이 지지받기를 원한다. 다시 말해 우리는 여전히 우리가 관심을 갖는 것이 무엇인지를 알아주는 소매업체를 높게 평가한다. 이는 곧 당신의 고객이 진정으로 관심을 갖는 것이 무엇인지를 발견하고, 그들이 지지하는 것을 똑같이 지지하며, 그들과 똑같이 생각한다고 말할 수 있어야 한다는 의미이다. 당신의 고객들을 향해 그들이 좋아하는 음악, 그들이 추구하는 가치, 그들이 꾸는 꿈을 이해한다고 말해보라. 그들과 진정한 친구가 되라. 이것이 바로 고객 로열티를 창조하는 최상의 방법이다.

관계에 대한 상식적 접근

조부모님의 유산은 레스토랑을 운영하던 부모님에게 그대로 상속되었다. 나는 지금도 저녁식사를 하면서 그분들이 주고받던 사업 이야기 몇 토막이 생생히 기억난다. 어른들의 이야기는 어린 내가 알아듣기에는 너무 어려웠지만, 친구나 사촌들이 이미 식탁에서 일어나 다른 놀이에 열중해 있을 때, 식탁을 떠날 수 없도록 나를 한껏 매료시켰다.

경쟁업체나 다른 사람의 성공에 대해 말할 때 언제나 진지하게 논의되었던 주제는 그들의 사업 감각에 관한 것이었다. 당시에 나는, 어떤 사람이 사업 감각을 갖고 있으면 축복받은 것이고, 이것이 없으면 불행한 삶이라고 나름대로 해석을 내렸다. 나중에야 알게 된 사실이지만, 사업 감각을 갖는다는 것은 오늘날 대규모 소매 기업에서 자주 간과되고 있는 특징이다. 이는 결국, 모든 일에서 고객을 최우선으로 생각하고, 사업과 고객 사이에 끊임없이 다리를 놓는다는 것을 의미한다.

사업 감각은 개인적인 관계에 대한 것으로, 이것은 한 회사의 사장부터 시작된다. 이것은 곧 신뢰와 약속에 관한 것이다. 앤 테일러의 전(前) CEO, 샐리 카삭스는 우리와 함께 앤 테일러 브랜드를 재생시키는 작업을 하면서, 고객들과 개인적으로 커뮤니케이션을 할 수 있는 카드 시스템을 도입하였고 그녀 자신이 고객들이 보내온 각각의 카드에 일일이 직접 답장을 써보냈다.

사업상 나는 고객들과 진정한 관계를 형성하지 못하는 기업의 고위 관리자들을 만날 기회가 자주 있다. 그들 중에는 심지어 자신이 팔아야 할 옷을 입지 않는 경우도 있다. 그들의 그런 행동은 시장보다 앞서가거나 너무 고급 취향을 갖고 있기 때문일까? 그러나 그들은 자신들의 브랜드를 대표하는 사람들이다. 교회 안에서 반드시 모자를 착용해야 했던 당시, 내 어머니가 하는 일은 사람들에게 모자를 파는 것이었다. 어머니는 일요일마다 멋진 모자를 쓰고 교회에 나갔는데, 그것은 어머니가 할 수 있는 최상의 마케팅 방법이었다. 이런 노력의 결과, 사람들이 먼 곳에서도 찾아올 정도로 사업은 눈에 띄게 번창하였다.

고객의 일상을 이해하고 그들의 요구를 들어주는 것은 성공적인 비즈니스의 지름길이다. 오늘날 정기적으로 고객들을 만나기란 거의 불가능하지만, 인터넷 사이트나 특별 판촉행사 등을 통해 직접적으로 교류할 수 있다. 기본적으로 사람들의 요구에 성실한 태도로 임한다면 기업과 고객 간에 인간미 넘치는 감성적 유대관계를 지속시킬 수 있을 것이다.

서비스에서 관계로 진화하는 소매업

감성적 경제에서 구매 행위는 더 이상 설 자리가 없다. 구매 행위는 전 세계적으로 하루도 빠짐없이 일어나고 있지만, 감성적 경제는 더 큰 보상이 따르는 쇼핑에 대해서만 이야기한다. 구매는 경제학자가 이해하는 활동인 반면, 쇼핑은 인류학자나 사회학자에게 흥미 있는 현상이다. 쇼핑은 사람들에게 꿈을 꾸고 즐겁게 놀 수 있는 기회를 제공한다. 쇼핑은 일종의 탈출이고, 궁극적으로 예술이다. 따라서 구매보다는 쇼핑에 더 큰 수요와 가치, 잠재력이 내재되어 있다. 쇼핑을 유도해낼 수 있는 상인은 고객들에게 집을 나서게 하는 그럴듯한 동기를 제공하고, 결국에는 물건을 구매할 기회를 만들어낸다.

우리는 오래된 문화적 관습에서 아이디어를 빌려옴으로써 쇼핑의 예술을 고취시키는 방법을 배울 수 있다. 예를 들어 모로코의 아랍식 백화점 Souk는 고객의 호기심과 욕구를 일깨워 쇼핑 경험을 마술로 바꿔준다. 가이드에게 약간의 비용을 지불하고 즐비하게 늘어선 수많은 야외 점포들을 둘러보는 것도 좋다. 가이드는 당신의 요구에 따라 여행 일정을 짜고 통역을 해주며, 구매할 제품의 품질을 검사한다. 그리고 여행을 즐기는 내내 다양한 멜로디의 음악과 이국적인 향취가 당신 곁을 맴돈다. 점포에서 제공하는 박하 차 향기는 그곳에서만 느낄 수 있는 감각적 경험을 강화시켜준다. 이것은 기념관이나 명소를 방문하는 것 못지않게 관광객들에게 풍미를 느끼게 해주는 경험이다. 이런 여행 경험의 일부만이라도 느낄 수 있다면, 당신의 소매 매장을 방문해볼 가치가 있는 흥미로운 분위기를 지닌 장소로 변화시킬 수 있을 것이다.

이러한 경험과는 대조적으로, 오늘날 소매업의 상태는 어떠한가? 어디를 가더라도 유사한 매장에 유사한 상품들이 넘쳐나고 있다. 이러한 상황은 특히 패션 소매업 부문에 심하게 나타나는데, 패션 점포들 모두가 똑같은 제품을 갖다놓고 판매를 늘리기 위해 안간힘을 쓰고 있다. 게다가 오프라인 소매점은 하루 24시간 동안 운영되고, 집에서도 구매할 수 있는 온라인 점포와도 경쟁하고 있다. 이 모든 사실은 다음의 한마디로 요약된다. 소매업의 규칙이 변하고 있다! 그러나 수완 좋은 몇몇 소매업체들은 소매업 혁명의 선두에 서서 다시 한 번 흥미롭고 가치 있는 쇼핑 예술을 창조해내고 있다.

월마트와 타겟이 할인매장을 새롭게 정의하다

지역 상권을 밀어내고 원스톱 쇼핑으로 대체하려 한다는 비난을 받아왔던 월마트는 지역 공동체와 감성적 유대관계를 형성함으로써 기존의 이미지를 빠르게 변화시키고 있다. 지금의 월마트는 고객들의 구매 욕구뿐 아니라 쇼핑을 통한 일상 탈출 및 오락적인 욕구까지 충족시켜주고 있으며, 편리하고 환영받는 공동체 지향적인 분위기를 조성하고 있다. WSL의 조사에 따르면, 응답자의 55%가 일주일에 한 번은 대형 할인매장에 들르고, 그 중 35%가 월마트에서 쇼핑을 했다.[1] 그리고 응답자 대부분이 기본적인 쇼핑 욕구는 물론이고 미묘한 감성적 욕구까지 충족시켜준다는 점에서 대형 할인매장을 높게 평가했다.

그러나 월마트가 쇼핑객들에게 저렴한 가격대의 제품 외에 제공하는 것은 무엇인가? 한 예로 풍선껌 불기 대회와 같은 행사를 들 수 있다. 전국 2800개 매장에서 진행된 이 행사를 통해 기금을 모으고, 우승자에게는 백만 달러의 상금을 수여했으며, 가족들에게는 오후 시간을 함께할 수 있는 기회를 제공했다. 그리고 로제 오도넬 쇼와 연계하여, 대회 우승자에게 쇼에 출연할 수 있는 기회를 줌으로써 이 쇼를 애청하는 가족들의 참여를 유도해냈다. 또한, 월마트는 어린이 프로 〈파워 레인저 은하계 모험〉의 독점촬영 장소로서 5000평방미터에 달하는 대규모 달 기지 세트까지 갖추고 있다. 결국 이러한 노력들은 좋은 품질의 다양한 상품 구색, 지능적인 점포 배치, 가격 경쟁력, 편리한 위치와 결합하여 월마트를 세계 최고의 소매 유통업체로 만들었다. 최근 인터넷이 새로운 유통형태로 비약적인 발전을 한 것은 사실이지만, 모든 인터넷 소매 산업이 월마트의 총수입에 맞서려면 앞으로도 몇 년은 더 기다려야 한다. 온라인 소매업은 2004년까지 1840억 달러에 이를 것으로 전망되지만, 그때쯤이면 월마트의 미국 내 총매출은 2430억 달러에 달할 것이다.

월마트의 성공은 사업적인 통찰력의 결과일 뿐만 아니라 할인 소매업의 개념을 적극적으로 발전시킨 노력의 결과이다. 칼도스(Caldors)와 같은 소매업체들이 비틀거리던 시기에, 월마트는 쇼핑의 가치를 희생시키지 않는 할인매장의 가능성을 깨달았다. 이 변화의 중심에는 고객의 감성을 배려하고자 하는 마음이 있었다. 월마트는 일반 고객이 아닌 특정 쇼핑객, 즉 맞벌이 주부, 흥미거리를 찾는 아이들, 용돈이 부족한 대학생들의 욕구를 실용적이고 감성적으로 충족시켜준다는 목표를 세웠다. 5년 전까지만 해도 할인점은 이류라는 인식이 강했다. 하지만 오늘날 월마트

고품격 스타일의 할인매장인 Target 광고

에서의 쇼핑은 현명하고 만족스런 쇼핑을 의미한다. 사람들의 정신 깊은 곳에 자리잡고 있는 가치들에 호소함으로써, 월마트는 빠른 속도록 다른 소매업체들의 표준이 되었다. 또한, 월마트는 진정한 공동체적 공간이란 느낌이 들며, 월마트의 이미지는 미국인들이 믿고 있는 가치들을 구체적으로 보여주고 있다.

규모 면에서는 월마트가 소매 시장을 지배하고 있지만, 타겟의 불스아이(bull' s eye) 로고는 자신이 최신 유행과 구매 가능성을 동시에 충족시켜주는, 가장 앞서가는 소매업체임을 주장하고 있다. 지난 3년 동안 타겟은 가장 혁신적이고 흥미로운 소매업체로서의 모습을 유감없이 보여주었다. 타겟의 머천다이징은 할인 경쟁업체들이 지닌 경제성을 제공하는 동시에, 스타일에 있어서는 고품격을 추구했다. 타겟의 모회사 데이톤 허드슨(Dayton Hudson)의 회장인 로버트 울리치는 〈포춘〉 지와의 인터뷰에서 이렇게 말했다. "사람들의 취향은 반드시 수입에 의해 결정되는 게 아닙니다. 대부분의 사람들은 유행을 따르고 싶어하지요"[2] 타겟은 미첼 그레이브스, 필립프 스타크와 같은 톱 디자이너들을 영입하여 주전자와 나이프를 특별한 주방 제품으로 창조했고, 평범한 집을 멋지게 변화시킬 수 있는 최신 유행의 매력적인 가정용품들을 선보였다. 또한 경쟁업체와 차별화하기 위해 독특한 방식으로 화려하고 젊은 취향의 광고를 내보냄으로써 할인 소매업의 새로운 대안으로 자리잡았다.

K마트는 편리한 곳이지만 명성을 날리게 된 주요 요인은 실용성에 있다. 타겟은 K마트가 갖고 있는 실용성에 멋을 조화시켜 다른 할인업체뿐만 아니라 크레이트앤배럴(Crate & Barrel), 바나나 리퍼블릭(Banana Republic) 같은 업체와도 경쟁하고 있다. 이러한 소매 전략은 다양한 계층의 고객들을 매료시켰고, 다른 할인업체들로 하여금 타겟의 전략을 모방하도록 하였다. 타겟의 평균 고객층은 더 젊고 돈도 많은데다 다른 할인업체들의 단골 고객에 비해 구매율이 훨씬 더 높다. 이와 같은 타겟의 성공은 최고의 브랜딩이 무엇인가를 보여준다. 고객들에게 가치 있고, 적실성 있는 진정한 차이점을 개발함으로써 타겟은 아이덴티티를 발전시켰다. 그 아이덴티티가 이익을 창출하고 있으며, 고객과 투자자들을 흥분시키고 있다.

월마트와 타겟이 현재 그리고 미래 소매업의 형태를 만들어 가는 양대

주자임은 분명하지만, 결코 그것을 정의할 수는 없다. 월마트와 타겟의 규모와 영향력은 기존의 소매 유통 질서에 대한 스스로의 창조적인 도전들을 제한할 수 있으며, 설사 혁신을 꾀하고 있다 할지라도 이들 점포는 여전히 상대적으로 타성에 젖어 있다. 더 나은 서비스를 제공하려는 이들 기업의 노력은 고객들로부터 인정을 받았고, 판매를 증진시키는데 기여했지만, 21세기의 쇼핑객들은 그러한 변화에 빠르게 적응해 가고 있다. 이제 고객들의 관심을 불러 모으고, 그들로 하여금 구매가 아닌 쇼핑을 하도록 자극하려면 혁신과 경험이 소매업에 완전히 통합되어야 한다. 이 영역에서 전문 소매업체들이 고객의 상상력을 자극하고 감성을 흔들어놓을 만한 감동적이고 개인화된 스토리를 창조해내고 있다.

브랜딩 브리프 12

이웃이 되신 것을 환영합니다

K마트가 보헤미안과 예술적인 전통으로 유명한 유행의 중심지 이스트 빌리지에 점포를 열 당시, 많은 수의 지역 주민들이 매장을 여는 데 반대했다. 점포 관리자들 역시 펑키 스타일의 지역 주민들을 상대로 어떻게 영업을 해나가야 할지 고민하지 않을 수 없었다. 그때, 그 지역 주민인 파울 리처드라는 화가가 K마트 안의 카페에 자신의 그림을 전시하고 싶어했다. 점포 관리자들은 재빨리 본사의 승인을 얻어 리처드의 그림을 전시했는데, 그 중에는 할인업체를 은근히 비난하는 그림도 포함되어 있었다. 이것은 2000개가 넘는 점포를 소유한 K마트가 여는 최초의 미술 전시회였지만, 뉴욕시 이스트 빌리지와 같은 지역 공동체 내에서는 매우 자연스럽게 받아들여졌다. 이러한 시도는 특정 지역 공동체와 유대관계를 형성하기 위한 노력의 일환이었으며, 만일 그 지역 전체에서 대규모로 그와 같은 행사가 열렸더라면 K마트가 월마트나 타겟보다 유리한 위치에서 경쟁하게 할 만한 일대 사건이었다.

효과적인 소매업은 감성적 브랜드란 관문을 통하여 사회적인 요소와 상상력을 자극하는 요소들이 결합된 것임을 기억하라. 소매업 브랜딩은 대화를 통해 고객의 마음과 브랜드를 연결시켜주는 것이다. 그러면 다양한 방법으로 고객과 브랜드를 연결시키는 대표적인 소매업체를 예로 들어보자.

야외 장비를 판매하는 REI 매장

시애틀을 여행하면서 나는 야외 장비를 판매하는 REI 매장을 방문한 적이 있다. REI 매장은 소매업의 성공은 이야기에서 시작되고 열정에 의해 이루어진다는 점을 잘 알고 있는 곳이었다. REI의 웹사이트에는 다음과 같은 이야기가 실려 있다.

> REI는 시애틀 출신의 등산가인 엘로이드 앤더슨이 주문한 새 얼음도끼를 소포로 받아본 1938년 어느 날 탄생했습니다. 소포를 풀어본 그는 놀라지 않을 수 없었습니다. 얼음도끼는 광고에 나온 가격보다 거의 두 배나 비싼데다 품질도 훨씬 나빴기 때문입니다. 두번 다시 속지 않겠다고 맹세하며 그는 자신이 알고 있는 정보를 동원해 훨씬 더 싼값으로 품질 좋은 호주산 아카뎀 피켈 얼음도끼를 구입했습니다. 그러자 친구들도 그에게 얼음도끼를 사달라고 부탁을 해왔습니다. 그는 친구들의 부탁을 들어주었고, 그 소문은 널리 퍼졌습니다. 그로부터 몇 년 후, 우리는 여기에 와 있습니다. 그리고 지금도 여전히 그때와 똑같은 일을 하고 있습니다.[3)]

이 얼마나 브랜드에 영감을 주는 이야기인가! 초기의 경험을 바탕으로 설립자 엘로이드 앤더슨(Lloyd Anderson)은 품질 좋은 장비를 구입하려는 사람들과 함께 자금을 모아 사업을 시작했다. 투자자들 모두가 열렬한 야외 스포츠광이었기 때문에 품질 좋은 장비를 확보하는데 최선을 다했다. 사업을 시작한 첫 해에는 82명의 회원들이 배당금을 받았다. 매장은 일반인에게도 개방되어 있지만 15달러의 회비를 내는 REI 회원 수는 현재 140만 명이 넘는다. 회원들은 연간 후원기금을 통해 이익을 나눠 가질 뿐만 아니라 REI의 이사진을 선출할 투표권을 행사할 수도 있다. 그러나 46개의 체인 소매 점포를 특징짓는 것은 회원정책이나 회사의 역사가 아니다. 소매업에 대한 REI의 접근 방식은 독특한 경험, 특색 있는 제품, 개인적인 관계를 포함한다. 시애틀에 있는 선도 매장은 이러한 정신을 단적으로 보여준다. 누군가가 매장 문을 열고 들어올 때마다 얼음도끼 모양의 손잡이는 REI의 탄생 동기를 떠올려준다. 이어서 2.1에이커에 이르는 매장 면적이 방문객의 모험심을 자극한다. 매장은 하이킹, 바이킹, 카누, 스키 등 각종 운동 장비는 물론이고, 산악 자전거용 산길, 아동용 캠프, 비옷을 입어보는 비 내리는 방, 하이킹 신발을 신고 뛰어다녀 볼 수 있는 다양한 지형의 길 등을 자랑한다. 고객들이 구매할 제품을 자유롭게 테스트해 보는 동안, 매장의 다른 한 편에서는 캠핑이나 다른 야외 활동에 관한 강습이 정기적으로 진행된다. 그러나 가장 눈에 띄는 것은 64피트 높이의 등반용 구조물로 초보자들도 전문가들의 도움을 받으며 실내 암벽타기를 즐길 수 있다.

그러나 REI와 연관된 풍부함과 품격은 상품 구색이나 각종 구조물, 또는 다양한 강습 프로그램에서 기인하는 것이 아니다. 그것은 오히려 브랜드와 관련된 모든 사람들에게 심어져 있는 REI 아이덴티티의 표현이다. 회원들이 야외 활동에 열성적이듯, 5000명에 이르는 매장 직원들도 마찬가지다. 신제품 테스트는 열렬한 야외 활동가인 그들의 몫이다. 그래서 어떤 직원이 쇼핑객에게 가장 적합한 텐트라고 권한다면, 그것은 그가 직접 체험했던 캠핑 경험에 기초한 것이다. 만일 직원들이 제품에 대해 만족하지 못한다면 쇼핑객은 REI 매장에서 그 제품을 볼 수 없을 것이다.

훈련이 덜 되어 있거나 부적격한 직원을 채용한 다른 소매업체들과는 달리 REI는 브랜드 경험을 제공하는데 있어 직원들이 얼마나 중요한 지를 잘 알고 있다. 훌륭한 대본, 화려한 조명, 멋진 의상만으로 연극이 성공할 수 있을까? 준비된 배우 없이 그것은 불가능하다. 소매업과 마찬가지로 연극에서도 브랜드를 특징짓는 것은 사람이다. 캐스팅이 성공적이면 그 연극의 80%는 성공이 보장된다는 말이 있다. 점포 또한 마찬가지다. 이따금 나는 브랜드 커뮤니케이션 상의 세심한 노력들에도 불구하고, 무능한 판매원의 손에서 브랜드 아이덴티티가 사장되는 것에 충격을 받곤 한다. 점포 안에 살아 있는 표현물로서 직원의 중요성은 과소평가될 수 없다. 직원은 브랜드가 의도하는 아이덴티티를 반영할 수 있어야 한다. 판매원을 구하는 것은 제 시간에 출근하고 저임금을 받으며 금고에서 돈을 훔치지 않을 만한 직원을 고용하는 것과 같은 단순한 문제가 아니다. 이것은 쇼핑객으로 하여금 진정한 브랜드 경험을 갖고 점포를 나서게 하는 한 개인을 고르는 일이어야 한다.

따라서 최고경영자에서 말단 직원에 이르기까지 그들 스스로 브랜드의 일부가 되어야 한다. 그러나 브랜드와의 본능적인 연관성을 갖기 위해서는 적절한 훈련이 뒷받침되어야 한다. 판매원은 행복, 말다툼, 서두름, 변덕, 좌절, 초조, 흥분, 가격 의식, 우유부단, 낙심 등과 같이 다양한 상황에 있는 고객을 다루는 법을 철저히 훈련받아야 한다. 오늘날 소매업의 서비스 상태와 그것의 잠재적인 결과에 대한 좀더 깊이 있는 통찰을 위해 다시 한 번 데그립고베사의 회장인 피터 레빈에게 도움을 받고자 한다.

브랜딩 브리프 13

'서비스'의 새 천년에 오신 것을 환영합니다 | 피터 L. 레빈

당신은 첫번째로 도착했기 때문에 조금은 외로울지도 모른다!

최근에 나는 '시한폭탄(time bomb)'이라 불리는 프리젠테이션을 가지고 전국을 여행했다. 이 시한폭탄은 해마다 재화와 용역으로 1조 달러 이상을 소비하는 세 세대, 즉 베이비 붐 세대(35~53세), X세대(23~34세), Y세대(4~22세)를 해체하고 분석한다. 내 강의의 주제는 이 세 역동적인 계층의 신뢰 구조와 대립적인 또는 공통된 가치관에 관한 것이다. 강의를 할 때마다 격렬한 토론이 벌어지고, 항상 다음과 같은 질문이 제기되곤 한다. "인터넷이 소매업에 어떤 영향을 미칠까? 과연 소매업이 직접 상품을 만져보고, 느껴보고, 입어보는 방식에서, 차갑고 인간미라곤 없는 전자 상거래 방식으로 대체될 것인가?" "그럼, 당연하지." 나는 사람들에게 약간은 판에 박힌 대답을 한다. 전자상거래가 적정 수준의 서비스를 제공할 수 있다면, 오프라인 소매업자는 손을 털고 물러나는 수밖에 없다. 만약 의류업자가 현재의 상품 컬렉션을 소개하는 계절별 샘플 책자를 고객들에게 보낼 수 있다면, 그리고 고객들의 체형 스캐닝이 간단히 이루어진다면, 고객들이 책이나 CD를 살 때처럼 즐겁고 편안한 마음으로 인터넷 쇼핑몰에서 옷을 사지 않을 까닭이 없지 않은가! 특히 소매업체의 형편없는 서비스 때문에 겪었던 불쾌한 쇼핑 경험들을 떠올려본다면 더더욱 그렇다.

몇 주 전, 나는 새로운 프로젝트를 수행하기 위하여 조수인 베네사와 함께 플로리다로 여행을 간 적이 있었다. 나는 내 이론을 확인해보기로 결심하고 〈서비스 여행기—서비스의 비극을 연속적으로 경험했던 어느 날〉이란 제목의 글을 쓰게 되었다.

● 에피소드 1 — 일과 오락을 동시에 한다는 사실에 흥분감을 감추지 못한 채 베네사는 아비스(Avis) 렌터카 회사에 컨버터블을 예약했다. 일찌감치 예약을 했음에도 불구하고 우리는 길게 늘어선 줄에서 40분 이상을 더 기다려야 했다. 담당자에게 증빙 서류를 모두 보여보주자, 차가 없으니 좀더 기다려야 한다는 대답이

돌아왔다. 더 이상은 기다릴 수 없어 우리는 예약한 컨버터블을 취소하고 대신 다른 차를 빌리겠다고 했다. 그때 화가 머리 끝까지 난 나는 이렇게 소리치고 싶은 것을 간신히 참았다. "당신 회사의 브랜드가 최고라는 말을 듣기 원한다면 지금보다 몇 배는 더 노력해야 할 거요!" 훌륭한 소매업 컨설턴트라면 매일매일 고객 속으로 들어가고, 다시 분석자의 위치로 되돌아올 수 있어야 한다. 나는 스스로를 소매업계의 최전방에서 싸우는 전투 경험이 풍부한 고참 병사라고 생각한다.

● 에피소드 2 — 현금을 찾기 위해 우리는 옷가게 밖에 설치된 현금 자동인출기를 찾아 카드를 밀어넣었지만 기계는 작동하지 않았다. 가게 주인을 향해 "고장났나요?" 하고 묻자 주인은 한 차례 어깨를 추어올리기만 할 뿐 아무 대꾸도 하지 않았다. 잠시 후, 햇빛이 직접 닿는 위치에 기계가 놓여 있어서 화면이 안 보였다는 사실을 알게 되었다. 여기서 화가 난 컨설턴트가 다시 등장한다. "햇빛이 안 닿는 안쪽에 기계를 설치하는 게 어떻습니까? 그렇게 하면 사람들에게 물건을 더 많이 사고 싶도록 자극할 수도 있을 텐데요." 하지만 가게 주인은 여전히 무표정한 얼굴로 나를 힐끗 바라볼 뿐이었다. 이것은 결코 실현될 수 없는, 좋은 생각에 대한 평범한 반응이었다.

● 에피소드 3 — 우리는 한 쇼핑몰에서 갭(Gap)의 1969년형 신상품 청바지 광고 포스터를 보았다. 포스터의 강렬한 유혹에 이끌려 나는 그 청바지를 입어보고 싶은 충동을 느꼈다. 그러나 진열대에는 각기 다른 사이즈의 옷들이 뒤섞여 있었으므로 도저히 내가 원하는 사이즈를 찾을 수가 없었다. 판매원이 사이즈를 찾아주겠다며 이리저리 뒤적였지만 헛수고였다. "이 청바지는 신제품이니까 사이즈별로 정리해놓아야 고객들이 쉽게 찾을 수 있지 않겠어요?" 나의 제안에 판매원은 이렇게 대답했다. " 물건이 들어온 지 얼마 안 되서 그래요. 다른 데서 찾아볼게요." 하지만, 조금 전의 호기심과 구매충동은 사라져버린 지 오래였다.

● 에피소드 4 — 우리는 스피도(Speedo) 라이크라 수영팬티를 사기 위해 가게 안으로 들어갔다. 가게 안에는 두 명의 여성 판매원이 있었는데, 한 명은 전화로 수다를 떨고 있었고, 다른 한 명은 고객들이 샌들을 신어보는 것을 도와주고 있었다. 통화 중인 판매원에게 눈치를 주는 사람은 아무도 없었고, 그녀 또한 손님이 들

어와도 아랑곳하지 않았으므로 나는 다른 고객을 상대하느라 분주한 판매원에게 다가가 내가 사려고 하는 물건이 있는지 물어볼 수밖에 없었다. 그녀는 상품이 있는 곳으로 나를 안내해주긴 했지만, 이내 다른 고객과 이야기를 시작했다. 기분이 상한 나는 그때까지도 통화가 끝나지 않은 판매원에게 다가가, "여기 좀 도와주시겠어요?" 하고 약간 톤을 높여 말했다. 그러자 그녀는 잠깐 뒤돌아보는 듯하더니 다시 원래대로 돌아갔다. 이곳에서 고객의 존재는 무시되었다.

● 에피소드 5 — 조카들에게 선물할 카드를 사려고 홀마크(Hallmark)에 들어갔다. "어린이용 발렌타인 데이 카드는 어디 있나요?" 내가 묻자, 카운터 뒤쪽에 있던 10대 판매원이 손가락으로 가리키며 "저기 뒤에요" 하고 말했다. 정확히 어느 지점인지 몰라 다시 한 번 묻자, 판매원은 "중간쯤에 있어요" 라고 대답하면서 수많은 물건들 중에서 그나마 내가 찾을 범위를 정해주었다.

에피소드 6 — 외관이 멋진 뉴밸런스 스토어(New Balance store)에 들어서자 참견하기 좋아하는 한 판매원이 우리를 맞으며 큰 소리로 외쳤다. "뉴밸런스에 오신 걸 환영합니다. 우리가 취급하는 신발의 90퍼센트는 미국에서 만든 것입니다." 그는 우리 일행을 안으로 이끌면서 계속 말을 이었다. "이것 좀 보십시오 ." 그는 신발 한 짝을 집어들면서 "여기에 뭐라고 씌어 있습니까, 여러분? 제가 지금 안경을 안 껴서요" 라고 천연덕스럽게 물었다. "Made in U.S.A." 우리는 마치 어린아이가 흥분한 삼촌을 달래듯 맞장구를 쳐주었다. 그때 일행 중 한 사람이 작은 소리로 말했다. "빨리 여기서 나갑시다. 아무래도 잘못 들어온 것 같아요."

● 에피소드 7 — 이제 공항에 갈 시간이 되었다. 우리는 한 식당에서 기름기 투성이인 맛없는 음식을 먹었다. 그 식당에는 깡통이나 빈 병을 버릴 수 있는 재활용 쓰레기통이 보이지 않았다. 난 베네사에게, "Y세대('we care' generation)는 나이를 먹을수록 이런 것들을 못 견뎌할 거야" 라고 말했다.

● 에피소드 8 — 거리 매점을 지날 때 나는 버터핑거 생각이 났지만 사지 못했다. 유감스럽게도 판매원은 그 막대사탕을 알지도 못했다. 비행기 탑승 줄에 자동판매기가 하나 있었는데 거기에는 75센트짜리 버터핑거가 반갑게 나를 기다리고 있었다. 나는 행복한 마음으로 버터핑거를 사 먹었고, 그것이 그날 있었던 쇼핑

경험 중 유일하게 마음에 드는 것이었다.

● 결론 — 만약 소매업 스스로가 이같은 문제점들을 깨닫지 못한다면 고객들은 전자상거래 쪽으로 발길을 돌릴 것이다. 그러므로 고객들이 상점에 들러 물건을 고를 때 곤란을 겪게 해서는 절대 안 된다. 소매업자들은 판매원들이 자신들의 브랜드 외교관이란 점을 간과하는 경향이 있다. 진심이 담긴 서비스는 고객들과 지속적인 관계를 형성해 가는 데 있어 가장 중요한 부분이다. 그것은 베이비 붐 세대, X세대, Y세대 모두가 공유하는 욕구이다. 그렇다면 우리는 과연 어디에서 그 훌륭한 서비스를 발견할 수 있을까?

Ann Taylor의 매장 형태

서비스가 가장 중요하지만, 매장의 분위기 또한 브랜드 아이덴티티를 강화하고 고객과의 커뮤니이션을 정교하게 하는 데 있어 핵심적인 역할을 한다. 고객들은 매장에서 새롭고 흥분되는 경험을 기대한다. 제품들은 매장의 전체적인 브랜드 이미지와 일관된 방식으로 소매 환경에 활력을 불어넣을 수 있어야 한다. 나이키의 경우, 특히 시카고 지점(Nike Town)에서 이러한 약속을 이행하고 있지만, 대부분의 매장들은 여전히 평범한 수준에 머무르고 있다.

앤 테일러 매장을 디자인하는 우리의 목표는 뉴욕시 메디슨 애비뉴와 6번가의 4만 평방피트 매장에 앤 테일러 고객들의 역동적인 삶을 반영한, 여성적이고 섬세한 소매 매장을 창조하는 것이었다. 우리는 SENSE® 프로그램을 통해 앤 테일러의 고객들은 현실적이고 우아하며, 실용적인 사고를 한다는 것을 알게 되었다. 그들의 취향을 반영해 우리가 디자인한 매장은 따뜻함, 섬세함, 세련미로 특징지어졌다. 석회암을 입힌 동네 주택과 같은 건물 정면은 가상의 유명 인사인 앤 테일러의 집이 이렇게 생겼을 것이라는 상상의 결과였다. 실내 장식은 질감이 풍부한 재료를 많이 사용하여 자연스럽고 편안한 느낌을 준다. 유리와 석회암을 사용한, 나선형의 중앙 계단은 앤 테일러 매장이 단순히 상품을 파는 곳만이 아니라 누구나 들러보고 싶은 매력적인 집처럼 여겨지게 한다. 네이비 블루의 자연스런 단일색은 모던한 느낌을 주며, 꾸미지 않은 자연스러움으로 브랜드의 전체적인 아이덴티티를 전달한다. 외장에 사용된 청동, 돌, 서리로 뒤덮인 듯한 녹색 유리, 고동색 나무와 같은 자재들은 따뜻함과 차

뉴욕 메디슨 6번가에 세워진
앤 테일러 매장

가움이라는 질감상의 대조를 이룬다. 또한, 우리는 개인적 쇼핑을 위해 노트북를 사용하거나, 매디슨 애비뉴를 내려다보면서 휴식을 취할 수 있는 안락한 공간도 만들었다. 특히 이곳은 바쁘게 활동하는 전문직 여성 고객에 대한 배려를 보여주는 공간이다. 더 많은 브랜드가 이와 같이 적합한 디자인과 결합될 수 있다면 우리의 상거래 전망은 상상할 수 없을 정도로 고양되고 풍부해질 것이다.

Macysport 매장의 얼굴

쇼핑의 특징 중 하나는 종종 그것을 의식하지 못한다는 것이다. 당신은 이따금 구매 의도도 없이 매장에 들르며, 그 사실을 깨닫기도 전에 당신의 손에는 어느새 쇼핑백이 들려 있다. 이벤트는 이런 효과를 얻는데 이상적인 방법이다. 예를 들어 뉴욕시에 있는 메이시스포트 매장은 〈Women' s Sport & Fitness〉 지의 후원을 받아, 배구선수, 파도타기 챔피언, 영양학자 등 여성 스포츠계의 유명 인사들을 초청해 토론회를 열었다. 특별 이벤트 담당 부사장인 모니카 벨라-브라그는 이렇게 말한다. "이벤트를 개최하는 것은 쉽지 않은 일이에요. 하지만 그 효과는 매우 빠르죠. 설사 고객이 그날 오지 않는다 해도 스포츠 의류를 필요로 할 때 이곳에서 살 수 있다는 것을 알 거예요. 이것은 여성들로 하여금 좋은 정보를 얻고, 영감까지 느끼게 하는 공간으로 인식하게 하는 거죠."[4] 이런 행사는 고객들에게 메이시스포트의 아이덴티티를 긍정적으로 강화시켜 줄 뿐만 아니라 전통적 소매업체의 아이덴티티를 뛰어넘는데 기여한다. 이벤트에 참여한 고객들에게 메이시스포트는 제품과 가격에 의해서만이 아니라, 브랜드와 손잡은 이들 대변인들에 의해서도 정의된다. 현대인들은 여가시간이 부족하고 스트레스에 시달린다는 점에서 이러한 노력들의 가치는 배가된다. 따라서 상품의 품질과 더불어 멋진 경험을 제공하는 소매업체는, 그 서비스에 기꺼이 프리미엄을 제공하려는 고객들에 의해 다시 보상을 받게 될 것이다.

중고 의류 할인매장 Domsey's

브루클린 윌리엄스버그에 있는 중고 의류 할인매장 Domsey's는 Y세대를 대상으로 한 성공적인 소매업체의 한 예이다. 저렴한 가격대의 의류를 판매하는 이 매장은 젊은이와 힙합 매니아들에게 인기 있는 장소이다. 이 매장에서 눈에 띄는 곳은 별관이다. 고객들은 이곳에서 정리가 안 된 옷들로 가득한 여러 개의 거대한 통들을 볼 수 있다. 고객들은 옷더미를 파헤치며 마음에 드는 옷을 찾기 위해 이곳에서 오후 시간을 보낸다. 하지만 이곳의 진짜 상술은 옷값을 무게로 매긴다는 점이다. Domsey's는 기억에 남는 소매 매장이 반드시 대규모 투자를 필요로 하진 않는다는 것을 보여준다. Domsey's 염가 할인매장은 젊은이들로 하여금 보물찾기 놀이를 하는 듯한 즐거운 착각에 빠져들게 하는 장소이다.

미래형 쇼핑몰

감성적 경제로의 변화에도 불구하고 쇼핑몰은 소매업자나 마케터들에 의해 과소평가되고 있다. 하지만 사람들은 여전히 최고의 쇼핑 공간 중 하나로 쇼핑몰을 꼽는다. 고디바, 아베다, 디즈니, 워너 브러더스와 같은 브랜드들은, 쇼핑몰을 통한 소매 브랜딩이 브랜드에 생명력을 불어넣는 가장 매력적인 방법일 뿐만 아니라 고객으로 하여금 브랜드를 체험할 수 있게 해주는 방법이라고 생각한다.

미래형 쇼핑몰은 실제와 가상공간이 혼합된 장소이다. 손바닥만한 크기의 컴퓨터가 품목별 가격대를 조사하고, 근처에서 더 싼 상품이 발견되면 휴대전화기를 통해 고객들에게 재빨리 알려준다. 매장의 네트워크와 연결된 컴퓨터는 디지털 세계에서 실제 매장 진열대를 검색하고 바로 상품을 주문할 수 있게 한다. 중요한 것은, 우리가 테크놀러지의 세상에서 사는 게 아니라 테크놀러지가 우리 주위에 있다는 점이다. 테크놀러지는 고객의 욕구와 편리성에 맞춰지고, 언제 어디서나 사람들의 욕구와 감성을 충족시켜줄 될 것이다. 그리고 테크놀러지를 응용한 무한한 가능성은, 컴퓨터 프로그래머가 아니라 풍부한 상상력을 가진 예술가나 공상가들에 의해 펼쳐질 것이다. 이들은 테크놀러지에 의해 강화된 디자인 안에 예술과 스토리텔링, 그리고 심리학을 통합하여 가장 감동적이고 감성적인 작품을 창조해낼 것이다.

미래의 고객은 아주 섬세한 경험을 요구할 것이다. 오늘날 이를 전달하려고 시도하는 장소 중 하나는 샌프란시스코에 있는 소니의 메트레온몰(Metreon mall)이다. 이 쇼핑몰은 미래의 쇼핑몰이 고객들에게 무엇을 주어야 하는지를 피상적으로나마 보여준다. 메트레온몰은 소니를 마케팅하기 위해 만들어진 완벽한 무대이다. 몰의 개념을 놓고 오랫동안 고민하던 끝에 경영진은 그것을 CD에서 DVD 플레이어, 플레이스테이션 등에 이르는 분리된 사업 분야들을 통합하는 기술이라고 결론지었다. 메트레온몰에는 일반 매장 대신 12개의 극장과 한 개의 아이맥스 영화관이 있다. 그리고 'Where the Wild Things Are' 와 같은 볼거리는 온 가족이 함께할 수 있는 즐거움을 제공한다. 어린아이들이 털북숭이 괴물들로 가득 찬 이곳에서 신나게 노는 동안, 부모들은 근처 레스토랑에서 멋진 저녁 식사를 할 수 있다. 'Where the Wild Things Are' 는 두 개의 실내 설치물 중 하나이며, 아이들은 양쪽을 오가며 놀 수 있고, 1인당 20달러를 내면 소니의 최첨단 기술로 만들어진 방에서 쌍방향 비디오 게임을 즐길 수도 있다. 특히 몇 시간만이라도 아이들에게서 해방되고 싶어하는 부모들에게 이곳은 매우 특별한 장소이다. 메트레온몰에서 가장 인상적인 것은 연결 부위가 없는 구조물을 만들기 위해 높이 떠 있는 아치와 천장에 매달린 비디오 스크린을 결합한 건축물이다. 그리고 특별 설치물들 사이에는 벽이나 문 대신에 미묘한 느낌이 들게 하는 탁 트인 넓은 공간이 자리 잡고 있다

이스턴 타운센터 몰 전경

메트레온몰에 입주해 있는 소니를 비롯한 다른 매장들은 전통적인 매장 개념과는 확연히 다르다. 마이크로소프트 매장은 마이크로소프트에게는 최초의 매장이고, 디스커버리채널 매장은 케이블 방송사인 디스커버리 채널(Discovery Channel)의 소매 매장 중 하나이다. 그러나 소매업은 이런 브랜드들을 마케팅하기 위한 혁신적이고 수익성 있는 방법이라는 것을 증명해 보이고 있다. 미래의 쇼핑몰은 상품을 구입하는 장소가 아니라 브랜드를 경험하는 장소가 될 것이고, 랑콤, 마이크로소프트와 같은 브랜드가 코카콜라, 제너럴모터스,캐니언 랜치(Canyon Ranch)와 나란히 매장을 갖게 될 것이다. 또한 미래에는 브랜딩, 마케팅, 생산/유통, 엔터테인먼트의 구분이 없어지기 때문에 전통적으로 소매업이 아닌 브랜드들도 소매업계로 진출하게 될 것이고, 마케터들도 그들의 브랜드를 3차원적으로 제시함으로써 고객들에게 지속적으로 영향을 끼칠 수 있는 전례없는 기회들을 갖게 될 것이다. 그리고 소비재 분야의 프록터앤갬블과 유니레버, 컴퓨터 산업의 IBM이나 애플사도 흥미진진한 상호작용적 환경을 통해 강력하고, 감각적인 브랜드 경험을 제공함으로써 기존 유통체제의 제약에서 벗어나 새로운 방식으로 고객에게 다가갈 수 있을 것이다.

우리는 창의력과 탐험심을 키워주는 '상상의 지대' 나 엠파이어 스테이트 빌딩과 같은 유명 건물들을 모아놓은 '미니랜드' 등 수많은 쌍방향 레고 설치물들의 전시장인 레고랜드(Lego Land)와 같은 유료 브랜드 놀이 공원을 만나게 될 것이다. 이곳에는 롤러코스트 기구가 있고, 인형극과 마술쇼, 식당, 거대한 레고 매장도 있다. 이 매장은 직접적인 판매는 물론 신상품을 출시를 위해 고객 테스트를 하거나, 제품을 홍보하는 장소로 이용된다. 레저/놀이 공원화된 영국의 블루워터(Blue Water)와 같은 혁신적인 쇼핑몰은 입주한 소매업자들의 임대료 부담을 덜어주기 위해 입장료를 부과할 것을 검토 중이다. 그리고 이들 소매업자들은 브랜드 매장을 방문객들이 인터넷으로 구매할 상품을 단지 구경만 하는 쇼룸 개념으로 발전시키고 있다.

이 밖에 몇몇 다른 쇼핑몰들도 전통적인 쇼핑몰의 개념에 적극적으로 도전하고 있다. 몰오브아메리카(Mall of America)나 시저스 포럼숍(Forum Shop at Caesars)과 같은 쇼핑몰은 놀이 공원화된 대규모 쇼핑몰을 만들어

많은 사람들을 끌어들이는데 성공했다. 시저스 포럼숍은 천장에 번개와 가상의 하늘을 만들어, 마치 번개가 내리치는 장소를 지나가는 듯한 분위기를 연출했다. 이곳은 또한 로봇을 이용한 전기 쇼를 보여주기도 한다.

오하이오주 콜럼버스에 있는 이스턴타운센터몰(Easton Town Center Mall)은 상품 구매와는 무관한, 인간의 복합적인 욕망에 창조적이고 세심하게 반응하는 몇 가지 흥미로운 방법을 발견했다. 이스턴타운센터 계획의 공동 개발자인 베리 로젠버그(Barry Rosenberg)에 따르면, 이 쇼핑몰의 목표는 점점 더 취약해져 가는 도시 조직을 대신할 진정한 지역 공동체를 조성하는 데 있다고 한다.[5] 이스턴타운센터몰은 비대면적인(非對面的)인 디지털 문화의 대안으로서 소매업의 미래를 위해 중요한 의미를 갖는다. 이스턴은 콜럼버스의 명소이자, 사회적인 모임 장소가 되었다. 이곳에서 사람들은 레스토랑이나 콘서트, 또는 극장에 가는 길에 필요한 옷을 사기 위해 잠시 갭(Gap) 매장에 들른다. 경기를 이긴 지역 야구팀은 축하연을 위해 이곳에 오며, 신생 하키팀은 유니폼 로고의 발표 장소로 이곳을 선택한다. 매주 열리는 농산물 장터와 유료 마술 쇼, 마임, 공연 등은 활기차고 다양한 도시 공동체의 느낌을 만드는데 기여한다. 바로 여기에 소매업의 진정한 힘이 존재한다. 왜냐하면 훌륭한 제품은 사람들의 감성에 가까이 다가섬으로써 구매 경험을 강화해 주는 환경 안에 있기 때문이다.

몇 가지 아이디어

소매업의 변화를 지켜보면서 "소매업체란 무엇이고, 무엇이 될 수 있는가?"라는 질문을 하지 않을 수 없다. "모든 게 다 해당된다"가 질문에 대한 내 대답이다. 만약 홈데포(Home Dept) 매장 안에 라이브 극장을 만들면 흥미롭지 않을까? 극장에서 사용되는 세트는 홈데포 제품을 이용하고, 쇼핑객들은 세트 디자인을 보면서 자신의 집을 꾸미는 아이디어를 얻을 수 있을 것이다. 신상품을 알리기 위해 반드시 광고를 할 필요는 없다고 본다. 매장 극장은 정신없이 쏟아지는 광고보다 브랜드를 알리는 데 더 효과적일 수도 있다. 극장을 제작, 유지하는 비용을 무시할 순 없겠지만, 뉴스거리나 사람들의 입소문은 그 비용을 보상해줄 것이다. 공연 중인 매장 안으로 사람들을 끌어들이기 위해 연기자들이 매장 입구에서 홍보 활동을 하는 것도 한 방법이 될 수 있다.

테크놀러지 또한 소매업을 재창조하는데 무한한 가능성을 제공해준다. 이 책의 앞부분에서 나는 뉴욕시 현대미술관을 개별적으로 관람할 수 있게 해주는 헤드셋 음향 안내 시스템에 대해 언급했다. 나는 대규모 매장들도 현대미술관과 같은 음향 안내 시스템을 활용할 수 있다고 생각한다. 고객이 메이시(Macy)와 같은 대형 백화점에 들어가 매장을 안내해주는 헤드셋을 고른다면 환상적인 경험이 될 것이다. 그런 기구들이 가진 잠재력은 무한하다. 백화점에 도착하자마자 메이시 신용카드를 카드기에 넣으면 연령, 성별, 구매 내역이 분석되고 이 정보를 토대로 자신의 취향과 욕구를 충족시켜줄 쇼핑 코스가 헤드셋에 업로드된다. 또한 이것은 고객이 구매할 만한 품목들의 쇼핑 코스를 안내해준다.

쇼핑의 제1원칙은 쇼핑객들을 매장에 오랫동안 머물게 하는 것이다. 인터넷이 새로운 구매 방식을 제공하고는 있지만, 쇼핑의 중심 자리를 차지하기에는 아직 이르다. 결국 소비자들은 계속해서 멋진 쇼핑 경험을 제공하는 오프라인 매장의 즐거움을 찾아다닐 것이다.

이제 내가 좋아하는 점포 두 곳을 구경해보자. 이들은 특화된 강점을 내세우진 않지만, 소비자들에게 깊은 인상을 남기는 소매 환경을 만드는 데 필요한 요소들—독특한 건물, 최고급 서비스, 생생하고 감각적인 경험을 창조하는 상상력에 이르기까지—에서 높은 점수를 받은 우수한 소매업체들이다.

Stew Leonard's : 최고의 소매 매장

규칙 1. 고객이 항상 옳다!
규칙 2. 고객이 틀리면 규칙 1을 읽어라!
- 스튜 레너즈 2세

고객 지향적인 소매 환경이란 가장 열정적인 방법으로 고객을 먼저 생각하는 것이다. 코네티컷에 있는 스튜 레너즈(Stew Leonard's)는 독특한 고객서비스와 혁신적인 분위기로 최고의 소매 경험을 제공한다. 스튜 레너즈는 적정 가격대의 식료품 매장이 전부가 아니다. 이곳은 직접 보고, 듣고, 냄새 맡고, 맛을 보는 등 쇼핑을 온몸으로 체험하는 장소이다. 스튜 레너즈는 쇼핑객들을 흥분시키고 강렬한 인상을 남긴다. 소매업체는 고객들을 위해 이같은 감각적 경험을 많이 제공할수록 고객들의 감성에 다가설 수 있고, 쇼핑을 즐거운 경험으로 만들어준다. 만약 이런 기쁨을 느낄 수 없다면 인터넷에 들어가 몇 번의 클릭만으로 필요한 물건들을 살 수 있는데, 힘들게 쇼핑하러 나갈 이유가 없지 않은가.

스튜 레너즈에서 제공하는 고객서비스는 언제나 당신이 기대하는 가장 친근한 서비스이다. 스튜 레너즈는 진심으로 고객을 대하는 방법을 잘 알고 있다. 사실, 이 소매업체는 시티 은행, IBM, 펩시콜라 등 〈포춘〉지에서 선정한 500대 기업을 대상으로 고객서비스 노하우를 제공하기도 한다.

스튜 레너즈 매장은 농장을 연상시킨다. 이는 매장의 전체적인 컨셉인 신선함에 신뢰감을 더해주는 요소이다. 이곳은 소, 돼지, 염소, 오리, 닭

식료품 전문 매장인 스튜 레너즈

같은 가축들을 모아놓은 작은 동물 농장을 주차장 입구에 마련해놓아 부모와 아이들 모두에게 신선한 충격을 준다. 매장 입구에 들어서자마자 고객들은 규칙 1, 2가 새겨진 커다란 바위의 환영을 받게 된다. 그리고 그곳을 통과하는 순간, 갓 구워낸 빵 냄새가 후각을 자극해 온다. 스튜 레너즈는 다양한 후각적 경험을 통해 고객들을 기분 좋게 해주는 능력이 뛰어나다. 매장 구경은 모든 제품들이 잘 보이도록 짜여진 이동 형태에 따라 안내된다. 하지만 시간이 없는 고객을 위해 별도의 지름길도 만들어놓았다. 매장 한켠에서는 갓 뽑아낸 신선한 커피를 제공하고, 주방에서는 미각을 자극하는 냄새들을 풍기며 포장 음식을 준비한다. 그리고 모형 우유 공장에서는 우유가 포장되어 나오기까지의 과정을 보여준다. 내용물을 운반하는 컨베이어 벨트까지 갖춰진 모형 우유 공장은, 고객들로 하여금 스튜 레너즈 매장의 일부가 된 엔터테인먼트라는 컨셉을 뚜렷이 느낄 수 있게 해준다.

스튜 레너즈 매장은 이 밖에도 재미있는 볼거리들을 풍성하게 제공한다. 모형 기차가 가게 주변을 돌면서 마치 농산품들이 매일매일 들어오는 것처럼 보이게 한다. 유제품 코너에서는 세 마리의 노래하는 암탉이나 농장의 5인조 악단의 노랫소리가 쇼핑객들의 호기심을 자극한다. 청과 코너에서는 셀러리와 상추 모형의 인형이 "신선한 야채는 당신 몸에 아주 좋답니다"라는 노래를 부른다. 바나나 나무 꼭대기에 있는 원숭이 인형극 트리오도 빼놓을 수 없다. 이곳의 한 판매원은, "사람들은 저희 매장에 들를 때마다 깜작 깜짝 놀라곤 한답니다"라고 말한다.

스튜 레너즈 매장이 전달하고자 하는 메시지는 "직접 만든 신선함을 느껴보세요"이다. 그리고 쇼핑객들은 진열된 제품들을 공급하는 농장이 매장 뒤쪽에 있다고 믿게 된다. 이곳은 농장에서 보내온 포장이 디스플레이용으로 사용되고, 여기에는 제품을 생산한 농장의 주소가 적혀 있다.

스튜 레너즈는 품질, 신선함, 풍부함, 친근감과 같은 식료품 매장에서 기대되는 모든 것을 제공하는데 초점을 맞춘 소매업체이다. 스튜 레너즈는 고객이 항상, 심지어 집에 있을 때조차 자신들과 관계를 지속하도록 만든다. 고객들은 매장을 떠나면서 스튜 요리책을 구입하거나 유명 건물 앞에서 스튜 레너즈 쇼핑백을 들고 찍은 사진을 제출함으로써 상품권을 탈 수도 있다. 하지만 고객과의 관계 형성을 위한 이 매장의 마지막 노력은, 〈이 매장에서 가장 마음에 드는 것은 무엇입니까? 또, 가장 마음에 들지 않는 것은 무엇입니까? 저희는 그것을 알고 싶습니다〉라는 제목의 설문조사를 하는 것이다.

ABC Carpet : 탐험의 즐거움이 있는 장소

ABC Carpet & Home은 그들만의 특별한 세계를 구축하고 있으며, 쇼핑을 하는 동안 즐거운 시간을 보내려는 고객의 욕구를 명확하게 이해하고 있는 또 다른 소매업체이다. ABC 카펫은 카펫 그 이상에 대한 것이다. 그것은 바로 알리바바의 감춰진 보물을 찾기 위해 탐험을 하는 듯한 모험의 세계이다.

뉴욕 중심부에 자리잡은 고풍스런 6층짜리 그리스식 벽돌 건물은 각 층마다 가구와 가구 장식들의 종합 전시장이라고 할 수 있다. 이곳에서 제품들은 멋진 라이프 스타일을 표현하는 실내 장식의 일부로 배치된다. 상품 진열은 고객이 직접 만져보고, 사용해보고, 심지어 재배열해볼 수 있도록 되어 있다. 또한, 이 매장의 향기는 당신의 모든 감각을 사로잡는다. 향기는 실내 장식 곳곳에도 배어 있다. 쇼핑객들은 빅토리아풍으로 장식된 멋진 카페에서 차를 마시면서 잠깐씩 휴식을 취할 수도 있고, 푸드 홀로 가서 간단한 요기를 할 수도 있다.

ABC 카펫 매장에서 고객은 영웅이고, 모든 것은 고객의 즐거움을 위해 행해진다. 이 매장은 당신이 원하는데로 쇼핑을 할 수 있게 하고, 필요할 때면 언제든지 휴식 공간으로 당신을 초대한다. 세계 각지에서 도착한 신기한 물건들은 끊임없이 당신을 유혹하고, 독특한 물건들과 상상력을 불러일으키는 상품 진열은 여행지에서나 느낄 수 있는 흥미로움을 제공한다.

위에서 예로 든 두 모델들은 소매 매장을 흥미진진한 장소로 만드는 일종의 소매 정신을 성공적으로 구현했다. 이들 소매업체들은 고객들로 하여금 무언가를 요구받는 듯한 기존의 쇼핑 경험에서 탄성을 자아내는 매장으로 바꿔놓음으로써 진실하고 유익한 방식으로 고객들에게 다가서고 있다. 이것이 바로 진정한 쇼핑의 예술이다.

ABC 카펫 매장

13

브랜드 존재

신선하고 새로운 접근

브랜드는 놀이공원이고, 제품은 기념품이다!
닉 그레이엄, Joe Boxer 사장

브랜드 존재(Brand Presence)란 무엇인가? 브랜드 존재는 다양한 상황에서 적절한 시각적 · 감성적 자극을 통해 다양한 지역의 고객들과 연결됨으로써 아이덴티티를 창조하거나 강화하는 과학이다. 예를 들어 코카콜라 상표는 애틀랜타 본사, 캔, 올림픽에서 사용되느냐, 또는 미국, 중국, 베네수엘라에서 사용되느냐에 따라 전달하는 의미가 서로 다르다. 하지만 그것은 항상 코카콜라의 핵심 브랜드 가치와 조화를 이룬다.

편재에서 존재로

편재(ubiquity)와 달리, 존재는 아이덴티티의 본질을 손상시키지 않는 한도 내에서 적용상의 엄격함에서 벗어나 목표 고객과의 개인적이고 적실성 있는 커뮤니케이션에 초점을 맞추는 이미지 관리 프로세스(image-management process)이다. 존재는 브랜드를 둘러싼 감성적이고 감각적인 분위기를 표현한다.

브랜드는 고정적이지 않으며 다양한 측면의 개성을 담고 있다. 브랜드는 고객이 선호하는 브랜드로서의 자산을 구축하고 유지하기 위해, 그리고 매일 매일, 순간 순간 대상 고객들과 연결되어 있기 위해 끊임없이 진화해야 한다. 최상의 상태에서 브랜드 존재는 고객의 삶의 방식에 밀접하게 연결된다. 브랜드가 직면한 과제는 메시지에 대한 고객의 수용성과 민감성의 수준을 이해하고, 이를 토대로 브랜드를 발전시키는 것이다. 이를 위해 브랜드는 브랜드 경험의 상이한 시점에, 상이한 방법으로 고객과 감성적으로 연결되기 위해 직선적이고 편재 지향적인 표현 방식을 뛰어넘어야 한다. 우리 회사는 브랜드 존재 관리시스템(Brand Presence Management : BPM)이란 도구를 만들었는데, 이는 한 브랜드가 적확한 감성적 메시지를 적확한 시간과 장소에서, 적확한 고객에게 전달할 수 있도록 하는 것이다. BPM은 고객의 경험이라는 측면에서 브랜드를 진단하고, 기업이 시장에서 브랜드의 전체적인 아이덴티티를 평가하고 심사하도록 도와준다. 또한, 브랜드의 표현을 감성적으로 관리하고 최적화하는 방법에 대한 솔루션을 제공한다.(BPM에 대한 자세한 설명 및 1996년 애틀랜타 올림픽에서 코카콜라의 브랜드 존재 프로그램을 개발하기 위해 이 툴을 적용한 사례에 대해서는 17장을 참고하기 바란다.)

"인식되기 위해서는 먼저 보여져야 한다"는 말은 사실이다. 하지만 강력한 브랜드 존재 프로그램의 역할은 다양한 고객과의 접촉점에서 브랜드가 주는, 적절한 감성적 경험을 만드는 것이어야 한다. 모두가 피자헛처럼, 세계에서 가장 큰 양성자 로켓에 로고를 찍어 우주로 띄워 보낼 필요는 없다! 한 브랜드가 훨씬 더 심오하고 개인적인 수준에서 고객에게 도달할 수 있는 기회는 이 외에도 많다. 단순히 보여지는 것뿐만 아니라 느껴지는 존재가 요구된다. 다시 말해 고객의 라이프 스타일 상의 다른 시간대와 다른 장소에서 독립적인 메시지를 통해 고객과 연결되고, 그들의 마음을 사로잡도록 프로그램을 관리해야 한다.

JC Decaux SA가 디자인한 거리 시설물

광고는 종종 서로 다른 접촉 지점에 있는 고객들에게 직접적으로 말을 하는데 뛰어난 방법이다. 그러나 브랜드와 소비자 대화는 광고 외에도 옥외 존재, 인터넷, 이벤트, 소매점 브랜딩과 같은 다양한 방식으로 이루어진다. 브랜드의 옥외 존재(outdoor-presence) 메시지들은 일반적으로 매우 유사하고 때로는 수년 동안 지속된다. 광고가 새로운 기회에 재빨리 대응하는 반면, 특성상 옥외 존재 사인물은 이와 동일한 방식으로 관리되지 않고 있다. 이것은 같은 내용을 반복해서 말하는 누군가와 대화를 지속하는 것과 같다. 결국 우리는 그것들에 더 이상 관심을 기울이지 않게 된다. 해결의 열쇠는, 소비자처럼 생각하고 소비자의 시각에서 브랜드 존재를 바라보는 것이다.

세계적으로 가장 규모가 큰 거리 시설물(Street Furniture) 회사인 JC Decaux SA는 창조적이고 시각적인 즐거움을 전달하는 방법으로 대중들의 욕구에 부합하고 있다. 이 회사의 거리 매점, 버스 정류장, 화장실, 공

앱솔루트 뉴욕 광고판

중전화 박스 등은 일상적인 도시 생활에 대한 혁신적인 솔루션을 제공하는 디자인으로 되어 있다. 이 회사의 거리 시설물—31개국, 11,000개의 도시에 설치되어 있다—은 최고 수준의 건축가와 디자이너들에 의해 제작되었으며, 그 도시만의 독특한 이미지를 손상시키지 않으면서, 현대적인 이미지를 성공적으로 가미하고 있다. 이것은 매력적이면서 아주 유용한 최고의 브랜드 존재 수단이다.

놀람을 주는 요소는 브랜드 존재를 통해 소비자와 유대감을 쌓을 수 있는 대단히 효과적인 방법이다. 사람들의 기대를 앞서거나 부합하는 브랜드 존재의 창의적인 노력은 더 큰 감성적 반향을 불러일으킨다. 맨해튼의 앱솔루트 뉴욕(Absolut New York)이란 광고판—시그램(Seagram)이 제작한 여섯 개의 '2000년 앱솔루트 보드카' 대형 광고판 중 하나—을 처음 보았을 때, 나는 광고판에 붙은 실물 크기의 아파트 실내 세트에 놀라 입이 다물어지지 않았다. 광고판에는 조리대 위의 음식포장 팩, 화장

야후! 광고판

대 위의 화장품, 바닥에 놓여 있는 신발, 티 테이블에 올려놓은 유리잔(앱솔루트 보드카로 채워진 마티니 유리잔)과 같이 재미난 생활 소품들로 가득 차 있다. 그래서 그 광고판을 보는 것은 일종의 게임 같았고, 사람들은 매번 이전에 보지 못했던 새로운 것들을 발견할 수 있었다.

혁신성은 약간 떨어지지만, 뉴욕의 라파이예트나 휴스턴 거리에 있는 야후! 광고판 또한 놀람의 요소와 흥미로운 디자인을 통해 다른 광고와의 차별화에 성공한 경우이다. 이 광고판은 회전식 네온과 '빈 방 있음/없음' 표시가 깜박거리는, 50년대 모텔 간판처럼 보인다. 간판에는 〈야후! 인터넷에서 머물 수 있는 가장 좋은 장소〉라고 씌어 있는데, 이는 야후!의 브랜드 아이덴티티가 거대한 인터넷 세상을 탐험하는 재미있고 접근하기 쉬운 기지라는 의미를 전달한다. 또한 50년대의 아련한 추억을 떠올려줌과 동시에, 여행을 하는 듯한 흥분, 모험, 자유를 연상시킨다. 이와 같이 각각의 브랜드 커뮤니케이션 수단은 감성적으로 적절한 방법

Joe Boxer의 말하는 속옷 자동판매기

을 통해 소비자에게 도달할 수 있도록 효과적이고 창의적인 방법으로 설계되어야 한다.

물론 완전히 새로운 커뮤니케이션 수단을 발명할 수도 있다. 조 박서(Joe Boxer)는 말하는 속옷 자동판매기를 개발했는데, 사람들이 그 옆을 지나갈 때마다 "이봐 당신, 새 속옷이 필요하지 않아?"라고 외치면서 사람들의 발길을 멈추게 만들고 웃음을 유발시킨다. 농담도 잘 하는 이 속옷 자동판매기는 재미와 유머라는 조 박서만의 브랜드 포지셔닝을 효과적으로 전달하는 방법이다. 이 속옷 자동판매기는 현재 약 70여 대가 설치되어 있고, 홈페이지와도 연계해놓았다. 고객들은 온라인을 이용해 친구에게 상품권을 선물하거나, 어떤 속옷 자동판매기도 이용할 수 있는 상품권 코드번호를 이메일로 보낼 수도 있다. 이것은 조 박서의 창시자이자 브랜드 존재의 대가인 닉 그레이엄(Nick Graham)의 뛰어난 브랜드 존재 창안 사례 중 하나이다. 사실상, 닉 그레이엄은 적은 예산으로 77%의 브랜드 인지도를 달성했다. 그와 같은 성과를 달성할 수 있었던 요인은 독특한 브랜드 존재 방법과 게릴라식 마케팅 활동에 의한 결과였다.

부족한 것이 더 나을 수도 있을까?

감성적 브랜드 존재의 세계에서, 중요한 것은 양이 아니라 질이다. 오늘날에는 소비자를 향해 커뮤니케이션이 무차별로 쏟아지고 있기 때문에, 때로는 브랜드 메시지에 적합한 독특한 장소를 발견하는 것이 여기저기 붙어 있는 로고보다 훨씬 더 효과적일 수 있다. 이는 특히 컴퓨터 테크놀러지의 발전으로 대형 광고판이 보잘것 없는 존재로 전락한 뉴욕을 비롯한 거대 도시 지역에서는 더더욱 그렇다. 이제 고층빌딩 위에서 보행자들을 내려다보는 초대형 갭(Gap) 모델들은 흔해빠진 모습이고, 버스정류장의 광고에서 지나가는 트럭 광고에 이르기까지 어디에나 광고가 넘쳐난다. 하지만 앞으로는 당신이 어디에 살든지, 어디를 가든지 광고는 당신을 따라다닐 것이다. 광고는 PDA를 보는 당신 손 안에 있을 수도 있고, 쇼핑 카트 안에 있을 수도 있다. 하드웨어 인터내셔널(Hardware International)사는 휴대할 수 있는 비디오를 개발 중에 있으며, 머지않아 우리는 광고 스크린이 내장된 옷을 입게 될지도 모른다.

알토이즈(Altoids)는 뉴욕의 명물인 삼륜 자전거에서[1] 독특하고 효과적인 브랜드 존재를 노출시킬 장소를 발견했다. 알토이즈의 박하사탕 브랜드 존재 캠페인은 삼륜 자전거 뒤쪽에 매달린 커다란 알토이즈 깡통을 부각시키면서, 운전자의 힘찬 모습을 컨셉으로 활용했다. 이 광고캠페인

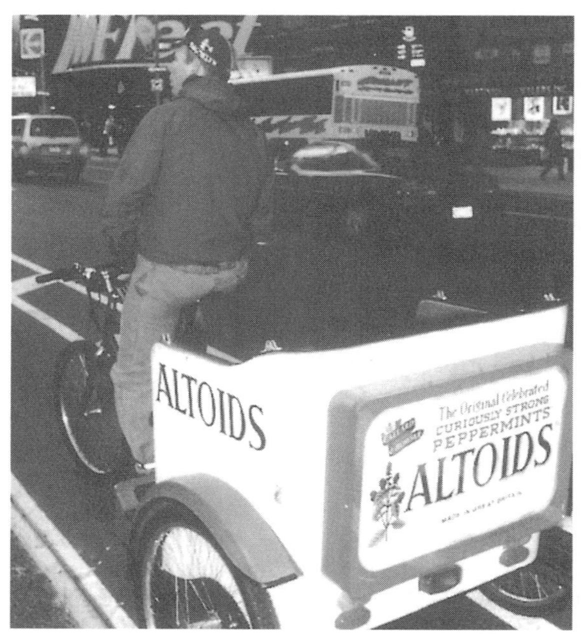

뉴욕시의 명물인 삼륜 자전거를 활용한 Altoids 브랜드 존재 캠페인

을 만든 레오버넷 USA 광고대행사의 제프 그레이스는 삼륜 자전거를 브랜드 존재의 무대로 선택한 것에 대해, "새롭고 친근한 느낌들이 뉴욕 시민의 머리를 식혀줄 것이라고 생각했기 때문"이라고 말했다. 게다가 삼륜 자전거는 뉴욕의 가장 멋진 지역에서 운행되며, 운전자들은 가장 세련된 장소나 재미난 식당으로 사람들을 안내해주기 때문에 그들은 알토이즈 브랜드로서는 측정하기 어려운 가치를 지닌 '근사함(coolness)'이란 이미지를 부여해준다. 광고가 어떤 서비스나 특별하고 재미있는 만남과 연결되는 곳에서, 이같은 친밀하고 독특한 브랜드 접촉은 건물 앞에 붙어 있는 광고보다 훨씬 더 효과적이지 않을까? 감성적 브랜딩의 관점에서, 그 차이점은 중요하게 고려되어야 할 사항이다.

게릴라 마케팅 전략

옛날 옛적에 머나먼 한 나라에서 소비자들을 향해 대규모 광고캠페인을 펼치기 위해 기업 제국들과 광고 집행관들이 막대한 예산을 쏟아붓고 있었다. 이 거인들은 "클수록 좋아!"를 연발하며 미디어를 하나씩 먹어 치우자, 반란세력들은 하는 수 없이 다른 방법을 찾을 수밖에 없었다. 그들은 뛰어난 창의력과 풍부한 아이디어를 무기 삼아 한정된 예산으로 미지의 영역으로 세력을 넓히는데 성공했다. 그리하여 마침내 게릴라 마케팅(Guerrilla Marketing)이 탄생했다. 검소함은 게릴라 마케팅의 특징이고, 정직은 트레이드 마크이다. 게릴라 마케팅은 화려하고 가식적인 대중 광고캠페인에 식상한 유행의 창조자들 뿐만 아니라, 주류 광고캠페인이 접근하기어려운 충성스런 틈새시장을 끌어들이는데 탁월한 능력을 발휘하고 있다.

게릴라 마케팅은 감성적 경제에서 매우 중요한 개인적인 만남의 기회를 제공한다. 콘서트장이나 휴양지와 같이 목표 고객이 많이 모이는 장소에서 샘플을 나눠주거나 브랜드를 홍보하는 것은 효과적인 방법이다. 패션 브랜드의 경우, 시장에 영향을 주는 미묘한 방법으로 패션지 기자, 스타일리스트, 예술가 등에게 계절별 최신 디자인을 자주 나눠준다. 한 예로, 프라다(Prada)는 볼링 모양의 가방을 2000년 2월 밀라노 패션쇼에 참석한 패션지 기자들에게 보냈는데, 우연찮게 〈뉴욕타임스〉에 똑같은 모양의 가방을 든 여성의 모습과 함께 기사가 실림으로써 일약 성공을 거두었다. 또한 게릴라 마케팅은 붐을 조성하고 판매 기회를 창출하기 위해 젊고 사교적인 사람들로 구성된 길거리 홍보팀에 의존하기도 한다. 샘플 나눠주기, 거리 공연, 멋진 포즈 취하기 등은 이들이 할 수 있는 효과적인 게릴라 마케팅 전술들이다. 소규모 회사들의 이같은 게릴라 마케팅 전략은 모든 비즈니스 분야와 세분시장에서 인기를 얻고 있다. 소비자들은 갈수록 자신들을 귀찮게 하는 광고에는 더 이상 관심을 보이지 않기 때문이다.

게릴라 마케팅 전략은 단순한 개인적인 접촉의 문제일 때도 있다. 인터넷 기업인 Food.com은 200만 달러의 비용을 들이고도 아무런 성과도 얻지 못하자, 게릴라 마게팅 기법으로 전략을 바꿨다. 그들이 성공을 거둔 게릴라 마케팅 전술 중 하나는 쿠폰과 티셔츠를 나눠주기 위해(경비원의 제지를 피하기 위해 배달원으로 가장해서) 기업체 사무실을 방문하는 가운 입은 요리사를 고용한 것이다. 또 다른 사례는 대학생들을 끌어들이기 위해 노숙자 지원 프로그램과 연계하여 공익성 이벤트를 추진한 것으로, 학생들이 콘서트 장에서 Food.com이 제공한 음식을 노숙자들에게 기부하면 대신 음악 CD를 받거나 돈으로 환불받을 수 있도록 했다.

《소비자의 레이더망을 피해서(Under the Radar)》의 공동 저자인 조너던 본드(Jonathan Bond)와 리처드 키셴바움(Richard Kirshenbaum)[2)]은, 광고에 있어 참신함과 혁신이란 경로를 통해 소비자들에게 다가가는 것이 얼마나 중요한가를 역설했다. 이들은 긍정적인 구전 효과를 불러일으키고 관리하는 방법을 분석, 제안하는데 많은 페이지를 할애했다. 그것은 바로 게릴라 마케팅의 모든 것, 즉 입소문이다! 입소문을 내기 위한 방법은 아주 다양하다. 한 예로, 피츠버그에 있는 아이언시티 맥주(Iron City Beer) 광고캠페인을 진행할 때, 그들은 비디오 카메라를 들고 그 지역에서 유명한 바를 찾아가 아이언시티 맥주에 대한 슬로건을 요청했다. 이것은 이내 입소문을 타기 시작했고, 동시에 "버그(피츠버그)다워!"란 슬로건이 탄생되었다. 피츠버그를 한마디로 특징짓는 이 말은, 그 이후 지역 매체나 방송 진행자들에 의해 곧잘 인용되곤 했다. 일상적인 대화에서나 방송 프로그램 진행자가 어떤 말 끝에 "버그다워!"를 연발할 때마다 아이언시티 맥주는 돈 한푼 안 들이고 홍보 효과를 얻는 셈이었다.

일부 브랜드의 경우 게릴라 마케팅이 브랜드 접촉을 위한 창조적인 가능성들을 탐색하는데 있어 대단히 효과적이다. 다시 말해 상식을 뛰어넘는 엉뚱한 영역으로 대담하게 뛰어드는 것이다. 속옷 한 벌을 실은 로켓을 발사하는 것이나 아이슬랜드에서의 패션쇼와 같은 조 박서의 엉뚱한 판촉 묘기들을 사람들은 기억하고 있다. 1997년 닉 그레이엄은 200명의 패션지 기자들을 아이슬랜드로 초청하여 아이슬랜드 대통령과의 만남, 칵테일 파티, 바이킹 마을 방문, 바이킹 모자를 쓴 모델들이 등장하는 속옷 패션쇼와 같은 다양한 행사를 주최했다. 이 멋진 행사에 든 총 비용은 20만 달러였다. 이같은 방식의 언론 홍보는 게릴라 마케팅이 할 수 있는 창조적인 모험이자 최선의 결과이다.

그러나 게릴라 마케팅이란 용어를 한마디로 정의하기는 쉽지 않다. 게릴라 마케팅 전략과 그 성공은 정해진 공식이 있는 게 아니라, 지능적인 즉흥 행동에 의존하는 경향이 강하다. Y세대를 설명한 1장에서 이들에 대한 효과적인 광고캠페인 중 하나로 유행의 선도자들을 활용해 많은 비용을 들이지 않고도 소문을 퍼뜨리는 방법에 대해 언급했었다. MTV의 〈Fashinably Loud Spring Break 2000〉이라는 쇼 프로그램은 패션 브랜드가 X세대와 Y세대에게 최대한 노출될 수 있는 기회이다. 하지만 목표대상이 누구든지 간에 게릴라 마케팅은 그들의 관심을 유발하고 열정을 자극할 수 있는 매체를 선택한다. 토미 힐피거(Tommy Hilfiger)는 2000년 봄 시즌을 맞아, 토미가 직접 디자인한 모토롤라 휴대폰을 상품으로 내건 프로모션을 통해 새로운 브랜드 존재를 시도했다. X세대와 Y세대를 겨냥한 이 프로모션을 통해 패션 디자이너가 만든 최초의 휴대폰이 탄생되었다. 이때 토미 힐피거는 2000개의 한정 수량으로 만들었지만, 머지않아 더 많은 수의 디자이너들이 참여한 휴대폰이 나올 것으로 예상된다. 또한 다른 기업들 역시 특정 타깃을 겨냥한 새롭고 독특한 마케팅 전략을 고안해낼 것이다.

결 론

잘 고안된, 감성적으로 충만한 브랜드 존재는 당신이 창조한 브랜드 스토리에 고객이 참여하고 싶은 마음이 들도록 유도한다. 브랜드 존재는 브랜드의 시각적 · 경험적 영역에 활력을 불어넣음으로써 상품이 경쟁에서 돋보이게 한다. 이러한 목표를 달성하도록 도와주는 새로운 매체와 테크놀러지에 의해 미래가 우리에게 어떤 경이로움을 선사할지는 알 수 없다. 하지만 쌍방향 광고가 점차 확대되고, 그 이면에 있는 기술들이 빠른 속도로 발전해감에 따라, 우리는 머지않아 감성적인 브랜드 표현을 위한 새로운 출구를 발견하게 될 것이다.

14

감성적 포장

0.5초의 광고

하인즈 케첩과 고객 간의 유대관계는
본질적으로 감성적이며, 퍼스낼리티에 기초한 것이다.
하인즈 포장 용기는 브랜드 퍼스낼리티의 핵심 요소이다.
빌 존슨, 하인즈 최고경영자

포장은 0.5초의 광고이다. 포장은 즉각적으로 사람들의 관심을 유발하고 상품에 대해 친숙함을 느끼도록 기능해야 한다. 포장은 인식되기 위해 1초의 절반을, 사랑받기 위해 1초의 나머지 절반을 가지고 있다. 메시지는 즉각적이고 직접적으로 전달되어야 하며, 동시에 감성적으로 연결되어야 한다. 포장이 제대로 기능하기 위해서는 다음의 요소들을 갖춰야 한다.

1. 상품에 대한 정의로서의 제안(proposition)의 명료성
2. 독점적인(proprietary) 시각적 표현
3. 통합된 감각적 메시지와 놀람의 요소를 통한 감성적 연결성

효과에서 접촉으로 : 포장은 집중된 브랜딩이다

포장은 소비자가 제품을 찾는데 시간을 허비하지 않게 해주는 것 외에

도 많은 실용적인 목적을 갖고 있다. 소비자는 내용물을 알아보기 쉬운 포장을 더 편안하게 받아들인다. 하지만 소비자를 상품과의 특별한 관계로 유도하기 위해서는 실용성을 뛰어넘어, 외양에서도 소비자의 감각을 사로잡을 수 있어야 한다. 포장은 보여지기 위해 효과(Impact)에 근거를 두고 경쟁한다. 그러나 사랑받기 위해서는 감성적인 접촉(Contact)이 이루어져야 한다. 제품에 대한 선호는 이것을 통해 만들어진다. 제품을 구입하고 난 뒤에도 이러한 경험의 발견은 계속될 수 있다. 제품의 용기나 상자를 여는 것은 소비자의 브랜드 경험에 영향을 미친다. 그러므로 자동차 열쇠고리 모양 하나도 브랜드 약속 위에서 고려되어야 한다. 포장은 최종 커뮤케이션 도구이며, 상상력 넘치는 새로운 아이디어들이 상품 포장의 한계에 도전하고 있다. 인간적이고 감성적인 느낌을 전달하기 위해 포장의 형태와 제품의 그래픽이 최종 사용자에게 즉각적으로 연결될 수 있도록 표현함으로써 제품에 대한 인지를 열망으로 발전시켜야 한다.

앱솔루트 보드카는 그에 대한 좋은 예이다. 앱솔루트는 처음으로 X세대를 겨냥하여 기존의 접근 방식과는 다른, 지적이고 현대적인 포장 디자인으로 독특하게 포지셔닝했다. 예를 들어 앱솔루트 만다린(Absolut Mandarin)은 우리의 감각과 강력하게 연결되는 혁신적이고 독점적인 시각 표현으로 그 맛의 컨셉을 강화한다. 반으로 잘린 만다린(중국 귤의 일종) 모양의 병 밑바닥을 들어올리면 오렌지색이 투명한 보드카에 투영된다. 그리고 보드카의 신선함을 강조하는 서리가 낀 듯한 병을 통해서 보면 그 색은 은은한 빛을 발한다. 앱솔루트 병의 굵은 오렌지색 서체는 생생한 느낌을 전달한다. 앱솔루트 만다린의 제안은 명확하고, 적절하다. 그리고 그 시각적인 표현은 전반적인 주제(신선한 만다린)를 강화시켜준다. 서리가 낀 듯한 느낌과 화려한 색상의 기법은 아름다움에 대한 욕구와 연결되는 사람들의 감각에 호소한다. 마지막으로 병의 부드러운 터

Givenchy 루즈 미러 립스틱

치가 신선한 느낌을 더해준다. 유리를 이런 식으로 사용한 예는 술병에서는 그리 흔하지 않지만, 향수 산업에서는 유리 포장의 가능성에 대한 새로운 차원을 제시해주면서 오래 전부터 활용되어 왔다.

물리적인 포장 영역은 일반적으로 작기 때문에 브랜드 디자인을 표현하기 위한 공간 역시 작을 수밖에 없다. 포장은 점포나 슈퍼마켓의 상품들로 가득한 선반 위에서 돋보이고, 사람들의 관심을 끌 수 있어야 한다. 우리가 포장 디자인 분야에서 가장 흥미로운 혁신을 볼 수 있는 것은 바로 이런 제약 때문이다. 혁신은 우리의 제품과의 관계를 강화하고, 포장에 감각적인 요소를 불어넣기 위해 시도된다. 브랜드 제품은 우리의 마음 가까이에 있으며, 우리의 삶에서 많은 기능과 의미를 갖고 있다. 포장은 사람들의 욕구를 충족시켜주거나 개성, 스타일, 사회적 지위를 나타내는 표시로 사용된다. 또한 많은 제품들은 집안을 꾸미는 실내 장식 도구가 되어 생활 속에서 친밀한 역할을 수행한다. 지방시(Givenchy) 루즈 미러 립스틱 포장은 지금까지 내가 본 것 중에서 가장 혁신적인 립스틱 포장 개념 중 하나이다. 그것은 거울을 포장에 합쳐놓은 것으로, 립스틱을 바를 때 거울을 찾는 문제를 예리한 통찰력으로 멋지게 해결했다.

포장은 또한 제품에 대한 사람들의 기대를 재고시키고, 그 제품의 범주를 재평가하게 한다. 우리는 가격에 관계 없이 포도주 포장에서 최상의 표현을, 향수 포장에서는 놀라움과 관능미를 기대한다. 음료수는 순간적으로 감각을 자극해야 하고, 아이스크림은 고디바(Godiva)와 같이 배타적이든 벤앤제리(Ben & Jerry)와 같이 친근하든 간에, 탐닉과 재미에 관한 것이어야 한다. 음식 포장은 입맛을 돋워야 하고, 가정용품은 라이프 스타일에 대한 암시를 주어야 한다. 포장은 음악처럼 고객의 욕구에 정확하게 맞춰져야 한다. 잘못된 포장은 매장의 선반 위에서 퇴출당하는 것을 의미한다.

포장은 브랜드를 노래한다

광고가 지원되지 않는 제품은 고객의 관심과 소매업자의 호의를 끌어내기 위해 포장의 힘에 의존하며, 그것은 가끔씩 대성공을 거두기도 한다. 포장은 대규모의 브랜드 커뮤니케이션 프로그램에서 가장 강력한 요소가 될 수 있다. 앞서 언급했듯이, 애플사의 광고캠페인에 힘을 실어준 것은 아이맥(iMac)의 제품 디자인 그 자체이다. 에비앙(Evian) 광고캠페인은 순수하고 건강한 라이프 스타일에 관한 메시지를 전달하는 제품과 포장의 아름다움에 전적으로 의존한다. 앱솔루트 보드카 포장은 결코 나이를 먹지 않는 광고계의 슈퍼모델이다. 포장은 작은 공간에 결정화된 브랜드의 정수이다. 이는 왜 마케터들이 포장에 많은 노력을 쏟아야 하는지, 왜 포장 디자인 대행사가 뛰어난 브랜드 전문가가 되어야 하는지를 말해준다.

포장은 모든 사람들의 관심사이다

사람들은 포장에 대해 나름대로의 견해를 갖고 있으며, 포장이 재디자인되면 그것을 금세 알아차린다. 어떤 제품의 경우, 사람들은 그 포장이 어떠해야 한다는 강한 인식을 갖고 있기 때문에, 마케터들이 친숙한 제품의 포장을 격하시키거나 또는 격상시키는 것을 용납하지 않는 경우도

순수하고 건강한 라이프 스타일을 보여주는 Evian 광고

있다. 사실상 특정 디자인이나 디자인 요소에 대한 소비자들의 감성적인 애착은 포장이 소비자의 심리에서 차지하는 비중이 대단히 크다는 사실을 증명해준다.

1999년은 캠벨수프(Cambell' s Soup)가 드디어 포장에 변화를 가져온 해였다. 무려 102년 만에! 이 사건은 〈뉴욕타임스〉 비즈니스 면의 커버를 장식했다. 언론과 대중들은 어째서 이 사실에 흥미를 느끼는 걸까? 그 유명한 캔의 전반적인 모양 변화는 실제로는 작은 변형에 가깝다. 그것은 진화이지 혁명이라 할 수 없었다. 하지만 사람들이 브랜드의 아이콘에 보여준 감성적인 애착 때문에 우리는 그 캔에 어떤 변화가 일어났는지에 대해 흥미를 느꼈다. 앤디 워홀(Andy Warhol)이 캠벨수프 캔의 역할을 미국 대중문화의 일부로 찬양한 이후, 이 제품은 우리에게 속하게 되었고 그 운명은 우리 모두와 관련지어졌다. 충성 고객층을 소외시키지 않으면서 새로운 세대의 고객을 끌어들이기 위해, 이와 같은 유산을 가진 포장 디자인을 발전시킨다는 것은 그야말로 예술이다. 캠벨수프는 그들 포장의 재디자인을 통해 시장의 변화에 부응하는 모습을 보여주기로 결정했다. 다섯 가지 색상의 라벨이 신제품을 소개하고, 고객이 '고전', '재미', '특별한 선택', '최고 요리', '98% 무지방' 중에서 좋아하는 수프를 좀더 쉽게 고를 수 있도록 디자인 되었다.

포장이 고객의 삶에 미치는 효과를 연구하기 위해 수많은 조사 기법들이 개발되고 있다. TV 광고를 바꾸는 것은 고객들에게 쉽게 수용되는 반면, 포장의 변화는 고객을 혼란스럽게 하거나 문제를 발생시키기도 하고 감정을 고양시키거나 확신을 주기도 한다. 그러나 결코 고객의 마음에서 중립적이지는 않다. 포커스 그룹에 대한 조사는 맥주병 라벨이나 음료수 이미지와 같이 단순한 소비용품에서조차 포장에 대한 감성적 애착이 심리학자를 어리둥절하게 할 만큼 심오하고 강력한 영향을 준다는 사실이 거듭 증명되었다. 포장 디자인과 관련하여 위와 같은 커뮤니케이션 효과를 잘 알고 있는 나로서는, 회사의 최고경영진들이 포장 디자인에 얼마나 관심이 적고, 주요 커뮤니케이션 프로그램 초기에 포장 디자인이 포함되지 않는지 그저 의아스러울 뿐이다. 포장이 모든 사람들의 관심사라면 이것은 당연히 CEO가 담당해야 한다.

하인즈(Heinz)는 최근 그들의 최대 브랜드 아이덴티티 자산 중 하나가 지난 수년 동안 더욱 실용적인 디자인으로 대체되어 왔던, 친숙하고 땅딸막한 8각형의 유리병 디자인이라는 사실을 깨달았다. 하인즈는 현재 그 특이한 케첩 용기를 전세계적으로 표준화하기 위해 많은 돈을 쓰고 있으며, 더 가볍고 내구성이 뛰어나며 케첩을 더 쉽게 짤 수 있는, 원래의 유리병을 본딴 플라스틱 용기를 개발 중에 있다.

포장은 메시지이다

포장의 주요 기능은 제품의 정보와 브랜드의 감성적인 특성에 대한 감각을 제공하고, 공장에서 유통업자나 소매업자에게 운송되는 과정에서 제품을 보호하는 것이다. 용기로서의 포장은 진열대의 면적과 같은 엄격한 기준을 지켜야 한다. 또, 제품 포장은 집안의 냉장고나 다른 보관함에 들어갈 수 있어야 하며, 제품은 소비자가 일상 생활에서 용이하게 사용할 수 있도록 포장되어야 한다.

포장은 제품의 기능과 특징을 알려주고 법률 정보, 무게, 영양 구성분, 바코드 시스템에 관한 내용을 전달한다. 해외용 포장은 해당 지역의 문화적 가치를 반영해야 한다. 과대 포장은 환경에 대한 관심이 높아지고 있는 시장에서 부정적으로 작용한다. 나는 항상 포장 쓰레기를 줄이는 것과 우리의 사업이 환경에 미치는 영향에 관해 고객기업들과 긴밀하게 협조해 왔다. 이 모든 제약 내에서 일한다면 제품의 전반적인 브랜드 이미지와 소비자에 대한 이점을 전달할 여지가 거의 없다. 하지만 이것이 포장 예술을 도전적이고 상응하는 보상을 얻을 수 있는 작업으로 만들어 준다. 이 모든 실질적인 고려 사항에도 불구하고, 포장은 또한 제품을 팔아야 한다. 포장은 참으로 대단한 작업이다!

나는 항상 다른 나라에서 만들어진 포장 디자인을 유심히 관찰해 왔다. 왜냐하면 그것은 특정 문화와 취향에 대한 흥미로운 표시이기 때문이다. 이제부터는 세계 여러 나라를 여행하면서 만났던, 그리고 우리의 작업에 영감을 주었던 혁신적인 포장의 예를 보여주고자 한다. 포장은 문화와 시대를 정의한다. 그리고 브랜드가 적실성을 유지하기 위해 포장을 통해 어떻게 진화할 수 있는지 살펴보는 것은 흥미로운 일이다. 최근에 포장은 표현의 새로운 수준에 도달하고 있는데, 이는 재료와 인쇄 기술의 발달이 마케터나 디자이너로 하여금 새로운 시도를 가능하게 해주었기 때문이다. 오늘날 시장의 경쟁적 압력은 마케터들이 새로운 수준의 커뮤니케이션을 포장에 도입함으로써 혁신을 일으킬 것을 요구하고 있다. 그리고 그것은 감성에 기초하고 있다.

주류 · 향수 · 음료 · 음식 산업에서의 포장 혁신

주류 산업

앱솔루트 보드카의 성공은 일단의 새로운 경쟁자들에게 포장의 위력을 일깨워주었고, 이런 브랜드들이 유리 포장에 있어 혁신의 한계를 뛰어넘기 시작했다. 폴란드산(産) 보드카 벨베데레(Belvedere)는 특이한 모양과 병 뒷면이 앞에서 보인다는 점을 이용하여 놀라운 3차원 그래픽의 브랜드 표현을 창출해냈다. 병 앞면의 눈 덮인 나뭇가지를 통해 보이는 것은 폴란드의 대통령 궁이고, 이는 액체로 인해 확대되어 보인다. 길고 홀쭉한 이 병은 궁전 부분만 빼고는 온통 서리로 뒤덮여 있어 마치 차가운 겨울 아침에 궁전의 정원을 산책하는 듯한 느낌을 전달한다. 그런 점에서 이 포장은 우리의 상상력을 자극하는 매력적이고 신선한 브랜드 표현이다.

일본은 문화적으로 고도의 예술성을 지닌 나라이며 그러한 감각을 제품을 향상시키는데 활용해 왔다. 그런 점에서 일본의 주류 산업은 포장을 감성화하는 방법에 대한 좋은 예이다. 일본을 여행할 때마다 나는 영감을 얻기 위해 백화점의 식품 코너를 방문한다. 일본의 전통 술병들은 미묘하면서도 드라마틱한 방법으로 포장되어 있다. 병의 외부는 대나무 잎과 거친 끈 매듭을 사용하고 윗부분은 라이스 페이퍼(얇은 고급 종이)로 싼 텐잔(Tenzan) 술 포장에서와 같이 재료들의 아름답고 독특한 조합이 돋보인다. 무츠 하센(Mutsu Hassen) 브랜드는 투명한 라이스 페이퍼로 병을 감싸고 병 뚜껑은 검은 종이로 접어 짙은 홍색 줄로 묶었다.

Belvedere 보드카

이런 색상과 재료는 제품을 더욱 아름답게 표현해주고 소비의 특별한 순간을 연출한다. 진귀한 전통 술인 쇼치쿠바이는 다양한 색상을 사용하여 제품을 포장하는 흥미로운 기법을 사용한다. 주류 제품은 의무적으로 경고 문구가 씌어 있는 라벨을 붙여야 하는데, 쇼치쿠바이는 전체적으로 서리가 뒤덮인 듯한 병에 흐릿한 색채감을 주는 색을 라벨 뒷면에 칠함으로써 라벨을 영리하게 활용했다. 이것은 전반적인 포장 디자인을 강화시키도록 라벨을 이용한 것이다.

포장은 또한 이야기를 할 수 있고, 우리 자신의 이야기를 만들도록 우리를 고무할 수도 있다. 코르크와 거기에 씌어진 글자가 보이는 투명한 포도주 병마개가 특징인 로버트 몬다비(Robert Mondavi)의 혁신은 포도주 업계에서는 최초로 시도된 개념이었다. 로버트 몬다비 병 모양에는 브랜드의 부유한 유산과 음주 경험의 즐거움을 전달하는 서리가 뒤덮인 1997년 뿌미블랑(Fume Blanc) 포도주 병이나 1996년 스탁스 리프

일본의 전통주인 Tenzan과 Mutsu Hassen

쏘비뇽 블랑(Stags Leap Sauvignon Blanc)의 세련된 라벨에서처럼 감각적인 요소가 잘 드러나 있다. 또 다른 포도주 브랜드인 미스틱 클립스(Mystic Cliffs)의 1997년 샤도네이(Chardonnay) 라벨은 캘리포니아의 깎아지르는 듯한 절벽을 상징하며, 우리를 세계 수준의 포도주를 연상시키는 장소로 안내한다. 선명한 라벨 디자인은 병과 너무도 잘 어우러져 캘리포니아산 포도주의 정신이 바로 그 병에 구현되어 있는 듯한 느낌을 받는다. 유산에 대한 강조가 따분함을 의미할 필요는 없다! 가끔씩 그리워지는 로맨스와 관능미를 전달하는 벨벳 담배의 양철 케이스처럼, 30, 40년대 풍의 전통적 포장은 색상과 스타일을 놀라우리만큼 매력적으로 사용하여 하나의 이야기를 전해준다. 이런 종류의 상상력이 풍부한 미학은 오늘날의 포장으로 아름답게 옮겨질 수 있다.

향수 산업

이미지가 향수의 미묘함을 전달해주고 다른 향수와 차별화하기 유일한 수단인 향수의 세계에서는 포장이 모든 것이다. 외부 포장, 병 모양,

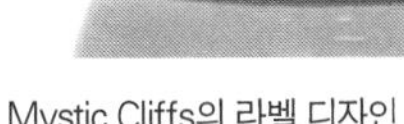

Mystic Cliffs의 라벨 디자인

벨벳 담배의 양철 케이스

브랜드 네임은 그 안에 있을지도 모르는 보이지 않는 요정을 고객에게 전달하기 위한 유일한 도구이다. 향수는 감성적인 약속을 즉각적으로 구매자에게 전달해야 한다. 향수는 가장 내밀한 로맨틱하고 관능적인 코드를 자극하는 패션 제품이다. 향수는 어디까지나 감정과 감각에 관한 것이지, 실용적 편익에 관한 것은 아니다. 편익은 분명히 심리학적인 영역이다. 따라서 향수 포장은 감성을 극대화할 수 있는 방법으로 아이디어를 표현해야 한다. 질감, 형태, 재료는 결정적인 역할을 하고, 혁신은 필수적이다. 향수 산업에서는 포장에서 적용할 수 있는 방법의 한계를 끊임없이 뛰어넘고 있기 때문에 마케터들에게 향수 산업은 영감을 얻기 위한 훌륭한 원천이다. 많은 향수 포장 디자이너들은 그들의 비전을 실현하고자 하는 도전적인 기업가로 알려져 있으며, 이들에 의해 새로운 유행이 창조되고 있다.

유명한 향수들은 항상 이야기를 들려주거나 메시지를 전달한다. 예를 들어 입생 로랑의 오피엄(Opium)에 나오는 이국풍 이야기, 크리스찬 디

왼쪽 : 이브 로체의 Neblina
아래 : 크리스찬 디올의 Remember Me

올의 리멤버 미(Remember me)에 나오는 개인적인 이야기와 쁘아종(Poison)이 말하는 백설 공주/이브 이야기, 캘빈 클라인의 이터니티(Eternity)가 말하는 영원한 열정의 이야기 등이 그것이다. 이브 로체의 향수, 네블리나(Neblina) 이야기는 다음과 같은 포장 문구를 통해 이미지를 전해준다. "하늘과 땅 사이에, 아마존의 밀림 위에 높이 솟은 구름의 바다에서, 희미한 안개가 희귀하고 섬세한 자연의 향기를 풀어놓는다. 이것이 네블리나의 정수이다." 매년 수백 종의 향수가 새로 나오지만 단 몇 종만이 유명 향수로 살아남는다. 그리고 이 향수들은 공통적으로 사람의 심오한 감성을 자극한다.

대부분의 향수는 여성을 위해 디자인 된다. 하지만 남성용 향수 산업도 점차 비중이 커지고 있다. 캘빈 클라인의 원(One)과 같은 남녀 공용 향수도 주목할 만한 성공을 거두고 있다. 포커스 그룹에서는 좋은 반응을 얻었지만, 초라한 포장과 빈약한 커뮤니케이션 때문에 시장에서 처참하게 실패하는 향수도 있다. 향수에 관한 내 경험에 비추어봤을 때, 포장과 커뮤니케이션이 곧 제품이다. 이세이 미야케의 남성용 향수와 에프터

이세이 미야케의 남성용
향수와 에프터셰이브 로션

셰이브 로션의 현대적인 멋과 수수께끼 같은 병 디자인은 너무도 기발하고 매력적이어서 당신으로 하여금 병들이 서로 부드럽게 맞물리는지 시험해보고 싶게 만든다. 이것은 동시에 두 제품을 사용해야 하는 실질적인 문제에 대한 멋진 해결책이다.

포장 용기의 혁신에 대한 필요는 향수의 제한된 유통 경로 때문이기도 하다. 향수는 대부분 매우 까다롭고 정적인 환경인 백화점을 통해 이루어진다. 세포라(Sephora)와 같은 전문 매장들이 판매 환경의 감성적 기준을 높이고 있기는 하지만, 기존 향수 유통 채널의 취약점은 갭(Gap)과 같은 전문 패션 소매업체들로 하여금 브랜드에 대한 감각적 경험을 강화하는 독특한 포장과 소매 환경을 앞세워 성공적으로 향수 산업에 진출할 수 있도록 해주었다. 목걸이 형태의 맥(MAC) 향수는 어떤가? MAC은 향수를 팔고 있는가? 아니면 보석을 팔고 있는가? 또는 그 가치를 공유함으로써 당신을 멋져 보이게 하는 브랜드 이미지를 팔고 있는가? 해답은 제품을 사는 우리의 마음속에 있다. 나는 몸에 부착할 수 있는 형태의 포장 아이디어를 좋아하는데, 이것은 브랜드에 대한 친밀감을 높여준다.

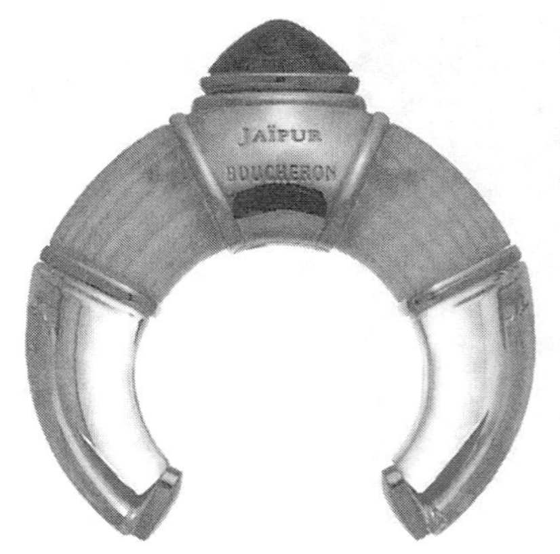

팔찌 모양으로 디자인된 보체론의 Jaipur

겐조의 남성용 향수 Zebra

향수와 미용 산업에서는 제품과 관련된 모든 것이 커뮤니케이션을 해야 한다. 용기, 2차 포장, 시각적 판매 시스템 등 이 모든 요소들은 상품에 대한 고객의 감성적 경험을 고조시키고 감각적 발견을 제공하기 위해 함께 기능해야 한다. 조엘 데그립스가 디자인한 겐조(Kenzo)의 남성용 향수, 제브라(Zebra)는 그 컨셉을 더욱 생생하게 하기 위해 뚜껑에 얼룩말의 갈기를 형상화했다. 조엘의 또 다른 유명한 디자인은 팔찌 모양을 본딴 보체론(Boucheron)의 자이푸르(Jaipur) 향수병인데, 이는 상품의 범주를 넘어 장식품이 되었다.

파비엔 바론(Fabien Baron)이 디자인한 아르마니(Armani) A/X DUO 향수병은 제품의 성적인 특성을 명확히 표현했고, 외부 포장은 제품에 금속성 테두리를 함으로써 표준적인 접근방식에 도전했다. 앤 테일러의 데스티네이션(Destination) 향수병은 내가 디자인한 것으로, '여행으로의 초대' 라는 이미지를 전달하고자 했다. 나의 발명품 중 하나인 빅토리아스 시크리트의 향수, 엔카운터(Encounter)라는 이름을 가진 신비한 보석 모양의 병은 로맨틱한 예감을 이야기한다. 장 폴 고티에의 첫번째 향

성적 본능을 표현한 Armani A/X DUO 향수

고티에의 향수 포장

수는 여성 토르소 모양의 병에 외부 포장을 캔으로 만들었는데, 이는 반(反)세련, 반(反)품격이라는 최신 유행 방식으로 그 컨셉을 전달한다. 이것은 고급스러움과 대중의 만남이라는 트렌드에 대한 최초의 표현들 중 하나이다. 고티에의 또 다른 향수, 프래질(Fragile)은 향수 포장 디자인에서 선구적인 작품이다. 이 브랜드에 얽힌 컨셉과 이야기는 중요한 의미를 담고 있다(이야기가 흥미로울수록 향수도 더 좋아진다). 파리에서 쉽게 찾을 수 있는 재미있고 값싼 기념품에서 얻은 영감을 가지고, 고티에는 금박이 떠다니는 향수 속에 잠긴 여자 조각상이 있는 눈송이 세상이라는 환상적인 세계를 창조해냈다. 부서지기 쉬운 소중한 제품을 포장하기 위해 사용된, 구식의 나무상자 포장은 그 안의 향수가 드러나도록 꽃송이처럼 벌어짐으로써 발견과 경이로움의 감각을 더한다. 이 포장은 향수에 적용된 전통적인 마케팅 규칙을 깨뜨리고, 탈출과 환상이라는 새로운 세계를 개척했다. 향수 산업에서 포장은 그 제품을 감성의 세계로 안내해준다.

음료 경험

청량음료에서 포도주에 이르기까지 음료 산업은 효과만을 강조하는

코카콜라 클래식

전략에서 감성적인 경험에 의존하는 전략으로 바뀌고 있다. 그 좋은 예가 스내플(Snapple)이다. 스내플은 한때 성공과 실패를 반복하다가 지금 다시 인정을 받고 있다. 스내플은 신선하고 상상력이 풍부한 네이밍과 그래픽으로 뒷받침된, 새로운 제품 컨셉과 새로운 용기를 통해 소비자에게 강력하게 재연결되었고, 청량음료 분야의 모든 것에 도전하고 있다. 인삼 홍차를 라이트닝, 보통 차를 썬 티, 과일 주스를 위퍼 스내플이라고

감성적 라이프 스타일을 표현한 스내플

게토레이

일본의 국수 포장

부를 때는 이미 근본적인 무언가가 바뀐 것이다. 그러한 혁신은 강력한 포장 표현을 요구했고 스내플은 감성적 라이프 스타일이라는 브랜드의 핵심 요소를 포장에 효과적으로 통합시켰다.

우리가 1986년 애틀랜타 올림픽 때 새로 고안한 코카콜라의 클래식 캔은 인간적이고 감각적인 요소를 디자인에 통합함으로써 오직 그래픽 요소만 적용해 왔던 기존의 아이덴티티를 한 단계 발전시켰다. 그리고 이 클래식 캔은 대단한 성공을 거두어 브랜드의 영속적인 글로벌 디자인으로 채택되었다. 우리는 먼저 캔의 기본적인 요소로서 코크의 병 윤곽선을 확대하고, 넓혀보고, 당겨보는 것으로 시작하였고, 캔에서도 그것을 코카콜라 아이덴티티의 핵심으로 재강조했다. 그리고 나서 "언제나 변함없이(Always)"라는 주제를 전달하면서, 글로벌한 코카콜라 경험에 참여하는 개별시장의 자부심과 연결될 수 있도록 각국의 언어로 활자화된 단어를 캔 위에 올려놓았다. Lipson Alport Glass & Associates가 작업한 새로운 그래픽 2000은 "즐겨라(Enjoy)"를 키워드로 하는 새로운 브랜드 전략에 기초했으며, 코크의 병 윤곽선을 디자인의 주요한 형상으로 유지함으로써 스토리가 계속 살아 있게 했다. 다른 한편으로는 콜라가 병에서 뿜어져 나오는 모습을 묘사함으로써 그것을 감성적으로 표현했다. 그러나 대중들에게 인기 있는 병의 윤곽선을 캔에 재창조한 것은 코카콜라 역사상 가장 흥미로운 포장 혁신 사례라고 할 수 있는데, 이는 그 형태가 과거의 유리병 모양과 캔 용기 사이의 간극을 이어주기 때문이다. 이것은 포장을 통해 고객과의 감성적 브랜드 접촉을 강화시키겠다는 코카콜라의 약속을 반영하는 것이다.

뛰어난 스포츠 음료이며 우리의 클라이언트 중 하나였던 게토레이는 운동선수라는 세분시장의 요구를 충족시키기 위해 엄청난 노력을 기울여 왔다. 번개 모양의 게토레이 로고는 그 상품 범주에서 가장 역동적이며 매력적인 로고 중 하나이고, 모든 브랜드 존재 프로그램에서 엄청난 효과를 발휘하고 있다. 용기의 모양은 강건하고 기능적이며, 손에 쥐었을 때 무언가를 장악한 듯한 느낌을 준다. 최근 우리는 이러한 게토레이의 브랜드 이미지를 재포지션하면서, 포장 이미지를 중성의 초록색 바탕과 물방울로 표현한 활력이라는 컨셉의 그래픽에서 극단적인 스포츠 그래픽으로 바꾸어놓았다. 이러한 시각적 표현은 브랜드를 운동선수를 위한 액체 연료라는 핵심 영역으로 되돌려놓기 위한 것이었다. 그리고 이 새로운 접근으로 게토레이는 좀 더 용이하게 새로운 맛으로 확장될 수 있었다. 게토레이 피어스 멜론은 감성적 언어와 혁신적인 포장 디자인을 통해 핵심 브랜드 아이덴티티를 얼마나 멀리, 일관성 있게 확장시킬 수 있는지에 대한 좋은 사례이다.

음식 포장

음식은 포장 표현에 있어 가장 보수적인 영역이다. 대부분의 그래픽은 제품 묘사, 역사적 유래, 식욕 자극에 기초하며, 시리얼과 같은 젊은 층을 대상으로 한 제품을 제외하고는 라이프 스타일에 관여하지 않는다.

하지만 음식 포장에도 서서히 변화가 시작되고 있다. 물론 예외도 있다. 예를 들어 일본의 국수 포장은 제품을 예술작품으로 보이게 할 정도로 대단히 매력적이고 창조적이다. 또, 내가 좋아하는 일본 요구르트 용기는 뚜껑에 플라스틱 스푼이 달려 있어 편리하다. 머리, 팔, 다리가 있는 만화적인 형상으로 만들어진 프랑스의 아로마 케첩 용기는 '케첩피(Ketchoupy)' 라는 이름의 캐릭터로 발전했다. 번뜩이는 재치가 느껴지지 않는가? 갑자기 케첩 포장이 선반 밖으로 살아나와 장난감, 홈페이지 애니메이션, 어린이 책의 주인공이 되었고, 사람들로 하여금 제품을 사게 만드는 마스코트로 변했다. 이처럼 영리하게 디자인된 포장은 단순한 상품을 커뮤니케이션의 상징으로 만들어놓았다.

페퍼리지 팜(Pepperidge Farm)은 품질과 기대감의 균형을 맞추는 방법을 잘 알고 있다. 포장은 과거의 델리 용기(deli bag)를 생각나게 하고, 집에서 직접 만든 것 같은 느낌을 전해준다. 그 이름은 이같은 컨셉을 뒷받침해주고, 브뤼셀, 밀라노, 보르도 등과 같은 유명 도시의 이름을 딴 쿠키 종류들은 우리의 상상력과 미각을 자극하면서 국제적인 별미의 세계로 한 발 더 다가서게 한다. 리앤페린스(Lea & Perrins)의 우스터 소스 포장은 내가 좋아하는 것 중 하나이다. 그것은 포장 그래픽의 전체적인 모습을 통해 맛에 대한 기대감을 갖게 하고, 특별한 요리법을 제시함으로써 부가적인 가치를 전달한다.

어떤 음식 범주는 유사성이라는 늪에서 허우적댄다. 예를 들어 거의 모든 시리얼은 똑같은 판지 상자 안에 담겨 있다. 그러나 시리얼 포장은 어린이 고객을 붙잡기 위한 노력에 있어 훨씬 덜 어리석을 수 있으며, 더욱 깊은 미적 감성에 도달할 수도 있다. 실제로 아침 식탁에 오르는 켈로그의 신제품, 스페셜 K 플러스처럼 여러 모양의 상자나 용기를 고르는 경험을 상상해보라. 시리얼 브랜드는 이같은 방법으로 음악과 장난감을

만화적인 형상의 아로마 케첩

스푼이 부착된 요구르트

집에서 직접 만든 느낌을 주는 페퍼리지 팜

포장에 통합하는 새롭고 독특한 형태를 개발하고, 새로운 고객을 끌어들일 수 있다. 제품에 대한 컨셉을 새롭게 한다는 것은 회사로서는 큰 도전일 수 있다. 하지만 새로움으로 고객을 놀라게 하고 기쁨을 주는 것은 소비자의 욕구를 자극하고, 이는 결국 시장 점유율의 확대로 이어진다.

리앤페린스의 우스터 소스

스페셜 K 플러스 켈로그

포장에 영감을 주는 단서들

나는 항상 다른 상품들을 통해 포장 디자인에 대한 아이디어를 빌려 오곤 한다. 그것은 고객들에게 놀람과 발견의 요소를 선사하기 때문이다. 어떤 브랜드는 이것을 매우 성공적으로 적용했다. 예를 들어 탈취제 브랜드 Fa Body Splash는 청량음료 캔과 같은 포장을 사용했다. 이것은 상쾌함을 상징한다! 정직과 품질이란 컨셉에 기초한 Bath & Body Work의 깅햄(Gingham) 향수병을 디자인할 당시, 나는 유제품 산업에서 기대되는 정직성을 전달하는 구식 요구르트 병 모양에서 디자인을 착안했다.

질레트 시리즈의 주요 포장에서 손잡이에 대한 영감은 연장, 스포츠 장비, 모터 사이클, 골프 클럽, 그밖에 사람들에게 친숙한 물건을 잡는 상황에서 착안한 것이다. Bath & Body Work를 위해 디자인한 조이풀 가든(Joyful Garden) 포장은 내가 모아두었던 골동품 유리병 모습을 반영

Gingham 향수 병과 구식 요구르트 병

한 것이다. 이 병들은 시골의 잡화점에서 팔던 약이나 음료수를 담던 것이었는데, 나는 그 병들이 조이풀 가든의 자연스런 스타일을 전달하기 위한 훌륭한 아이디어라는 사실을 깨달았다. 이 시골풍 포장은 성공적인 제품 라인을 구축하는데 매력적인 요소를 제공해주었다.

배터리 분야의 신생기업인 리프(Leap)의 로고와 포장을 디자인할 때,

Joyful Garden 포장과 이에 영감을 준 병들

Leap의 로고와 포장

우리는 듀라셀, 에너자이저와 같은 거대 경쟁자와 구별되는, 제품의 혁신과 디자인 미학에 대한 회사의 약속을 표현하고자 했다. 이를 위해, 미(美)와 향수 분야에 대한 전문지식을 활용하여 뚜렷이 구별되고, 세련되며, 최고의 느낌을 주는 로고와 라벨을 창조했다. 빨간색 삼각형의 브랜드 마크(A를 가로지르는 라인)는 궁극적으로 더 간단하고 역동적으로 전달하는 디자인 요소가 되도록 했다. 포장은 진동하는 에너지를 전달하는 의미로 라인에 점강법을 사용하여 미래 지향적으로 대담하게 표현했다. 외부 포장은 밝은 색상의 통으로 디자인했는데, 이는 건전지라는 상품 범주에서 예상되는 종이 판지 포장과는 전혀 다른 시도였다. 놀람, 발견, 혁신이라는 브랜드의 감성적 영역을 강조하기 위해 제품 진열 방식은 화장품과 립스틱 디스플레이를 생각나게 했다.

문화적인 영감

어떤 제품은 특정 문화와 연관될 때 엄청난 신뢰감을 갖게 된다. 러시아산(産) 보드카는 여전히 보드카의 원조로 알려져 있는 반면, 아일랜드산 파스타는 비록 세계 최고의 품질을 자랑할지라도 사람들이 선뜻 구매하려 들지 않는다. 허쉬(Hershey)의 론조니 파스타 브랜드는 그래픽과 포장을 통해 이탈리아산 진품임을 전달한다. 구대륙의 활판 인쇄술과 그림 장식은 유럽적인 인상을 강하게 풍기고, 론조니(Ronzoni)라는 이름은 브랜드를 유명한 파스타 전문가들이 살았던 지역으로 연결시켜준다. 하겐다즈는 뉴저지에서 만들어지지만 스칸디나비안식 이름을 가졌다. 캠벨수프가 소유한 고디바는 유럽 미식가들의 음식이라는 특성을 반영하는 매장과 포장 방법으로 유럽을 열망하는 자신들의 이미지를 반영하고 있다. 대부분의 머스터드 포장은 프랑스적인 유산을 반영한다.

마케팅은 이런 식으로 조작되거나 거짓 약속을 한다고 어떤 사람들은 말하겠지만, 나는 모든 소비자들이 이같은 마케팅 노력에 속아넘어갈 것이라고 보진 않는다. 그 대신 사람들은 일반적이고 실용적인 제품 경험보다 더 재미있는 이런 이야기들에 이끌리거나 참여하기를 원한다. 그것은 사람들로 하여금 꿈을 꿀 수 있도록 해주기 때문이다. 그리하여 사람들은 기꺼이 그들의 마음속에서 론조니 파스타를 이탈리아적인 것으로 받아들인다.

라이프 스타일에 대한 기대감

각 세대는 서로 다른 기대와 욕구를 가지고 있다. 그리고 트렌드들은 끊임없이 변화한다. 새로운 트렌드는 마케터와 소매업자들로 하여금 새로운 기대를 전달하는 대안 제품을 창조하도록 북돋운다. 바디숍(The Body Shop)은 환경에 대한 책임이라는 그들의 목표를 강화하기 위해, 그리고 당시의 미용 산업에서 사용되던 멋진 포장에 대한 대응으로 약식(略式) 포장을 고안했다. 바디숍은 고가의 화려한 포장 대신 단순하고 디자인되지 않은 용기 컨셉을 도입했는데, 이것은 과장되지 않은 제품을 선호하는 새로운 젊은 고객층을 겨냥한 안티 마케팅(Anti-Marketing) 선언이었다. 다른 많은 브랜드들도 약식 포장을 통해 소비자들에게 정직과 특별한 감각을 전달하는데 성공했다. 작은 용기에 담긴 모발 보호제품인 키엘스(Kiehls)도 그 중 하나이다. 이 브랜드는 입소문만으로 엄청난 성공을 거두었고, 마침내 전세계적인 유통망을 갖고 있는 로레알이 이 브랜드를 사들였다.

건강, 비타민, 그리고 몸과 마음을 치료하는 천연 재료들과 연관된 현재의 트렌드는 차나 과일 음료수 분야에서 애리조나(Arizona)나 뉴 에이지(New Age) 스내플과 같은 혁신적인 제품들을 등장시켰다. 프레시 사만다(Fresh Samantha)라는 음료 회사는 천연(농축시킨 것이 아니다) 과일 음료와 단백질, 비타민, 그리고 만병통치 식물인 엔치나카와 같은 식물 추출물을 혼합한 스무디(smoothie)를 만들었다. 우리는 더 이상 음식을 먹지 않고, 음료를 마시지 않는다. 대신에 우리는 신체를 관리하고, 편리함, 탈출, 활력을 구매한다. 이것은 즐거움과 삶의 질을 높이는 경험을 전달하는 것들이다. 게토레이는 승리에 관한 것이지 목마름이 아니다. 코카콜라는 상쾌함에 관한 것이지 어떤 음료수가 아니다. 그리고 스내플은 자연적인 요소와 관련된 경험의 고양(高揚)에 관한 것이지 주스가 아니다. 제품을 일용품/필요 상태에서 감성적이고 감각적인 경험으로 변화하도록 만든 패러다임의 전환은 신체적 필요뿐만 아니라 인간적이고 감성적인 욕구를 충족시키는 새롭고 놀라운 아이디어를 소비자들이 요구한 결과이다.

한 제품에 대한 열망이 빌려온 문화적 단서들에 기인한 것이든 또는 라이프 스타일의 컨셉에 기인한 것이든 상관없이, 중요한 것은 소비자에게 적실성이 있어야 한다는 것이다. 그리고 많은 컨셉들이 그러한 적실성에 도달하도록 돕고 있다. 나는 포장 디자인의 영감을 얻기 위해 이런 모든 접근 방식을 사용해 왔다. 그리고 이것들은 나에게 새로운 제품 개발과 리브랜딩(rebranding) 프로그램을 위한 창조적인 토대를 마련해주었다. 최종 목표는 당신의 브랜드를 위한 독특하고 독창적인 '옷(dress)'을 만드는 것이다. 이것은 당신을 경쟁자들과 유형적으로 차별화하고, 소비자들에게 강력하게 커뮤니케이션하는 수단이다. 감성적이고 감각적인 메시지를 담은 포장은 짧은 시간 내에 소비자에 대한 효과가 아니라 접촉에 기초한 즉각적인 연결을 창출해낸다.

15

감성적 광고

과장되지 않은, 적절한 감성

어느 정도의 진실성과 정직성 그리고 제품에 대한
깊은 애정을 가지고 말한다면, 성공적인 결과를 얻을 수 있다.
존 맥네일, 오길비앤매더의 아트디렉터

나는 아직도 샌프란시스코에 있는 버츠포드 케첨(Botsford Ketchum) 광고 회사에서의 첫 직장 생활을 잊을 수가 없다. 그 당시 나는, 혁신적인 아이디어와 창조적인 비전으로 끊임없이 나를 경탄시켰던 사람들과 함께 일할 수 있게 된 것을 크나큰 자부심으로 여겼었다. 1970년대야말로 광고 비즈니스의 황금기였으며, 광고의 진정한 예술성이 높이 평가받던 시절이었다. 그때의 광고 컨셉은 스토리 보드 위에 만들어졌고, 인쇄물 광고는 사진작가의 사진첩에서 나온 것이 아니라 광고기획자의 상상력에 의해 먼저 기획되고 나서 사진을 찍거나 촬영이 이루어졌다. 아트디렉터와 카피라이터들은 광고업계에서 영웅 대접을 받았다. 우리는 시장의 마음과 영혼에 직접적이고 비범하게 연결되어 있어야 했고, 실제로 그렇게 했다. 우리는 또한 개개인의 창의성에 의해 실력을 평가받았으며, 일에 대한 사랑과 열정으로 밤낮을 가리지 않았다.

프랑스 출신의 스물세 살짜리 신출내기인 나에게는 아프리카와 타히

티 섬의 여행을 전문으로 하는 UTA라는 프랑스계 항공사 담당 아트디렉터의 직책이 주어졌다. 비록 한 번도 그곳에 가본 적은 없지만, 나는 무엇보다도 그 지역을 여행하는 즐거움을 전달하고 싶었다. 하지만 무언가 독특하고 놀라운 방법으로 그 일을 해내고 싶었다. 여행업계에서 선호하는, 진부하고 천편일률적인 아름다운 사진이란 고정관념을 깨려면 어떻게 해야 할지 머리를 쥐어짜며 밤잠을 설치던 그 때의 기억이 새롭다. 나는 마침내 손으로 그린 삽화를 사용해보자는 아이디어가 떠올랐다. 삽화야말로 통상적이고 흔해빠진 풍경 사진보다는 여행지의 참 모습을 인상적으로 전달해줄 수 있으리라는 생각이 들었기 때문이다.

아트디렉터로서의 내 꿈은 진지함이 느껴지고 상업주의를 뛰어넘는 새로운 시각적 표현을 창조해내는 것이었으며, 그 꿈은 실제로 이루어졌다. 나는 지금도 대부분의 잡지들이 모방하고 있는 시도를 처음으로 시작한 데 대하여 자부심을 느낀다. 한편, 그것은 광고회사 직원으로서 맡았던 마지막 광고캠페인이기도 했다. 나는 내가 가지고 있는 재능을 기업가 정신을 실현하는데 이용하고픈 충동을 느끼기 시작했고, 결국 1년 뒤에 창업을 했다. 그러나 이후로도 광고에 대한 나의 열정과 관심은 한 번도 식은 적이 없으며, 디자인 중심의 브랜드 이미지 컨설턴트라는 매우 유사한 시각에서 광고업계의 트렌드와 발전에 항상 관심을 기울여 왔다. 그리고 내가 최근에 관찰한 것은 흥미롭고 장래가 기대되는 몇 가지 변화인데, 그것은 광고가 강력한 감성적 브랜딩 전략을 구축하는 방향으로 바뀌어 가고 있다는 것이다.

일방적 커뮤니케이션에서 쌍방향 커뮤니케이션으로의 전환

아주 최근까지도 광고는 일방적 형태의 커뮤니케이션이었다. 이는 광고 메시지를 수신자와의 상호작용 없이 전달만 하는 것을 의미한다. 그러나 이제는 인터넷의 등장과 함께 르네상스에 견줄 만한 광고의 재창조가 이루어지고 있다. 뉴 미디어의 출현으로 광고는 모든 광고업계 종사자들이 열망해온 쌍방향 커뮤니케이션 도구가 되고 있다. 이제 광고는 브랜드 메시지를 즉각적으로 전달할 수 있을 뿐 아니라, 사람들과의 진정한 대화(결국 브랜드 메시지에 영향을 미치게 될)를 이끌어 낼 수 있다. 광고인들은 목표 고객층에 접근할 수 있는 전달 수단에 제약을 받아왔다. 라디오, TV, 인쇄물, 옥외 광고와 같은 일방적 매체들은 주로 수동적인 소비자 그룹을 대상으로 사용되었다. 하지만 오늘날 인터넷은 사람들을 대화의 장으로 끌어들일 수 있는 엄청난 기회를 제공하고 있다. 사람들에게 나온 메시지나 그들의 반응을 유도하는 메시지는 브랜드가 역동적인 방식으로 일반 대중에 연결되는데 중요한 역할을 한다. 이러한 쌍방향 커뮤니케이션은 광고에 강력한 영향을 미치고 있으며, 나는 이것이 광고 분야에서 매우 유익한 현상이라고 생각한다.

하지만 지난 15년 동안 광고는 몇몇 탁월한 작품을 제외하고는 전반적으로 답보 상태에 머물렀으며, 이로 인해 고객들은 흥미 없는 광고 메시지에 짓눌려 점차 무관심하게 변해갔다. 구경제의 일부 브랜드들이 광고대행 수수료를 인하하자 광고대행사 간의 과도한 경쟁이 유발되었고, 이는 광고에 있어 단기적인 비전과 타협을 부추겼다. 더욱 심각한 문제는, 기업 내에서 광고에 관한 의사결정이 종종 무사안일을 추구하고 변화를 거부하는 사람들에 의해 내려지고 있다는 점이다. 6년 전, 우리가 코카콜라의 최고 마케팅 책임자였던 세르지오 지맨과 처음으로 일을 할 때, 그가 광고대행사들에게 요청한 단 한 가지는, 창의적이지 않으면 집어치우라는 것이었다. 광고대행사들에게 창의성을 최우선으로 하라는 그의 결정은 전적으로 옳았다. 하지만 그 당시에 그는 아주 예외적인 고객이었다. 대부분의 고객들은 여전히 위험성 없는 광고에 안주하고 있었고, 그 결과 창의적인 작업은 사라졌으며, 일반 대중들은 별볼일 없는 광고를 외면했다. 다행히도 Wieden & Kennedy, Fallon McElligott, TBWA/Chiat/Day 등 일부 광고 회사들이 타협을 거부하고 창의적인 시도를 멈추지 않음으로써 다른 회사들을 고무하고 자극하는 계기가 되었다. 그러나 대부분의 광고대행사들은 오히려 광고주 못지않게 관료주의적이었고, 임원에서 말단 직원에 이르기까지 고객기업들과 똑같이 말하고 생각하고 행동하고 닮아감으로써, 브랜드를 부각시킬 만한 어떤 도발적인 아이디어도 창조해내지 못했다.

그러나 지금은 기업들이 신경제와 함께 새롭게 힘이 강화된 소비자들의 요구에 부합하지 않을 수 없게 됨에 따라, 광고업계의 패러다임이 바뀌고 있다. 나는 이러한 추세가 결국은 광고업계에 창의성이 새롭게 확산되는 계기가 될 것으로 믿어 의심치 않는다. 혁신적이고 파격적인 사고방식이 다시 한 번 광고대행사들의 주요 자산이 될 것이다. 신경제에서는 기업가 정신과 혁신적 사고가 규범으로 받아들여지고 있으며, 창의적인 모험에 뛰어드는 기업들이 늘어나고 있다. 이에 따라 광고대행사들이 다시 한 번 브랜드 커뮤니케이션 전략에 대한 통제권을 쥐기 시작했으며, 그러한 창의적 추세에 부응하기 위해 브랜드 메시지에 대한 새로운 접근을 시도하고 있는 신세대 커뮤니케이터들에게 더 많은 권한이 부여되고 있다.

먼저 나는 전통적인 광고에 있어 감성적 브랜딩 전략을 살펴보고 난 다음에 새로운 매체의 세계로 옮겨가도록 하겠다. 감성적 브랜딩 전략의 시각에서 볼 때, 무엇보다도 고객들이 광고에 대해 잘 알고 있으며, 까다롭다는 것을 인식할 필요가 있다. 또한 고객들은 자신들이 좋아하는 브랜드에 대하여 더 높은 민감성과 정직성을 요구하고 있으며, 자신들의 정신적 · 물리적 환경을 존중하는 브랜드를 선호하고 있다. "잘 표현된 진실(Truth well told)"이라는 맥켄에릭슨(McCann Erickson)의 모토는 우리로 하여금 광고의 근본을 되새기게 할 뿐만 아니라, 이는 현재의 시장 환경에서도 적절한 말이다. 옛날의 눈가림식 커뮤니케이션 수법은 더 이상 통하지 않는다. 이제는 브랜드 커뮤니케이션에 있어 새로운 접근과 많은 책임을 필요로 한다. 일반 대중 사이에 냉소주의가 팽배해 있고, Y세대와 같은 젊은 층들은 광고가 지나치게 과장되었다는 이유만으로 광고 자체를 싫어하기도 한다. 통계에 의하면, 우리는 매일 3000건에 이르는 광고 메시지의 포화를 맞고 있다고 한다. 광고 매체를 감시하는 〈Adbusters)〉, 〈Brill' s Content〉와 같은 잡지의 출현 이유도 바로 여기에 있다. 이 잡지들은 진실을 알고 싶어하는 대중들의 욕구를 충족시켜준다. 신세대 광고 전문가들은 이러한 소비자들의 욕구에 부응할 태세를 갖추고 있으며, 자신들이 하고 있는 일이 광고 세계에 어떤 영향을 미칠지를 명확히 인식하고 있다. 나는 이들이 자신들의 커뮤니케이션 방식을 통해 새로운 진실성을 보여줄 것이라고 믿는다. 그들은 뛰어난 제품에 관한 문화적으로 적실성 있는 메시지만이 시각적 환경의 혼돈을 해결할 수 있다는 것을 잘 알고 있다.

Ogilvy & Mather와 IBM : 낡은 것이 다시 새 것이 되다

광고계의 선구자였으나, 그 설립자가 토우포우에 있는 자신의 성으로 은퇴했던 1980년대 말에서 90년대 초에 이르러서는 진부한 구식 회사가 되어버린 오길비앤매더(Ogilvy & Mather)는, 그들의 주요 고객사 중 하나였던 IBM과 더불어 성공적으로 변신한 좋은 사례로 꼽힌다. 이것은 성공에 대한 두 회사의 열망이 마침내 광고업계에서 가장 강력한 대행사/고객 관계를 이루어낸 독특한 사례였다. 이제 오길비앤매더는 최상의 방법으로 모든 규칙들을 혁파한 일련의 광고캠페인 사례들을 보여주고 있다. 오길비앤매더에서 만든 IBM 광고캠페인은 사람들로 하여금 IBM 브랜드에 대한 인식을 송두리째 바꾸어놓는 계기가 되었다.

IBM은 한동안 인간미가 결여된 차가운 첨단 기계라는 어두운(Big-Blue) 이미지를 벗어버리기 위해 안간힘을 써야만 했었다. 물론 이렇듯 나쁜 브랜드 인식은, 따뜻함과 친근한 대(對)고객 이미지와 혁신적인 문화를 강력한 광고캠페인을 통해 전달해온 애플(Apple)사에 의해 더욱 악화된 면도 있었다. 애플의 광고대행사인 Chiat/Day가 매킨토시 제품의 런칭을 위해 만든 〈1984〉 광고는 지금도 널리 회자되는데, 한 여인이 해머를 들고 기괴할 정도로 획일적인 모습의 컴퓨터화된 기업(IBM을 상징하는)에 침입해 그 중앙에 있는 거대한 화면을 박살내는 장면을 연출했다. 광고는 미래를 장악할 애플사를 표현한 것이었다. 하지만 이러한 상황은 루 거스너(Lou Gerstner)의 리더십 하에서 IBM이 빅 블루 브러더(Big-Blue Brother) 이미지에서 인간미가 있는 브랜드로 변화함으로써 명백히 달라졌다.

나는 이 책을 쓰는 과정에서 오길비앤매더의 전세계 브랜드 서비스 담당 사장인 스티브 헤이든(Steve Hayden)을 만나보았는데, 매킨토시 광고 〈1984〉를 창안한 주역 중 한 명과 대화를 나눌 수 있었던 것은 무척 기쁜 일이었다. 스티브는 "사람은 세계를 추악하게 만드는 데 일조를 할 수도 있고 아름답게 만드는 데 일조를 할 수도 있다"라는 좌우명을 그의 작업에 구체적으로 실현해온 사람이다. 그는 전 직장인 Chiat/Day 광고대행사에서 근무할 당시, 애플사의 내부 문화가 얼마나 진보적인지를 내게 설명했다. 스티브와 그의 직원들은 정보의 공유가 사람들에게 힘을 주고 사회를 변화시킬 것이라는 신념을 갖고 기술을 민주화하는데 헌신했다. 이처럼 굳은 기업 철학을 가져야만 브랜드의 감성적 요소가 힘있게 앞으로 나아갈 수 있으며, 브랜드 전략의 튼튼한 초석이 될 수 있다.

〈1984〉 광고 아이디어는 한 신문의 헤드라인인 "1984년은 왜 '1984년'과 같지 않은가"에서 착안된 것이다. 스티브 헤이든과 브렌트 토머스

(Brent Thomas)는 시대를 이끄는 힘이 일반 대중들의 손에 달려 있으므로, 미래는 두려움으로 바라볼 것이 아니라 희망적이라는 생각이 떠올랐다. 그때는 냉전 이데올로기의 한가운데에 있던 시절이었는데, 슈퍼볼 시즌 중에 방영된 광고는 당초의 기대를 훨씬 능가한 것이었다.

결국 스티브는 IBM과 일하기 위해 오길비앤매더로 오게 되었는데, 이것은 그의 말대로 소련 연방을 다시 하나로 통합하는 일만큼이나 거대한 도전이었다. 빌 헤밀턴(Bill Hamilton)과 릭 보이코(Rick Boyko)의 뒤를 이어 스티브는 CEO인 셸리 라자루스(Shelly Lazarus)의 전폭적인 지원 하에 오길비앤매더 자체에 대한 도전부터 시작했다. 그리고 그들은 IBM의 영광을 되찾아줄 수만 있다면, 미래는 다시 그들의 것이 되리라고 확신했다. 하지만 그것은 한때 가장 뛰어난 회사였으나 지금은 관료적인 병폐로 곤경에 처한 IBM과 오길비앤매더 모두에게 커다란 도전이었다. 과거의 영광을 되찾는 일은 두 회사의 직원들이 자신들이 몸담고 있는 기업의 미래를 바꾸려는 의지가 있느냐의 여부에 달려 있었다. 그들은 그 일을 해냈으며, 마침내 뜻을 이루었다.

실로 놀랄 만한 이 이야기는 '작은 지구를 위한 해결책'이라는 e-비즈니스 컨셉에서 시작되었으며, 이 아이디어가 IBM과 오길비앤매더를 다음 세기 선두 주자의 반열에 올려놓았다. 최초의 레터박스(letterbox) e-비즈니스 광고는 조 피트카(Joe Pytka)에 의해 시범적 개념으로 제작되었고, 동시에 로터스(Lotus) 스팟 광고가 데니스 리어리(Dennis Leary)에 의해 만들어졌다. 하지만 이 두 광고는 IBM 경영진으로부터 비난을 받았는데, 만약 대학생인 루 거스너의 아들이 로터스 광고가 정말 근사하다고 강력하게 주장하지 않았더라면 이 창의적인 광고는 하마터면 사장될 뻔했다. 논란 끝에 리어리의 스팟 광고는 계속되었고, 몇 주 후에는 Blue Letterbox 광고가 선을 보였다.

스티브 헤이든은 이러한 일들을 '캘리포니아 스타일' 이라고 부르는데, 이 말은 관료주의가 그 싹을 자르기 전에 잽싸게 실행에 옮겨버린다는 의미로서, 성공에 대한 확신을 담고 있다. 이 두 광고의 성공은 단순히 좋은 광고 수준을 훨씬 상회하는 것이었으며, IBM을 미래 기술의 주역이자 신경제 기업으로 포지셔닝해주었다. 마침내 월스트리트는 IBM을 주목했고 사업은 움직이기 시작했다. 그리고 오길비앤매더는 최고의 인재들을 영입할 수 있었다.

오길비앤매더는 직원들과 그들의 고객들이 얼마나 위대한가를 보여주는 커뮤니케이션 전략으로 나아가도록 IBM 경영진들을 유도했고, 새로운 차원의 감수성으로 사람들의 반향을 불러일으키는 시각적 언어를 창조해냈다. 한편 IBM의 인쇄물 광고도 IBM의 실제 고객들과 직원들을 사진으로 담아 진실한 느낌이 들도록 했다. 사진들은 의도적인 냄새가 배제되었으며, 어떠한 상업적 의도도 노출시키지 않았다. 그것들은 인터넷 비즈니스의 성공을 위해 노력하는 사람들에 관한 단순하고 재미있는 상반신 사진들이다. 이 광고 사진들은 사람들의 가슴에 와 닿았고, 감성적 브랜딩에서 매우 중요한 친밀감을 형성하는데 성공했다. 그 결과, IBM의 기업 커뮤니케이션 담당 이사인 존 부코빈스키에 의하면 전자상거래 솔루션에 관한 한 IBM에 가야 한다는 일반인들의 인지도가 1997년 광고를 시작할 무렵에 20%였던 것이 지금은 42%로 높아졌다고 한다.[1)]

또한 똑같이 인간성을 주제로 한 IBM의 TV 광고 역시 히트를 쳤다. 한 광고에서는 크리스마스 이브에 여덟 살짜리 딸아이에게 선물할 자전거를 조립하려 하지만 설명서가 없어 곤란해 하는 한 가정을 보여준다. 이때 2층에서 숨어서 보던 딸아이가 컴퓨터 앞으로 쪼르르 달려가 자전거 회사의 웹사이트에서 조립 설명서를 인쇄한 다음 부모들이 모르는 사이에 아래층으로 살며시 날려 보낸다. 안도한 아빠가 엄마에게 "아, 이게

여기 있었네"라고 말하는 사이에, 화면 아래에 "IBM의 셀프 서비스 웹사이트는 고객들을 더욱 세심하게 도와드리고 있습니다"라는 자막이 흐른다.

오늘날 애플이 혁신적이고 친근한 제품 디자인에서 보여지는 혁신성이라는 감성적 영역을 가지고 있다면, IBM은 IBM 사람들이 어떤 역량을 갖고 있는가를 보여주고, 또 신경제 하에서 사람들이 가지고 있는 관심에 대한 깊은 이해를 보여주는데 감성적 영역을 두고 있다. 오길비앤매더는 또한 IBM의 메시지를 기술 중심에서 인간

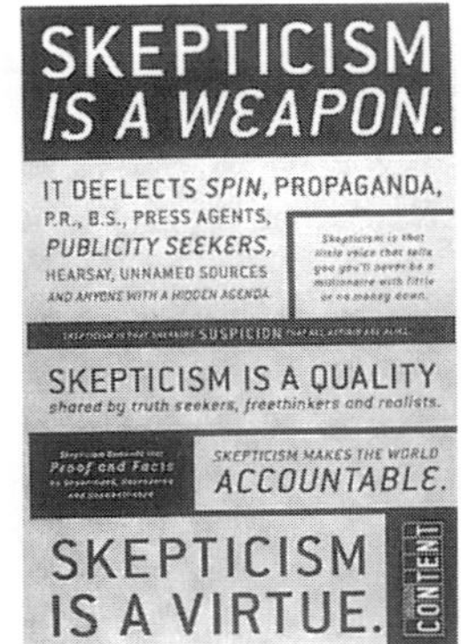

〈Brill's Content〉 지의 티저(Teaser) 광고

중심으로 바꾸어놓았고, 과거에는 감성적인 성격을 표현할 수 없었던 브랜드에 새로운 인상을 심어주었다. 오길비앤매더는 또 하나의 놀라운 업적을 달성했는데, 그것은 미디어 정보지 〈Brill's Content〉를 프로모션하는 일이었다. 별의별 매체들이 난무하는 세상에서, "회의주의는 미덕이다"라는 모토를 통해 미디어가 제공하는 모든 것에 대해 회의적으로 바라보라고 주장하면서, 당신 자신을 이성의 목소리를 대변하는 매체로 포지션하고자 한다면, 어떤 식으로 광고를 하고 또 신뢰를 구축해야 하겠는가? 오길비앤 매더는 이러한 도전에 대하여 가장 상상력이 풍부한 방식으로 답했다. 이들의 해결책은 메시지를 거리로 가져가는 것이었다. 거리에서 광고는 때로 가장 직감적으로 사람들에게 전달된다.

그들은 여론 형성층들이 가장 많이 모여 살고, 그들의 메시지를 환영할 만한 사람들이 살고 있는 뉴욕의 SoHo, NoHo 및 Tribeca 지역에 광고물을 부착했다. 하지만 단순히 전통적인 광고판을 사용하진 않았는데, 광고판이란 일반 대중을 상대로 한 논쟁적인 잡지를 알리기에는 지나치게 상업적이라고 판단했기 때문이다. 〈Brill's Content〉라는 그들의 잡지명을 한 자 한 자씩 길거리의 건물 벽에다 기존 광고물에 덧씌워 바르기 시작했다. 매일같이 〈Brill' s Content〉 서체의 새로운 글자를 벽보에다 붙임으로써 행인들로 하여금 '이게 과연 무슨 광고일까' 하는 호기심을 유발하게 만들었고, 마침내는 수많은 미디어들의 관심 대상이 되었다. 준 쌍방향의 일일 홍보와도 같은 이러한 방법을 통해 모든 매체를 망라하는 이 잡지는, 문자 그대로 자신이 미디어들의 위에 있음을 입증하면서 마침내 그 목표를 정확히 이루어냈다.

좋은 브랜드는 좋은 친구와 같다. 그러나 이런 감성적 인식은 제품의 이점이나 시장에서의 우월적 지위에 지나치게 초점을 맞추는 컨셉들로 인해 간과될 때가 많다. 광고와 브랜드 커뮤니케이션에는 언제나 일정 정도의 직관과 마술 그리고 비즈니스에 대한 열정이 존재하고 있다. 그리고 이 열정이 다시 한 번 대부분의 전문가들이 사용하는 언어의 일부가 되고 있다. 이제 오길앤매더는 강렬하면서도 우아한 붉은 바탕에 데이비드 오길비(David Ogilvy)의 시그니처를 인쇄한 새로운 기업 아이덴티티 프로그램을 통해 기업 문화를 바꾸어 나가려는 노력을 계속하고 있다. 그리고 크리에이티브 담당 전문가인 피터 우드는, 회사에 혁신적인 아이디어를 가져오기 위해 대학을 갓 졸업한 창의적인 인재들로 구성된 청년 전문가 그룹을 출범시켰다.

나는 위대한 작업은 항상 위대한 고객기업들의 특권이며, IBM이 광고대행사들을 훌륭한 동업자로 키워주었다고 생각해 왔다. IBM의 직원들은 먼 거리를 달려가서 시스템상의 문제점을 해결했으며, 회사의 발전을 위해 창의적인 아이디어를 제공했다. 스티브 헤이든은 고객들의 입장에서 볼 때 유별난 사람들만 채용하려고 노력했으며, 고객들이 채용하고 싶어할 만한 사람은 채용한 적이 없다고 내게 말했다. 광고에 있어서 이러한 창의성이야말로 브랜드를 시장에서 두드러지게 만드는 원동력이다. 오늘날 오길비앤매더는 놀라운 아이디어의 산실이자, 창업자가 제시한 브랜드에 대한 크나큰 사랑이라는 사명을 성공적으로 수행하고 있는 브랜드이다.

McCann Erickson과 MasterCard : 돈으로 살 수 없는 파트너십

90년대 광고업계의 불황기를 지혜롭게 극복한 또 하나의 전설적인 광고 이야기는 멕켄에릭슨이 만든 마스터 카드의 〈돈으로 살 수 없는 감동의 순간(Priceless)〉 캠페인이다. 이 광고가 얼마나 성공적이었는지는 많은 사람들이 익히 알고 있지만, 과연 어떤 점이 이 광고를 그토록 특별하게 만들었을까? 사실 〈Members Only〉로 불리는 아메리칸 익스프레스 카드의 브랜드 포지셔닝과 비자 카드의 〈범세계적인 서비스〉라는 접근 사이에 끼어서, 마스터 카드는 그저그런 상품으로 인식되어 왔을 뿐이었다. 그러던 중, 마스터 카드는 개인적인 경험과 결부시키는 새로운 메시지를 전달하면서, 카드가 제공할 수 있는 서비스뿐 아니라 사람들이 상품을 구매할 때 갖게 되는 경험의 유형에 의미를 부여하기 시작했다. "Green fee : $116, 점심식사 : $13.50, 골프공 및 tee : $36, 홀인원과 증인: Priceless! 돈으로 살 수 없는 것들도 있습니다……." 소비자가 열망하는 것에 대한 이와 같은 예리한 묘사는 소비자와 상품 간의 즉각적인 연결을 창출하며, 때로 어떤 대상이나 상품과 연결되는 꿈은 그 자체가 실제 대상이나 물건보다 더하진 않더라도 그에 못지않게 강력하다는 것을 보여준다.

광고에서 진실로 가치를 환산할 수 없을 만큼 중요한 것은 기업의 소비자에 대한 이해이다. 나는 아메리칸 익스프레스 카드의 "집을 떠날 때는 꼭 카드를 챙기십시오"라는 광고처럼 강력한 심리 요소인 공포와 불안감을 이용한 커뮤니케이션 프로그램은 결국 핵심을 놓친 것이라고 생각한다. 왜냐하면 이러한 요소들은 마스터 카드의 광고가 강조하는 것처럼 무언가를 열망하게 하는 요소가 없기 때문이다. 모세가 이스라엘 민족을 이집트에서 구해낸 것은 참을 수 없는 생활 여건에서 탈피하기 위해서가 아니라 자신들의 땅에서 새 삶을 시작하고 싶은 열망 때문이었음을 명심하라. 이처럼 감성적인 욕구가 강조되는 시대에는, 약속된 브랜드로 고객을 이끄는 브랜드 이니셔티브로 감동을 전달하는 것이 훨씬 더 효과적이다.

버진 항공과 나를 '사랑한' 스파이 : 최상급 영국식 유머

전체적인 브랜딩 관점에서 볼 때, 일관성 있고 감성적인 광고의 또 다른 예로는 영화 〈나를 '사랑한' 스파이(Austin Powers : The spy who shagged me)〉를 패러디한 버진 아틀랜틱 항공의 광고캠페인을 들 수 있다. 사람들에게 친근한 항공사로 인식되고 있는 버진 항공은 마이크 마이어스라는 배우의 익살스런 영국식 캐릭터를 활용했다. 독특한 영국식 성향과 엔터테인먼트 항공사라는 개성을 고려한다면, 그 연결은 매우 적절하고도 강력하다. "이 비행기 안에 처녀라고는 갓난아이 한 명뿐입니다"라는 광고 문구는 웃음을 유발하는 가운데 사람들의 눈길을 끌었으며, "하루에 다섯 번, 좋지요!" 라는 문구는 영화에 나오는 대사를 인용한 것으로 뉴욕/런던행 비행기를 매일 다섯 차례씩 운항한다는 의미를 담고 있다. 이것은 비행기 여행을 즐거운 경험으로 만들어주기 위한 의도로 쓴 표현이다. 이 광고의 감성적 요소는 효과 만점이었다. 왜냐하면 유머를 통해 버진 항공이 '엔터테인먼트 항공사' 라는 브랜드 이미지를 극대화할 수 있었기 때문이다. 버진 항공은 대서양을 횡단하는 항공 여행에 대한 새로운 시각을 제시했다. 사실 비행기를 자주 이용하는 것은 힘들고 내키지 않는 일이다. 잠을 편한하게 잘 수도 없을 뿐더러, 시차로 인한 고통까지 감수해야 하기(jet-lagged) 때문이다.……그리고 제트기 안에서는 성 행위를 하지 못한다는 것까지도(not jet-shagged).

〈나를 '사랑한' 스파이〉는 많은 사람들이 흥행을 예감하고 있었으므로 영화가 상영되기 몇 달 전부터 기업들의 강력한 프로모션이 진행되었다. 그러나 대성공을 거둔 이 영화와 자신들의 브랜드를 연관시키려 했던 많은 기업들은 아쉽게도 영화와 브랜드와의 관련성을 충분히 고려하지 못한 채 가시성과 존재(presence) 그리고 인지도에만 매달렸다. 반면, 버진 항공은 영화를 소재로 한 광고캠페인을 통해 여타 항공사들은 단지 '운송업' 을 하고 있을 뿐이지만 버진 항공은 최상급 서비스를 제공하는 엔터테인먼트 항공사라는 메시지를 전달함으로써 자신의 브랜드 이미지를 강화하는데 활용했다.

IBM, Brill's Content, MasterCard, Virgin 광고캠페인의 공통점은 각 기업들의 전반적인 브랜드 전략과 일치하는 강력한 감성적 메시지를 구사했다는 점이다. 일관성은 뛰어난 광고 이상으로 그 브랜드를 기억하게 만들고, 브랜드와 지속적으로 연결될 수 있게 해준다. 하지만 감성이란 대단히 강력한 것이므로, 감성적 브랜드 전략을 수립할 때는 매우 조심스럽게 다루어야 한다. 감성은 브랜드를 살리기도 하고 망치기도 한다. 그리고 한 번 실수를 범하면 당신은 치명타를 입게 될 것이며, 원상 복귀하기는 불가능하다. 감성적인 영역이 강해지면 강해질수록, 브랜드 효과(brand impact)는 더 긍정적으로 작용하거나 혹은 더 악화된다.

실질적인 문제 = 불안정한 감성

이러한 맥락에서 이제는 상이한 성공 스토리를 가진, 강력한 감성적 브랜딩 전략에 대한 몇 가지 사례를 살펴보기로 하자. 말보로(Marlboro)의 커뮤니케이션 프로그램은 정부와 담배업체 간의 전쟁이라든가 흡연에 대한 일반인들의 부정적인 인식을 감안해볼 때, 아직도 기업이 건재할 수 있게 하는데 크게 기여했다. 그런가 하면, 베네통(Benetton)의 강력한 커뮤니케이션 프로그램은 완전히 통제력을 상실한 형태로서 부정적인 감성을 유발했고, 또 미국 내에서 기업 이미지가 치명적인 타격을 입은 광고캠페인의 한 예라고 하겠다. 한편, 나중에 다시 언급하겠지만, 케네스 코울(Kenneth Cole)사는 베네통과 똑같은 이슈를 담은 광고캠페인을 벌였지만 베네통과 달리 성공을 거두었다.

사람들이 담배 산업을 어떻게 생각하고 있느냐를 불문하고, 끊임없이 이어지는 말보로 광고캠페인은 믿어지지 않을 정도로 성공적이란 사실을 부인하기 어려울 것이다. 흡연자나 비흡연자를 막론하고 이 브랜드에 대하여 긍정적인 이미지를 갖게 된 이유는 강력한 시각적 요소를 통해 전달된 감성 덕분이다. 광활한 공간, 자유, 그리고 모험으로 대표되는 말보로의 메시지는 명료하고 일관되며 모든 이로 하여금 저마다 다른 해석을 하게 만든다.

이탈리아의 소매업체인 베네통은 80년대 후반부터 도발적인 입장을 견지해온 결과 많은 소비자들로 하여금 등을 돌리게 하는 결과를 초래했다. 도발이란 브랜드 전략이 아니라 단기간에 시선을 모으는 전술에 불과하다. 브랜드란 사회를 변화시키기 위한 것이 아니다. 브랜드는 고객들의 관심과 일치하는 인도주의적인 해결책을 담은 메시지를 분명하게 표현하고, 고객들의 가치관에 민감하며, 그리고 그것을 지지한다는 점을 보여줄 필요가 있다. 베네통의 이미지 광고 중 검은 말이 흰 말 위에 올라 탄 사진은 인종 문제의 민감성을 건드린 것으로서, 베네통 브랜드가 가졌던 당초의 아이덴티티인 희망의 메시지를 효과적으로 표현하는데는 전혀 불필요한 시도였다. 베네통은 1999년에 다시 상업적 목적치고는 사회적으로 대단히 민감한 주제인 사형수를 내세워 선동적인 광고를 계속했다. 사람들을 계도하기 위한 이런 식의 교훈적인 광고는 서술적이거나 브랜드를 알리려는 진지한 시도라기보다는 오히려 브랜드에 대한 일반인의 관심을 끌어내려는 계산된 전술처럼 보인다.

사형수를 등장시킨 1999년 Benetton 광고

시각적으로 강렬한 클로즈업에도 불구하고 정작 사형제도나 사형수들에 관한 핵심적인 알맹이가 없으며, 또 대부분의 베네통 광고가 그러하듯 광고와 베네통 제품이나 사람들 사이에 아무런 연관성도 발견할 수 없다. 유감스럽게도 이런 식의 광고들이 실패로 끝남에 따라 베네통은 세계에서 가장 큰 시장인 미국에서 심각한 타격을 입게 되었다.[2] 최근 시어스(Sears) 백화점은 이 광고에 대한 항의 시위 뒤에 전국 400여 개 매장에서 베네통 브랜드 제품을 철수시켜버렸다. 그리고 베네통 광고의 크리에이티브 감독이었던 올리비에로 토스카니(Oliviero Toscani)는 재빨리 베네통과의 관계를 청산했는데, 이는 더욱 현명하고 감성적으로 민감한 광고 시대의 도래를 알리는 것이었다.

이것은 브랜드가 성공적으로 강력한 사회적 메시지를 전달할 수 없다는 것을 의미하지는 않는다. 케네스 코울사는 마케팅 차원에서 사회적인 이슈를 광고에 효과적으로 활용해 왔지만, 이는 베네통과는 다른 민감성을 가지고 있다. 케네스 코울의 광고캠페인은 Kirschenbaum & Bond사가 착안한 것으로, 고객들에게 최근의 사회적 이슈들에 대하여 말을 하는 형식을 취함으로써 패션 브랜드에 있어서 아주 중요한 최신 제품이란 이미지를 심어주었다. 여러 편의 광고 가운데 이들도 1999년 광고에서 사형선고를 주제로 다루었는데, 어떤 면에서 볼 때 그 광고는 효과가 있었다. 그렇다면 이 둘 사이의 차이점은 무엇인가? 케네스 코울의 광고는 뚜렷한 강점을 지니고 있는데, 그것은 질문과 객관적 사실을 통해 그리고 점잖고 풍자가 담긴 유머를 통해 사람들의 고정관념에 도전함으로써 사회적 주제들을 좀더 민감한 방식으로 다루었다는 점이다. 예를 들어 "매년 사형집행 전에 무죄가 입증되는 사형수들이 있는데, 그렇다면 무

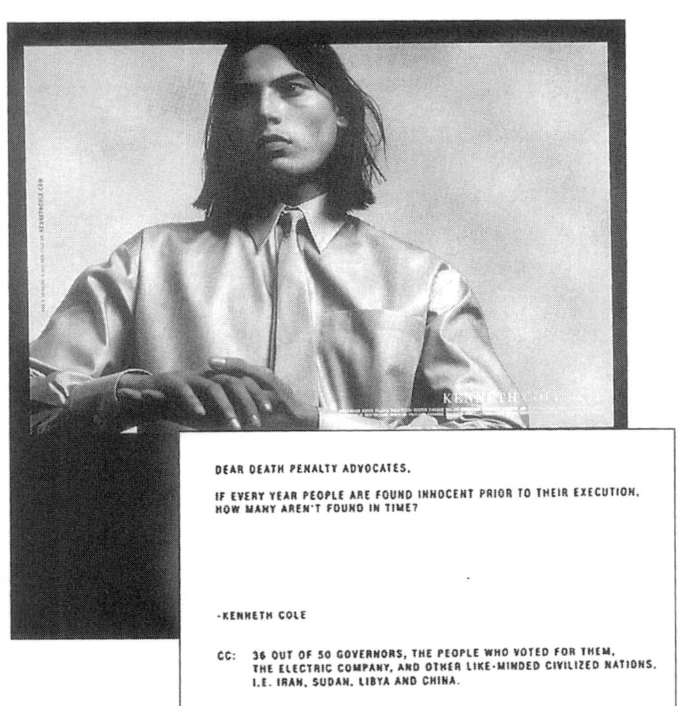

사형 제도의 문제를 다루고 있는 1999년 Kenneth Cole 광고

죄가 입증되지 못한 채 처형되는 사형수는 매년 얼마나 될까?"와 같은 자극적인 질문을 던진 다음 사실 부분은 자세한 정보(cc) 을 사용해 알림으로써, 광고는 논쟁적인 태도를 취하면서 대화를 이끌어내기 위한 시도를 한다.

이 광고는 심각한 도덕적 어조 대신 자유로운 논쟁을 유도하는 참신한 시각을 제공한다. 케네스 코울사는 자신들을 고객들과 같은 입장에 서게 하였는데, 이는 곧 고객과 함께 진실의 편에 섰음을 의미한다. 또 다른 중요한 차이점은, 케네스 코울사의 광고에는 회사의 제품과 그 제품을 입은 사람들이 등장한다는 점이다. 사진에 오려 붙인 부분에 인쇄된 문장이 마치 케네스 코울사의 패션 제품을 입고 나온 사진 속의 젊은이가 직접 쓴 듯한 효과를 느끼게 하는 등의 방법으로 개성이 듬뿍 담긴 풍부하고 완벽한 브랜드이미지를 표출하고 있다. 케네스 코울은 자사의 웹사이트에서 "당신이 무엇을 입고 있느냐보다는 무엇을 알고 있느냐가 더 중요하다"는 문구와 함께 그들이 지지하는 쟁점들을 열거함으로써 기업의 가치관을 드러냈다. 그러나 단연 손꼽을 수 있는 것은 대화의 광장을 마련하여 사이트 방문객들이 언론 매체의 횡포라는가 슈퍼모델은 장삿속이 목적인가? 등의 주제를 놓고 자유롭게 토론할 수 있게 배려한 점이다. 이것은 기업과 소비자 간에 의사표현의 통로가 열려 있다는 느낌을 준다는 점에서 상당한 의미가 있다. 그리고 케네스 코울사는 이를 통해 고객들이 과연 무엇을 어떻게 생각하고 있는지를 여과없이 들여다볼 수 있는 기회가 된다.

케네스 코울 광고의 가장 큰 매력은 빈정대는 투의 유머를 효과적으로 활용한다는 점이다. 제품을 판매할 때는 절대로 유머를 잊어서는 안 된다. 유머는 인간과 인간 사이를 이어주는 접착제와 같다. 만일 당신이 누군가를 웃길 수 있다면, 그는 당신에게 호감을 갖게 될 것이고, 아마도 당신을 더 잘 기억할 것이다. 〈USA 투데이〉는 "최근 몇 년 동안 광고업계의 가장 두드러진 추세는 소비자들이 TV 광고를 볼 때 계속해서 흥미를 갖게 하는 방법으로서 유머가 압승을 거두고 있다는 사실이다"라고 쓰고 있다.[3] 유머는 제품 중심적이고, 또 판매 메시지와 연관될 때 더욱 효과적이다.

낡은 매체와 새로운 매체

이제 브랜드 프로모션의 결과가 즉각적으로 나타나는 인터넷의 세계로 모험을 떠나보자. 이전에 말했듯이, 인터넷이란 과감한 사고력을 필요로 하는 매체이다. 지금은 인터넷이 매체 전략의 확대된 영역으로 이해되고 있지만, 머지않아 핵심 매체가 될 것이 분명하다. 낡은 매체와 새로운 매체 간의 전쟁은 싸움이 채 시작되기도 전에 이미 결판이 나버렸다. 양자는 상호 보완적이며, 보다 충실하고 신뢰할 수 있는 정보와 지식을 사람들에게 전달하기 위한 협력관계에 있다.

감성은 사람들과 개인적인 방식으로 가상공간에서 표출되거나 공유될 수 있으며, 이 점이 인터넷이라는 새로운 매체가 제공하는 가장 중요한 특성이다. 가상세계에서는 일방적인 커뮤니케이션 방법은 작별을 고하고, 사람과 사람 사이에 진솔한 대화를 이끌어내는 쌍방향 시대가 도래했다. 새로운 매체를 통하여 브랜드는 진정한 친구가 될 수 있으며, 사람들과 제휴할 수도 있다. 예를 들어 Babycenters.com은 매주 고객들에게 정보를 업데이트하고, 젊은 부모들을 대상으로 육아법을 제공한다. 전통적인 소매점들이 그렇게 빠르고 주기적인 서비스를 제공하기는 시간적으로나 금전적으로 어려운 일이다.

가상공간에서 브랜드는 어떻게 사람들에게 영향을 미칠까? 오늘날 이 새로운 매체가 해결해야 할 가장 중요한 과제 중 하나는 인터넷 사용자들에 대한 광고 메시지의 효과를 어떻게 수량화하고 평가할 것인가 하는 점이다. 접속 양과 경험을 모니터하는 도구도 많지만, 예를 들어 특정 제품의 판매나 전반적인 브랜드 인지도에 대한 배너 광고의 효과를 알아내는 방법은 아직도 더 개발되어야 하고 보다 정교화되어야 한다. 지금은 구매자가 사이트에서 보내는 평균 시간을 포함하여 1회 방문시 평균 구입액과 다시 방문하는 주기를 겨우 알아낼 수 있을 정도이다. 그러나 몇 명이 사이트를 찾아오고, 무엇을, 얼마나 구매했느냐만이 중요한 측정 대상은 아니다. 온라인 상의 상호작용을 통하여 소비자들이 특정 브랜드에 대하여 어떤 느낌을 가지게 되었는지를 아는 것도 매우 중요하다. 한 번 어떤 제품을 샀다고 해서 다시 방문하리라는 보장도 없고, 그 브랜드를 선호한다고 할 수도 없기 때문이다.

이러한 도구들을 개발할 수 있다면, 마케터들은 오랫동안 열망해 오던 소비자들이 진정으로 어떤 제품을 원하는지에 대한 정보를 얻을 수 있을 것이다. 광고를 시작한 지 며칠 만에 고객들의 반응을 측정할 수 있다면, 그에 따라 신속한 조치를 취할 수도 있다. 그러나 이러한 측정 조사에서 가장 취약한 점은 얼마나 많은 인터넷 방문객들이 조사에 응하려 할 것인가 하는 점이다. 인터넷 구매자들의 최대 희망은 남모르게 구매하는 것이기 때문이다. 따라서 마음 내키지 않는 고객들로부터 쓸모없는 데이터를 얻어낼 수도 있다.

해결되지 않은 문제와 어느 정도의 혼란은 있지만, 새롭고 효과적인 매체가 출현했다는 사실과, 인너넷이란 매체가 결국은 다른 기존 매체에 의한 광고 모델들을 강화시킬 것이라는 점만은 분명하다. 또한 브랜드 인지도를 높이는데 인터넷의 힘이 엄청나다는 점을 잘 알고 있다. MSN의 연구 결과를 보면 온라인 광고가 브랜드 인지도를 무려 300%나 향상시켜주었다고 한다.[4] 그리고 온라인 광고를 보고 그 브랜드 제품을 구매할 의향이 있는 경우가 보지 않은 경우보다 현저히 높았다. 브랜드 사용자의 경우 72% 대 62%, 브랜드 비사용자의 경우는 28% 대 19%였다.[5] 1999년 11월 앤더슨컨설팅(Anderson Consulting)사의 조사에 따르면, 조사 대상인 1500명의 인터넷 사용자 중 25%가 배너 광고를 본 후에 그 회사의 웹사이트에서 물건을 구입한 적이 있다고 응답한 반면, TV나 인쇄물 광고를 보고 그 회사의 사이트를 클릭한 사람은 14%, 라디오 방송을 듣고 클릭한 사람은 4%에 불과했다.[6] 실제로 데이터모니터(Data monitor)의 자료에 의하면, 1998년 이후 전세계적으로 온라인 광고에 지출한 광고비가 두 배로 늘었으며, 2003년에는 365억 달러에 이를 것으로 예상된다.[7]

미래의 인터넷 광고에 대하여 현재로서는 혼란스럽기도 하고 논쟁도 많지만, 매일같이 더 많은 회사들이 자사의 브랜드를 홍보하기 위해 웹의 감성적 능력을 활용하기 시작하고 있다. 미래에는 엄청난 일들이 성취될 것을 기대하면서, 인터넷 광고가 감성적 브랜드 전략의 방향으로 흘러가는 최근의 브랜드 추세와 관련된 노력들을 살펴보기로 하자.

배너 광고

배너(banner) 광고가 본래의 잠재력을 다 발휘하려면 아직도 멀었다. 배너 광고에 대한 최초의 많은 투자가 있은 이후, 최근에는 배너 광고의 효과에 실망했다는 얘기들이 여기저기서 쏟아져 나오고 있다. 한 웹사이트에 때로는 수십 개나 되는 배너 광고들이 튀어나오기 때문에 온라인 광고에 대한 상기도가 감퇴하고 있는 것은 사실이다.[8] 하지만 보다 중요한 사실은 오늘날 배너 광고의 상당수가 올바르게 행해지고 있지 않다는 것이다. 이것들은 따분하고 강압적이며, 상상력이 결여되어 있다. 배너 광고는 제대로 행해진다면 실질적인 효과를 얻을 수 있으며, 브랜드 메시지를 전달하는 대단히 근사한 방법이다. 크래프트 푸드(Kraft Foods)의 e-마케팅 담당이사인 캐시 리오던은 배너 광고를 사용하는 훌륭한 방법을 찾아냈다. 크래프트사는 배너를 이용한 웹 광고캠페인을 통해, 소비자들이 냉장고에 있는 아무 재료나 가지고 짧은 시간 안에 음식을 만드는 방법을 보여주겠다고 제안했다. 이 광고캠페인은 폭발적인 성공을 거두었고, 그 성공을 활용하기 위한 오프라인 광고가 만들어지기도 했다. 이것은 웹을 훌륭한 브랜딩 도구이자 개인적인 경험으로 만든 중요한 시도였다.

IBM의 인터넷 배너 광고 역시 매우 독특하다.[9] IBM은 쌍방향 배너 광고에 다양한 매체 기술을 활용한 최초의 업체 중 하나이다. 오길비앤매더가 기획한 IBM의 배너 광고들은 앞에서 언급한 TV 및 인쇄물 광고와 잘 통합되어 있으며, 믿을 수 없을 만큼 혁신적이다. 그것은 놀라움과 즐거움에 관한 배너 광고의 잠재력을 엿보게 해준다. 내가 좋아하는 배너 광고 중 하나는 야외용 장비 판매회사인 REI Corp.사의 온라인 배너이다. 까만 바탕의 배너 위에 마우스를 움직이면 한 줄기 빛이 캠프장의 야경을 비추면서, 텐트 옆 캠프 파이어가 타오르기 시작하고, 어둠 속에선 산짐승들의 눈빛이 반짝거린다. 그리고 나서 다음과 같은 문구가 씌어진 팻말이 나타난다. "e-outdoors. REI가 웹상에서 길을 찾고 있었을 때, 우리는 이 문제를 해결할 전문가들을 초빙했습니다. www.REI.com은 IBM의 e-business입니다. 그 이유를 찾아보십시오." 자바 스크립트을 이용한 IBM의 또 다른 뛰어난 배너 광고 중에는 온라인 씨앗 공급업체인 eSeeds 배너 광고처럼 사람들이 광고에 참여할 수 있게 하는 것도 있다. 이 광고는 물뿌리개 역할을 하는 마우스의 버튼을 눌러서 온라인 씨앗에 물을 주면, 씨앗이 자라면서 꽃을 피운다.

또, 프록터앤갬블사도 배너에서 프링글스 감자칩을 먹는 즐거움을 주기 위해 게임도 하고 음악(클릭할 필요가 없음)도 즐길 수 있게 하는 창의적인 방법으로 성공을 거두었다.[10] 10대들에게 다가갈 방법을 찾고 있던 펩시는 야후!와의 마케팅 제휴를 통해 야후! 사이트를 펩시콜라와 마운틴 듀(Mountain Dew)를 프로모션하는데 활용하고 있다. 프로모션은 10대들이 야후의 비디오 게임 코너 등에서 사용할 수 있는 포인트를 모으도록 하는 것이다.[11] 이 방법은 전통적인 쿠폰 프로모션과 유사하지만, 10대들과의 진정한 감성적 유대를 구축하는 방향으로 상상력을 발휘함으로써 훌륭한 아이디어가 되었다.

고객들에게 깊은 인상을 심어주기 위해 필요한 혁신은 때로는 아주 간단하다. DM9 DDB사가 기획한 록타이트 슈퍼본드(Loctite Super Bond)라는 접착제 회사의 예를 들어보면, 배너 광고에 링크가 없는 대신 보는 사람이 슈퍼본드 광고를 마우스로 건드리기만 하면 작은 접착제 튜브가 커서의 화살표에 달라붙어 어디든지 따라다닌다. 코메트시스템(Comet Systems)사는 커서의 화살표를 기발한 모양으로 바꾸는 프로그램을 개발하여 배너 광고의 인지도를 강화하는데 이용하고 있다. 또 다른 배너 광고는 먼저 30초 동안 애니메이션과 게임으로 고객들을 즐겁게 해준 뒤에야 광고가 나온다. 네덜란드 회사인 비트매직(BitMagic)은 바로 이러한 형태의 온라인 광고를 개발 중인데, 이미 하이네켄 및 미쯔비시와 계약을 마쳤다고 한다.[12]

고객들로부터 감성적 반응을 이끌어내는 확실한 방법 중 하나는 유머를 이용한 것이다. 웹 디자인 회사인 Devlin Applied Design의 캐서린 데블린은 효과적인 배너 광고에 관한 소비자 조사 결과 다음과 같은 사실을 발견했다. "배너 광고에서 중요한 두 가지 요소는 유머와 색상이다. 현대인들은 웃음을 필요로 한다. 너무도 많은 것들이 범람하는 세상에서, 보기에 기분 좋은 것이 감성적 반응을 얻는다."[13]

멀티미디어 온라인 브랜딩

제너럴모터스는 유방암 퇴치를 위한 〈컨셉:큐어(Concept : Cure)〉 캠페인을 프로모션하는데 멀티미디어 온라인 광고를 활용함으로써 엄청난 성공을 거두었다. 이 캠페인은 미국 패션 디자이너 협회와 공동으로 추진되었으며, 조 박서(Joe Boxer)의 닉 그레이엄, 맥스 아즐리아, 조셉 애버드, 다나 부시맨, 비비안 탐 등, 다섯 명의 패션 디자이너들이 기금 조성을 위한 경매용 GM 자동차 디자인에 참여했다. GM의 쌍방향 커뮤니케이션 담당이사인 T.B. 밀러는 주로 18~54세의 여성 고객들을 대상으로 GM 자동차와 〈컨셉:큐어〉 캠페인을 위한 멀티미디어 온라인 프로모션을 실시했는데, 이는 TV와 같은 전통적 매체로는 불가능한 일이었다. 24분간 진행된 이 쌍방향 광고에는 '아름다운 보니'라는 이름의 여성 디지털 내레이터가 등장했고, 비디오와 오디오 그리고 여러 쌍방향 요소들이 총망라되었다. 밀러에 의하면, 광고의 평균 최초 상기도가 일반 온라인 광고에 비해 약 34%나 높았다고 한다. 이 프로그램 덕분에 GM은 유방암 연구 기금으로 260만 달러를 모금할 수 있었다.[14] Jupiter Research사에 의하면 2002년까지 온라인 광고의 60%가 복합 미디어 기능을 가질 것이고, 광대역 서비스가 확대됨에 따라 GM에서와 같은 멀티미디어 온라인 광고들을 더 많이 보게 될 것이라고 한다.[15]

향후 몇 년 간 온라인 멀티미디어, 전략적 스폰서십, 그리고 우리가 모르는 새로운 분야에 더 많은 기회가 주어질 것이 틀림없다. 예를 들면 인터넷 라디오는 아직 시작 단계에 있지만, 사람들에게 접근해 정보를 제공하는 또 하나의 중요한 커뮤니케이션 수단이 될 수 있는 가능성을 갖고 있다. 전통적 매체를 사용하는 광고는 주로 브랜드의 인지도와 욕구를 생성하는데 이용될 것이다. 전통적 매체에 의한 광고를 파티로의 초대라고 한다면, 새로운 매체인 웹은 파티 바로 그 자체이다. 이 파티에서 사람들은 서로 만나고, 정보와 비밀을 교환하며, 즐거움을 나눌 것이다. 웹은 모두를 연결시켜주는 마을의 광장과도 같다.

오늘날 커뮤니케이션 사업 분야에서 가장 창의성이 뛰어난 사람들 중 일부는 아직 이 새로운 매체가 얼마나 흥미롭고 효과적인 분야인지 제대로 이해하지 못하고 있다. 광고대행사들도 여전히 이 분야에서 선구적인 혁신을 이루고자 하는 적극적인 노력을 보이고 있지 않다. 그러나 광고의 미래는 크로스 브랜딩(cross-branding)과 크로스 채널(cross-channel)이 되고 있으며, 크로스 마케팅(cross marketing)에 기초할 것이다.

토미 힐피거는 웹사이트에 〈House Party〉라는 미니시리즈 프로그램을 만들었는데, 이는 온라인과 오프라인 커뮤니케이션을 접합하는 흥미로운 시도였다. 2000년 발렌타인 데이에 시작된 이 프로그램은 Kirshenbaum & Bond사가 기획 제작한 것으로서, 토미사의 옷을 입은 젊은이들의 사랑과 우정에 대한 모험담을 여섯 편의 에피소드 형식으로 구성한 것이다. 또한 토미 힐피거는 웹사이트를 통해 미공개 가요 컨테스트를 진행하고 있는데, 이는 뛰어난 재능을 가진 DJ와 밴드를 발굴하기 위한 것으로, 대상 수상자에게는 퀘스트 레코드(Qwest Records)사에서 1만 달러 상당의 데모 음반이 제공되었다. 이에 대한 사람들의 반응은 실로 엄청났다.[16] 이같은 프로모션을 통해 토미 힐피거는 브랜드 홍보뿐만 아니라 패션업계에서 더할 나위 없이 소중한 거리의 패션 동향을 파악할 수 있는 직접적인 연결 통로를 구축할 수 있었다. 사이트는 또한 최신곡들을 미리 알려줌으로써 방문객들이 유행에 앞서간다는 자부심을 느낄 수 있게 하고, 최신곡을 듣기 위해 굳이 MTV에 매달릴 필요가 없도록 했다. 이런한 문화적 연결이야말로 브랜드를 유행에 뒤처지지 않게 하고, 광고로는 전달할 수 없는 새로운 차원을 더해주는 것이다. 그러나 가까운 장래에 쌍방향 TV가 출현하면, 토미 힐피거의 웹사이트와 같은 다양한 브랜드 콘텐츠들과 30분 이상 진행되는 흥미로운 정보광고(informercial)들을 더 많이 보게 될 것이다. 그리고 TV용 배너 광고도 미래의 광고에서 중요한 부분을 차지할 것이다.

사람들은 모두 어디로 갔을까?

사람들은 이제 집 안에서 TV나 라디오에만 매달리지 않는다. 과거에는 벽이나 다른 전원 소켓에 붙박이로 꽂아두고 쓰던 전자제품들을 지금은 어느 곳에나 가지고 다닌다. 핸드폰과 휴대형 컴퓨터는 늘 우리 몸에 붙어 다니고, 우리들은 쉴새없이 활동을 한다. 엄마들은 아이들을 이곳 저곳으로 데려다주기 위해 대부분의 시간을 차 안에서 보내고, 비즈니스맨들은 비행기를 타고 집에서 멀리 떨어진 목적지까지 날아가곤 한다. 사람들이 거실의 TV 앞에서 보내는 시간이 자꾸 줄어들수록, 컴퓨터는 과거 어느 때보다 더 사람들의 눈길을 붙잡아둔다. 우리 모두는 이러한 현상들이 광고업계에 어떤 변화를 가져올 것인지 알고 싶어한다. 물론 변화가 필연적이라는 점에는 의문의 여지가 없다.

목표 고객에게 다가가는 일은 더욱 복잡해지고, 사람들로 하여금 메시지를 듣게 하는 일은 마케터들에게 커다란 도전이 되고 있다. 다행히도 우리는 급속히 발전하는 기술들을 활용할 수 있다. 그 중에서도 특히 무선 분야는 사람들이 어디에 있든지 무수히 다양한 접촉 지점에서 그들에게 다가갈 수 있는 잠재적 기회들을 제공한다.

이처럼 다양해진 커뮤니케이션 수단들을 고려한다면, 브랜딩에 있어 쌍방향적인 접근이 더욱더 중요해지고 있다. 이것은 사람들과 이야기하는 새롭고 친근한 방법이며, 상호 호혜의 원칙에 기초한다. 당신이 고객들에게 요구하는 것은 그들의 소중한 관심이다. 하지만 당신의 광고가 유용하고 충분히 받아들일 수 있는 것이라면, 당신은 사람들에게 무언가를 되돌려주는 것이다.

프랑스의 아무 시장이라도 가서 상인들이 어떻게 오리의 간, 와인, 치즈, 생선, 육류 따위를 파는지 지켜보라. 아마도 당신이 경험한 것 중에서 가장 즐겁고 흐뭇한 경험이 될 것이다. 상인들은 손님들에게 아주 교묘하게 말을 걸고, 아부를 떨며, 슬며시 농담도 하면서 자신들의 진열대로 끌어들인다. 그들은 개성이 뚜렷하고, 상품의 원산지와 품질에 대하여 권위와 신뢰감을 주는 시골풍 의상, 태도 및 억양을 하고 있다. 시장의 제품들은 고객의 미각을 자극하는 방식으로 진열되어 있고, 심지어 그들이 손님에게 전해주는 갈색 종이 상자조차 구매 경험의 매력을 더하도록 만들어져 있다. 실제로 무엇이 변했는가? 오직 우리의 열정, 진실성 그리고 브랜드에 대한 사랑만이 대화를 이끌어내고 신뢰에 기초한 브랜드를 창조할 수 있다.

제4부 비전

변화를 위한 영감,

어떻게 거기에 도달할 것인가?

개요

감성
E-motions

어떻게 해야 감성적 브랜드 전략을 가장 잘 적용할 수 있을까? 급변하는 세상에서 브랜드 전략 수립에 대한 새로운 도전은 무엇일까? 이 장에서는 웹상에서 감성적인 브랜드를 보다 잘 표현할 수 있는 가능성들을 살펴보고, d/g*사의 성공적인 브랜드 전략 도구를 수행하는 방법에 대해 설명했다. 아울러, 광범위하게 효과를 발휘하면서 다른 중요한 흐름을 유발하는 다섯 가지 사회적 추세를 통해 새 천년의 문화적 구조를 파악해보고자 한다.

미래를 예측한다는 것은 속임수에 불과하다. 오히려 하나의 질문으로서 미래에 접근하는 것이 한층 더 정확하고 흥미도 있다. 결국 미래란 우리가 만들어 가는 것이다. 이 질문에 대한 솔직한 답변은 시장과의 지속적이고 열정적인 대화에 달려 있다. 다시 말해, 단순하게 이 질문을 반복하는 것이다.

우리는 우리가 갖고 있는 창의적인 통찰력을 우리를 둘러싼 세계에서 일어나는 아이디어나 사건과 직관적으로 연결될 수 있도록 정확하게 집중시켜야 한다. d/g*사에 근무하면서 우리는 비전을 가진 아이디어는 단련을 통하여 기업의 미래를 창조할 수 있으며, 제품에 영향을 줄 수도 있다는 사실을 항상 느껴왔다. d/g*사의 감성적 브랜딩 툴(tool)의 목적은 우리로 하여금 사람들의 생활 방식과 감성을 이해하도록 돕는 것이다. 이 툴을 통하여 우리는 여과되지 않은, 원천적이고 강력한 아이디어를 발견하거나 식별할 수 있다. 우리의 임무는 미래를 창조하기 위하여 과거에 도전하는 것이다.

논리만을 근거로 판단할 수 있는 의사결정이란 거의 존재하지 않는다. 어떤 경우에는 본능이 사실과 데이터를 능가하기도 한다. 즉, 옳다고 느끼는 그 무엇이 선택을 좌우하는 척도가 된다. 이성적인 판단 과정에서 이러한 감성적 요소들은 우리로 하여금 무의식적으로 미래와 그 미래에 영향을 미치는 추세들을 이해할 수 있게 해준다.

보잘것 없지만 나의 좌우명은 다음과 같다: 상자(좁은 틀) 밖에서 생각하고, 예리하게 관찰하며, 내키는 대로 행동하라. 그리고 새로운 아이디어에 관한 한 천연 자석이 되어라. 자석이 새로운 아이디어를 끌어당기듯, 상상력을 발휘하고, 트렌드를 예견하라.

16

웹에서의 감성적 브랜딩 전략

가상공간의 미래

집안에서 즐기는 편안한 쇼핑! 계산대 앞에 줄을 서서 기다릴 필요도 없고, 육체적 피곤함도, 물건을 찾기 위해 매장을 헤매고 돌아다녀야 하는 시간 낭비도 없다. 어떤 실물 매장이 거의 무제한에 가까운 웹 매장의 재고를 따라갈 수 있겠는가? 전자상거래는 대단히 흥미진진한 쇼핑 경험이다. 하루 24시간 언제라도, 몇 번의 마우스 클릭만으로 다다를 수 있는 쇼핑의 용이함은 구매자들에게 힘을 실어준다. 그리고 고객들은 무수한 선택의 기회를 제공하는 이 효율적인 비즈니스 모델에게서 더 나은 선택을 기대하고 있다.

점점 더 시간에 쫓기는 사람들을 위해 웹은 새로운 해결책을 제시해준다. 사람들은 자신의 집에서 자동차 세차, 요리, 식품 등 어떤 것이건 간에 문 앞까지 배달해줄 수 있는 서비스에 기꺼이 추가비용을 지불할 것이다. 현대인들은 개인적인 시간이나 가족 혹은 친구와 보내는 시간을 돈보다 더 소중하게 여긴다. 의사의 왕진이 되살아난 일이나, 웹밴

(Webvan), 넷그로서(Netgrocer)와 같은 온라인 야채상이 성공을 거둔 일, 또는 주인이 있건 없건 식품의 재고를 파악해서 재주문하는 냉장고를 설치해주는 Streamline.com의 출현은 전혀 놀랄 일이 아니다.

그러면 어떻게 브랜딩이 이 새로운 가상세계에서 사람들을 유인하고, 제품을 판매하며, 개인화된 서비스를 전달하기 위한 차별화의 도구가 될 수 있을까? 그리고 브랜드 이미지와 개성은 어느 정도로 중요한가? 더 나아가, 커뮤니케이션 개념을 활용하여 e-브라우징을 긍정적이고 기억될 만한 쇼핑 경험으로 향상시키기 위한 방법은 무엇인가? 이상은 내가 이 장에서 답하려는 중요한 웹 관련 질문들이다.

물리적인 장소가 갖는 고유한 제약을 받지 않는 가상공간이라는 매체에서 브랜드화된 점포를 구축한다면 전통적인 점포에서는 실현 불가능했던 개념들을 탐험할 수 있는 기회가 열릴 것이다. 가상공간은 상상력과 즐거움과 새로움을 발견하는 장소이며, 우리의 문화를 재정의하여 새로운 가상 공동체를 형성하게 한다. 웹 항해자들은 자신들을 사이버 세계의 반항자로 분류한다. 그들은 스스로 결정하고, 탐험하며, 발견하려는 생각이 뚜렷하다. 이러한 비순응적이고 자신감 넘치는 태도는 미래의 매체를 이용한다는 자부심에 의해 강화된다. 이것은 경영 분야의 권위자인 톰 피터스(Tom Perters)가 "우리는 우리 인생의 최고경영자들이다"라고 말한 것과 일맥 상통한다. 가상공간에 브랜드를 구축하기 위해서는 이처럼 까다롭게 요구하고 아는 것이 많은 소비자들의 생각 영역 내에서 그들의 문화와 행동을 이해하는 것이 매우 중요하다. 여기서는 무엇보다도 훌륭한 아이디어의 개발이 요구된다.

비즈니스 기회라는 측면에서 보면 웹상의 비즈니스의 확산은 당연한 현상이다. 하지만 여기에도 극복해야 할 어려움이 있다. 인간적인 면이 결여되어 있고, 드라마틱한 효과를 주는 시각적이고 감각적인 요소가 부족하다는 점이 그것이다. 가상세계를 클릭하는 사람들에게는 상품을 직접 만지고 누군가와 서비스에 대해 이야기를 나눌 수 있는 기회가 박탈되어 있다. 또한 점차 개선되고는 있지만 기술력과 대역폭의 용량 부족으로 제약을 받고 있는 화면의 질도 문제이다. 게다가 수많은 신생기업들이 웹에 제공하는 내용들은 너무 방대하고 때로는 매우 혼란스럽다.

오늘날 대부분의 웹사이트들은 무엇보다도 간편한 연결과 접속 방법에 맞춰 디자인되고 있다. 그 결과 감성적인 영역은 아직도 정의되거나 표현되지 못하고 있으며, 협소하게 정의된 영역 내에서만 운용되고 있을 뿐이다. 그러나 음향, 색상, 애니메이션, 그리고 궁극적으로는 향기(9장 참조) 등 진정한 다감각적 요소들을 활용할 수 있다면 브랜딩 표현의 잠재력은 무한하며, 이는 오락성과 연결성을 강화시킬 것이다. 한마디로 감성적 브랜딩은 고객들을 끌어들이고 연결하며 유지시켜줄 수 있는 원동력으로서, 웹상에서 최상의 효력을 발휘할 수 있을 것이다.

1. 사람들을 사이트로 끌어들이는 방법은 무엇인가? *사람들이 기대하고 원하는 바를 이해함으로써 브랜드 인지도를 창출하는 것.*
2. 자신의 브랜드를 가장 잘 팔고 가상공간을 찾는 고객을 붙잡아둘 수 있는 방법은 무엇인가? *독특한 브랜드 아이덴티티를 창출하는 것.*
3. 사용자의 충성심을 보장해줄 친밀한 느낌과 서비스를 새로운 매체를 통해 전달하는 방법은 무엇인가? *고객과의 대화 및 서비스 그리고 포장에 의해.*

브랜드 인지도 창출을 통해 웹으로 고객을 유인하라

고객을 설득하여 사이버 점포의 문턱을 넘게 하려면 브랜드 제안의 적실성과 명확성, 흥미로운 경험에 대한 약속, 그리고 고객에 대한 전반적인 감성적 편익이 분명하게 전달되어야 한다.

바쁘게 돌아가는 오늘날의 시장 상황에서는 고객을 유인하고 대화를 나누기가 어렵다. 인지도를 높이기 위한 필사적인 노력으로, 일부 전자상거래 회사들은 Priceline.com이 영화배우 윌리엄 샤트너를 광고에 기용했던 것처럼, 유명인과의 관련성을 창출함으로써 그들의 유명세를 빌려 브랜드를 알리려고 했다. 하지만 기대한 만큼의 접속이 이루어지지 않았고, 비싼 커뮤니케이션 비용을 상쇄할 만큼 브랜드 인지도가 향상되지도 않았기 때문에 이들 닷컴기업 사이에서 절망감이 증대되고 있다. 2000년 슈퍼볼 경기는, 1999년 슈퍼볼 경기에서 광고를 한 다음날 히트를 친 Monster.com의 횡재를 꿈꾸며 17개의 닷컴기업들이 진을 치고 난투극을 벌인 매우 비싼 경기가 되었다. 하지만 일부 회사들이 지불한 투자액(30초 광고에 최대 300만 달러)만큼 반드시 광고 효과가 오래 지속되지도 않았다. 이때 필요했던 것은 회사의 브랜드 이미지에 대한 명쾌한 정의와 사람들을 광고로 끌어들이는 감성적 연계성이었다.

약 백만 명 정도가 당신의 광고를 지켜보는 슈퍼볼의 광고 기회는, 기업의 생존이 기업의 인지도에 달려 있다면 그대로 지나치기가 쉽지 않다. 하지만 왜 그 목적을 달성하기 위하여 감성적 브랜딩 전략을 구사하지 않는가? 슈퍼볼에 투자하여 성공하려면 치밀한 사전 준비와 계획이 필요하다. 앤호이저 부쉬(Anheuser Busch)와 같이, 슈퍼볼 광고에서 엄청난 성공을 거둔 전통적 기업들은 경기 전후에 매장 내에서 프로모션을 진행했고, 그 프로모션이 슈퍼볼 광고 시점에 정점을 이루도록 하였다. TV 화면 안팎에서 동시에 추진을 한 셈이다. 흥미롭게도 인터넷 쇼핑몰을 운영하는 기업들은 고객과의 연결성, 대화 및 즉각적으로 찾아볼 수 있다는 점 등을 통해 전통적인 기업들보다 자신들을 팔 수 있는 기회를 더 많이 갖고 있다. 예를 들어 사이트에서 경기 전후에 선수나 팬, 그리고 스포츠계나 연예계의 스타들이 참가한 토크쇼를 진행할 수도 있다. 경기 입장권을 경연대회와 같은 이벤트를 통해 나눠줄 수도 있다. 이러한 사이트들은 유명 인사들이 참석하는 흥미로운 경기 뒤풀이 파티를 보여주는 웹 생방송도 할 수 있다.

닷컴 브랜드들의 커뮤니케이션과 마케팅 프로그램에서의 문제점은 성공을 위한 요소들, 이를테면 개혁성, 대담성, 그리고 소비자에 대한 명확한 이해의 부족이다. 소비자와 관련해서 알아두어야 할 한 가지 분명한 사실은, 세대별로 인터넷을 이용하는 목적이 다르다는 점이다. 가정 경제의 75%를 좌우하고 모든 구매에 있어 80%의 결정권을 행사하는 여성들은 시간을 절약하기 위해 온라인으로 몰려들고 있다. 그러나 여성들에 대한 웹 커뮤니케이션 노력은 아직 실질적으로 행해지지 않고 있다. 인터넷에 대한 10대들의 인식은 다른 세분시장과는 전혀 다르다. 1장에서 살펴보았듯이, 10대들이 인터넷에서 가장 원하는 것은 사회적 상호작용이다. 한편, Y세대가 웹을 자신들의 문화적 열망에 부합하는 매체로 재정의할 것이란 예상은 타당하다.

일반적으로 쇼핑을 싫어하는 남성 소비자들은 익숙하고 편안한 인터넷에서 즐기고, 탐험하고, 쇼핑할 권한을 마침내 갖게 되었다고 느낀다. 줄을 설 필요도 없고, 혼란스럽지도 않으며, 강압적인 분위기도 없고, 간혹 당혹스러운 점포를 만날 필요도 없으며, 그리고 빠르다. 여성들이 쇼핑을 특별한 즐거움으로 여기는 데 반해, 대부분의 남성들은 이것을 결코 좋아하지 않는다. 빅토리아스 시크리트는 이런 경우에 매우 잘 어울리는 사례이다. 빅코리아스 시크리트의 매장을 찾는 고객의 90%가 여성이지만, 인터넷 고객의 60%는 남성이다.[1)] 물론 이 회사는 남성들을 위한 전형적인 인터넷 소매점이라고 할 수도 있다(동영상 화면 속의 모델들이 걸친 섹시한 여성용 속옷을 한가한 시간에 혼자서 몰래 고르는 것을 싫어할 남자가 있을까?). 웹은 전통적인 소매점들이 사업을 확장하고 남성 고객을 확보할 수 있는 좋은 방법이다. 브룩스 브러더스의 진 몸버트와 블루밍데일의 바버라 게이벤은 1999년 한 패션지와의 인터뷰에서, 웹은 새로운 고객들을 그들의 브랜드로 유인한다는 데 의견이 일치했는데, 이는 오프라인과 온라인 간의 잠식현상(cannibalization)을 두려워하는 사람들에게 하나의 해답이 될 수 있다. 성공적인 Land' s End 사이트의 전자상거래 부사장인 빌 바스 역시 잠식현상에 관한 한 가지 해답을 가지고 있다. "하루가 끝날 때면, '고객들이 원하는 것은 무엇인가?' 자문해보고 그것을 고객들에게 주기 위해 노력하라. 그러면 잠식현상이나 유통채널 간의 갈등에 관한 논쟁은 사라진다. 왜냐하면 고객들은 이에 대해 전혀 개의치 않기 때문이다." 그의 관점에서 보면, 잠식현상을 우려하는 것은 스스로를 "내부적이고 기업 중심적인 관점"[2)]에 빠뜨리는 것이다. 이것이 문제의 핵심이다.

새로운 사이버 경제에서 게임은 속도에 달려 있으며, 인지도가 사이트 접속을 유인하는 기본 요소이다. 하지만 인지도는 다른 속도로 움직인다. 인지도를 얻으려면 돈과 시간을 투자해야 한다. 그래서 인지도는 높지만 재정적인 어려움을 겪고 있는 기업들은 좋은 기업 인수 대상이 되기도 한다. 이 경우 거의 돈을 들이지 않고도 필요한 브랜드 인지도를 얻을 수 있기 때문이다. 21세기에 주목해야 할 기업 중 하나인 LVMH는 회사의 전략을 설명하는데 아무 거리낌이 없다. 이 회사는 세계 최초로 유명 사치품 브랜드를 전부 다 갖추었고, 이런 브랜드 제품을 판매할 유통채널도 구비했다. LVMH는 특히 새로운 유통 패러다임에서 인터넷이야말로 중요한 역할을 할 것이라고 판단하여 전자상거래에 많은 투자를 해왔다. 그리고 제품 라인을 보강하기 위해 오랜 역사와 높은 인지도를 갖고 있는 Pucci와 같은 브랜드들을 인수했다. Pucci는 한정된 유통망과 고급 패션의 유산에 기초한 풍부한 감성적 내용을 보유하고 있는 진정한 브랜드였다. 그리고 LVMH가 돈을 주고 산 것은 그 브랜드의 참 가치였다. 현명한 닷컴기업이라면 초기에 자신들의 브랜드가 갖지 못했던 점—사람들을 브랜드와 연결시켜주는 감성적 내용—을 보유하고 있는 이 브랜드를 LVMH가 사기를 잘했다는 사실을 깨닫게 될 것이다.

브랜드 아이덴티티를 웹 고객들에게 창의적이고 감성적인 방법으로 전달하는 문제에 초점을 맞추는 것만으로, 회사는 놀랄 만한 결과에 도달할 수 있다. 라이프세이버스(Life Savers)사는 사람들이 웹사이트에서 파인애플 조미료의 계속적인 생산에 찬성하는 투표를 하지 않으면 생산을 중단하겠다고 선언함으로써, 현명하고 감성적으로 거부하기 어려운 방법으로 인터넷을 활용하였고 브랜드에 관한 입소문 효과를 창출했다. 40만 명의 라이프세이버스를 사랑하는 고객들은 자신들이 좋아하는 조미료가 없어지지 않게 하려고 사이트를 방문했다.

닷컴기업들의 TV 광고 중에는 왜 자신의 실제 사이트를 재창조해서 또는 그대로 보여주는 경우가 드물까? 연기자를 내세우지 않거나 쇼 장면을 보여주지 않는 시트콤 광고 중에서 성공한 것이 몇 개나 되는지 생각해보라. 이것은 브랜드 이미지 통합에 있어서 대단히 중요한 요소이다. 사람들은 그 사이트에 호기심을 자아내는 내용이나 멋진 장면이 있어야만 로그온 하려 할 것이다. 새로운 계피 향 박하사탕을 홍보하는 알토이즈(Altoids)의 사이트인 Toohot.com 광고는 이런 측면에서 성공적인 경우이다. 광고는 알토이즈라는 브랜드를 명시적으로 드러내지 않으면서도 알토이즈 사이트임을 짐작할 수 있는 과장되고 우스꽝스런 모습을 보여준다. 그리고 브랜드 아이콘인 선정적인 악녀 Sinful Cindy가 "궁금하십니까(Curious)?"라는 질문을 던진다.

Altoids의 Toohot.com 광고

웹 점포의 중요한 이점은 시각적인 모습에 대한 융통성인데, 혁신적이고 계속 변화하는 유행에 따라 이를 자유자재로 바꿀 수 있다는 장점이 있다. 엠파이어 스테이트 빌딩은 기념일마다 조명 색깔을 바꾼다. 미국의 독립기념일인 7월 4일에는 붉은색, 흰색, 파란색을, 추수감사절에는 오렌지색을, 크리스마스에는 붉은색과 녹색으로. 웹사이트들도 이렇게 하지 못할 이유가 어디 있는가? 사람들은 단지 최근의 사이트 색상이나 그래픽 쇼를 보기 위해서라도 주기적으로 로그인 할 것이다.

11장에서도 언급했듯이, 1999년 슈퍼볼에서 대성공을 거둔 빅토리아스 시크리트는 광고를 보던 사람들이 슈퍼모델의 패션 쇼를 보기 위해 온라인으로 몰려가게 부추겼는데, 이것이 웹사이트와 TV 광고를 재치 있게 연결한 시초였다. The Limited의 사장 겸 마케팅 담당이사인 에드 라제크는 이 광고의 주요 목표가 빅토리아스 시크리트 브랜드를 홍보하려는 것이 아니라 사람들로 하여금 자신들의 사이트를 로그온 하게 만드는 것이었다고 말한 적이 있다.[3] 만일 그것이 그렇게 성공적이었다면, 이처럼 드라마틱한 방식을 시도하는 사이버 브랜드가 거의 없는 이유는 무엇일까? 나이키는 이 상호 참조 전략의 잠재력을 Whatever.Nike.com 광고에 적용했는데, 소비자들은 티저 광고(teaser commercial)에서 시작된 스토리의 드라마틱한 결말을 알기 위해 나이키 웹사이트를 로그온 해야만 했다. 이 웹사이트에서는 사람들에게 여러 형태의 결말 중 한 가지를 선택하게 했는데, 이것이야말로 참신한 아이디어로서 진정한 쌍방향 커뮤니케이션 전략이라 할 수 있다.

독특한 브랜드 아이덴티티의 창출을 통해 팔아라

강력한 시각적 · 감각적 아이덴티티는 브랜드 차별화의 주요 요소이다. 그것은 정확하게 브랜드 개성을 나타내고, 다른 많은 브랜드로부터 차별화시켜준다. 시각적 명료성과 독창성이 확보되도록 웹사이트를 설계해야 광고 경험이 강화되고, 구매 욕구가 증가하며, 기억하기가 용이하다. 사람들은 내용이 아니라 표지와 활자체만으로 어떤 잡지인지 식별할 수 있다. 〈보그〉 지의 사진은 〈엘르〉와는 다른 특성을 지니고 있으며, 〈마사 스튜어트〉의 인간적인 감성은 잡지 전체에 일관되게 흐르고 있다. J. Crew 카탈로그와 브룩스 브러더스 카탈로그의 관점은 전적으로 다르고, 각각의 브랜드 및 공략하려는 목표 집단과 관련성이 있다. 패션 및 혁신적 내용을 전달하기 위하여 타겟이 로고 이미지를 활용하는 방법은 그 회사의 자체 전략과 일치하며, K마트와 같은 경쟁 점포와는 뚜렷하게 구분된다.

그러나 웹 화면을 보면 브랜드 디자인의 독창적 아이덴티티는 아직도 제대로 정의되어 있지 못하다. 즉 사이트와 사이트 간의 브랜드 차별화가 매우 약하다. eToys, CDNOW, Amazon.com 같은 회사들의 웹사이트는 공통적으로 대부분의 페이지에서 산스 세리프 서체를 쓰고 있다. 많은 유명 사이트들은 헤드라인의 중심 색상으로 청색을 이용하는데, 이는 느낌이 너무 비슷해 어느 사이트의 로고를 다른 사이트에 옮겨두면 잠시 착각을 일으킬 정도이다. 시장 점유율은 언제나 강력한 브랜드의 목소리에 의해 상당 부분 좌우된다는 사실을 잊지 말자.

인기 있는 상당수 전자상거래 사이트의 경우, 최초로 브랜드를 접하는 지점은 회사 소개도, 브랜드 메시지도, 눈요깃거리도 아닌 목차 부분이다. 그러나 표지가 없는 잡지나 문이 없는 점포, 혹은 제품 목록과 질 낮은 비주얼만 덩그러니 들어 있는 카탈로그를 상상할 수 있는가? 편리성과 웹 쇼핑에 관한 최신 정보를 장점으로 내세울지라도, 만일 그것들이 비감성적인 영역에 머물고 있다면 얼마 뒤에는 매력을 잃고 말 것이다. 사람들이 구매하는 것은 제품 설명서가 아니라 그들의 꿈이라는 점을 잊지 말라!

사이버 브랜드의 시각적 아이덴티티는 e-비즈니스에서 과소 평가되는 영역이다. Gap, Brooks Brothers, Macy' s, Victoria' s Secret, IBM, Crate & Barrel 같은 회사들은 기존의 이미지를 웹상에 그대로 옮겨놓았다. 이들 브랜드들은 자신들에 대한 평판과 신뢰할 만한 요소들을 디지털 세계로 그대로 가져간다. 그런데 적지 않은 사이트들이 효율적인 판매전략을 이유로 브랜드 아이덴티티와 깊은 연관성을 갖는 미적 요소를 간과하고 있다. 예를 들어 Sephora.com 사이트는 오프라인 매장과 같은 분위기가 전혀 느껴지지 않고 향수나 미용 제품을 취급하는 사이트와 큰 차이가 없다. 더구나 타겟(Target)이 그들의 로고인 '황소의 눈(Bull's eye)'을 이용해 역동적이고 패션 지향적인 시각 이미지를 활용하지 않고 있다는 점은 오히려 이상하게 느껴질 정도이다. 오프라인 매장에서 받았던 좋은 느낌을 가지고 타겟의 홈페이지를 클릭하던 순간, 나는 실망감을 금할 수 없었다. 나를 맞이한 것은 유감스럽게도 카탈로그와 같은 단조로운 제품 목록뿐이었고, 그 유명한 로고는 화면 한 귀퉁이에 아주 작은 크기로 내몰려 있었기 때문이다. 어느 기업이든 지속적인 인지도를 유지하기 위한 명확한 브랜드 전략과 비전을 결여하고 있다면 이와 크게 다르지 않을 것이다.

웹 디자이너들은 새로운 세계를 자유롭게 탐험하는 진정한 멀티미디어 경험을 제공하는 것과 그래픽 환경에서 쉽게 항해할 수 있도록 하는 것 사이에서 일정한 균형을 유지할 것을 요구받아 왔다. 특히 다운로드의 속도가 중요한 웹사이트의 경우에는 직접적이고 단순한 디자인이 필수적이다. 하지만 단순함이 반드시 천편일률적인 것을 의미하지는 않는다. 디자이너들은 사이트의 기술적 특성을 훼손하지 않는 범위 내에서 멋진 그래픽 화면을 구성하는 솔루션이 수천 가지나 된다고 말한다. 패션 소매 사이트인 Bluefly.com은 홈페이지가 다소 평범해 보이고, 카탈로그 같은 느낌을 주긴 하지만, 청색을 일관되게 사용하여 대단히 식별성이 뛰어난 사이트를 만들 수 있었다.

브랜드의 독특한 아이덴티티를 양보하는 것은 큰 실수이다. 경쟁 회사와 차별화할 수 있는 시각적 아이덴티티를 통해 자신만의 독특한 목소리로 브랜드를 표현하는 것이 무엇보다도 중요하다. Swatch.com은 다양한 색상의 움직임과 플래시를 사용한 생동감 있는 홈페이지이다. 이 사이트에는 애니메이션 기법을 이용해 신체의 윤곽선만 보이는 사람이 걸어다니며, 움직일 때마다 다른 색상의 패턴으로 바뀐다. 이것은 곧 "당신의 색상을 바꿀 때입니다"라는 브랜드 메시지와 더불어 참신하고 역동적이며 현란한 디자인 아이덴티티를 효과적으로 전달하고 있다. 소매점 사이트인 Girlshop.com은 생생한 컬러로 재미있게 잘 디자인된 만화 스타일의 웹사이트이다. 거기엔 항상 이 회사의 마스코트이자 로고인 만화 소녀가 옷을 입지 않고 신발만 신은 채 가방을 들고 쇼핑 준비를 하고 있다. 소녀는 페이지마다 항상 다른 옷차림으로 나타난다. Girlshop.com 사이트는 텍스트보다 상품의 시각적 아이콘을 강조하는데, 이는 처음의 만화 그래픽 이미지와 일치하며, Y세대 소비자들에게 강력하게 어필할 수 있는 익살스러움과 세련된 느낌을 전해준다.

브랜딩 브리프 14

독특한 브랜드 경험을 제공하는 사이트들

- Virgin Atlantic (*www.virgin.com*) : 전체적으로 버진 항공의 모습과 느낌을 잘 전달하고 있다.
- Stolychinaya (*www.stoli.com*) : 페이지마다 화려한 색상의 현대적 브랜드가 나타난다. 다양한 게임과 라이프 스타일에 관한 콘텐츠를 제공하며, 고객들에게 칵테일 만드는 법을 가르쳐주는 바텐더의 비디오 클립도 있다.
- M-Three (www.m-three.com) : 스노보드 사이트. 음악을 많이 사용하고 색상이 조화롭게 어울리며, 플래시 기술을 이용한 재미있는 동화상 그래픽으로 되어 있다.
- 웹 디자인 회사 Balthaser (*www.balthaser.com*) : 회사가 약속한 대로, 웹에서는 상상력에 한계가 없음을 보여준다.

만화 스타일의 쇼핑 사이트 Girlshop.com

- Reflect (www.reflect.com) : 맞춤형 미용 제품 사이트. 홈페이지 전반에 걸쳐서 일관되게 아름답고 참신한 모습을 보여준다.
- Everest 껌 사이트 (*www.everestgum.com*) : 감각적인 면에서 특히 감탄할 만한 사이트이다. 에베레스트의 산의 얼어붙은 풍경이 주는 청량감을 전달하기 위해 영상(산과 눈)과 플래시 문장(얼음처럼 차가운, 추운, 혹한의, 순수한, 상쾌한 등의 단어들), 그리고 음향(고출력 음악과 강한 바람소리 등)을 응집력 있고 역동적으로 전개하고 있다.
- Joe Boxer (*www.joeboxer.com*) : 멋지고 오락적이며 브랜드가 완벽하게 살아난 사이트로서 성공적인 작품이다(광고를 하지 않았음에도 불구하고, 처음 시작할 때부터 매일 약 2000달러 정도의 속옷을 팔고 있다).

제품에 대한 감각적 경험을 표현한 indulge.com

웹에서의 감각적 브랜드 표현

시각적인 요소뿐만 아니라 모든 감각적인 표현이 브랜드의 아이덴티티를 강화하는데 기여할 수 있다. 전통적인 매장에서처럼 브랜딩은 브랜드 선호를 창출하는 감성적이며 감각적인 요소를 가지고 있으며, 웹상에서 이러한 감성적이고 감각적인 요소들은 브랜드 메시지와 매우 효과적으로 통합될 수 있다.

시각 다음으로 웹에서 접근하기 쉬운 감각인 음향은 브랜드 이미지를 강화하고 감각적인 요소를 웹에 통합하는 최상의 방법 중 하나이다. 내가 아는 매장들은 독자적인 음악 스타일을 갖고 있으며, 대부분이 매장 내에 음반을 판매하는 코너가 있다. 음악은 감각적이며 분위기를 고양시킨다. 전통적인 점포가 직면하고 있는 도전 중 하나는 고객들을 매장에 오래 붙잡아두는 것이다. 5장에서 살펴보았듯이, 음악 분위기에 강력한 영향을 미친다. 음악은 쇼핑객들이 매장에 머무는 시간을 늘려주는 효과가 있고, 제품 간에 긍정적인 연관성을 증대시키며, 재방문을 유도하는 잊지 못할 쇼핑 경험을 제공해준다. Volkswagen Turbonium (www.turbonium.com)은 상상력이 풍부한 사이트지만 겉으로는 아주 단순해 보인다. 하지만 대단히 정교하고 흥미로운 경험을 제공하는 일종의 음향 디자인이다. 이 사이트는 기분을 들뜨게 하는 리듬을 배경음악으로 설정했고, 커서로 다른 항목을 건드릴 때마다 테크노 음악이 튀어나와 이용자가 사이트 이곳 저곳을 둘러보도록 유혹한다. 활기찬 음향과 음악의 혼합은 역동적인 그래픽과 조화를 이루어 웹사이트의 탐색 경험을 새롭게 정의한다. 비틀(Beetle)자동차가 화면을 가로지르며 내는 '쉭' 하는 소리를 포함해 VW Turbonium 사이트의 사운드 디자인은 그 자체가 흥미를 자극할 뿐 아니라, VW Beetle 브랜드 아이덴티티가 재미있고 근사하며 빠른 차라는 사실을 더욱 강하게 전달해준다. 그리고 이런 특이한 경험은 사람들의 머릿속에서 쉽사리 잊혀지지 않는다.

음향을 사용한 다른 형태이긴 해도 상상력 면에서 손색이 없는 예를 갭(Gap)의 웹사이트에서 발견했다. 그들은 (아직은) 웹에서 다룰 수 없는 오감 중 하나인 후각을 표시하기 위해 향기별로 각기 다른 음향을 사용했다. 이것은 새로 나온 향수 제품들에 관한 입소문을 만들 목적으로 이루어졌으며, 제품별로 각각의 음향과 악보를 지정해놓았다.

음악을 포함한 음향 그 자체는 쇼핑을 더욱 즐겁고 흥미로운 경험으로 만들 수 있다. 미각 · 촉각 · 후각을 웹에서 느낄 수 없다는 이유 때문에, 음향은 웹 형식에 아주 적합한 경험 및 아이덴티티 요소가 된다. 다른 많은 사이트들과 차별화되기 위하여 웹사이트의 브랜드 아이덴티티는 다차원적이고 다감각적이어야 하며, 소비자들을 감성적으로 강한 호소력을 가진 브랜드 스토리 속으로 끌어들일 수 있어야 한다. 웹사이트는 브랜드에 차원과 감성을 더해주는 드라마틱한 스토리를 전해줄 많은 커뮤니케이션 기회들을 갖고 있다. 토미 힐피거는 Tommy.com 사이트에서 이를 훌륭하게 표현했는데, 플래시를 이용한 동화상 윈도 창에 브랜드 특유의 적/백/청색의 깃발을 표현했다. 홈페이지 상에서 토미 힐피거는 그 자신(사진+소리)이 고객들을 '근사한 토미의 세계'로 초대한다. 이곳은 토미 라디오, 클럽 토미, 토미 뉴스와 이벤트, 음악여행 정보, 그리고 앞 장에서 언급했던 〈Houseparty〉라는 이름의 미니 시트콤 비디오 클립 등 흥미진진한 라이프 스타일 코너들로 가득하다.

분명 웹사이트에는 과거의 전통적인 기업들은 엄두도 못 낼 정도의 무한한 커뮤니케이션 기회가 열려 있다. 고유한 감성적 메시지를 전달하는 브랜드 아이덴티티를 창출하는 것은 독특한 비전과 인지도를 구축하는 첫 단계이다. 또한 이것은 고객들을 끌어들이고 접속 횟수를 늘리기 위한 중요한 전략이기도 하다.

좀더 머물지 않으시겠습니까?

일단 한 명의 고객을 사이트로 유인했다면, 목표는 물론 잠재 고객이 떠나지 않도록 하는 것이며, 나아가 방문객이 구매자 내지는 브랜드의 팬이 되게 하는 일이다. 웹 비즈니스 관련 업무를 담당하는 사람들은 고객을 사이트에 머물도록 하는 일이야말로 브랜드 홍보 전략의 요체임을 알고 있다. 그렇다면 어떻게 해야 할까? 방문객들에게 훌륭한 항해 시스템에 기초한 잊지 못할 경험과 서비스를 제공하라! 그러면 그들은 분명 당신의 사이트를 다시 찾아올 것이다.

빠르고 편리한 항해를 위한 디자인 = 판매

앞에서 살펴보았듯이, 이름 있는 사이트 중 상당수가 감성이 아닌 기능에 치우쳐 있다. 그리고 대부분의 사이트들이 고객을 올바로 파악하고 그들에게 자신의 브랜드를 경험하게 하는 브랜드 중심적인 정보 및 콘텐츠 체계를 갖고 있지 못하다. 물품 목록 정보까지 모든 내용을 한꺼번에 방문객에게 쏟아붓고 있지만, 웹에 기반한 전자상거래 기업이라는 사실을 빼고는 브랜드가 대표하는 것에 대한 실질적이고 명확한 내용이 없다. 사이트 항해를 즐겁고 편리한 감성적 경험으로 만들 수 있는 아이덴티티 그래픽이나 색상, 음향 실험 및 쌍방향 프로그램들도 충분히 활용되지 못하고 있다. Gap이 차별화되는 이유는 판매 제안에 대한 명확성에 기초하여 소매상으로서의 경험을 전자상거래 사이트로 자연스럽게 전환하고 재창조했다는 점이다.

Gap의 다른 소비자 커뮤니케이션 방식과 마찬가지로, 웹사이트에서도 핵심 품목 위주의 계절별 프로모션이 진행되고, 그때 그때의 패션 흐름이 즉각적으로 반영된다. 그리고 여기에 상세한 가격 정보가 결합되어 인터넷 쇼핑을 더욱 매력적으로 만들어준다. 종종 일정 시간 동안만 진행되는 특별 판매 프로모션도 눈에 띈다. 이러한 다양한 소매 마케팅 기법이 매장에서의 실험을 거쳐 입증이 되면 웹에서도 그대로 적용된다. 최근 바나나 리퍼블릭의 전 CEO와 Gap의 온라인 사업부 책임자였던 제인 잭슨이 휘청거리는 월마트의 웹 사업부 담당이사로 옮긴 것은, 드디어 월마트가 전자상거래에서 성공하려면 소매업 브랜딩의 귀재가 필요하다는 사실에 눈을 떴음을 의미한다.

아마존닷컴(Amazon.com)의 홈페이지는, 브랜드는 보이지 않고 제품에 관한 내용 일색이다. 이것은 효율성 위주의 사이트이다. 음악, 비디오, 경매, 전자, 장난감 및 게임, 무료 전자 카드 등의 품목으로의 아마존닷컴의 확장 전략은 사람들이 필요로 하게 될 유일한 웹사이트이자 제1의의 인터넷 백화점이 되기 위한 것이다. 하지만 이것은 사람들이 기대하는 브랜드 경험이 아니다. 취약하고 차별화되지 않은 브랜드 개성을 갖고 있는 많은 사이트들 사이에 (아마존닷컴과 같은) 선두 주자의 스타일을 따라하려는 경향이 분명히 존재한다. 그리고 웹 건축가와 디자이너들은 그들의 요구에 맞춰 작업을 하고 있다. 30년 전 미국의 쇼핑센터 어디에서나 발견할 수 있었던 공통된 모습은 흰색과 값이 싸다는 표시였다. 이것은 The Limited가 브랜드화된 점포들 구축함으로써 대성공을 거둘 때까지 변하지 않았다.

차별화의 한 예로, 평범하면서도 강력한 쇼핑의 상징물인 쇼핑 카트에 대해 연구해보자. 이 상징물은 실질적이고 핵심적인 쇼핑 행위와 심리적으로 뚜렷한 연관성을 갖고 있다. 그러나 웹에서는 이 쇼핑 카트를 상상력이 풍부한 디지털 버전으로 다르게 표현할 수 있다. 그것은 상징, 활자체, 색상, 언어 또는 애니메이션을 통해 가능하다. 쇼핑 카트를 개성이 넘치는 3차원적 애니메이션으로 만들어보면 어떨까? 쇼핑 카트는 고객들의 상품 선택에 도움을 주고, 질문에 대답도 하며, 우스꽝스런 제안도 하는 쇼핑객들의 친구가 되게 할 수도 있다. 이것은 사이버 쇼핑에서 결여된 '쇼핑 친구'라는 사회적 요소의 느낌을 더해준다. 또는 상품을 추가로 선택할 때마다 이를 그래픽으로 보여줄 수도 있고, 카트가 일정 수준까지 채워지면 깜짝 선물을 주거나 할인 게임도 할 수 있다. 그러나 대부분의 쇼핑 카트 모양은 천편일률적이고 지루하다. 하나의 예외는 Blair Witch 상점 사이트에서 볼 수 있는 삼목놀이 심벌로, 구매 상품이 추가될 때마다 횃불로 마녀의 봉인을 열고 닫을 수 있도록 움직인다. 대형 웹 소매점 사이트에서는 선택한 상품의 목록과 수량을 보여주는 작고 1차원적인 카트 아이콘이나 가방을 볼 수 있는 게 고작이다. 다만 타겟 사이트에서는 타겟만의 브랜드 아이덴티티가 반영된 빨간색 대형 카트를 볼 수 있다. 이것은 그다지 상상력이 뛰어나지는 않지만, 사람들의 시선을 끌기에는 충분하다.

경쟁은 더욱 치열해지고 더 많은 수의 기업들이 웹의 영토 위에 세워지고 있다. 그러므로 브랜드 디자인의 창의성은 인내심이 부족하고 항상 새로운 것들만 찾아다니는 고객의 충성심을 이끌어내고 쉽게 기억될 수 있게 해야 한다. 오늘날 기술은 방문객과의 끊임없는 대화와 그들에 대한 철저한 이해를 통해 브랜드에 대한 고객 충성도를 확보할 수 있는 기회와 가능성을 열어주었다. 우리는 이 기술을 더욱 친숙하고 접근하기 쉬운 인상적인 디자인 기법으로 장식해야 한다. 미적 · 감각적 · 사회적 요소에 대한 이해를 담은 디자인은 기술과 인간성을 이어주는 가교가 될 수 있다. 브랜드 디자인은 기억에 남는 긍정적인 쇼핑 경험을 만들어주는 도구를 제공한다. 이것은 대부분의 성공적인 제조업체들에게는 이미 중요한 도전이 되어 왔으며, 웹 사업을 새로 시작하는 기업들에게는 더더욱 중요하다.

경험의 기회

전자상거래는 전통적인 소매/브랜드 전략과 유사한 점이 많다. 가상공간이긴 하지만, 점포도 상품도 있으며 쇼핑 카트나 가방도 있다. 일반 상점에서처럼, 사람들은 속도와 서비스 그리고 기분 좋은 경험을 원한다. 따라서 최단시간 내에 구매를 마칠 수 있도록 상품과 서비스를 명확하게 제시함으로써 구매 속도를 높여야 한다. 고품질의 서비스로 구매를 돕고 소비자들에게 특별한 느낌을 주어야 한다. 그리고 그들로 하여금 해당 브랜드에 깊이 빠져들 수 있는 경험을 제공해야 한다.

오프라인 점포들은 이웃 점포들과 경쟁한다. 전자상거래 사이트도 이와 다를 바 없다. 브랜드 아이덴티티에 대한 인식 및 경험은 잠재 고객이 점포를 선택하고, 그곳에 머물고, 그 점포를 최종 목적지로 인식하도록 하는 데 있어 매우 중요하다. 제일 먼저 그것은 창문과 입구의 모양이고, 그 다음은 안에 들어섰을 때의 느낌, 구매자들의 유형, 음악, 건물 분위기, 상품 및 서비스의 명료성, 친절, 전문적인 도움과 서비스 등이다. 이런 요소들은 우선 그 점포가 고객에게 얼마나 적합한지를 보여주고, 그 점포의 문턱을 넘을지 말지를 결정하게 한다.

아마존닷컴을 클릭하는 순간, 당신은 환영을 받고 있다는 느낌이 들 것이다. 이 홈페이지는 항상 방문객의 이름이 들어 있는 맞춤형 인사말(예를 들면, Happy New Year 〔고객명〕)을 표시한다. 그 밑에는 과거의 구매 기록에 근거한 추천상품 목록이 나타난다. 아마존닷컴도 세계 각 지역의 사람들과 구매 경험을 공유할 수 있는 공동체 의식을 고취한다. 서평이나 영화평 란은 공통 관심사를 가진 사람들을 연결해주는 장소이다. 아마존닷컴은 방문객으로 하여금 사이트 개선에 참여하도록 권유하는데, 이는 소비자들을 기쁘게 해주기 위한 그들의 열망을 나타낸다.

반면, 반즈앤노블(Barnes & Noble)의 웹사이트는 아마존닷컴과 같은 첫인상을 주진 않는다. 반즈앤노블 사이트의 색상은 단조롭고 어두우며, 지루한 느낌이 든다. 다행히 이 사이트는 항해하기가 수월하고 소비자들이 흥미를 느끼는 책, 음악, 기타 분야에 관한 정보를 얻을 수 있는 "당신의 정열을 찾아라"와 같은 특색 있는 페이지가 있다. 여기서는 고객의 사진과 함께 특정 주제에 흥미를 느끼게 된 간략한 사연을 게재하고, 또 다른 방문객이 그의 이메일 주소로 의견을 주고받을 수도 있게 하였다. 반즈앤노블의 전통적인 상점들은 따뜻하고 편안하며 정겨운 느낌을 주는데, 이러한 분위기가 웹사이트로 충분히 옮겨지지 못한 감이 있다. 안타깝게도 좋은 기회를 놓치고 있는 것이다.

eToys와 마찬가지로 Toysrus.com은 당신에게 다시 어린아이로 돌아간 듯한 기분이 들게 해준다. 비록 eToys의 연한 청색 바탕이 Toys 'R' Us 사이트의 회색 바탕에 비해 더욱 강렬하고 콘텐츠와도 잘 어울리는 차이는 있지만, 이 두 사이트의 그래픽은 모두 색상이 다양하고, 만화 같은 느낌을 주며, 재미있다. eToys 사이트가 부가적인 콘텐츠를 더 많이 제공한다는 측면에서는 앞서지만, 두 사이트 모두 자녀와 부모들이 사이트를 자주 찾게 만드는 흥미로운 방법을 개발했다. Toys 'R' Us 사이트의 'toy Guy' 라는 섹션에서는 장난감에 대한 자문도 해주고, 자녀 양육법이나 연령별 관심사에 관한 유용한 정보를 다루는 잡지 〈The University for Parents〉의 구독 신청을 할 수도 있다. 한편 eToys에는 'Personal Gift finder' 라는 장난감 검색 옵션이 있는데, 나이, 성별, 흥미 분야에 따라 알맞은 장난감을 추천해준다. 또한 이 사이트에는 'Openheims Toy Portfolio' 라는 아동 전문가들의 장난감 평가 섹션이 있으며, 자녀들에게 좋은 책을 추천하고 유용한 정보를 제공해주는 'Rosie O' Donnell' s Book Club' 이란 섹션도 있다. 이 섹션은 유명 인사들을 콘텐츠로 이용한 참신한 예이다. eToys의 항해는 사용자들에게 매우 친숙하고, 방문객들과 상관관계를 구축하기 위하여 많은 노력을 기울였다.

내가 가장 좋아하는 사이트는 eBay인데, 계속해서 강력한 브랜드의 자리를 지킬 것 같은 느낌이 든다. 사람들은 이 브랜드와 깊은 연관성을 맺고 있다. 간혹 eBay 사이트가 다운되거나 노조의 태업과 같은 기술적인 어려움에 봉착했음에도 불구하고, 장기적으로는 사업에 전혀 영향을 받지 않았다. 중량감 있는 브랜드 인지도 면에서 보면, 설립자들이 상상했던 것보다 한결 애플에 비견할 만하다. eBay가 진정으로 제공하고자 하는 것은 탐험과 공동체의 느낌이다. 상업적인 측면만을 목표로 한 것이 아니라, 모든 사람들이 구입할 수 있는 가격대의 제품으로 가득 찬 거대한 판도라의 상자를 열고자 하는 것이다. d/g*사의 뉴욕 사무소에 근무하는 인턴 사원 중 한 명은 희귀한 물건을 eBay에서 구입한 뒤 감동을 금치 못한 적이 있는데, 그런 감성이 바로 이 브랜드에 대한 진정한 애착으로 바뀌고 있다. 이 밖에도 eBay에서는 다양한 형태의 사업들을 지원하고 있으며, 한 예로 골동품 딜러들은 eBay에서 고객들에게 접근할 수 있는 새로운 방법을 발견할 수 있다. 한마디로 eBay는 세계에서 가장 큰 연중 무휴 중고장터이다.

이런 성공적인 사이트들은 각자의 영역에서 리더십의 이점을 누리고 있지만, 결국은 같은 고객을 놓고 경쟁하는 관계이다. 아마존닷컴은 이미 eBay의 사업영역에 진출하기 시작했고, 반즈앤노블닷컴은 웹상에서의 지위를 고수하기 위해 아마존닷컴과 필사적으로 경쟁할 것이다. 이 게임에서 모두 승자가 될 수는 없다. 승자가 되기 위해서는 최상의 사업모델일 필요는 없지만, 최상의 브랜드라는 조건을 갖추어야 한다.

전통적인 매장에서는 소비자들에게 긍정적인 반응을 불러일으키고 쇼핑의 선택을 용이하게 하는 스토리 텔링을 중심으로 쇼핑 환경을 조성한다. 그래픽, 음악, 시각적 판매기법, 그리고 판매원들이 그 매장을 다른 매장과 차별화시켜준다. 성공적인 매장은 소비자가 최종적으로 들러서 실제로 구매하는 강력한 브랜드 아이덴티티를 가진 곳이다. Target, Home Depot, Ann Taylor, Saks Fifth Avenue, FAO Schwarz 어느 곳을 가보더라도 그 점포가 대표하는 분명한 아이디어를 발견할 수 있다. 이것이 바로 그 매장을 성공적으로 만드는 핵심 요소이다. 고객이 매장의 문턱을 넘어온 다음에는, 고객의 이동 패턴에 따른 독창적인 상품 진열이 고객을 구매에 이르게 한다. 그리고 고객 스스로도 매장 안으로 일단 들어오면 자신들이 원하는 상품을 찾기 위해 노력한다. 매장 안에는 앉아서 쉴 수 있는 장소가 있고, 어떤 곳에서는 음식을 제공하며, 또 다른 곳에서는 음악을 감상할 수 있다. 하지만 웹은 그 기술적 한계로 인해 다소의 인내심을 필요로 하는 반면, 그 어떤 곳보다 인내심을 기대하기가 어려운 곳이기도 하다. 소비자들이 원한다면 어느 곳이든지 단 몇 초 이내에 클릭해 들어갈 수 있는 권한을 갖고 있기 때문이다.

그러나 웹에는 다소의 인내심을 필요로 한다는 것을 만회하고도 남을 중요한 기회들이 있다. 첫째, 방문객이 즉각적인 맞춤 서비스를 받을 수 있다는 점이다. 오늘날 기술의 발달에 힙입어 맞춤형 의상이 이미 탄생하였다. 샌프란시스코에 있는 리바이스 매장이 이러한 아이디어를 실험에 옮긴 최초의 소매점 중 하나이며, 조만간 신체를 스캐닝한 측정자료를 이용하여 정확한 사이즈의 옷을 살 수 있을 것이다. 맞춤 서비스는 고객 개인의 취향이나 필요에 따라 스스로 구매 상품을 디자인할 수 있게 해준다. 브랜드에 있어, 제품에 대한 맞춤 서비스는 최상의 시장 조사이자 영감의 근원이기도 하다.

둘째, 사람들이 서로 대화에 참여해 제품에 관한 의견을 교환하고, 좋아하는 브랜드를 공유하는 브랜드 공동체 환경을 키워나갈 수 있다는 점이다. 할리 데이비슨(Harley Davidson)은 사이트 상에 고객 그룹들을 성공적으로 조직함으로써 이를 활용하고 있다. 최근에는 쿠키 만드는 법과 여행 정보 그리고 삶에 대한 조언 등을 제공하여 부가가치를 더하고 있다. 웹에서는 이러한 종류의 콘텐츠가 부족한 인간적 요소들을 보완해 주고 있다. 많은 사이트들이 이러한 점들의 중요성과 고객과의 연계에 있어 취약성을 인식하기 시작했다. 최상의 웹 브랜드들은 소비자들과의 관계 및 경험을 최고 수준으로 관리함으로써 이러한 추세에 부응하고 있다.

개인화된 서비스의 제공 / 접촉 그리고 대화

사람들은 웹으로부터 무엇을 원하는가? 웹 사용자들은 단순히 저렴한 가격대의 제품만이 아니라 잊지 못할 경험을 찾고 있다. 그리고 이는 소매업체로 하여금 소비자들과 강력한 유대관계를 형성할 수 있도록 한다. 브랜드는 웹을 통해 고객들과 즉각적으로 커뮤니케이션을 할 수도 있고,

생산적이고 지속적인 대화를 할 수도 있다. 웹사이트는 개인적이고 인간적인 공간이 될 수 있으며 이러한 웹사이트에서 사람들은 자신의 이야기에 귀 기울여주고, 진심으로 배려해준다는 느낌을 받는다.

고객과의 대화와 고객에 대한 서비스

좋은 웹사이트에서는 기술적으로 가능한 범위 내에서 개인적인 맞춤서비스를 받을 수 있다. 하지만 일반 점포는 비용상의 문제로 이같은 서비스를 지속하기가 불가능하다. 아마존닷컴은 충실한 단골 고객의 주문에 대하여 배송 우선권을 부여하거나 쿠폰을 제공하고, 고객이 로그온할 때나 혹은 별도 e-메일을 통해 과거의 구매 기록을 근거로 제품을 추천하는 등 서비스의 질을 업그레이드했다. 뉴욕타임스의 웹사이트는 관심 분야의 뉴스를 제공한다. 이것이 바로 개인화된 서비스이다.

대형 전자상거래 사이트인 Lands' End는 고객들이 고객서비스 담당자들과 직접 채팅을 하거나 전화번호를 입력하면 서비스 담당자들이 전화를 걸어오게 하는 Lands' End Live 기능으로 서비스의 질을 한 단계 높였다. Pink.dot은 고객들의 구매 심리를 파악하는 프로그램을 활용하여 고객들에게 보완적인 제품을 추천함으로써 구매율을 향상시켰다. 이것은 단순히 콘플레이크와 우유를 함께 추천하는 식이 아니라 통계에 근거하여 선정된 대상 품목을 추천하는 것이다. 이를테면 땅콩버터를 주문하는 고객의 70%는 냅킨이나 정교한 주방용품을 필요로 할 것이고, 저녁 8시 이후에 땅콩버터를 주문하는 남성에게는 맥주를 추천하면 잘 먹혀든다는 등의 사실을 먼저 파악하고 이를 근거로 추천을 하는 것이다. 통계가 항상 맞지는 않지만 어느 정도 효과가 있고, 이런 통계를 활용할 수 있다는 것은 그야말로 반짝이는 아이디어가 아닌가!

인터넷은 사람들이 돈을 투자하고, 여행을 준비하고, 신문을 구독하

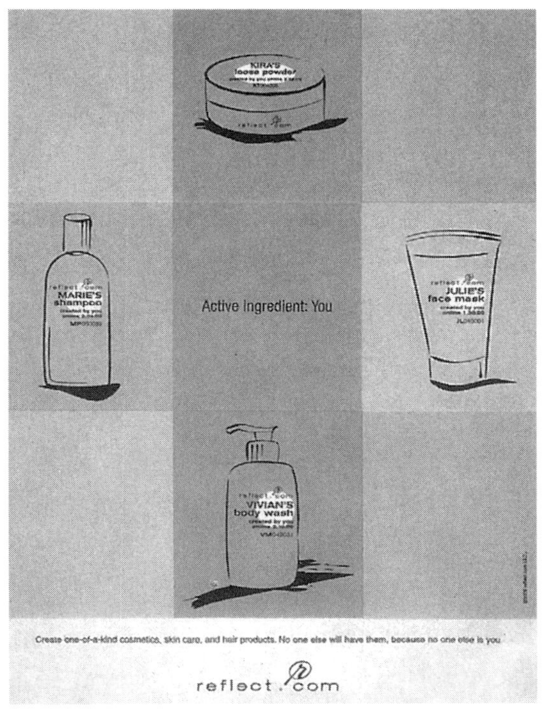

맞춤형 화장품 사이트 Reflect.com

고, 일자리를 찾고, 옷이나 화장품을 사는 하나의 개방된 시장이다. 그리고 그것은 세계의 모든 것으로 통하는 궁극적인 통로이다.

Eurovacation.com은 고객들이 여행에 관한 모든 것을 스스로 설계할 수 있게 만든 웹사이트를 열었다. 이 웹사이트는 고객들이 비행기, 열차, 호텔, 식당 등을 직접 예약할 수 있는 포괄적인 기능을 갖추었으며, 여행 상품에 관한 방대한 정보도 제공한다. 특히 고객들이 여행을 다녀온 사람들과 접촉하여 생생한 경험담과 정보를 얻을 수 있도록 하고 있다. 이 기업의 CEO인 버나드 플랫은, Eurovacation.com과 같은 사이트들이 융통성이 없고 소극적이며 여행상품 중심적인 기존 여행사의 비즈니스

형태를 완벽한 고객 중심의 형태로 바꿔놓게 될 것이라고 말한다.[4)]

이러한 대량 맞춤화는 웹 비즈니스 모델이 가진 강점 중 하나이며, 현재 빠른 속도로 확산되고 있다. 그리고 대량 맞춤화 추세는 사이트로 보내오는 10대들의 의견을 바탕으로 상품과 콘텐츠를 구비하는 Y세대 사이트인 Alloy.com이나, 고객이 자신만의 화장품, 피부 보호제 및 향수를 조합하고 설계하며 또 이름을 붙일 수 있게 한 Reflect.com과 같이 다양한 방식으로 진행되고 있다.

하지만 더욱 중요한 것은 개인화된 경험을 제공하기 위해서 사이트의 기능들이 어떻게 디자인되고 전달되어야 하는가이다. 웹사이트가 고객의 최종 목적지가 되고자 한다면, 사람들을 다시 방문하도록 유인하는 인상적인 경험을 제공해야 한다. 이 영역에서 브랜딩이 중요한 역할을 한다. 즉 브랜딩은 고객과 사이트 간의 모든 접점을 확인하고, 그러한 접점에서 어떻게 적절한 감성적 경험을 전달할 것인가를 정의한다.

기술은 고객의 감성적이고 감각적인 브랜드 경험을 제한하기보다는 오히려 확장시킨다. Lands' End는 고객의 몸 치수와 체형에 맞는 가상 모델을 창조함으로써 다양한 크기의 옷을 만들 수 있었다. 또한 주문한 제품을 포장하는 모습을 보거나 또 그 물건이 집에 도착할 때까지의 과정을 시각적인 방법으로 추적하는 것은 대단히 흥미롭다. 그리고 많은 사이트에서는 쇼핑을 할 때 브랜드의 성격에 맞는 특정한 음악을 선택해 들을 수 있도록 하고 있다. 기술은 실제로 더 많은 기회와 아이디어를 전달해줄 수 있다. 하지만 이런 기회와 아이디어는 시장과 연결되어야 하고, 브랜드 개성에 맞아야 하며, 기업의 목적에 부합해야 한다.

사람들이 함께 쇼핑을 즐기는 것도 멋진 아이디어가 될 수 있다. 'Shop

with a Friend' 코너를 갖고 있는 Lands' End 사이트는 이러한 가능성을 개발하여 크게 성공한 경우이다. 시애틀에 있는 친정 엄마가 뉴욕에 사는 딸과 함께 온라인 실시간 채팅 방에서 이런저런 이야기를 나누면서 물건도 고르고 가상세계에 함께 있다는 즐거운 느낌을 공유할 수도 있다. 이러한 개념은 앞으로 계속해서 확산될 것이고, 기술의 발전과 더불어 더욱 정교해질 것이다. 그러나 아무리 뛰어난 아이디어라고 할지라도 우선적으로 주안점을 두어야 할 부분이 있다. 그것은 항상 고객들의 문제 해결 방법을 찾아냄으로써 브랜드와 고객 간에 오래도록 지속되는 유대감을 형성하는 일이다.

초인종이 울릴 때, 최후의 결정타가 될 수도 있다!

고객과 상호작용을 하기 위한 주요 요소는 주문 상품이 배달됐을 때 고객이 체험하는 실제적인 경험이다. 제품이 배달될 때 포장만 보면 그 판매 회사가 고객을 만족시키려는 정성이 어느 정도인지 짐작할 수 있다. 카탈로그 판매의 경우도 마찬가지다. 마음에 드는 제품을 발견하고 흥분감을 감추지 못했던 카탈로그 사진과 실물이 너무 차이가 날 경우, 일단 돈만 받고 나면 구입자의 만족 따위는 아랑곳하지 않는 회사처럼 생각되는 경우가 허다하다. 하지만 이같은 행위는 다음 판매 기회를 포기하는 것이다. 고객이 물건을 받아보는 순간부터 새로운 판매가 시작된다는 것은 상거래의 상식에 속한다.

입소문을 내라

고객이 사이트를 떠나기 전에 당신은 그 고객으로 하여금 당신 브랜드의 적극적인 홍보 대사가 되게 해야 한다. 그녀는 친구들에게 당신의 브랜드에 대하여 이야기할 것이다. 그것이 긍정적인 메시지일 경우, 구두 홍보 이상으로 효과적인 것은 없다. 우리는 모두 이 사실을 잘 알고 있다. 한편, 구전은 브랜드의 명성에 흠집을 내기도 한다. 구두로 하는 말

속에는 신용이 담겨 있고, 개인적이 경험에 기초한 것이므로 사람들은 이 말을 곧이곧대로 믿는다. 그리고 그것은 최상의 감성적 브랜드 전략이기도 하다. 사이버 세계에서 구전은 다른 차원으로 작용한다. 구전은 세계적이며 즉각적이다. 그리고 불과 몇 초 이내에 수백만 명의 사람들에게 영향을 미친다.

이 책을 준비하는 과정에서, 나는 각 세대별로 그들이 구매한 브랜드에 대한 인상을 물어보았다. 10대들이 특정 점포에서 상품을 구매한 주요 동기는 친구로부터 그 점포에 대한 이야기를 들었기 때문이었다. 전통적인 매체, 광고, 상품 및 포장 디자인, 점포 디자인, 그리고 기업의 브랜드 전략은 이런 종류의 인지도를 형성하는데 효과가 있다. 그러나 통제하기 어려운 구전 효과가 시장과 연결되는 데 있어 감성의 중요성을 제대로 알고 있는 사람은 없는 듯하다. 구전 효과로 어떤 브랜드 메시지를 전달하하기 위해서는 전달자의 헌신을 필요로 한다. 그리고 그 헌신은 브랜드에 대한 강력한 감성—좋은 소식을 다른 사람들과 공유하려는 스릴이나, 부당하거나 나쁘다고 여기는 브랜드의 구매를 저지하는데 동조할 사람들을 모으려는 열의—으로부터 나온다. 그런데 후자의 경우, 구전은 모든 마케터들에게 불매운동과 같은 악몽이 될 수도 있다. 불매운동은 매우 실제적인 위협인데, 연간 약 150건의 제품 불매운동이 실제 행동으로 옮겨지고 있음을 기억하라.

나는 브랜드 전문 컨설턴트를 만나기 위해 뉴욕에 온 한 대형 프랑스 석유회사의 홍보 담당이사와 이야기를 나눈 적이 있다. 그는 회사를 곤경에 빠뜨리는 기업 스캔들에 대처하는 방법에 관해 조언을 듣고 싶어했다. 나는 이 회사가 사건에 대한 회사의 명확한 견해를 제시하기 위해 웹을 이용하는데 최소한의 노력밖에 하지 않았음을 알고 무척 놀랐다. 이 회사는 브랜드의 감성적 콘텐츠를 관리하지 않았고, 회사의 명성을 심하게 훼손하고 있는 디지털 소문의 진원지에 대해 아무런 통제력도 발휘하지 못했다. 결국 회사는 다른 기업에 인수되었고, 한때 유명했던 브랜드는 사라져버렸다. 토미 힐피거사는 사장인 힐피거가 인종 차별주의자라는, 잠재적으로 회사에 손해가 되는 소문이 확산됐을 때, 비록 회사의 웹사이트가 구축 중이어서 공식적으로 운영되기 전임에도 불구하고, 홈페이지에 그와 같은 비난을 부인하는 공고문을 게시함으로써 인터넷을 매우 현명하게 활용했다.

소비자들이 온라인 상에서 브랜드에 관해 의견을 주고받을 기회가 늘어나고 있다. Deja.com과 같은 소비자 의견교환 사이트도 있고 Walmartsucks.com과 같이 특정 업체에 불만을 가진 고객들이 모여 만든 사이트도 있다. 이런 사이트들은 소비자 자신들의 관심 사항과 반대의 목소리를 표출하는 출구 역할을 한다.

훌륭한 브랜드 전략이란 사람들의 감성을 관리하고 브랜드에 대한 긍정적인 태도를 형성하는 것이다. 그러므로 기억에 남을 만한 제품 포장이나 서비스 담당자의 친절한 음성과 경청하는 자세 등 고객들의 감각적인 상호작용을 각별하게 만들어주는 몇 가지 조치를 취하기만 한다면 고객들에게 당신의 브랜드를 오래도록 기억할 수 있는 충성심을 심어줄 수 있다. 집으로 배달된 상자를 열었을 때 기대하지 않았던 사은품이나 판촉물을 받아본다면 기분이 아주 좋을 것이다. 또는, 고객이 원하는 특정 지역이나 여행 상품을 내걸고 컨테스트를 해보면 어떨까? 고객들은 틀림없이 당신 회사의 브랜드를 긍정적으로 이야기할 것이다. 이것이 구전을 이용한 최상의 홍보가 아니겠는가!

디지털 경제 : 미개척지를 개발하는 방법

상품 및 서비스에 대한 접근이 디지털 시대의 미개척지인 새로운 유통 시스템으로 빠르게 옮겨가고 있다. 그 결과, 제품들도 개인별 맞춤화 요구에 맞게 설계될 것이다. TV, 전화기, 스테레오, 컴퓨터 및 케이블 서비스들이 점점 흥미로운 방식으로 통합되기 시작했다. Sephora.com은 무선 전송 회사인 Ajaxo, Inc.와 업무 제휴를 체결하여 웹 전화기를 통해 사이트를 이용할 수 있게 할 계획이다. 우리는 더 많은 휴대용 기기를 갖게 되는 반면, 고정용 기기들은 점차 줄어들 것이다. 동시에 전자상거래의 단순한 편리함에 반대되는 개념으로서 웹의 오락적인 측면은 지속적으로 확대될 것이다. 그리고 이 두 가지 영역 모두에서 콘텐츠가 궁극적인 마케팅 수단이 될 것이며, 기술 중심의 단조로운 사이트와 사람들의 감성을 자극하는 사이트를 구분하는 기준이 될 것이다. 콘텐츠는 브랜드의 동력이 되는 감성적 요소들을 가져올 그 무엇이다.

물론 이러한 인식은 AOL이 타임워너와 합병한 이유이기도 하다. AOL은 자신들의 미래가 인터넷 혁명을 뒷받침하는 기술에 있지 않고 콘텐츠에 있다는 사실에 눈을 떴다. Ralph Lauren/NBC라는 공동 멀티미디어 기업이 탄생한 이유도 바로 여기에 있다. 그 결과, 생활용품 사이트인 Polo.com은 자사 제품을 비디오 클립이나 쇼, 여행 정보 등과 연계시켜 판매함으로써 콘텐츠와 상거래의 통합을 처음으로 시도했다. 랄프 로렌은 사이트를 통해 우리의 상상력을 뛰어넘는 방법으로 브랜드 파워를 활성화시키기 위해 노력하고 있다. 이것은 랄프 로렌이 추구해온 꿈이며 지속적으로 브랜드 파워를 유지하게 해주는 힘이다. 대부분의 사이트들이 더 많은 상품을 쏟아붓는 데에만 급급해 있을 때, 랄프 로렌은 모든 이들에게 가상공간에서 브랜드에 이르는 방법에 관한 교훈을 주고 있다. 사람들을 그 꿈의 일부가 되게 함으로써!

쇼라는 콘텐츠를 쇼핑과 통합함으로써, 랄프 로렌은 이용자들에게 오락을 제공할 뿐만 아니라 스토리에 등장하는 제품을 구매함으로써 상호작용할 수 있는 기회도 제공한다. 지금 나는 Polo.com 사이트에 들어가 아프리카에서 사파리 여행을 떠나는 상상을 한다. 그리고 랄프 로렌 광고에 나오는 라이프 스타일을 직접 경험하거나 혹은 주인공이 입고 있는 섹시한 느낌의 재킷이나 자동차를 살 수 있는 〈Romance〉라는 시트콤(랄프 로렌 향수 이름을 딴)을 보는 상상을 한다. 이런 환경에서는 어느 누구라도 화면 속으로 직접 뛰어들어 대본을 수정하고 배우들을 지도하며 카메라 촬영의 역할까지 담당하고 싶은 충동이 생길 것이다.

이것은 바로 새로운 패러다임의 전환이다. 방송사는 이제 간단한 클릭만으로 시청자를 새로운 유형의 구매자로 변화시킬 수 있다. 인터넷은 인쇄, 오디오, TV, 영화 같은 매체들의 통합을 가져올 것이다. 광대역의 확산과 3차원 가상현실 기술의 발전으로, 사람들은 자신의 선택에 대한 더 많은 통제력을 발휘할 뿐만 아니라 그 이상의 힘을 얻게 될 것이다. 사람들은 배우가 되기도 하고 무대 디자이너나 콘텐츠 공급자, 영화 제작자도 될 수 있다. 한마디로 누구라도 문화적인 영향력을 행사하고 여론을 선도할 수 있다. 못 할 이유가 어디 있는가? 전문가들만 행세하는 현재의 문화 구조가 앞으로는 사람들 각자가 삶의 주인공이 되는 문화로 바뀌게 될 것이다.

웹 영역에서 오락과 지식은 매우 중요한 요소이긴 하지만, 궁극적으로는 콘텐츠가 핵심이 될 것이다. 이름 그 자체만으로도 강력한 브랜드 스타인 로버트 레드포드의 다음과 같은 말이 야후!에서 인용된 적이 있다. "미래는 기술이 아니라 콘텐츠의 시대가 될 것이다. 요즈음 내가 만나는 젊은 영화감독들은 대단히 똑똑한 사람들이다. 내가 영화를 처음 시작할 당시만 해도, 사람들은 영화 제작에 대해 별로 아는 게 없었다. 하지만 그들은 인생이 대해 잘 알고 있었다." 이 말은 사이트가 상품이나 서비스를 판매하는 것 이외에, 항해의 즐거움, 상상력이 풍부한 프로모션, 채팅 방, 흥미롭고 유용한 정보, 비디오와 게임 등이 잘 설계되고 감성적으로 충만한 환경을 조성하는 것이 중요하다는 의미이다. 결국 이것이 사용자의 경험을 향상시키고 해당 사이트에 대한 선호도를 강화한다.

17

감성적 브랜딩 전략에 대한 d/g*의 비법

감성 경제는 브랜드의 진정한 감성적 의미를 발견하기 위한 새로운 판단 기준을 필요로 한다. 그리고 브랜드에 대해 사람들이 어떻게 느끼는지를 밝히는 데는 감각적이고 시각적인 조사 방법보다 더 흥미로운 것은 없다.

우리 회사는 시장과 감성적으로 연결되기 위한 세 가지 새롭고 독창적인 조사 방법을 개발했다. 첫째는 브랜드 포커스(Brand Focus)로, 회사의 경영진 및 관리자들이 마음으로부터 공감하는 브랜드 비전을 공유하도록 돕는다. 둘째는 센스(SENSE®)로, 해당 브랜드의 핵심적인 특성을 정확히 짚어내고 그 특성을 중심으로 이미지를 구축하는 시각화 과정이다. 셋째는 브랜드 존재 관리(Brand Presence Management : BPM)로, 해당 브랜드가 시장에서 노출될 때 가장 강력한 장소, 시간, 방법을 결정할 수 있도록 하는 방법이다. 사람들이 브랜드에 대해 어떻게 느끼는가는 기업이 자신의 브랜드에 대해 어떻게 생각하고, 브랜드와 사람들이 당신의 브랜드는 소비자의 어느 부분에 와 닿는가?

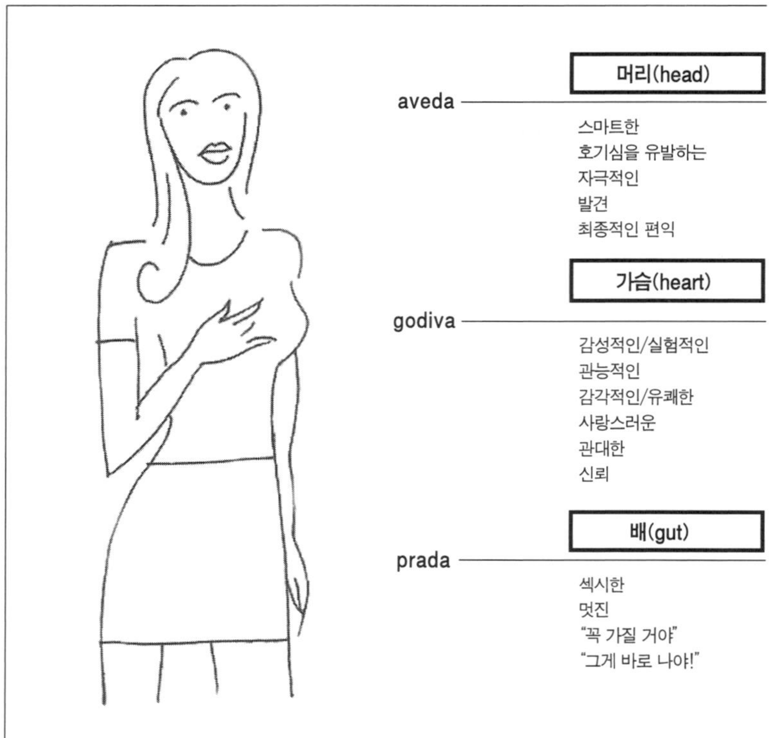

어떤 방식으로 연결되어 있으며, 어디에 단절이 있을 수 있는가라는 맥락에서 정의되어야 한다. 당신의 브랜드는 소비자의 어느 부분에 와 닿는가? 머리인가, 가슴인가, 배인가? 예컨대 아베다(Aveda)와 같은 머리인가, 고디바(Godiva)와 같은 가슴인가, 프라다(Prada)와 같은 배인가? 무엇보다도 브랜드가 지닌 감성적 연관성을 제대로 이해해야만 기업들은 고객들로부터 열망을 불러일으킬 수 있는 강력한 브랜드 비전을 구축할 수 있다.

브랜드 사이클

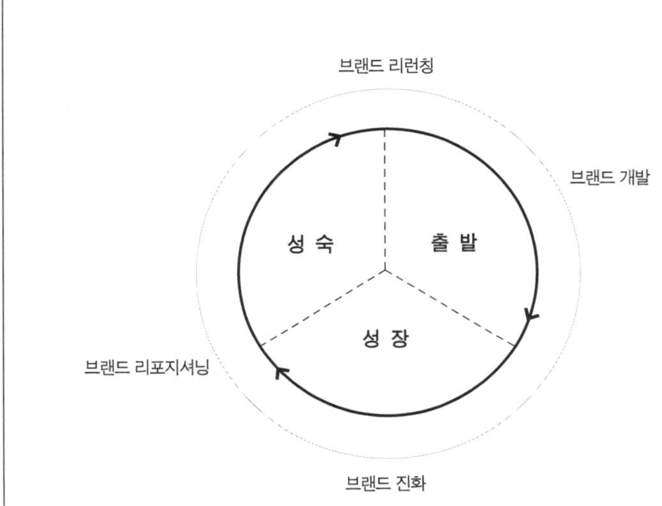

TOOL#1 Brand Focus : 명확한 브랜드 포지셔닝을 위한 인터액티브 툴

브랜드 포커스는 브랜드의 포지셔닝을 명확히 하고 현재의 메시지를 뛰어넘는 잠재력을 개발하기 위한 인터액티브한 진단 방법이다. 브랜드 포커스의 핵심은 고위 간부와 기타 브랜드 팀의 멤버가 모여서 진행하는 공동의 작업이다. 브랜드 포커스의 목표는 다음과 같다.

- 창의적인 상호 협력을 통한 강력한 비전의 발견
- 미래의 브랜드 이미지의 시각적 정의
- 고객의 개성과 브랜드의 감성적 연결의 입체적 표현
- 간결한 묘사적 이미지와 형용사를 통한 브랜드 핵심 속성의 구성

이러한 작업의 결과물은 시각적, 언어적으로 전달되는 명확한 브랜드

포지셔닝의 표현이다. 그리고 브랜드 개발과 커뮤니케이션 프로그램을 위한 함의는 팀 활동의 결과가 문화적 트렌드 및 시장 기회들과 통합됨으로써 구체화 된다.

다음은 각 단계별로 나누어진 브랜드 포커스 프로세스에 대한 개괄적인 설명이다.

Part 1. 전략적 기초 : 정보 수집

d/g*사는 고객기업의 경영진으로부터 현재의 경쟁 상황, 고객, 매체 및 기존의 관련 데이터를 수집하는 것으로 작업을 시작한다. 우리는 공식적인 브리핑을 듣고 난 다음에 응집적인 브랜드 비전을 개발하기 위한 특정 관심사와 참조 사항, 필요한 요건 등을 토의하기 위해 경영진과 미팅을 한다. 이 단계에서 회사의 전반적인 분위기와 문화에 대한 연구를 시작할 뿐만 아니라 핵심 경영진과 프로젝트 담당이사 및 직원들을 통해 회사 내부적인 전략과 관심 사항을 조사한다. 그리고 이때 제기되는 도전을 명확히 하기 위해 브랜드의 라이프 사이클이 논의된다.

초기 연구와 인터뷰가 끝나면 고객기업의 모든 담당자들로부터 파악한 전체적인 내용을 정확하게 평가하기 위해 브랜드 포커스 회의를 진행한다. 우리는 이 작업을 전체 회의로 진행하거나, 때로는 부서별 회의로 나누어 진행하기도 한다. 일단 브랜드 포커스 회의가 완료되면, 모든 결과를 분석하고, 응집된 최적의 브랜드 전략을 개발한다.

Part 2. 브랜드 포커스의 실행

브랜드 포커스는 일종의 인터액티브한 게임 방식으로 진행된다. 이런 형식은 창의적이고 전략적인 방법으로 브랜드에 잠재되어 있는 다양한 뉘앙스들을 구체화하는데 도움이 되는 광범위한 의견들이 여과 없이 쏟

아져 나오도록 독려한다. 토론에 부쳐질 몇 가지 시각적인 분야들이 사전에 정의되고, 브랜드의 속성과 스타일을 대표하는 일련의 이미지들이 편집되어 보드에 붙여진다. 브랜드의 상을 만들어내기 위해 이미지들이 사용되지만, 이미지의 선택을 합리화하는 것은 단어와 어휘들이다. 그리고 이미지 선택을 둘러싼 논의는 브랜드의 관점을 대표하는 이미지와 단서를 찾아내는데 모아진다. 해당 브랜드와 연관된 다양한 의미를 탐색하기 위하여 참여자들 간에 적절한 수식어를 찾아내는 브레인스토밍(brain storming)이 실시된다. 우리는 해당 그룹의 브랜드에 대한 묘사가 표준적이거나 또는 틀에 박힌 것이 되지 않도록 유의한다. 각각의 브랜드 포커스는 독특하며, 특정한 브랜드 자산과 기회에 대한 통찰을 위해 선택

진부한 표현에서 벗어나기

형용사 분류

american 미국의
classic 고전적인
genuine 참된
authentic 진정한
heritage 유산
established 확립된
original 독창적인
international 국제적인
service 서비스
quality 품질

특정 브랜드와 관련된 형용사 분류의 예

재미있는
유머
위트
놀라운
섹시한
익살스런
창의적
유쾌한
색상
유행
젊은/세련된
멋진
신선한
웃음

정신적인
마음-신체-정신
경건한
진동
에너지
활력 있는
균형된
전체적인
자유로운
생동하는
카리스마
자기 실현

대담한
과격한
게릴라
반문화적
용감한
요구가 많은
도전적인
뻔뻔한
논쟁적인
반체제적
특이한
도발적인

즐거움
감각적인
재미
사랑
정열
육체적
친밀감
흥분
여성스러움
방종
감각적인
사치스러운
방자한

자존심
축하
여자
특별한
존경
참됨
아름다운
다문화적
확신
복지
자기 자신
자기 표현

사려깊음
친근한
정직한
신중한
상식
책임감 있는
배려
마음
성실한
동정
가치 있는
관심
서비스
긍정적인

상상
궁금한
개척자
스토리 텔링
창조적인
대안적인
혁신적인
지성
동시대성
이념
본능적
리더십
통합
과장 없는
발견
철학
해결
용기
가치

자연적인
유기적인
순박한
품질
그린
자연에서
환경의
건강한

메시지
캠페인
존경
동물/인간
권리
재생
활동주의
인식
솔직한
이슈
입장
옹호
관심
학대 반대
윤리적

참여
공동체
결속
공유
사회적인
포괄적인
교육
지역적인
긍정적인

된 이미지들과 범주들을 가지고 있다. 최초의 시각적 작업은 '팀의 상태(the state of team)'를 정의하는 것으로, 브랜드의 강점과 약점을 명확히 하는 것과 관련된 긍적적이거나 부정적인 반응을 암시하는 다양한 이미지들이 제시된다.

브랜드 포커스는 상호작용적으로 진행되고, 반응은 자발적으로 일어난다. 예를 들어 "1번 사진을 오늘날의 우리 모습이라고 한다면, 3번 사진은 우리가 염원하는 미래의 우리 모습에 더 가깝다"와 같은 의견이 개진된다. 그런 다음에 이미지 작업에서 최종 선택된 것들이 편집을 거쳐 대형 보드에 붙여지고, 어느 이미지가 가장 두드러지는지에 대하여 토론을 벌인다. 이러한 이미지들이 브랜드의 외양, 태도, 분위기, 정신, 용도에 대한 통찰력을 갖게 함으로써 브랜드의 독특한 개성이 서서히 윤곽을 드러내기 시작한다.

다음과 같은 질문과 함께 다른 범주의 이미지가 제시된다.

- 만일 (브랜드가) 승마에 관한 것이라면—어떤 느낌일까?
- 만일 (브랜드가) 결혼식에 관한 것이라면—어떤 모습일까?
- 만일 (브랜드가) 키스에 관한 것이라면—어떻게 보일까?
- 만일 (브랜드가) 휴가에 관한 것이라면—어디일까?

2단계에서는 이미지 작업을 통해 만들어진 시각적인 목소리를 뒷받침해주는 핵심적인 브랜드 속성을 규명하는데 초점이 맞추어진다. 아울러 작업 과정에서 나왔던 다양한 형용사들도 기록된다. 이미지 게임이 끝날 때쯤 참석자들로 하여금 브랜드의 정수를 나타내는 세 가지 핵심 단어를 선택하게 한다. 이런 과정을 거쳐 선택된 이미지와 속성들이 고유한 브랜드 포지셔닝을 정립하는 토대로서 통합된다.

결 론

브랜드 포커스는 우리 고객기업의 일상적인 브랜드 개발과 관리에 있어 중요한 역할을 하고 있으며, 또한 훌륭한 동기 부여 수단이자 팀의 단결 요소라는 사실이 입증되어 왔다. 브랜드 포커스는 팀들이 그 브랜드의 과거 수준과 현재의 포지션을 정확히 파악할 수 있게 해주며, 가장 중요한 것으로, 브랜드가 앞으로 어디로 갈 수 있는지를 정의해준다. 또한 창의성을 자극하고, 팀이 전통적인 브랜드 정의와 커뮤니케이션의 틀을 타파할 수 있도록 고무한다.

TOOL #2 SENSE® : 시각적인 영역을 개발하는 툴

SENSE®는 시각적 프로세스로서 제품의 가치를 인식하고 고객의 윤곽을 파악하며, 경쟁 상황을 분석할 수 있게 하고, 디자인 프로세스의 기초가 되는 시각적 · 감각적 어휘를 개발하는 것을 돕는다. d/g*사에서는 디자인을 SENSE®라 불리는 독특한 기획 툴을 사용하여 시작한다. SENSE®는 고객기업들이 강력한 감성에 기초한 브랜드의 시각적 기반을 구축함으로써 브랜드의 이미지(persona)와 특성(character)을 효과적으로 전달할 수 있게 한다. SENSE®는 Sensory Exploration + Need States Evaluation의 약자로, 우리의 아이디어가 대상 고객의 실제적인 경험에 바탕을 두도록 하기 위해 관찰, 종합 그리고 창의력과 엄밀한 조사 기술을 결합한다.

SENSE®는 브랜드의 고유한 가치와 자산들을 분석하는 작업에서 시작되고, 브랜드가 고객과 상호작용하는 많은 방식들을 포괄한다. 주의깊게 묘사된 고객의 모습은 그 제품이 고객의 다양한 라이프 스타일 속에서 어떤 역할을 하는지 조사하고, 브랜드를 선호하게 되는 시각적 요인이 무엇인지를 파악해준다. 경쟁 브랜드에 대한 치밀한 시각적 평가는 예비

조사 단계에서 완성되고, 특정 비즈니스나 제품 영역에서 강점과 약점을 드러낸다. 마지막은 종합 과정으로, 다양한 시각적 형태로 구성된 프리젠테이션 보드들이 역동적인 브랜드 포지셔닝을 확립하고 소비자와 브랜드 간의 감성적 연결에 활력을 불어넣기 위해 통합된다.

일단 창의성을 위한 이미지 전략이 수립되면, 우리는 4가지 디자인 분야—그래픽, 산업 디자인, 아키텍처, 인터랙티브 디자인—일부 또는 모두에서 전면적으로 창의적인 탐색 작업에 들어간다. 이 독특한 시각적 방법론은 각각의 창의적 솔루션이 일관되고 강력하며, 전략적으로도 적절한 것이 되도록 한다. 그 결과, 고객들에게는 감성적 반응을 유발시키고 기업에게는 경쟁력을 제공해주는 강력하고 통합된 포장, 그래픽, 소매 환경, 그리고 인터랙티브 디자인 프로그램이 만들어진다.

SENSE®는 단순히 시선을 사로잡는 것을 뛰어넘어 촉감적이고 심리학적이며 경험적인 것을 포함한다. 이것은 세계의 모든 소비자들을 흥분시키기에 충분하다. SENSE®야말로 강력한 감성적 브랜드 영역을 구축하기 위한 매우 훌륭한 방법이다!

사례 소개 : GODIVA, 1994

고디바의 경영진들이 소매점 브랜드 전략 분석 및 매장 이미지 개선 방안에 관한 자문을 요청해 왔을 때, 우리는 기존 고객 및 잠재 고객의 라이프 스타일을 규명하는 방법으로 SENSE®를 사용해볼 것을 제안했다. 우리는 먼저 사람들이 초콜릿 제품에 대하여 어떤 감각적 경험을 하고 있는지 상세히 밝혀보기로 했다. 그날 이후 우리가 일하는 사무실은 진하고 달콤한 초콜릿 향으로 가득 채워졌다. 이 프로젝트를 진행하는 과정에서 가장 어려웠던 점은 직원들에게 초콜릿 샘플을 먹지 못하게 하는 일이었다. 우리가 알아낸 사실은, 사무실에게 느꼈던 감각적 경험을 매장에서는 느낄 수 없었다는 점이다. 우리는 고디바의 매장을 초콜릿이 전달하는 즐거움이 최고조로 느껴질 수 있는 장소로 재창조해야 한다는 열의를 갖게 되었다.

기존의 고디바 매장은 짙은 검정색과 금색의 포장 및 내부 장식, 친밀감을 느낄 수 없는 차가운 유리 케이스로 이루어져 있었고, 이는 전반적으로 엘리트 지향적인 메시지를 전달했다. 그러나 이러한 메시지는 초기

과거의 Godiva 매장 디자인(위), 새롭게 적용된 아르누보 스타일의 디자인(아래)

에 브랜드가 신뢰성을 구축하는 데는 도움이 되지만, 자유로운 분위기를 선호하는 오늘날의 젊은 고객들에게는 지나치게 권위적인 느낌을 주었다. SENSE®의 도움을 받아 우리는 새로운 잠재 고객의 라이프 스타일 안에 있는 트렌드를 시각화하고, 그러한 고객의 열망에 견주어 기존 상점의 시각적 의미를 분석해 들어갔다.

검토 결과, 매장의 분위기가 다소 위압적이어서 사람들이 특별한 경우에만 방문한다는 사실을 알아냈다. 그리고 대부분의 상품들이 냉장 보관을 위해 손이 닿지 않는 냉장 케이스 안에 있었는데, 우리는 이를 다른 방식으로 다루어야 한다고 느꼈다. 유통관리 담당자인 캐티 그린에게 우리가 제시한 최초의 감각적인 보드는 자유분방하고 관능적이며 감성적으로 공감을 이끌어내는 한편, 담백한 복고풍의 이미지를 추구하는 것이었다. 소매점에서 감성이 얼마나 중요한지를 누구보다 잘 이해하고 있었던 그는, 기존의 고디바 매장이 초콜릿 경험을 통해 느낄 수 있는 즐거움을 결여했으며, 고객과의 관계에 있어 그들이 초콜릿을 사 먹고 싶은 갈망을 충족시키는데 초점이 모아지지 않았음을 이내 깨달았다.

그러한 제안을 하기 수주일 전, 나는 독일의 뒤셀도르프로 여행을 떠났다. 나는 우리 회사의 건축가 한 사람과 길을 걷다가 아르누보 스타일로 설계된 고급 의류 매장을 우연히 지나치게 되었다. 아르누보 스타일은 그 의류 매장과 아름다운 조화를 이루고 있었다. 우리 두 사람은 이구동성으로 "고디바에게 가장 완벽한 스타일은 바로 이거야!"라고 말했다. 관능적인 곡선은 아르누보 스타일의 전형으로, 우리가 진행 중인 프로젝트에 딱 들어맞았다. 다음날 사진을 찍으러 오기로 하고 발길을 돌렸는데, 너무 흥분한 나머지 그 상점의 주소도 적어두지 않아 정말 우연하게 상점을 다시 찾기까지 무려 두 시간을 헤매다녔다.

고디바는 우리가 제안한 그 스타일을 매우 흡족하게 수용했고, 우리는 이 독특한 디자인이 고디바 브랜드에 대한 인식을 강화시켜줄 것이라고 확신했다. 매장의 최종 디자인은 고객들이 친밀감을 느낄 수 있는 모습, 즉 누군가의 집으로 초대를 받았을 때처럼 따뜻하게 맞아주는 듯한 느낌으로 만들어졌다. 우리는 유리 케이스의 사용을 최소화하기 위해 벽 안에 냉장 장치를 설치했고, 대신 이 공간을 고객들이 매장을 더 둘러보게 하는 시각적인 효과를 강화하는데 사용했다. 그리고 매장의 윈도 쪽에는 제과사가 직접 뜨거운 초콜릿에 과일을 담그는 모습을 보여주는 코너를 마련하여, 더 많은 고객들이 그 마술과 같은 의식에 끌려 매장 안으로 들어오도록 했다. 두말할 나위도 없이 이 새로운 개념은 20~30%의 매출 증대를 가져왔고, 우리는 이 아이디어를 전세계 매장에 성공적으로 확산시켰다.

TOOL#3 Brand Presence Management(BPM) : 시장에서 브랜드 개성의 다양한 측면을 탐험하기 위한 평가 툴

브랜드 존재의 평가 툴인 BPM은 시장에서의 모든 브랜드 표현에 있어 효과에서 감성적 접촉에 이르는 브랜드 개성의 다양한 측면들을 탐험할 수 있게 한다. 최대의 효율성에 도달하기 위해서는 각각의 브랜드 아이덴티티의 표현이 모듈화 되어, 사람들이 원하는 시간에, 원하는 곳에서 다가갈 수 있도록 해야 한다. BPM은 내가 이름 붙인 '밀착 커뮤니케이션(proximity communication)'—고객의 일상 생활 과정 내내 동행하거나 '에스코트' 하는 방법—을 전략화하는 툴이다. BPM은 고객이 일상생활 속에서 특정 브랜드의 개성을 받아들이는 수준을 고려하고 이를 측정한다. 사람들이 같은 브랜드를 받아들이는 정도는 오전 출근시간 때와 밤에 클럽이나 술집에 있을 때가 다르고, 주말의 야구장에서와 휴가 중일 때가 다르다. 그러므로 다차원적이고 감수성을 자극하는 대화를 통해

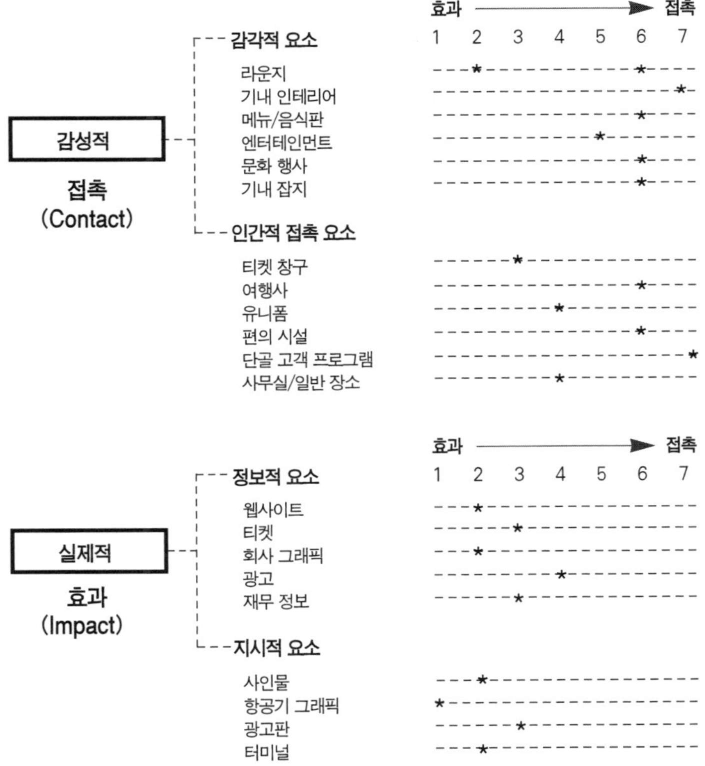

한 항공사의 BPM 전략 사례

브랜드 메시지의 기대치와 사람들의 수용 수준을 일치시키는 것이 중요하다. 위의 도표는 소비자들의 일상 생활 중 상이한 시점과 장소에서의 브랜드의 수용 수준을 나타낸 것이다.

고객들과의 기억에 남을 만한 감성적 접촉은 이런 서로 다른 순간들을 이해하고, 특정한 순간에 고객들과 민감하고 혁신적인 방법으로 상호작용하도록 브랜드 존재 프로그램을 맞춤으로써 가능하다. 즉, 그러한 순간에 브랜드는 고객의 친구 — 소리 지르지도, 방해하지도, 들을 수 없을 정도로 너무 낮은 목소리로 속삭이지도 않는—처럼 느껴질 수 있어야 한다.

항공사를 예로 들면, 항공기의 외양과 동체 및 꼬리 부분의 로고는 멀리서도 뚜렷이 식별할 수 있어야 하고, 그 브랜드 존재가 효과 지향적이어야 한다. 하지만 기내 인테리어, 메뉴, 기내 잡지, 승무원 유니폼 등은 승객들이 편안함을 느낄 수 있도록 감성적인 느낌을 전달하고, 접촉 지향적이어야 한다. 왜냐하면 이같은 시각적 단서와 감각적 요소들은 비행 전과 비행하는 동안에 계속해서 승객들과 대면하기 때문이다. 중요한 것은, 회사와 고객 간의 감성적 접촉과 브랜드가 전달해야 하는 시각적 효과 간에 균형을 이루도록 하는 것이다. 항공사를 예로 든 앞의 도표는 가장 긍정적인 경험을 창출하는 데 있어, 감성적 접촉 수준과 브랜드가 전달해야 하는 효과 간의 균형을 정의하는데 도움을 준다.

숫자로 표시한 도표를 통해 서로 다른 장소에서 브랜드의 감성적 표현의 수준을 평가할 수 있다. 또한 특정 브랜드가 전달하는 감성적 의사전달 수준을 평가하거나 정형화할 수 있으며, 분석 결과를 다른 경쟁사와 비교해볼 수도 있다. 각 영역별로 목표로 하는 숫자를 병기하면, 자사의 브랜드가 감성적인 측면에서 어느 수준에 와 있는지를 한눈에 파악할 수 있다. 실제 점수가 1~2점대로 낮으면 브랜드 존재는 '효과' 라는 브랜드 존재 스타일을 갖고 있고, 6~7점대로 높으면 전체적으로 감성적인 '접촉' 아이덴티티에 가깝다. 가시성과 경험 사이에서 균형을 이루는 것이 목표이므로, 이와 같은 방법은 브랜드의 감성적 영역과 아이덴티티를 설정하는데 많은 도움을 줄 수 있다.

사례 연구 : **코카콜라, 1996년 애틀랜타 올림픽**

우리 회사의 가장 의미 있는 브랜드 존재 프로그램 중 하나는 1996년 애틀랜타 올림픽에서의 코카콜라를 위한 작업이었다. 당시 우리의 목표

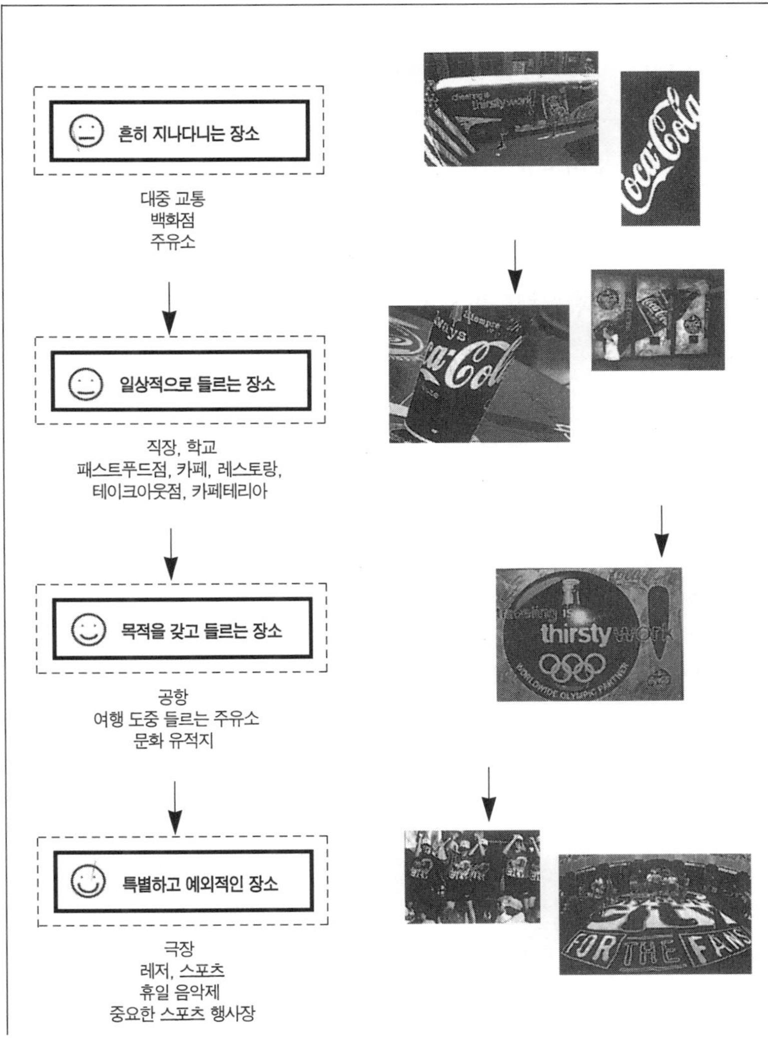

각기 다른 접촉 지점에서 사람들을 브랜드와 연결시키기 위한 다양한 브랜드 존재의 표현
—1996년 애플랜타 올림픽에 적용된 코카콜라의 브랜드 존재 전략

는 특정 타깃 층들을 대상으로 한, 모듈화 되고 매력적인 프로그램을 만드는 것이었다. 이 브랜드 존재 프로그램은 애틀랜타 시내의 모든 커뮤니케이션 채널—안내 부스, 자동판매기, 음식점, 올림픽 시티 테마파크 등—을 통해서 소비자들에게 다가가고자 했다. 우리가 디자인한 올림픽 시티 로고는 모든 커뮤니케이션에서 응집적인 요소로 작용했다. 또한, 우리는 브랜드의 핵심 특성을 훼손하지 않는 범위 내에서 코카콜라의 시각적 표현 수단을 엔터테인먼트 분야로 확장시키고자 했다.

우리의 전략은 코카콜라의 핵심 아이덴티티인 '상쾌함'의 개념을 통해서, 전적으로 운동선수에게만 초점을 맞추는 것 대신에 스포츠 팬과 방문객들을 경기의 영웅으로 만드는 것이었다. 상쾌함의 개념은 마음과 신체, 그리고 정신의 상쾌함으로까지 확대되어 아래와 같이 차별적으로 표현되었다.

- 신체의 상쾌함 : 소비
- 마음의 상쾌함 : 정보
- 정신의 상쾌함 : 오락

다양한 각도로 설정된 '상쾌함'의 개념에 따라, 애틀랜타의 각기 다른 장소에서 올림픽 방문객들과 만나기 위한 메시지들이 만들어졌다. 공항에서는 "여행은 갈증나는 일입니다"라는 대형 사인보드가 방문객들을 맞이했으며, 경기장과 도심 거리, 버스, 자동판매기에는 "응원은 갈증나는 일입니다"라는 브랜드 광고를 붙임으로써, 경기에 대한 코카콜라의 열정을 일반인들과 공유하였다. 종이컵에 다양한 언어로 인쇄된 문장도 경기장에서의 경험 중 일부였으며, 세계적인 브랜드인 코카콜라가 전세계 방문객들에게 보내는 환영의 몸짓이었다.

BPM은 코카콜라의 이같은 복잡한 브랜드 존재 프로그램—자칫 '모든 곳에 로고를 붙여버리자' 는 단순한 방식의 전략으로 전락할 수 있었던—을 팬들이 경기장에서 갖게 될 긍정적인 경험으로 극대화시키겠다는 목표 아래 흥미롭고 감성적인 반응을 유발하는 프로그램으로 발전시키는 데 도움이 되었다.

BPM은 감성적 브랜딩 전략을 구성하는 기초들 중 하나이며, 브랜드가 고객들과 만나게 되는 수많은 기회들을 가장 의미 있는 방법으로 탐구하게 해주는 창조적인 진단 수단으로도 이용될 수 있다.

18

뉴 밀레니엄 시대의 핵심 트렌드

오늘날 가장 중요한 상품이자 가장 비싼 사치품은 시간이다. 사람들은 시간에 쫓기며 산다. 뉴욕에 있는 소매점 컨설팅 회사 Kurt Salmon Associates의 연구에 의하면, 조사 대상자 가운데 60%는 여가시간이 줄었다고 응답했고, 44%는 굳이 선택하라면 돈보다는 여가시간을 선택하겠다고 응답했다고 한다.[1)]

시간은 돈이다. 아니, 돈보다 더 낫다

점점 더 풍요로워지는 물질, 점점 더 줄어드는 시간. 우리는 지금 그런 시대를 살고 있다. 현재 미국인들의 주당 작업 시간은 일본을 앞질렀다. 그 동안 축적되어온 이러한 변화는 우리 문화의 섬세한 부분까지 근본적으로 바꾸어 가고 있으며, 미래는 과거와 사뭇 다를 것으로 전망된다. 옛날 사람들도 바쁘게 살았다고는 하지만, 우리 자신뿐만 아니라 주위의 모든 것들까지 빠르게 움직이고 있는 오늘날의 디지털 세계와는 비교가 되지 않는다. 정보 시대를 살아가고 있는 우리는 끊임없이 데이터의 융단 폭격을 맞고 있으며, 2~3초 안에 중요한 의사결정을 내리도록 내몰리고 있다. 이같은 상황은, 사람들이 이제는 긴장을 풀고 자유롭게 쉬고 싶어할 뿐만 아니라 주어진 자유시간을 만끽할 필요성을 절실히 느끼게 되었다는 의미이다.

이런 상황에서는 제품보다 서비스가 더 중요하다. 사람들은 더 많은 재화를 얻기보다는 자신만의 값진 시간을 만들기 위해, 또 가족이나 친구를 위해 돈을 쓰려고 한다. National Retail Federation과 Deloitte & Touche가 공동으로 실시한 여론조사에 의하면, 대다수의 미국인들은 '상자 안에 포장된 선물' 대신에 휴가, 마사지, 골프 연습과 같은, 가족이나 개인의 삶의 질을 향상시키는 선물 목록으로 방향을 바꿔가고 있다는 사실을 발견했다. 따라서 시간을 절약해주거나 혹은 시간을 좀더 효율적으로 활용할 수 있게 해주는 브랜드가 번창하게 될 것이다. 사람들은 금융 자문가, 개인 트레이너, 가정부, 개 산책시키는 사람, 파티 기획가 등 시간을 절약해주는 사람들에게 더 많은 돈을 지출하게 될 것이고, 다른 한편으로 호텔, 온천장, 카지노, 식당, 극장, 기타 레저 산업이 더욱 번창하게 될 것이다. 인터넷 역시 시간을 절약해주는 도구라는 점에서, 또 그것이 가진 오락적 가치로 인해 널리 대중화될 것으로 보인다.

베이비 붐 세대는 이러한 트렌드에 있어 중요한 부분을 차지하고 있다. 이들은 자신들이 필요로 하는 재화를 이미 획득했으며, 이제는 삶의 질과 서비스를 추구하는 계층이다. 50세를 바라보는 이들은 수십 년 동안 열심히 일해서 번 돈의 상당 부분을 레저와 레크리에이션 활동에 지불할 준비가 되어 있다. 앞으로 2005년까지 45세에서 54세에 이르는 인구 수가 34%나 증가할 것으로 예상되므로 서비스 분야가 엄청난 붐을 타게 될 것이다. 그러나 이러한 추세는 비단 베이비 붐 세대에게만 국한된 것은 아니다. 많은 시간을 스트레스 속에서 보내고 있는 요즘 사람들은 휴식, 오락, 교육, 그리고 모험을 절실히 원한다.

정신없이 바쁜 일상 속에서 잠시나마 긴장을 풀어주는 것과 관련된 제품과 서비스 분야에서도 이러한 추세를 엿볼 수 있다. 오늘날 평균적인 수준의 일반 호텔들도 단순한 헬스클럽이 아니라 풀 서비스를 제공하는 사우나 시설을 갖추어 놓았다. 캐니언 랜치(Canyon Ranch) 같은 휴양 시설은 일반적인 온천장에서 한 걸음 더 나아가 치료도 해주고 건강과 관련된 워크숍도 열고 있다. 과거에는 경제적으로 풍요로운 사람들에게만 가능했던 블리스(Bliss) 같은 교외 온천장은 현재 기하급수적으로 늘어나고 있다. 그리고 이같은 현상의 전면에는 아로마테라피, 목욕탕, 마사지, 피부미용 제품 등과 같은 가정용 스파(spa) 용품 분야의 폭발적인 성장이 자리잡고 있다.

또한 이러한 트렌드는 여행 사업, 테마 파크, 식당, 호화 유람선, 초대형 상가/오락 단지가 번창하는 이유이기도 하다. 제품 및 서비스 관련 분야의 경우, 시간 부족으로 인한 사람들의 욕구를 충족시키기가 그다지 어렵진 않지만, 전통적인 산업 분야의 경우, 해답은 각 업체의 혁신 능력에 달려 있다. 예컨대, 소비재와 가전제품 분야에 있어 혁신은 성장을 위한 키 포인트이다. 왜냐하면 사람들은 갈수록 서비스 분야에 더 많은 돈을 지출하고 있기 때문이다. 세계 시장을 석권하고 있는 소니도, 소비성 제품만 생산해서는 온갖 제품들로 범람하는 이 세상에서 쓸모 없는 기업으로 전락할 수도 있다. 그러므로 사람들이 사지 않고는 못 배길 만한 시간 절약형 상품이나 오락적, 미적, 신개념의 가치를 지닌 혁신적인 제품을 개발해야 한다.

소매점 또한 고객들이 자신들의 매장에서 시간을 보낸 데 대하여 감사

Honey.com 포스터

하는 마음을 보여주기 위해 보다 실질적인 방식으로 혁신적일 필요가 있다. 그 좋은 예가 메가 스토어들이다. 주말에 가족이나 친구들과 함께 대형 매장에서 쇼핑을 하는 것은 즐거운 일이지만 시간이 없거나 어떤 제품을 최대한 빨리 찾아야 할 경우, 넓은 매장을 돌아다니기란 쉬운 일이 아니다. 그 동안 오프라인 상점들은 빠른 배송을 강조하는 온라인 쇼핑몰에 물건을 급히 필요로 하는 고객들을 빼앗겨 왔다. 하지만 이와 같은 문제는 매장 곳곳에 설치된 제품 및 가격 검색, 상세한 매장 안내, 그리고 기타 질의/응답 기능을 갖춘 컴퓨터 안내 시스템으로 간단히 해결할 수 있었다. 고급 의류 매장을 포함한 모든 대형 매장에서는 안내원 대신 이런 종류의 기술을 사용하고 있다. 백화점들도 고객들이 수동으로 조작할 수 있는 매장 위치 안내기의 개발을 고려해볼 필요가 있다. 특히 이 장치는 특정 질문에 답변도 해줄 수 있는 대화형 서비스 기능을 갖추어야 한다.

수많은 대형 매장들은 물건을 사러 왔다가 찾지도 못한 채 실망하여 발길을 돌리는 고객이 얼마나 되는지 짐작도 못하고 있다. 그리고 얼마나 많은 사람들이 시간에 쫓겨 초대형 매장이나 백화점 앞에서 멈칫거리다가 들어가기를 포기하는지 알고 있을까? 나는 계산대에 길게 늘어선 줄을 보고 꼭 사려고 했던 제품을 포기했던 적이 한두 번이 아니다. 코네티컷주에 있는 한 대형 식품점은 이 문제를 해결하기 위해 신용카드 조회 및 전송 장치를 갖춘 셀프서비스 계산대를 마련했다. 시간에 쫓기는 현상을 다른 각도에서 해결하는 방법으로서, 오락이나 무료 발 마사지 같은 부가가치를 경험하게 함으로써 고객들의 심리상태를 느긋하게 만드는 방법도 있다. 이와 같이 소매점이 머리를 짜내어 시간의 문제를 해결할 수 있는 접근법은 무궁무진하다.

식품 분야의 혁신적인 사례를 보면, Lipton' s Cold Brew는 물 끓이는 시간조차 아까워하는 고객들의 시간을 절약해주기 위해 찬물로 5분 내에 우려낼 수 있는 아이스 티백을 개발했다. 캠벨수프는 전자 레인지로 조리할 수 있는 수프와 다른 음식이 함께 들어 있는 도시락을 팔고 있다. 바쁜 라이프 스타일에 맞추어 칩과 양념이 함께 포장된 제품도 있다. 켈로그는 'Eggo Toaster Muffin' 이란 신상품을 출시했는데, 이것은 휴대형이면서 귀찮은 시럽도 필요 없게 만든 것이다. Chef America의 'Hot Pocket' 이란 냉동 샌드위치 광고는 "진짜 바쁜 생활을 위한 음식"이란 표현을 쓰고 있다.

시간 절약형 제품이나 솔루션이 브랜드가 생존하기 위한 확실한 접근법이기는 하지만, 고객들을 달래서 브랜드와 더불어 시간을 즐기도록 하는 상반된 접근법도 계속 유효할 것으로 보인다. 마사 스튜어트가 유명해질 수 있었던 것은, 매사를 제대로 하려면 시간을 두고 해야 한다는 전통적인 감각을 자극했기 때문이다. 마사 스튜어트는 직접 보지도 않고 인터넷으로 크리스마스 트리를 주문하게 하는 조잡한 조립식 제품 같은 라이프 스타일을 기준으로 볼 때는 차라리 반역에 가깝다. 마사 스튜어트는 집안을 꾸미면서 자신의 솜씨를 발휘하는데 걸리는 시간을 즐길 수도 있다는 것을 보여주고 있다.

물론 많은 인터넷 사이트들은 정보에 대한 접근이 빠르며, 보다 쉽고 신속하게 구매할 수 있도록 설계되어 있다. 하지만 어떤 사이트들은 고객들의 상상력을 사로잡아 처음에 계획했던 것보다 훨씬 오랫동안 사이트를 서핑하게 하거나, 좋은 브랜드 인상과 구매 경험을 제공하기도 한다. 나는 알토이즈(Altoids)의 'Too Hot' 이란 웹사이트(www.toohot.com)와 같이 창의적이고 오락적인 요소가 풍부한 사이트들에 대해 생각해보곤 한다. 창의적인 방법으로 고객들의 감각에 호소하고, 풍부한 스토리로 그들을 사로잡는 브랜드는, 아무리 시간에 쫓기는 상황에서도 브랜드를 경험하는 즐거움이 소모된 시간 못지않게 소중하다는 것을 성공적으로 확신시켜줄 수 있다.

브랜드 포지셔닝이 시간 절약에 관한 것이든, 소비자들이 그 브랜드에 시간을 할애하도록 확신시키는 것에 관한 것이든 간에, 그 시간이 소비자들에게 얼마나 소중한지를 지속적으로 이해하는 것이 무엇보다 중요하다. 감성적 브랜딩 전략의 관점에서 보면, 이것은 긍정적인 면을 더욱 강조한다는 의미가 있다. 사람들은 일상 생활에서 너무 많은 스트레스를 경험하고 있으므로, 현재의 어려움까지 강조해서는 효과가 훨씬 덜하다. 시간 부족 현상을 유머러스하게 이야기하고, 자신들의 브랜드에는 기막힌 솔루션이 있다는 사실을 보여주는 편이 한결 낫다. 또는, 따뜻한 느낌의 브랜드 이미지로 사람들을 스트레스로부터 확실히 격리시켜야 한다.

미국의 선(禪) 운동 : 삶에 대한 의미 추구는 계속된다!

1989년 뉴욕의 센트럴 파크에서 달라이 라마가 연설을 할 당시에는 약 5000명의 군중들이 모였었다. 그러나 1999년 달라이 라마가 센트럴 파크에 다시 돌아왔을 때는 무려 4만 명이 그를 맞았다.[3] 최근의 통계에 의하면, 미국인 10명 중에 7명은 종교를 갖고 있으며, 영적인 것을 삶의 중요한 부분으로 받아들인다고 한다.[4] 71%(1987년에는 11%)의 미국인들은 하느님의 존재를 한 번도 의심해본 적이 없고, 72%는 하느님의 존재를 믿지만, 한편 기적을 믿는 사람도 79%나 된다고 한다.[5] 69%의 미국인들은 5년 전에 비해 영적인 것에 더 많은 관심을 갖게 되었고, 교회 이외의 종교 그룹에 참여한 숫자는 80%나 증가했다.[6] 지금 미국에는 뉴 에이지(New Age) 책방이 5000군데나 있다.[7] 영적 수련장은 일반적으로 휴양지 대신 찾는 곳이 되었고, 아시아처럼 먼 외지에서 깨달음을 위한 수행을 하는 영적 여행이 관광업계에서 급부상하고 있다고 한다.[8] 영화배우 리처드 기어는 자신의 불교 수행과 달라이 라마와의 친분에 대해서 말하곤 한다. 팝가수 마돈나는 유대교의 신비주의인 카발라(Kabala)를 배우고 있다.[9] 이제 유명 인사들로부터 그들의 영적 체험에 관한 이야기를 듣는 것은 전혀 생소한 일이 아니다.

사람들은 더 이상 개인적으로 추구하는 영적 세계를 밝히는데 주저하지 않는다. 이제 그러한 현상들은 새삼스러울 것도 없다. 미국인들에게 영적인 것은 생활의 중심이 되어가고 있다. 저녁 시간 아무 때나 TV를 켜보라. Angel, Charmed, The Others, Sabrina the Teenage Witch, Roswell, Touched by an Angel. Buffy the Vampire Slyer, The X-Files을 마음대로 골라서 시청할 수 있으며, 낮에는 오프라 윈프리가 발행하는 영적인 세계를 다룬 〈O〉라는 잡지는 물론, 그녀가 진행하는 프로그램 중 '전생 기억하기' 코너에서도 똑같은 주제들을 만날 수 있다.

이러한 추세는 일종의 개방과 탐구에 대한 반영이다. 전통적인 교회 중심의 종교계에서는 교인의 숫자가 다시 늘어나고 있다지만, 개인적인 영적 체험이 공식화된 신앙을 훨씬 능가해 왔다. 사람들은 혼합된 과거의 전통 속에서 자신이 발견한 것에 의미를 부여하는 참선이나 직접적인 경험을 추구하는 행동을 통해 진정한 자유를 얻고자 한다. 이러한 전통의 혼합물 중에서 불교가 가장 대중적인 영적 전통으로 자리잡았다. 지난 몇 년 동안 영어로 불교를 가르치는 센터가 429개에서 1062개로 대폭 늘어났다.[10)]

이것은 또한 스트레스와 빠른 속도의 삶에서 비롯된 자기 시간 상실과 많은 관련이 있다. 전체 미국인의 80%가 자신들의 삶을 단순화하고 싶어하며, 78%는 스트레스를 줄이려 하고 있다. 300만 명의 미국인들이 요가와 태극권 같은 동양 무술을 수련함으로써 적극적인 자세로 마음의 평정을 추구하고, 아울러 건강 증진까지 도모하고 있다.

오늘날 과도한 스트레스에 짓눌린 사람들은 감각을 완화시키고 마음의 평정을 회복하려 애쓰고 있다. "의식이란 행위의 상태가 아니라 존재의 상태이다"라는 유명한 말은, 일상 속에서 아름다움과 평화를 발견하기에 더 없이 좋은 책인 《무행위의 예술(The Art of Doing Nothing)》[11)]의 저자 베로니크 비엔느(Veronique Vienne)의 말이다. 사람들이 이 책에 심취하는 이유는, 심연의 자아와 접촉하려는 인간의 본능적 욕구를 간단한 방법—이를테면, 해변에 누워서 파도가 발치 주변의 모래를 조각하고 있는 동안 마술과도 같은 파도소리를 듣는다.—으로 깨우쳐주고 있기 때문이다. 요즈음 많은 기업들은 이와 같은 새로운 시각이 직원들의 정신 교육에 얼마나 많은 도움이 되는지를 신중하게 고려하고 있다. 실제로 메릴랜드주에 있는 Acacia Life Insurance는 직원들이 휴식을 취할 수 있는 명상의 방을 마련했다. 창의성을 고취하기 위해, 오스틴에 있는 광고회사 GSD & M은 휴대폰이나 컴퓨터의 반입이 허용되지 않는 선(禪) 정원과 미로와 같은 골방을 만들었다. 베로니크 비엔느의 말처럼, 가장 훌륭한 생각을 하게 되는 때는 우리의 마음이 안식을 취할 때이다. 이에 관해 그녀는, 뉴턴이 만유인력을 추측한 것도 나무 아래에 앉아 있을 때였고, 아인슈타인도 고양이를 무릎 위에 앉혀 놓고 우주의 수수께끼를 풀어 나갔다는 사실을 예로 들었다.

물론 소비자들의 이같은 영적인 것에 대한 새로운 관심은 구매 행위에서도 반영되고 있다. Book Industry Study Group에 의하면, 소비자들이 1997년에 '영감을 고취하는' 분야에 지출한 돈은 2억 6800만 달러로, 이는 1992년의 7400만 달러에서 5년간 연평균 31%나 증가한 수치이다.[12] 하버드 대학의 연구에 따르면, 1998년에 소비자들은 대체의약 분야에 2700만 달러를 지출했고, 지난 5년간 침, 지압 및 심리 치료와 같은 의학 치료에 지출한 돈이 36%나 증가했다고 한다.[13]

Karma 화장품 광고

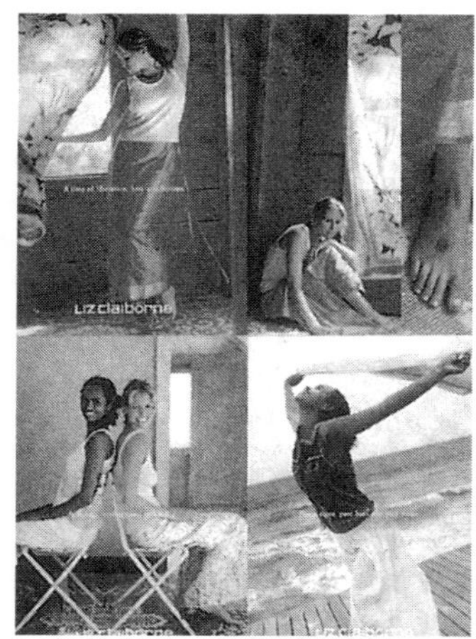

LIZ claiborne

랑콤의 기초 화장품 Hydra Zen 광고

패션 및 영상 분야에서도 동양의 신비주의가 확산되고 있다. 피부 보호, 건강 및 미용 산업에서도 이같은 추세를 간파하고, 영적인 성격을 나타내는 제품 아이디어에 효과적으로 적용했다. 예를 들어 환경 친화적인 화장품을 만드는 아베다(Aveda)는 이 분야에 발빠르게 뛰어들어, 차크라(Chakra) 제품을 생산했다. 지금은 많은 화장품 회사들이 그 뒤를 따르고 있는데, 토니앤티나(Tony & Tina)는 신체의 차크라 부분을 자극하도록 개발된 색상치료 제품으로 큰 성공을 거두었다. 시세이도는 '마음을 평온하게 해주는 향수(Relaxing Fragrance)' 라는 이름의 향수를 판매하고 있으며, 샐리 핸슨(Sally Hansen)은 보석 장신구에 신비, 명상, 조화 등의 이름을 붙였다.

다른 제조 회사나 소매점에서도 이런 특수한 트렌드를 광고는 물론이고, 제품이나 매장 디자인에 적용시켜보는 것도 좋은 방법이다. 기업의 아이덴티티를 반영하는 브랜드도 삶에 있어 더욱 심오한 영적 의미를 추구하는 사람들의 욕구를 어떤 형태로든 인지할 필요가 있다. 감성적 브랜딩 전략의 관점에서 보면, 이 말은 위와 같은 소비자들의 욕구에 끊임없는 대화로서 존중하는 마음을 가지고 접근하라는 의미이다. 어떤 브랜드가 이러한 트렌드에 공개적으로 접근하든 미묘한 방식으로 접근하든 간에, 민감한 영역에 대한 사람들의 감수성을 해치지 않도록 각별히 유의해야 한다. 이는 브랜드가 고객들에게 너무 심각하게 다가가서는 안 된다는 의미이다. 브랜드가 사람들의 다양한 삶의 차원을 중요하게 인식하고 있고, 그에 반응하고 있음을 보여주는 것으로 족하다. 이는 사람들의 취향과 그들의 개인적 열망이 상업주의의 세계를 넘어서는 것임을 인정하는 것이다.

확실히 사람들은 단지 "칼라에 때가 타지 않아요"라고 말하는 것보다 더 많은 약속을 하는 브랜드를 찾고 있다.

향수(Nostalgia) : 수렴의 시대

복고다, 미래 지향적이다, 감상적이다, 개인주의적이다, 저속하다, 매혹적이다, 기이하다……. 오늘날 향수/복고 경향은 우리 주변에 널려 있다. 폴크스바겐의 딱정벌레 차, 벤츠의 둥근 헤드라이트 디자인, 복고풍의 신형 재규어 자동차, 50년대 스타일의 Old Navy 상점, 할리우드의 복고풍에 대한 옹호(2000년 오스카상 시상식 때 자기 나이의 두 배만큼 오래된 의상을 입고 나온 위노나 라이더가 그 증거다), 광고에 나오는 50년대, 60년대, 70년대 영상과 노래의 홍수(예를 들면, Gap의 '스윙'과 '웨스트 사이드 스토리' 광고) 들은 수많은 예의 일부에 불과하다. 향수/복고 경향은 확실히 증가 일로에 있으며 쉽사리 사그라들 것 같지 않다.

새 천년으로 접어들면서, 사람들은 자신들이 좋아했던 과거의 유산을 다음 세기로 가져가기 위해 다시 과거를 파헤치고 있다. 이런 풍조는 부분적으로 사람들의 불안감을 완화시켜줄 수 있다. 이는 우리 자신을 재확인하려는 욕구에서 비롯된 것이며, 한편으로 우리는 초특급으로 변화하는 불확실성의 시대로 향하고 있음을 보여주는 것이다. 또한 이것은 우리로 하여금 지나간 모든 시대 중에서 최상의 것들을 선택할 수 있는 시점에 와 있다는 흥분과 권한을 느끼게도 해준다.

이러한 트렌드들이 중요한 의미가 있기는 하지만, 이를 브랜드 전략 프로그램에 적용하기는 쉽지 않다. 오늘날 팝 음악에서 두드러진 향수/복고 트렌드는 복합적인 성격을 띠고 있는데, 이는 베이비 붐 세대와 X/Y세대가 모두 관여되어 있으면서도 한편으로 각기 다른 이유를 깔고 있기 때문이다. 다시 말해 X/Y세대들은 과거 세대(40년대, 50년대, 60년대, 70년대, 심지어 80년대)의 음악 중에서 자신들이 감성적으로 공감할 수 있는 요소들만 선별적으로 수용하고 있다. 베이비 붐 세대는 50대가 되면서 자신들의 젊은 시절인 60, 70년대의 문화에 강한 향수를 느끼는 시점에 와 있다. 그러나 X/Y세대들은 자신들이 직접 경험하지 않은 과거 시대의 혼합된 문화에 한껏 매료되면서도, 때로는 비꼬는 듯한 태도로 자신들의 복고 취향에 멋을 부리기도 한다.

향수는 월남전, 인구 폭발에 대한 경고, 폭력의 증가, 워터게이트 사건, 성 역할에 대한 혼미, 전통적인 가족 제도의 붕괴(이혼율 증가) 등 현대 사회의 병폐가 뚜렷이 드러나기 시작했던 60년대의 반작용으로 뿌리 내리기 시작했다. 그 무렵, 사람들은 단순하고 평화롭던 시절의 안락함을 그리워하고 있었다. 그 후 80년대 들어 사회가 안정되면서 히피(hippie)에서 여피(yuppie)로 바뀐 베이비 붐 세대들이 지난 시절에 향수를 느끼기 시작했고, 이로 인해 60년대의 음악, 영상, 패션이 대중 문화와 브랜드 전략 프로그램에 널리 확산되었다.

지난 10년간 X/Y세대들은 이러한 향수/복고 트렌드에 변형을 가져왔

Maxwell House 커피 광고

다. 과거에 접근하려는 그들의 주 목적은 모든 것이 유사해 보이는 국화빵 문화에 대한 반작용으로 자신만의 개성을 강조하기 위해 다양한 세대의 요소들을 이용하는 것이었다. 그들은 자신들이 전혀 몰랐던 미국적 요소들을 재발견하고자 했다. X/Y세대를 전문으로 연구하는 마케팅 조사기관 Thermostat의 존 플 래너건은 이렇게 말한다. "그들은 확실성, 과거와의 유대, 실제적인 관계에 유혹을 느끼고 있다. 이 점이 X/Y세대의 복고 취향을 설명할 수 있는 근거이다."[14] X세대들은 나이를 먹을수록 80년대의 향수를 찾으려 할 것이다. 이처럼 젊은 세대들이 과거를 넘나들면서 무언가를 찾으려 한다는 것은 분명 희망적인 메시지이다.

향수/복고를 이용한 최고의 브랜드 프로그램은 과거에서 아이디어를 빌려오되 그 과거를 혁신적인 방법으로 현재에 스며들게 하는 것이다.

다시 말해 과거를 재생하여 보다 참신하고 새롭게 창조하는 것이다.

맥스웰하우스는 예전의 광고 문구 —"마지막 한 방울까지 감미롭다(Good to the last drop)"— 를 다시 부활시켰다. 젊은 층 소비자들에게 Dr. J 모델을 소개했던 Converse의 70년대 스타일의 광고는, 피터 맥스 스타일의 사이키델릭한 장식에 스티비 원더의 노래 〈Higher Ground〉(70년대의 히트곡으로, 레드핫 칠리 페퍼스가 새로운 연령층에 맞게 리메이크한 노래)와 NBA 농구 스타의 한 장면을 결합했다. 이것은 Y세대를 위하여 다양한 복고/향수에 대한 주제를 탁월하게 취사 선택한 예이다. 바카디(Bacardi) 럼주의 웹사이트(www.bacardi.com)는 야자수에 뒤덮인 전성기 하바나의 모습을 담은 흑백 영상과, 브랜드 초기 시절부터 광고의 변천사를 담은 그림을 통해 137년에 걸친 쿠바의 전통을 강조하는 복고풍 스타일로 꾸며져 있다. 1994년 코카콜라에서 고유한 윤곽을 살린 대형 플라스틱 용기를 선보였을 때, 일부 지역에서는 판매가 두 자릿수로 뛰었다.[15)]

클리니크의 향수 브랜드 Happy

향수를 불러일으키는 복고풍의 TAMPAX 브랜드(왼쪽)와 CAMEL 담배 광고

그러나 과거 이미지를 활용해 현재의 이미지를 새롭게 변화시킬 수 있는 많은 브랜드들이 어떤 이유에서인지 그렇게 하고 있지 않다. 베티 크로커(Betty Crocker)와 도브(Dove)가 그 대표적인 예이다. 베티 크로커는 10년 단위로 Betty Crocker 여성의 이상적인 이미지를 현대적으로 전달하기 위해 포장 전반에 걸쳐서 시각적인 요소를 재디자인해 왔다. 하지만 브랜드의 새롭고/예스러운 느낌이 갖는 잠재적 가능성을 고려하지 않은 채 지나치게 현대적인 이미지만 추구해온 것은 아닐까? 도브 비누 역시 여러 세대에 걸쳐 오랫동안 지속적으로 사용되어온 여성 제품이란 점을 입증하기 위해 노력해 왔다. 하지만, 이들은 왜 복고풍의 매력적인 감촉을 지닌 자신들의 유산을 좀더 적극적으로 활용하지 않는 것일까?

전반적으로 향수/미용 업계에서는 감성적 지식을 활용하여 미래 지향적이면서 동시에 복고적인 컨셉으로 제품을 창조하는 것이 얼마나 중요한지가 간과되고 있다. 하지만 50년대의 추억을 불러오는 클리니크의 향수 신제품 Happy는 이 점을 성공적으로 적용한 예이다

10여 년 이상 고객들과 관계를 맺어 왔거나 역사적인 관점에서 들려줄 만한 흥미로운 이야깃거리가 있는 브랜드는 자신의 브랜드에 다시 한 번 활력을 불어넣기 위해 복고 트렌드를 이용해볼 수 있다. 왜냐하면 시간이 압축된 오늘날의 시대에서 복고란 불과 얼마 전의 것이라는 인식이 급속히 확산되고 있기 때문이다. 새로운 아이덴티티나 오래된 아이덴티티 모두 현재 속에서도 과거를 경험해보고 싶어하는 소비자들의 감성적 동경을 충족시킬 수 있는 방법을 모색해야 한다.

공익 마케팅 : 보다 큰 어떤 것을 표방하다

공익 마케팅(Cause Marketing)이 떠오르고 있다. 고객들의 관심사를 정확히 반영하는 공익사업을 적극적으로 지원하는 회사들도 적지 않다. The Body Shop, Reebok, Wal-Mart, Ben & Jerry, Target, Starbucks, Liz Claiborne, Timberland, Levi' s, IKEA, Sears 등이 그 예이다. 1999년 Cone/Roper가 실시한 공익 마케팅에 대한 소비자 의식 조사 결과에 따르면, 이러한 노력은 충분히 보상 받을 수 있다고 한다. 83%의 미국인들은 자신들이 관심 있어 하는 공익 분야를 후원하는 기업에 대해 한결 긍정적인 이미지를 갖고 있으며, 3분의 2의 응답자는 가격과 품질이 똑같다면 공익 후원업체와 관련된 브랜드로 바꿀 용의가 있으며, 68%는 좋은 공익사업을 하는 업체의 제품은 돈을 더 지불하고라도 사겠노라고 응답했다. 게다가 공익 프로그램과 무관한 회사의 종업원 중 56%만이 회사에 자부심을 느낀 반면, 공익 프로그램을 지원하는 회사의 종업원 10명 중 9명이 회사에 자부심을 느낀다는 사실이 밝혀졌다.[16)]

마케팅 컨설턴트인 제드 피어설은 〈월스트리트 저널〉에 다음과 같은 요지의 글을 기고했다. "사람들은 광고를 보기가 지겹다고 한다. 그들은 광고가 자신들을 위해 실질적인 무언가를 해주기를 바라고 있다. 미래의 마케팅은 사람들의 문제들을 해결해주는 영역이 될 것이다."[17] 이 말은 앞에서 언급한 감성적 브랜딩 전략과도 정확하게 맞아떨어진다. 그리고 이 말 속에는 고객이란 과연 누구이며 또 그들의 진정한 관심사가 무엇인지를 아는 것과, 회사가 고객들과 똑같은 생각을 하고 있음을 보여주는 것이 얼마나 중요한지가 내포되어 있다. 이런 프로그램의 효과는 더 이상 의문의 여지가 없다. 제대로만 한다면 브랜드의 자산 가치를 높여주고, 고객과 브랜드와의 관계를 심화시켜주는 열린 대화의 장을 마련할 수 있다. 그렇다면 공익 마케팅에 접근하는 올바른 방법은 무엇일까? 성공적인 공익 마케팅의 예를 몇 가지 들어보자.

■ **리즈 클레이본** (LIZ CLAIBORNE)

1991년부터 리즈 클레이본은 리즈 클레이본 재단을 통해 가정 폭력, 가족 학대 등과 같은 여성과 그들의 가족이 직면하고 있는 문제들에 사회적 관심을 촉구하는 프로그램을 후원하고 있다. 옥외 광고판, TV 공지, 포스터, 인쇄물, 워크숍, 지방 소매점과의 파트너십으로 구성된 이 프로그램은 모든 여성들의 욕구를 충족시키려는 리즈 클레이본의 브랜드 이미지와 잘 부합된다.

■ **월마트** (WAL-MART)

주로 아동, 교육, 가족 문제, 지역사회를 위한 프로그램들에 기부를 해온 월마트는 1999년 소비자들에 의해 미국에서 가장 책임감 있는 기업으로 선정되는 영예를 안았다. 이 프로그램들이 지역사회를 위한 것이라는 점과, 거의 전 프로그램들이 해당 지역사회의 공동체에 위치한 월마트 매장에 의해 운영된다는 점은 월마트가 자신이 서비스하는 지역사회와 잘 융화되고 또 지역사회의 실질적인 일부가 되었음을 의미한다.

■ **리복** (REEBOK)

1988년부터 리복은, 신변의 위험을 무릅쓰고 잔학 행위와 폭력에 항거하는 세계의 젊은 인권운동가들을 위한 인권상 프로그램을 후원해 오고 있다. 그 동안 56명의 수상자가 있었고, 이들에게는 5만 달러의 상금과 함께 다양한 지원이 제공되었다. 리복의 웹사이트에는 CEO인 폴 파이어맨(Paul Fireman)이 도심 지역 아동들을 위한 여름 캠프에서 언급한 다음과 같은 말이 올라와 있다. "만약 무언가를 견지하지 않는다면, 어떤 것에도 쉽게 넘어갈 수 있다." 이 말은 곧 이 회사의 정신을 정확히 표현한 것이다. 리복은 자신의 상품을 판매하는 바로 그 사람들의 인권과 삶의 질 문제에 주안점을 두고 거금을 들여 공익 마케팅을 펼침으로써 회사의 주장을 분명하게 뒷받침하고 있다.

■ **에이본** (AVON)

1993년부터 에이본은 Avon Breast Cancer Crusade를 통해 유방암과 활발한 투쟁을 벌여오고 있는데, 유방암 환자와 유방암 관련 교육 세미나, 의학 연구 등을 지원하는 기금을 모금하고 있다. 기금은 Avon Pink Ribbon 제품 판매 수익과 기금 조성을 위한 몇 차례의 걷기 대회를 통해서 조달한다. Avon Breast Cancer Crusade는 에이본이 후원하는 30개의 프로그램 중 하나이다. 여성들의 건강을 위해 에이본이 후원하는 프로그램은 "여성을 위한 회사"라는 브랜드 이미지와 완벽하게 일치한다. 또한 이러한 프로그램들이 에이본 소비자들의 직·간접적인 참여를 포함해 일반인들에 의해 수행된다는 사실은, 방문 판매와 구전 판매 브랜드로서의 에이본의 전통과도 일맥 상통한다.

■ **홈데포** (HOME DEPOT)

홈데포는 광범위한 종업원 자원봉사 프로그램들을 지원하고 있는데, 자연 재해를 당한 사람들이 집을 재건축하는 것을 돕는 재난 구조 프로그램은 물론, 가난한 사람들에게 집을 지어주는 'Habitat for Humanity' 나 노인이나 장애인을 위해 집을 지어주는 'Christmas in April' 등과 같이 주로 집 짓는 것에 초점을 맞추어 지원한다. 물론 이것은 홈데포에 가장 적합한 공익 마케팅의 영역이다. 홈데포는 사람들을 위해 자신들이 가장 잘 할 수 있는 일을 하고 있으며, 부가적인 혜택은 완성된 집들이 홈데포에게 엄청난 광고 효과를 가져오고, 자원봉사를 하는 동안 종업원들이 회사의 제품에 대하여 더 잘 알게 되었다는 것이다.

■ **시어스** (SEARS)

시어스는 일자리를 찾는 저소득층 여성들이 구직에 필요한 의상을 구입하는 것을 돕는 단체인 'Dress for Success' 조직과 파트너십을 이루어 활동하고 있다. 1999년에는 'Dress for Success' 에 1만 달러를 지원했을 뿐만 아니라, 프로그램에 참여한 여성 중에서 시어스가 채용한 패션 자문가와 함께 일할 12명의 여성을 선발하여 이들이 시어스 매장에서 각각 두 벌의 의류를 무상으로 선택할 수 있도록 했다. 이 프로그램은 시어스의 이미지에 매우 잘 맞았는데, 그 이유는 그러한 공익적 행동이 쇼핑하기에 친숙한 장소라는 시어스의 이미지를 강화하는데 도움이 되었고, 패션 자문가의 숫자가 늘어남에 따라 시어스는 현대 감각의 멋진 젊은 여성용 패션 백화점이라는 인식을 강화할 수 있었기 때문이다.

■ **스타벅스** (STARBUCKS)

스타벅스 재단은 유명 인사 주도의 지역사회 교양 프로그램을 조직하고, 전국 및 지역사회의 교양 프로그램들에 보조금을 지급하는데 초점을 맞추고 있다. 또한 스타벅스는 'Care' 라는 단체와 연계하여 전세계 커피 생산국을 지원하기도 한다. 스타벅스는 이 프로그램들을 통해 많은 홍보 효과를 얻고 있다. 스타벅스가 지원하는 교양 프로그램들은 오랫동안 독서와 커피 간의 연관성을 창출해 왔으며, 스타벅스 카페는 문학의 전진 기지가 되었다. 커피를 수확 하는 제3세계 국가에 무언가를 되돌려 주려는 노력은 제품 생산국 국민에 대한 존경심의 발로이자 글로벌 세계의 다양성에 대한 스타벅스의 인식을 보여주었다.

최상의 공익 마케팅 프로그램들은 사회적 공익과 이슈를 브랜드 이미지에 통합시킨다. 강력한 감성적 브랜드 전략의 구축이란 관점에서, 공익 프로그램에 대한 설명만 듣고도 후원하는 브랜드를 식별할 수 있는지 여부를 알아보는 것은 매우 흥미로운 시험이다. 앞에서 인용한 대부분의 경우 그 대답은 "그렇다"이다. 그러나 일부 회사의 경우, 칭찬 받을 만하고 좋은 의도를 담고 있는 노력이 브랜드 자산을 강화시켜 주지 못할 때도 있다. 예를 들어 Lee Jeans의 공익 마케팅은 지나치게 분산된 듯한 느낌을 준다. Lee사가 지원 요청을 검토하고 결정하는 종업원 위원회를 운영하는 것은 칭찬할 만한 행동이지만, 아동 및 노인 구호와 건강 사업을 지원하는 프로그램 뒤에 응집된 브랜드 전략이 없는 듯하다. 다른 경우에도 지원 대상들이 너무 단독적이고 전체 프로그램에 포괄되지 못함으로써, 소비자들이 브랜드를 어느 특정한 공익과 결부시켜 생각할 수 없게 만들었다.

다른 마케팅 노력과 마찬가지로, 공익 마케팅에 혁신적이고 색다른 접근법을 채택해도 결코 마케팅에 손해가 되는 법은 없다. 또, 진지하고 때로는 위협적이거나 당황스러운 이슈를 제기하는 것이 소비자들의 마음을 더욱 강하게 끌어당길 수도 있다. 창의적인 아이디어가 번뜩이는 공익 브랜드 전략 두 가지를 예로 들어보자.

■ **바디숍** (THE BODY SHOP)

공익 마케팅 영역의 진정한 선구자인 바디숍은 여러 해 동안 소비자들이 중요하게 생각하는 공익에 대한 지원뿐 아니라 회사가 꼭 필요하다고 느끼는 인권, 환경, 정치적 문제에 있어 주도적인 역할을 하기 위한 창의적이고 강력한 방법들을 발견해 왔다. 바디숍의 'Make Your Mark' 캠페인이 그 한 예이다. 이 캠페인을 통해서 바디숍은 탄압 받는 인권 운동가들을 지지하는 전세계인들의 지문을 모았고, 이것을 이들을 위한 탄원서로 제출했다. 1998년에는 약 300만 명의 지지자들의 지문이 모아졌다.

■ **조 박서** (JOE BOXER)

조 박서는 CEO인 닉 그레이엄이 디자인한 GM의 Chevy Ventura 택시를 후원했는데, 조 박서의 로고를 붙인 이 차는 별의별 웃기는 것들을 달고서 1년 동안 뉴욕시에서 운행되었다. 그리고 여기서 나온 수익금은 유방암에 대한 경각심을 고취하는 〈Concept : Cure〉 프로그램에 보내졌다. 조 박서는 또한 유방암에 대한 경각심을 고취하기 위해 상점 내에서 'A Think-Pink' 캠페인을 실시, Think Pink 브레지어와 팬티, 티셔츠 등의 컬렉션을 선보였다.

이러한 흐름의 중요한 결과 중 하나는, 기업의 사회적 책임에 대한 사람들의 기대 수준이 높아지고 있다는 점이다. 이것은 사회적 · 환경적 문제를 등한시 했거나 무시한 기업에 대해서는 소비자들로부터 따가운 비난이 쏟아진다는 것을 의미한다. 소비자가 막강한 힘을 갖고 있는 시대에는 이러한 문제가 발생하지 않도록 각별히 유의해야 한다. 페이스 팝콘(Faith Popcorn)은 자신의 웹사이트에 '소비자 자경단' (Vigilante Consumer)이란 코너를 만들어, 회사가 소비자들을 실망시킬 경우 언제라도 저항이나 불매운동을 할 수 있게 함으로써 소비자들의 트렌드를 파악하고 있다. 그녀는 나이키를 예로 들며, 소비자들이 브랜드 뒤에 감추어진 진실에 얼마나 관심이 많은지를 강조한다. 인터넷은 소비자들이 한층 더 강력해진 힘으로 브랜드에 대항하게 하며, 인터넷 행동주의는 점점 더 기세가 높아지고 있다.

맞춤형 대량 공급 : 모든 이를 위한 모든 것이 되지 말고, 누군가를 위한 무엇이 되라!

컴퓨터의 광범위한 사용과 저가의 주문형 상품을 모든 사람들에게 공급할 수 있는 생산 기술 덕택으로, 맞춤형 대량 공급(mass customization)은 단순한 트렌드의 단계를 벗어났다. 사실 이것이 미래의 사업 방법이다. 1995년에 빌 게이츠는 다가올 미래를 다음과 같이 예측했다. "당신이 원하는 바가 무엇인지 정확히 알기만 하면, 바로 그것을 가질 수 있게 될 것이다. 컴퓨터가 대량 생산 제품들이 특정 고객을 위한 맞춤 제품이 되는 것을 가능하게 해줄 것이다."[18)]

델(Dell) 컴퓨터는 생산 과정이 복잡한 제품도 주문에 맞게 생산될 수 있음을 보여주면서 이러한 움직임의 선두에 섰다. 델 컴퓨터는 1600만 가지 선택 사양 중에서 소비자가 원하는 컴퓨터를 전화나 인터넷으로 주문할 수 있다. 델 컴퓨터만이 고객들로부터 정보를 받아 필요한 생산부서로 보내주는 정교한 물류 소프트웨어를 사용하여 규격화된 부품으로 컴퓨터를 조립한 후에 고객의 집이나 사업장으로 직접 발송한다. 이 말은 생산 공정에 있어 낭비 요소가 거의 없음을 의미한다.

맞춤형 대량 생산은 아직 시작 단계에 있지만 앞으로는 점점 더 정교화 될 것이다. 오늘날 우리는 시장에서 좋은 반응을 얻고 있는 맞춤형 대량 생산의 예를 볼 수 있다. 약간의 웃돈을 얹어주면 각자의 체형에 맞는 리바이스 청바지를 살 수 있고, 원하는 함량을 정확히 조합한 약품이나 비타민제, 좋아하는 음악으로만 구성된 CD, 피부색에 맞게 배합된 화장품, 특정 관심사에 맞춰 편집된 국제 뉴스(NewsEdge.com), 개인의 신용도에 따라 몇 분 내에 온라인으로 작성할 수 있는 대출 조건, 밀라노에서 오리지널로 맞춘 신발(Digitoe.com), 각자의 몸에 맞는 주문형 양복, 개인의 취향에 맞춘 향수(Ashford.com), 자녀들이 원하는 피부색, 머리색, 눈빛, 이름을 가진 인형(Barbie.com), 250만 가지 선택 사양이 있는 Ford Explorer의 맞춤형 주문 등 이루 헤아릴 수 없이 많은 사례가 있다.[19)]

대량의 맞춤형 상품을 더욱 정교하게 만드는 신기술들이 계속 쏟아져 나오고 있다. 고급 화장품 인터넷 기업인 Lab21.com은 열 발생 없이 신선하고 특정 사양에 맞는 화장품을 몇 분 이내에 만들 수 있는 소프트웨어 프로그램과 특허 기술을 사용할 예정이다. 최근에는 DNA 코드의 해독을 통해 의사들이 개인별로 약을 처방할 수 있는 바이오 기술 면에서도 진전이 나타나고 있다.[20)] 《맞춤형 대량 생산(Mass Customization)》의 저자인 조셉 파인(Joseph Pine)은 "디지털화할 수 있는 모든 것은 주문 생산할 수 있다"고 말했는데, 지금까지는 그의 말이 맞는 것 같다.[21)]

제조 기술과 인터넷에 의한 우리 사회의 경제적 발전은 눈이 부실 정도다. 하지만 그 이면을 들여다보면 사람들은 이런 세상에서 개성의 결핍을 느끼고 있으며, 그럴수록 자기만의 경험 세계를 모색하려 하고 있다. 이러한 추세가 가속화 될수록 일대일 마케팅의 개인화된 접근법조차도 실효성이 점차 떨어질 것이며, 결국은 소비자가 브랜드의 운전석에 앉는 날이 올 것이다.

이러한 트렌드에 대한 한 가지 흥미로운 잠재적 결과를 보자. 이것은 대규모 맞춤 생산이 가능해짐에 따라 구식의 개인적 접촉에 의존하는 사치품 판매 방식이 차별화의 일환으로 일반 소매점까지 확대될지도 모른다는 사실이다. 비인간적인 컴퓨터에 의해 모든 것이 개인화되는 환경에서, 인간적 접촉은 소매 경험을 갈망하게 하는 중요한 요소가 될 수 있다. 고객들에게 매장을 안내해주고, 직접 상품을 골라주며, 맞춤 옷을 위해 조언을 해주는 쇼핑 도우미를 상상해보라. 사람들은 분명 기분 좋은 쇼핑 경험을 제공하는 이같은 친밀한 배려에 호감을 느낄 것이다. 그리고 이러한 추세는 소매점 분야에 상당히 영향을 미칠 게 분명하다. 최근 뉴욕시에는 옷 색깔에 맞는 립스틱을 혼합해주는 립스틱 전문점이나, 평범한 구식 티셔츠를 멋진 장식 단추가 달린 패션 정장으로 고쳐주는 주문형 개인 의류점들이 늘어나고 있다. 최신 유행의 보석상, 양복점, 향수업자 등도 예외가 아니다. 까다롭지도, 배타적이지도 않은 이런 소매점들은 독창적인 제품으로 많은 인기를 얻고 있다.

물론 이같은 중요한 비즈니스 트렌드가 브랜드 전략에 어떤 식으로 영향을 미칠지는 속단하기 어렵다. 다만 한 가지 분명한 사실은, 오늘날 우리가 알고 있는 브랜드 전략에 강력한 영향을 미칠 것이라는 점이다. 어떤 제품/서비스 영역에 있느냐에 관계 없이 모든 기업들은 맞춤형 대량생산에 의해 영향을 받을 것이다. 맞춤형 대량 생산이 발전함에 따라, 브랜드 아이덴티티는 수많은 개인 소비자들에 의해 부여된 다양한 브랜드 의미를 포용하기 위해 한층 더 유연해질 필요가 있다. 아마존닷컴은 많은 사람들에게 많은 의미를 지닌다. 어떤 이에게 그것은 책에 관한 것이고, 다른 어떤 이에게는 골동품이나 CD에 관한 것이다. 그리고 어떤 이들에게 그 브랜드 경험은 기능성과 신속성에 관한 것이고, 또 다른 이들에게는 책의 세계를 둘러보고 조사하는 즐거움에 관한 것이다. 광범위한 활동 영역을 갖고 있는 브랜드만이 이런 다양한 틈새 경험을 소비자들에게 제공할 수 있다. 그리고 소비자들은 바로 이런 틈새 경험을 브랜드에 기대한다. 이런 환경에서 너무 정적(靜的)이거나 좁은 범위로만 정의되는 브랜드는 실패할 것이다.

에필로그

당초 이 책을 쓴 목적은 나 자신의 브랜딩 경험을 나누고, 또 '유망한 브랜드(promised brand)'에 이르는 확실한 길잡이가 되는 것이었으나, 다른 한편으로 브랜딩은 누구나 다룰 수 있는 것이 아니라는 이론을 지지하는 측면도 있다. 유감스럽게도 브랜딩은 너무도 흔해빠진 유행어가 되어버렸고, 그 결과 본래의 의미를 초월해버렸다. 불과 하룻밤 사이에 모든 사람과 모든 것들이 저마다 브랜드, 브랜드 환경, 브랜드 경험, 또는 브랜드 기관이 되기를 원한다. 요즈음은 브랜드가 없는 것은 아무것도 사지도 즐기지도 또는 하지도 못할 것처럼 보인다. 국가나 도시, 심지어 사람들까지도 브랜드를 가진 존재로 우리에게 다가온다. 때때로 나는 애완견 고양이마저 브랜드가 붙은 동물로 간주하고픈 충동을 느낄 정도이다. 브랜딩에 대한 우리의 애착이 얼마나 멀리까지 퍼져 있는지 장난삼아 훑어보려면 www.enormicom.com 웹사이트에 들어가 보라. 틀림없이 웃음이 나올테니 말이다.

기업의 경영진들은 이제 브랜딩이야말로 성공에 이르는 유일한 방법이란 사실을 믿게 되었다. 그러다 보니 PR 업체, 기업 CI 디자인 회사, 광고대행사, 컨설팅 회사, 프로모션 회사, 웹 관련 회사 및 연구 기관들 모두 하룻밤 사이에 브랜드 전문가 행세를 하곤 한다. 모두가 미친 것일까? 아니면 이것이 오늘날 비즈니스 세계에 접근하기 위한 유일한 최선책일까? 혹은 단지 브랜드의 허상인가? Joe boxer의 닉 그레이엄과 이야기를 하면서, 우리 두 사람은 최근의 브랜딩에 대한 열광에 대해서 함께 생각해보았다. 그리고 우리는 2000년 초반에 뉴욕에 문을 연 스웨덴 계열의 의류점 H&M이 기존의 어떤 미국 의류점보다 성공적인 업체가 될 수 있었던 이유에 대해 의견을 나누었다. H&M은 브랜드인가, 아니면 단지 저렴한 가격대의 일반적인 상점에 불과한가? 왜 나이키나 토미 힐피거는 브랜드의 강점을 상실해 가고 있는 것일까? 어떻게 하면 게스, 구찌, 애플처럼 브랜드 이미지의 전환이 가능할 수 있을까? 닉 그레이엄의 말에 의하면, 효과적인 브랜딩이란 요란하게 떠벌리는 것이 아니라, 문화적 적실성과 감성적 연결에 관한 것이다.

이러한 '브랜드 열광'이 일어나는 이유는 대부분의 회사들이 인지도와 감성적 연결을 혼동하고 있기 때문이다. 제품이 많이 알려져 있다고 해서 고객들이 그 브랜드를 존경하거나 선호하는 것은 아니다. K마트는 잘 알려진 브랜드지만, 월마트처럼 감성적인 느낌을 주지는 못한다. 컴팩이 컴퓨터 산업에서 선두를 달리고 있지만, 사용자들의 심금을 울리는 것은 애플이다. 폴저스(Folgers)는 유명한 커피 브랜드지만, 우리는 스타벅스를 더 좋아한다.

브랜딩은 공장과 사람과의 비즈니스가 아니라, 사람과 사람과의 비즈니스이다. 브랜드는 인간적인 특성과 감성적인 가치를 가지고 있어야 한다. 즉, 사람들의 마음을 사로잡는 이미지를 통해 기업 문화를 표현하는 개성(personality)을 가지고 있어야 한다. 만약 당신이 소비자들로 하여금 브랜드와의 파트너십을 열망하게 만들 수 있다면, 이미 장기간의 성공을 의미하는 감성적 연결을 형성한 것이다.

나는 이 책이 독자들에게 감성적 연결의 힘을 보여주고, 감성적 브랜딩 과정을 통해 이러한 연결을 창조하고 유지하는 방법에 대한 새로운 통찰과 영감을 줄 수 있었기를 바란다. 진정으로 감성화된 브랜드가 된다는 것은 브랜드의 강점과 약점을 끊임없이 재평가한다는 것을 의미한다. 끝으로, 성공적이고 감성화된 브랜드를 관리하는 데 있어 핵심적인 다음의 3가지 견해를 남기고자 한다.

- 첫째, 브랜드에는 라이프 사이클이 있다. 오늘날 인기 있는 브랜드가 반드시 내일의 승자는 아니다. 그 브랜드의 미래는 주어진 시점에서의 관련성과 그 브랜드를 탁월하게 만든 가치를 얼마나 잘 보호할 수 있느냐에 의해 결정된다.

- 둘째, 브랜드는 일반 대중과의 감성적 관련성과 품질에 대한 공약에 기초해 매일 매일 새롭게 선택받는다. 브랜딩 최대의 적은 자만이다. 소비자들은 '유행'(buzz)에 쉽게 싫증을 느끼고 이내 다른 브랜드를 찾아 나선다.

- 셋째, 진정한 브랜드는 의미와 진실성에 관한 것이다. 브랜드들은 고객들과 신뢰할 수 있는 감성적 연결을 가질 수 있으며, 그러한 연결은 진실하고 마음으로 느껴진다. 좋은 예가 하메스(Hermes)이다. 이 회사 제품을 사려고 몇 년을 기다리는 사람들이 부지기수이다. 회사와 그 제품은 정교하고 독창적이며, 정직성과 장인정신의 비전에 의해 뒷받침된다. 하메스는 진정한 의미의 브랜드이다.

브랜딩에 대한 가장 잘못된 인식은 그것이 계속해서 발전될 필요가 없다는 생각이다. 이 말의 의미대로 적용하자면, 심지어 이 책도 발전 과정에 있는 작품이다. 우리 모두는 마법의 공식을 찾고자 하는 끊임없는 바람을 갖고 있지만, 시장의 변화하는 역학, 즉 브랜드와 시장의 매력적인 상호작용을 연구하는 것이 한층 더 흥미롭다. 사람들로 하여금 장기적인 관계에 관심을 갖게 하려면, 항상 땅에다 귀를 대고 어떤 시장의 변화에도 대응할 수 있는 만반의 준비를 갖추어야 한다. 변화는 좋은 것이다. 그러나 예견된 변화가 더 좋다. 그리고 그 해답은 소비자들의 마음속에 있다.

어떤 사람들은 전혀 생각지도 않았던 방식으로 나의 인생과 일에 영향을 미쳤다. 나는 이 분야에서 가장 뛰어난 몇몇 사람들로부터 배움을 얻을 수 있는 멋진 기회들이 있었다.

동업자인 조엘 데그립스는 내가 알고 있는 가장 재능 있는 개념적 제품 디자이너 중의 한 사람으로, 인간의 꿈이 담긴 상품과 이미지를 창조해내는 진정한 마술사이다. 그는 또한 가장 아름다운 향수병으로 평가받은 뷰체론, 하메스, 겔랑, 겐조와 같은 브랜드의 향수 병을 디자인한 장본인이기도 하다. 나는 기존의 제약을 뛰어넘는 커뮤니케이션 프로그램을 만들어내는 그의 놀라운 재능을 통해 많은 도움을 받았다. 레스 웩스너, 미국 땅에서 나에게 처음으로 기회를 주었던 기업의 회장이자 CEO인 그는 내가 갖고 있는 디자인 지식을 활용하여 몇몇 훌륭한 브랜드들의 브랜드 아이덴티티 개념(brand-identity concepts)을 어떻게 창조할 수 있는지를 가르쳐주었다. 코카콜라의 마케팅 최고 책임자인 세르지오 지맨은 그와 함께 일할 수 있도록 기회를 주었고, 그의 비전을 통해 세계적으로 가장 강력한 브랜드를 구축, 관리할 수 있는 방법을 알게 되었다.

《미학적 마케팅(Marketing Aesthetics)》, 《경험적 마케팅(Experimental Marketing)》의 저자인 콜롬비아 대학의 번 슈미트 교수는 총명하고 도전적인 그의 제자들과 많은 대화를 나눌 수 있도록 주선해주었으며, 그로 인해 우리 모두가 열광하는 주제인 브랜딩에 대한 생각들을 공유할 수 있었다. 코카콜라, 네슬레, 질레트, 대농, 시어스, 고디바, 유니레버, 에스티 로더, 랑콤, 뷰체론, 리복, 게스, 앤 테일러, 빅토리아스 시크리트, 바스앤보디워크, 애버크롬비앤피치, IBM 등과 같은 기업들은 그들의 비전을 강화시킬 수 있는 감동적인 임무를 수행하도록 우리를 신뢰해주었다. 전세계 소비자들을 대상으로 강력한 감성적 연결을 맺고자 하는 그들의 용기와 열정과 몰입은 우리로 하여금 그들과의 성공적인 파트너십이 가능하도록 해주었다.

감성적 브랜딩에 관한 아이디어와 이 책은 세계 각국에 흩어져 있는 우리의 동업자들과 친구들의 도움 없이는 불가능한 작업이었다. 뉴욕에 살고 있는 피터 레빈과 필리스 아라가키, 파리의 조엘 데그립스, 프랑수아 카레트, 소피 파르히가 그들이다. 또한 나의 프로젝트 매니저이자 이 책의 출간담당 컨설턴트인 알리사 클라크, 리서치 담당 인턴사원인 베니 조히건에게도 감사의 말을 전한다.

놀라운 재능과 비상한 아이디어를 당연하게 여기는 우리 회사의 동료들에게도 고마운 마음을 전하다. 그들이야말로 내가 날마다 사무실에서 즐거울 수 있고 일을 통해 기쁨을 맛볼 수 있는 이유이며, 일에 대한 열정을 잃지 않도록 격려해주는 사람들이다. 마지막으로, 지난 8개월 동안 이 책의 출간을 위해 내조를 아끼지 않은 아내에게 모든 영광을 돌리고 싶다.

프롤로그

1.Herbert Muschamp,"Seductive Objects with a Sly Sting," *New York Times*, 2 July 1999.
2. Thomas Perzinger Jr., "So Long, Supply and Demand," *Wall Street Journal*, 1 January 2000.
3. Sarah Larenaudie, *W Magazine*, 9 January 2000.
4. Ronald Alsop, "The Best Corporate Reputations in America," *Wall Street Journal*, 23 September 1999.
5. "Now, Coke Is No Longer 'It' ," *Business Week*, 28 February 2000.
6. Daniel Goleman, *Working with Emotional Intelligence* (USA and Canada : Bantam Books 1998).
7. John Huey and Geoffrey Colvin, "The Jack and Herb Show," Fortune, 11 January 1999.
8. Andy Law, *How St. Luke's Became the Ad Agency to End All Ad Agencies* (London: John Wiley & Sons 1999).
9. Ronald Alsop, "The Best Corporate Reputations in America."
10. Ibid.
11. Ron Lieber, "Startups: the 'inside' stories," *Fast Company*, March 2000.
12. Bernd Schmitt, *Experiential Marketing* (New York: The Free Press, 1999).
13. Fairchild Publications Furniture Conference,1998).
14. Howard Schultz, *Pour Your Heart into It; How Starbucks Built a Company One Cup at a Time* (New York: Hyperion, 1999).
15. Alex Williams, "Super Fly," *New York Magazine*, 31 January 2000.

1장

1. Glen Thrush, "When I' m 64," *American Domographic*, January 1999.
2. "Boomers Plot Exit Strategies: A Generation Checks Out New Ways of Checking Out," *USA Today*, 15 May 1999.
3. Lev Grossman, "Generation Gap," *Time Out Magazine*, 20 January 2000.
4. Kemper Scudder cited by Robert Scally, "Gen X grows up," *Discount Store News*, 25 October 1999.
5. Elena Romero "Urban Outfitters Seccessfully Caters to the 'Newly Homeless," *DNR*, 28 December 1998.
6. Jane Levere, "BBDO New York Breaks Down Why, When, Where and How Young Adults Get Information, *New York Times*,9 December 1999.
7. Rebecca Quick, "Is Ever-So-Hip With Teens?" *Wall Street Journal*, 22 February

1999.
8. "What Is the Big Help?" section of Neckelodeon' s Web site:
www .nick.com, 14 March 2000.
9. Melanie Wells, "Teens and Online Shopping Don' t Click," USA Today, 7 September 1999.
10. David S. Murphy, "Delia' s Next Big Step," Fortune, 15 February 1999.

2장

1. Felicia Griffin, "African-Americans Gaining Market Power," *Business Journal Serving Greater Milwaukee*, 28 January 1999.
2. Graham Stedman, "Marketing to African-Americans," *ANA/The Advertiser*, December 1997.
3. *New York Times Magazine*, 7 May 2000.
4. Graham Stedman, "Marketing to African-Americans."
5. Hilary S. King, "How Cosmetic Companies Reach Their Target Market-Women of Color," *Drug and Cosmetic Industry*, October 1998.
6. Eugene Morris, "The Differience in Black and White", *American Demographics*, January 1993.
7. Felicia Griffin, "Africian-Americans Gaining Market Power."
8. Graham Stedam, "Marketing to African-Americans."
9. Ibid.
10. Geoffrey Brewer, "Spike Speaks," *Incentive*, February 1993.
11. U.S. Census Bureau online: *www.census.gov*, April 20, 2000.
12. Excellent information on this subject is available from Strategy Research Corporation, "Population & Demo graphy," *U.S. Hispanic Market Survey* (1998).
13. Ibid.
14. "The State of the Hispanic Economy," *Hispanic Business*, April 1999.
15. Christy Haubegger, "The Leagacy of Generation N," *Newsweek*, 12 July 1999.
16. Strategy Research Corporation, *US Hispanic Market Survey* (1998).
17. Helene Stapinski, "Generation Latino,' American Demographics, July 1999.
18. "Minority Phone Users Make Different Demands," *Wall Street Journal*, 7 April 1999.
19. "Asian-Americans Fastest Growing Minority Group," Retail Ad World, October 1999.
20. Wei-Tai Kwok and Vicky M. Wrong, "Tapping into the Asian-American market," *The DMA Insider*, Winter 2000.
21. Stuart Elliott, "Ads Speak to Asian-Americans," *New York Times*, 6 March 2000.
22. Becky Ebenkamp, "Ancient Chinese Secrets?," *Brandweek*, 8 November 1999.
23. Jonathan Boorstein, "New York Times Targets Chinese-American Market," *Direct*, August 1999.

3장

1. Jonathan Silver, "Never Under-estimate the Buying Power of Women," *Washington Business Journal*, 15 June 1998.
2. Karen Epper Hoffman, "Internet as Gender-Equalizer?" *Internet World*, 9

November 1999.
3. Gerry Meyers, "Selling (a Man' s World)," *American Demographics*, April 1996.
4. Beth Fuchs Brenner, "Plugging into Women," *Brandweek*, 15 March 1999.
5. Thyra Porter, "Ace Is the Place (for Women)," *HFN*, 12 July 1999.
6. Betsy Spethmann, "Speaking to the Sisterhood," *PROMO Magazine*, October 1998.
7. Gerry Meyers, "Selling (a Man' s World)."
8. Micheline Maynard, "Windstar' s Designing Women," *USA Today*, 19 July 1999.
9. Christopher Farrell, "Women in the Workplace: Is Parity Finally in Sight?" *Business Week*, 9 August 1999.
10. Michelle Conlin and Wendy Zellner, "The Glass Celling: The CEO Still Wears Wingtips," *Businessweek Online*, 22 November 1999.
11. Bureau of the Census and National Foundation for Women Business Owners.
12. Leslie Kaufman, "The Dot-Com World Opens New Opportunities for Women to Lead," *New York Times*, 9 March 2000.
13. Jennifer Shu, "SAS Institute: An Employer that Redefines 'Family-Friendly' ," *www.womenconnect.com*, 9 March 2000.
14. Stephanie Armour, "Corporate Women Perform Balancing Act," *USA Today*, 9 December 1997.
15. Mechael Wolff, "Waiting to Exhale," *New York Magazine*, 14 February 2000.
16. Lisa H. Guss, "Targeting Women," *Supermarket Business*, May 1999.
17. Mark Dolliver, "Balancing Act: All About Our Mothers," *Adweek*, 13 March 2000.
18. Judith Langer, "Focus on Women: 3 Decades of Qualitative Research," *Marketing News*, 14 September 1998.
19. "A Man' s Place," *New York Times* Magazine, 16 May 1999.
20. Lisa H. Guss, "Targeting Women," *Supermarket Business*, May 1998.
21. Diane Harris, "Why Can' t a Man Invest More Like a Woman?" *Investor Magazine*, February 2000.
22. Kathleen Sampey, "This Is Not Your Mother' s P&G," *Adweek*, 13 March 2000.
23. Hershel Sarbin, "Claiming Owner ship," *Folio*, 15 September 1999.24. Rob Eder, "Twenty-somethings Get Serious," *Drug Store News*, 25 October 1999.
25. Judith Langer, "Focus on Women: 3 Decades of Qualitative Research."
26. Mary Lou Quinlan "Women: We' ve Come a Long Way, Maybe," *Advertising Age*, 22 February 1999.
27. Anne Jarrell, "Models, Definitely Gray, Give Aging a Sexy New Look," New York Times, 28 Nevember 1999.
28. Ginia Bellafante, "Feminism: It' s All About Me!" *Time*, 28 June 1998.
29. "Twentysomething Women Declare Themselves Primary Purchasers," *Quirks*, May 1997.
30. Wayne Friedman, " Barbie is Working Harder," *Advertising Age*, 6 March 2000.
31. Scott M. Roy, " Marketing to WWWomen," *Digitrends*, Winter 2000.
32. Ibid.

4장

1. Karen S. Peterson, "Homosexuality No Longer Phases Most Teenagers *USAToday*, 3 March 2000.

2. Ronald Alsop, "Are Gay People More Affluent Than Others?" *Wall Street Journal*, 30 December 1999.

3. Mark Dolliver, "Out of the Closet," *Brandweek*, 23 August 1999.

4. Richard A. Oppel Jr., "Exxon to Stop Giving Benefits to Partners of Gay Workers," *New York Times*, 7 December 1999.

5. Michael Wilke, "Ads Targeting Gays Rely on Real Results, Not Intuition," *Advertising Age*, 22 June 1998.

6. Ibid.

7. Ronald Alsop, "Cracking the Gay Market Code," *Wall Street Journal*, 29 June 1999.

8. Ronald Alsop, "Web Site Sets Gay-Themed Ads for Big, National Publications," *Wall Street Journal Interactive Edition: www.wsj.com*, 17 January 2000.

9. Grant Lukenbill, *Untold Millions: Marketing to Gay and Lesbian Consumers* (New York: Heyworth, 1998).

10. Laura Koss-Feder, *Marketing News*, 25 May 1998.

11. Ronald Alsop, "Web Site Sets Gay-Themed Ads For Big, National Publications"

2부 개요

1. Morris B. Holbrook and Elizabeth C. Hirschman, "The Experiential Aspects of Consumption," *Journal of Consumer Research*, Volume 9, (September 1981).

2 Michael Tuan Pham, "Representativeness, Relevance, and the Use of Feelings in Decision Making," *Journalof Consumer Research*, Volume 25 (September 1998).

3. Morris B. Holbrook and Elizabeth C. Hirschman, "The Experiential Aspects of Consumption," 313.

4. Gerald J. Gorn, "The Effects of Music in Advertising on Choice Behavior: A Classical Conditioning Approach," *Journal of Marketing*, Volume 46, (Winter 1982).

5장

1. Gerald J. Gorn, "The Effects of Music in Advertising on Choice Behavior," *Journal of Marketing*, Volume 46, (Winter 1982).

2. Jane Bainbridge, "Scenting Opportunities," *Marketing Magazine*, 19 February 1998.

3. Ibid.

6장

1. Lesa Sawahata, ed., *Color Harmony Workbook* (Massa-chusetts: Rockport Publichers, 1999).

2. Laura Ries and Al Ries, *The 22 mmutable Laws of Branding* (New York: Harper Collins, 1998).

3. Mr. Talley' s statement was culled from: *www.pantone.com/ allaboutcolor /guru 2000.htm.*

4. We spoke with Pat Brillo by telephone in February 2000.

5. Lesa Sunabata, ed., Color HarmonyWorkbook.

7장

1. Robert Spector and Patrick D.

McCarthy, *The Nordstorm Way*, 145 (New York: John Wiley & Sons Inc.,1995).
2. Ibid.
3. Ron Leiber, "Super Market," *Fast Company*, April 1999.
4. Ibid.
5. Paco Underhill, *Why We Buy* (New York: Simon & Schuster, 1999).
6. Paul Rozin, "The Importance of Social Factors in Understanding the Acquistion of Food Habits," *Taste, Experience & Feeding: Development and Learning*, Elizabeth D. Capaldi and Terry L. Powley, Ed. (Washing-ton, D.C. : American Psychological Association, 1993).

8장

1. Phyllis Berman and Katherine Bruce, "Makeover at the Makeup Counter," *Forbes*, 19 April 1999.
2. Paco Underhill, *Why We Buy: The Science of Shopping* (New York: Somon & Schuster, 1999).
3. Ibid.

9장

1. Allaine Cervonka, "A Sense of Place: The Role of Oder in People' s Attachment to Place," *The Aroma-Chology Review*, Volume 5, Number 2 (1996). Also see Rachel S. Herz, "The Relationship Between Oder and Emotion in Memory," The Aroma-Chology Review, Volume 5, Number 2 (1996).
2. Susan Fournier, "Consumer and Their Brands" *Journal of Consumer Research*," Volume 24 (March 1998).
3. We interviewed Gail Vance Civille by telephone in March 2000.
4. "Decorating with Fragrances," *Happi*, August 1999; *The Color Cosmetics Market, http://www.happi, com/ special/ sep991.htm.*
5. Reuters, "Aroma Sofas Come Up Roes in Latest British Mome Trend," Indian Express Newspapers, 25 January 1999.
6. Linda Dyett, "Something in the Air," House Beautiful,October 1996.
7. Susan C. Knasko, "Congruent and Incongruent Odors" *Compendium of Olfactory Research* (USA Kendall Hunt Publishing Company, 1995).
8. RobertA. Baron,Of " Cookies,Coffee, and Kindness: Pleasant Odors and the Tendency to Help Strangers in a Shopping Mall," *Aroma-Chology Review*, Volume 6, Number 1 (1998).
9. Atmosperics, a company that specializes in in-store scents, implements these devices, among others.
10. "Dollars and Scents," *Success Magazine Online*, April 2000.
11. Ibid.
12. Allaine Cervonka, "A Sense of Place: The Role of Odor in People' s Attachment to Place," *The Aroma-Chology Review*, Volume 5, Number 1 (1996).

2부 결론

1. See *www. felissoimo.com.*
2. James Fallon, "Urban Renewal," *W*, April 2000.
3. Ibid.
4. Ibid.

10장

1. Catherine McDermott, *20th Century Design* (Woodstock, New York: The Overlook Press, 2000).
2. Veronique Vienne, *The Art of Doing Nothing* (New York: Clarkson Potter, 1998).
3. Bob Garfield, "VW: Best of All Media," *Advertising Age*, 31 May 1999.
4. *Wallpaper*, May 2000.

11장

1. Malcom Brown and Barnaby Marshall, "Where Does David Carson Want to Go Today? *Shift*, *www.shift.com*, April 1999.
2. We interviewed Mattew Kirschenbaum by e-mail in April 2000.
3. Mattew G. Kirschenbaum, "The Other End of Print: David Carson, Graphic Design and the Aesthetics of Media, Media in Transition Conference at MIT, 8 October 1999.
4. Ed Razek' s current title at The Limited is president & chief marketing officer for Limited brands and creative services.
5. *Red Herring*, January 2000.

12장

1. Becky Ebenkamp, "Good Wal-Hunting," *Brandweek*, 20 March 2000.
2. Shelly Branch, "How Target Got Hot," *Fortune*, 24 May 1999.
3. www.rei.com, 12 April 2000.
4. Rosemary Feiteberg, "Conversation Spurs Commerce in Active," *Women' s Wear Daily*, 10 February 2000.
5. We interviewed Barry Steiner by telephone in May 2000.

13장

1. These vehicles are owned and operated by Manhattan Rickshow Co.
2. Jonathan Bond and Richard Kirshenbaum, *Under the Radar: Talking to Today' s Cynical Consumer*, (USA: John Wiley & Sons, 1998)

15장

1. Peter Leach, "The Blue Period," *Critical Mass*, Fall 1999.
2. Benetton gets only 5 percent of its 2 billion annual sales in the United States. Silvia Sansoni, " Capital Offense: Benetton Ads Act as Live Bait," *Forbes*, 19 October 1998.
3. Greg Farrell, "Mercedes Ads Tickle Buyers' Funny Bones," *USA Today*, 6December 1999.
4. Elisabeth Dalbey, "Measuring Online Branding Impact," *Digitrends*, Winter 2000.
5. Marianne Foley, "Advertising Online: Some Questions We Should Be Asking," *Digitrends*, Winter 2000.
6. Kathryn Kranhold, "Banner Ads Are Driving Web Purchases," *Wall Street Journal*, 24 November 1999.
7. *E-Marketer online* 31 March 2000.
8. Research shows that the average recall of Internet ads has dropped between 1998 and 1999. Marianne Foley," Advertising Online: Some Questions We Should Be Asking."
9. IBM' s banner ads won 2 Gold Cliosand 3 CyberLions at the Cannes Ad Festival in 1999.
10. Elisabeth Dalbey, "Measuring Online Branding Impact."
11. "PepsiCo and Yahoo! in Marketing

Deal," *New York Times,* 23 Match 2000.
12. Greg Farrel, "Company Transforms Your Cursor Into a Tiny Ad," *USA Today,* 2 March 1999.
13. Andy Marx, "Dissatisfaction with Banner Ads Is on and the Rise," *Internet World,* 28 June 1999.
14. Neal Leavitt, "GM Drives Response with an Engaging Ad," *Digitrends,* Winter 2000.
15. Ibid.
16. Barbara Lippert, "Double Play: Hilfiger Exploits On and Offline Media," *Adweek,* 20 March 2000.

16장

1. Leslie Kaufman, "Playing Catch Up at the Online Mall," *New York Times,* 21 February 1999.
2. Joseph B. White, "The Company We' ll Keep," *Wall Street Journal,* 1 January 2000.
3. Ed Razek told me this during a phone conversation.
4. I interviewed Bernard Frelat by telephone 10 May 2000.

18장

1. Lauren R. Rublin, "Too, Too Much!" Barron' s 9 March 1998.
2. Ibid.
3. Charlie Hess, "Women Lead Way in Profound but Quiet Revolution," *Advertising Age,* 24 January 2000.
4. Richard Cimino and Don Lattin, "Choosing My Religion," *American Demographics,* April 1999.
5. Ibid.
6. "Spirit Employed: Hire a New Emoloyee-Your Spirit!" *PR Newswire,* 15 October 1998.
7. Becky Ebenkamp, "Celestial Season," *Brandweek,* 16 November 1998.
8. Shirley Brady, "Spiritual Journeying: Om Away from Om," *Time,* 6 July 1998.
9. David Van Biema, "Pop Goes the Kabbalah," *Time,* 24 November 1997.
10. Jeanne McDowell, "Buddhism in America," *Time,* 13 October 1997.
11. Veronique Vienne, *The Art of Doing Northing* (New York: Clarkson Potter, 1998).
12. Richard Cimino and Don Lattin, "Choosing My Religion," *American Demographics,* April 1999.
13. Ibid.
14. Heather Chaplin, "Gen X in Search of a Drink," *American Demographics,* February 1999.
15. Keith Naughton and Bill Vlasic, "The Nostalgia Boom," *Business Week,* 23 March 1998.
16. Dick Silverman, "Every Going Concern Should Get Its Concerns Going," *DNR,* 21 July 1999.
17. Jonathan Kaufmann, "Marketing in the Future Will Be Everywhere-Including Your Head," *Wall Street Journal,* 1 January 2000.
18. Bill Gates, *The Road Ahead* (New York: Viking, 1995), 188.
19. *The Right Stuff: America' s Move to Mass Customization,*National Center for Policy Analysis-Idea House: Policy Report No. 225 (June 1999).20. Ibid.
21. Joseph Pine, *Mass Customization: The New Frontier in Business Competition* (Boston: Harvard Business School Press, 1993).